Silke Reuther

GEORG ERNST HARZEN

Kunsthändler, Sammler und Begründer
der Hamburger Kunsthalle

DKV

Silke Reuther

GEORG ERNST HARZEN

Kunsthändler, Sammler und Begründer der Hamburger Kunsthalle

Forschungen zur Geschichte der Hamburger Kunsthalle
Band II

Herausgegeben von der Hamburger Kunsthalle
und der Hermann Reemtsma Stiftung

mit Beiträgen von David Klemm, Peter Prange und Annemarie Stefes

DEUTSCHER KUNSTVERLAG

Die ZEIT-Stiftung Ebelin und Gerd Bucerius hat die Entstehung dieses Werkes durch einen Werkauftrag an die Autorin Frau Dr. Silke Reuther großzügig gefördert.

HAMBURGER KUNSTHALLE

HERMANN REEMTSMA STIFTUNG

ZEIT-Stiftung Ebelin und Gerd Bucerius

Bibliografische Information der Deutschen Nationalbibliothek
Die Deutsche Nationalbibliothek verzeichnet diese Publikation in der Deutschen Nationalbibliografie; detaillierte bibliografische Daten sind im Internet über http://dnb.d-nb.de abrufbar.

Lektorat: Martin Steinbrück
Herstellung: Jens Möbius
Umschlaggestaltung: Ann Katrin Siedenburg
Entwurf und Layout: hawemannundmosch, Berlin
Gesetzt aus der Aldus
Gedruckt auf Fly
Druck und Bindung: Beltz Bad Langensalza GmbH, Bad Langensalza

ISBN 978-3-422-07088-2

Inhaltsverzeichnis

Vorwort 9

Einleitung 11

1790–1823

DIE FRÜHEN JAHRE IN ALTONA 17

Herkunft 17
Schulzeit 17
Übergang in das Berufsleben 18
Altona – Hamburg. Das gesellschaftliche Umfeld 19
Der Altonaer Zeichenkreis um Jes Bundsen 23

REISE NACH ITALIEN 1819–1920 27

Aufbruch 27
Leipzig und Dresden 28
Nürnberg 30
Wien 31
Italien 34

»ERNST HARZEN IN HAMBURG GEWIDMET« – DIE FREUNDE HARZEN, ERHARD UND KLEIN 41

NEUBEGINN IN HAMBURG 45
Die Anfänge 1821 45
»Es wächst der Mensch mit seinen größeren Zwecken«. Die Gründung des Hamburger Kunstvereins 49
»Zwecks Beförderung des Kunstsinns«. Harzens Verbindungen nach außerhalb 52

1824–1847

KUNSTHÄNDLER, MAKLER UND AUKTIONATOR IN HAMBURG 57

JOHANN MATTHIAS COMMETER 57

DIE KUNSTHANDLUNG HARZEN-COMMETER 59
Große Johannisstraße 48 59
Das Kunstlager 59
Der Zusammenschluss mit Commeter 62

DIE ENTWICKLUNG DER GESCHÄFTE 65
Makler und Auktionator in Kunstsachen 65

Handeln und Sammeln ... 66
London ... 67
Wien ... 70
Kunsthändler mit besten Beziehungen ... 72
Die Struktur des Kunsthandels ... 73

DAS GESCHÄFT MIT DER KUNST, EINE FRAGE DES ANSTANDS ... 77
Vom Umgang mit der Konkurrenz ... 77
Tragfähige Allianzen ... 78

MAKLER IN NATURALIA, MÜNZEN UND MEDAILLEN ... 82
Über Conchilien und getrocknete Bälger ... 82
Münzen und Medaillen ... 84
Kunst und Natur.
Zur veränderten Tradition des Sammelns und Handelns ... 86

DAS ERBE AM NEUENWALL ... 89

VON DER ETAGE ZUM EIGENEN HAUS ... 89

HARZEN AM NEUENWALL – EINE INSTITUTION ... 91
Der Kunstverein. Vom privaten Club zur öffentlichen Einrichtung ... 91
Kunstausstellungen und »Verloosungs-Verein« ... 92
Harzen und Commeter, ein Anlass für Kritik ... 95
Ein Schritt in Richtung Museum ... 96
Prominenz am Neuenwall ... 98
Zur »Cultur der bildenden Kunst« ... 99
Ein Opfer der Flammen ... 102
Zwischen Resignation und Aufbruch ... 104
Ein Neubau für Harzen am Neuenwall ... 106
Ein spektakuläres Haus ... 111

DIE FAMILIE ... 113

Ein Netzwerk enger Bindungen ... 113
Ernst und Wilhelm Harzen. Leben in Hamburg und Übersee ... 115
Verlegung ins Ausland ... 117
Der Schicksalsschlag in Adelaide ... 118
Ein schwerer Verlust ... 119

1847–1863

RÜCKZUG INS PRIVATE ... 123

Die Geschäfte werden aufgegeben ... 123

Abschied vom Kunsthandel ... 124
Geänderte Pläne ... 126
Die wirtschaftliche Absicherung ... 128

PFLEGE ALTER FREUNDSCHAFTEN UND SCHULE DES SEHENS ... 131

Kleinere Inkonsequenzen ... 131
Hieronymus Klugkist ... 132
Carl Gustav Boerner ... 133
Friedrich Wilhelm Fink ... 135
William Smith ... 140
In Liebe zur Kunst geeint. Harzen und Hugo Behrens ... 141

EIN ÖFFENTLICHES MUSEUM IN HAMBURG ... 145

Geordnete Verhältnisse ... 145
Zum »allgemeinen Besten«. Die Testamentsänderung von 1856 ... 146
Von der Galerie zum Museum ... 149
»Wo soll die neue Kunsthalle erbaut werden?« ... 150
Der »Bau einer Kunsthalle in Hamburg« ... 152
Das Museum wird konkret ... 155
Über Konkurrenz und Kritik ... 157
Die Einrichtung eines Kupferstichkabinetts ... 159

IM KREISE DER MUSEUMSGRÜNDER ... 161

Vorbilder und Einflüsse ... 161
Kennerschaft und Dilettantismus.
Harzen und Carl Friedrich von Rumohr ... 161
Von großer Vorbildlichkeit: das Städel in Frankfurt ... 163
Johann David Passavant ... 164
Gustav Friedrich Waagen in Berlin ... 169
Eine starke Allianz. Harzen, Mündler, Waagen und Eastlake ... 173
Die Anbindung an London ... 174

BLICK ZURÜCK NACH DEUTSCHLAND ... 177
Noch einmal Berlin ... 177
Dresden und Johann Gottfried Abraham Frenzel ... 178
Eduard Faesch in Kiel ... 179

REISEN, FORSCHEN UND SAMMELN ... 183

Die Tagebücher ... 183
Die wissenschaftlichen Notizbücher ... 183

DIE REISETAGEBÜCHER 186
London 1833 186
Italienische Reisen 191
1846 von Hamburg nach Rom 192

MIT SCHAUENDEN AUGEN 197
Den Handschriften und illuminierten Büchern gewidmet 197
Malerei 204

DIE GRAPHISCHEN KÜNSTE 209
Niello und Schrotschnitt 209
Tarockkarten und Baccio Baldini 212
Druckgraphik späterer Schulen 214
Handzeichnungen 218

DIE FORSCHUNGEN 227

DIE SAMMLUNG 231
Herzstück des Besitzes 231
Bibliothek und illustrierte Bücher 233
Gemälde 236
Druckgraphik 240
Druckgraphik aus England und Frankreich 241
Druckgraphik der italienischen Schule 244
Druckgraphik der niederländischen Schule 250
Druckgraphik der deutschen Schule 256
Harzens Sammlung italienischer Zeichnungen (*David Klemm*) 260
Harzen und die Holländer (*Annemarie Stefes*) 264
Harzens Sammlung deutscher Altmeisterzeichnungen (*Peter Prange*) 270

HARZEN ALS ZEICHNER UND RADIERER 274

AUSKLANG 281

Die Mitte des Museums 283
Bewunderung und Kalkül. Harzens Wirken von langer Hand 286
Ausblicke 290

ANHANG 295

Quellen 297
Literaturauswahl 301
Personenregister 307
Abbildungsnachweis 318
Dank 319

VORWORT

Georg Ernst Harzen. Ehrbarer Kaufmann und leidenschaftlicher Sammler

»Jede Leidenschaft, welche in der Einsamkeit schläft,
wacht in der Gesellschaft auf.«

Christian Garve, *Über Gesellschaft und Einsamkeit*, um 1800

Eine große Liebe für die Kunst bestimmte das Leben und Handeln des Hamburger Kaufmanns Georg Ernst Harzen (1790–1863). Seine Leidenschaft zum Sammeln, Reisen und Forschen verband sich dabei aufs Glücklichste mit seinem Gemeinsinn und einer Vision, den Hamburger Bürgern Kunst in einer öffentlichen Institution zugänglich zu machen. Den Bau der Hamburger Kunsthalle und die Einrichtung des Kupferstichkabinetts 1869 hat er leider nicht mehr erlebt. Obwohl seine etwa 30.000 Blätter noch heute das Herzstück dieses Kabinetts bilden, wird sein Name in aller Regel nicht mit der Gründung der Kunsthalle in Verbindung gebracht; den meisten sind in diesem Zusammenhang vor allem die Namen Alfred Lichtwark und Gustav Pauli geläufig.

Wie soll man es erklären? Der in Altona geborene Kaufmann und Sammler Georg Ernst Harzen führte ein zurückgezogenes Leben. Er ging seiner Sammelleidenschaft im Stillen nach und verbrachte viel Zeit damit, seine Erwerbungen zu erforschen, zu gliedern und geschickt zu ergänzen. So entstand über die Jahre eine unvergleichliche Sammlung, die das Fundament für ein solches Haus bilden sollte. Hartnäckig verfolgte er das Ziel, der Öffentlichkeit seine großartige Sammlung zugänglich zu machen. Testamentarisch vermachte er seine Kunstschätze dem zukünftigen Museum der Stadt Hamburg – mit der Auflage, die sorgfältig verpackten Kisten erst zu öffnen, wenn es in Hamburg zu einem Museumsbau mit Kupferstichkabinett gekommen sei. Damit gab er die entscheidenden Impulse für den Bau der Kunsthalle.

Gerade deswegen ist es erstaunlich, wie selten sein Name fällt. Selbst in der Kunstszene ist er nur wenigen Insidern bekannt. Das sei eigentlich »skandalös«, schrieb Professor Dr. Joist Grolle, ehemaliger Senator für Schule, Jugend und Berufsbildung, der uns 2003 auf diesen Missstand aufmerksam machte und anregte, ein biographisches Forschungsvorhaben zu Harzen in Auftrag zu geben.

Wie mit ihrer Reihe »Hamburger Köpfe« ist es der ZEIT-Stiftung Ebelin und Gerd Bucerius generell ein Anliegen, an Bürger zu erinnern, die sich besondere Verdienste um ihre Stadt erworben haben. Um mit Helmut Schmidt zu sprechen: »Immer wieder [...] stoßen wir auf einzelne Personen, die einen dringenden Bedarf ihrer Stadt erkannt und sodann als Bürger die Initiative ergriffen haben. [...] Dabei sind viele der selbstbewussten Hamburger gar keine waschechten Hanseaten, sondern sie stammen ursprünglich aus anderen Landschaften.« Das gilt, ließe sich hinzufügen, auch für Harzen, der gebürtiger Däne war.

Das Resultat dieser ersten biographischen Forschungsarbeit über den Hamburger Kunsthändler, Sammler und Mäzen liegt nun vor. Der Autorin, Frau Dr. Silke Reuther, ist es zu verdanken, dass die in Hamburg, Bremen und Kopenhagen noch auffindbaren Fragmente seines Lebens zusammengetragen wurden. Hunderte Arbeitsstunden qualifizierter, akribischer Archivarbeit waren dazu erforderlich: Kistenweise öffneten sich Frau Dr. Reuther allein 3200 Briefe, 43 Werkmanuskripte und 75 Reisetagebücher, die Harzen offenbar noch selbst sortiert und mit Baumwollbändern zu kleinen Päckchen gebunden hatte.

Die Publikation würdigt nicht nur den Sammler Harzen, sondern vermittelt eindrucksvoll die Arbeit eines geschickten Kaufmanns, der mit Disziplin und langem Atem agierte. Frau Dr. Reuther erzählt das Leben Harzens vor dem Hintergrund der Entwicklung des kulturellen Lebens in Hamburg zur damaligen Zeit und schildert auch die Euphorie des Bürgertums, das um 1850 von einem Museum für Hamburg nach dem Vorbild des Städel zu träumen begann.

In den letzten zehn Jahren hat die ZEIT-Stiftung sich in besonderer Weise für das Kupferstichkabinett der Hamburger Kunsthalle engagiert und die Entstehung der Bestandskataloge der deutschen, italienischen und niederländischen Altmeisterzeichnungen gefördert. So kann es nicht verwundern, dass sie sich auch für die Biographie über dessen Gründungsvater, Georg Ernst Harzen, eingesetzt und die Arbeit von Frau Dr. Reuther gefördert hat. Ohne Kenntnis über die Geschichte der Stadt Hamburg und ihrer wesentlichen Protagonisten ist das Verstehen früherer Epochen kaum möglich. Hier sehen wir eine der vielen Aufgaben für eine gemeinnützige Stiftung wie die ZEIT-Stiftung Ebelin und Gerd Bucerius: kulturelle Schätze zu erhalten, möglichst vielen Menschen Zugang zu diesem Reichtum zu ermöglichen und die politischen, kulturellen und historischen Zusammenhänge sichtbar zu machen, damit Menschen ihre Vergangenheit verstehen und gemeinsam mit anderen – hier schließt sich wieder der Kreis zu Harzen – ihre Gegenwart und Zukunft gestalten.

Prof. Dr. Michael Göring
Vorsitzender des Vorstands der
ZEIT-Stiftung Ebelin und Gerd Bucerius

EINLEITUNG

In seinen »kritischen Betrachtungen zur Entwicklungsgeschichte und Psychologie des Hamburger Kunstlebens« resümierte der Journalist und Kunstkritiker Anton Lindner 1921, Georg Ernst Harzen sei ein Mann gewesen, dessen Verdienste für Hamburgs Kunstleben bis auf den »heutigen Tag« nachwirkten, untrennbar verbunden mit dem Geschick der Hamburger Kunsthalle. Den Anlass für diese Lobrede bildeten die Feierlichkeiten zum einhundertjährigen Bestehen der Galerie Commeter, die 1821 als Harzensche Kunsthandlung ihren Anfang genommen hatte. Heute gibt es umso mehr Gründe, an diesem Urteil festzuhalten, es sogar zu bekräftigen, denn Harzen war nicht nur der Initiator dieser Einrichtung, sondern seine Handschrift hat zudem auch den Gründungsbau der Hamburger Kunsthalle ebenso geprägt wie das zum Museum gehörige Kupferstichkabinett.

Trotz seines Wirkens im Kunst- und Kulturleben der Hansestadt blieb Harzen über seine Zeit hinaus ein Unbekannter, der Gefahr lief, gänzlich in Vergessenheit zu geraten. Er war eine zurückhaltende Persönlichkeit, hat Großes bewirkt, ohne dabei selber in der Öffentlichkeit zu stehen. Knapp sechzig Jahre nach seinem Tod war dies nicht anders. »Wer war denn Herr Harzen?«, stellte Lindner seine rhetorische Frage. »Ein Mann, der eine eigene Monographie schon lange verdient, weil er ein eigenes Gesicht und seine eigenen Verdienste besaß.« Neunzig weiterer Jahre bedurfte es, ehe Harzens Lebenswerk die so eindringlich geforderte Würdigung fand.

Harzen ist weit mehr als nur ein ebenso vermögender wie versierter Kaufmann, Kunsthändler und Sammler gewesen, der Geld und Kunst der öffentlichen Hand vermachte. Er war ein Connaisseur und Kunstforscher mit hohem ästhetischem und kunsthistorischem Anspruch, der eine Kunstsammlung erster Güte zusammengetragen hat. Die Bestandskataloge der deutschen, italienischen und niederländischen Zeichnungen in der Hamburger Kunsthalle haben dazu beigetragen, Harzens Lebensleistung und Bedeutung zu Recht wieder in den Blick der Öffentlichkeit zu rücken.

Seine Leidenschaft galt der Druckgraphik und den Handzeichnungen. Circa 30 000 Blatt umfasste die von ihm hinterlassene Kunstsammlung, der überwiegende Teil Druckgraphik des 15. bis 17. Jahrhunderts, ergänzt durch eine ausgewählte Kollektion von Gemälden der gleichen Zeitspanne, einige kunstgewerbliche Arbeiten und eine Sammlung illustrierter Bücher, in der illuminierte Handschriften und Inkunabeln das hochkarätige Niveau spiegeln.

Mit der Kunst gelangte auch Harzens persönlicher Nachlass in die Hamburger Kunsthalle. Er besteht aus schätzungsweise 3200 Briefen, 43 Werkmanuskripten und kunstgeschichtlichen Materialsammlungen, 75 Reisetagebüchern, Geschäftsunterlagen und Personalpapieren sowie den handschriftlichen Inventaren seiner Kunstsammlung. Trotz des gewaltigen Umfangs ist diese Hinterlassenschaft nur ein Teil seiner Aufzeichnungen. Als Harzens Wohn- und Geschäftshaus 1842 beim Hamburger Brand in Flammen aufging, konnte einzig die Kunst gerettet werden, so dass sein Leben und Wirken erst jenseits dieser Zeitspanne reich dokumentiert ist. Umso bedeutsamer ist es, dass der erhaltene Nachlass mit Unterstützung der Deutschen Forschungsgemeinschaft von der Autorin aufgearbeitet werden konnte und der Forschung seit 1999 zur Verfügung steht. Er bildet, ergänzt durch zahlreiche Recherchen, die Grundlage für die Biographie eines Mannes, den Alfred Lichtwark, ab 1886 der erste wissenschaftliche Direktor der Hamburger Kunsthalle, als eine »Kapazität« und einen »Kunstkenner von europäischem Ruf« bezeichnete. Dabei gilt der Blick nicht nur dem Kunsthändler und Sammler, sondern auch dem privaten Menschen, dem Kaufmann und dem leidenschaftlichen Reisenden. Die Korrespondenz und Harzens eigene Notizen sind dazu ausgewertet worden und in den Text eingeflossen.

Harzen stammte aus einer gut situierten dänischen Familie und wuchs in Altona auf. Der Besuch der Gelehrtenschule mit einem intensiven Kunstunterricht scheint schon früh die Weichen gestellt zu haben. Bereits in jungen Jahren machte er eigene Erfahrungen als Dilettant und Sammler. Obwohl er einen kaufmännischen Beruf im Finanzbereich ergriff, war die Kunst aus seinem Leben nicht mehr wegzudenken.

1819 brach Harzen nach Italien auf und erfüllte sich damit einen lang gehegten Wunsch. Er knüpfte im Verlauf der Reise Kontakte zum Kunsthandel, zu Sammlern und Künstlern. So entstand ein Netzwerk freundschaftlicher wie geschäftlicher Beziehungen, die er in tragfähige Allianzen wandelte. Im Verlaufe dieser Reise konkretisierte sich sein Wunsch nach Veränderung: dem Wechsel in den Kunsthandel und der kreativen Gestaltung von Hamburgs Kunstleben.

Nach seiner Rückkehr 1820 wurde Harzen Mitarbeiter des renommierten Hamburger Kunstauktionators Johannes Noodt und firmierte nach einem Jahr mit einer eigenen Kunsthandlung. Sein erfolgreiches Wirken im Auktionswesen verschaffte ihm unter den Kunstliebhabern großes Ansehen. Als sich der Hamburger Kunstverein 1821 in der Harzenschen Kunsthandlung konstituierte, wurde er an seine Spitze berufen. Bis weit in die 1840er Jahre hinein engagierte er sich hier, brachte die erste öffentliche Kunstausstellung in Hamburg mit auf den Weg und trug dafür Sorge, dass mit der vereinseigenen Sammlung ein erster Schritt in Richtung Museum getan wurde.

1824 wurde der aus Wilster stammende Kaufmann Matthias Commeter Teilhaber in Harzens Kunsthandlung. Gemeinsam betrieben sie ihre Geschäfte mit großem Erfolg. Die Kunstmärkte in Kopenhagen, London, Amsterdam und Paris gehörten zu ihrem Wirkungskreis, die Harzen, nun ganz Kaufmann, auch mit Münzen, Medaillen und Naturalia bediente.

Der große Hamburger Brand schien 1842 alles in Frage zu stellen. Harzen erwog den Rückzug ins Private, doch nach einer kurzen Phase der Resignation erwachte sein Kampfgeist nahezu ungebremst. Harzen ließ einen spektakulären Neubau errichten, von dem aus er sich noch einige Jahre im Kunsthandel engagierte. 1847 aber war es dann so weit, dass er die Geschäfte aufgab.

Harzens Fokus lag nun vermehrt auf der wissenschaftlichen Erforschung des Kunstbesitzes, den er mit Commeter gemeinsam aufgebaut hatte. Er besuchte die prominenten Kunstsammlungen Europas und recherchierte in Rom und Florenz sowie in London, und Amsterdam. Die dezidierte Untersuchung der eigenen Bestände war an eine große Idee gekoppelt: ein Buch über die Geschichte der graphischen Künste zu verfassen. Harzen wollte dem Beispiel der Großen seiner Zunft folgen: Adam von Bartsch, Carl Friedrich von Rumohr, Gustav Waagen und Johann David Passavant, mit denen er freundschaftlich verbunden war.

Im Jahr 1856 vermachte Harzen Vermögen und Kunstsammlung seiner Wahlheimat Hamburg, und zwar mit der Auflage, ein öffentliches Museum zu errichten. Fünf Jahre nach seinem Tod beraumte Harzen als Frist ein, andernfalls seien Zinsen und Zinseszinsen anzusparen, um ein Haus für diese Sammlung zu errichten, ein Museum der graphischen Künste. Harzen gedachte sich mit diesem wichtigen Schritt aus allen weiteren Aktivitäten zurückzuziehen, legte seine Ämter nieder und wollte forschen. Doch die Entwicklungen in Hamburg durchkreuzten seine Pläne. Man berief zwar ein Komitee ein, dass die Erfordernisse an das zukünftige Hauses bestimmten sollte, doch konnte die Mitglieder keinen Konsens erzielen, so dass man sich entschloss, um die Kompetenz des Gremiums zu stärken, weitere sachkundige Köpfe hinzuziehen und auch Harzen zählte zu den Wunschkandidaten. Wenig später waren dann vor allem dank seines Engagements die Richtlinien für den Museumsbau festgeschrieben.

Über den Tod hinaus nahm Harzen auf den Bau der Hamburger Kunsthalle Einfluss, denn auch die Innenausstattung, insbesondere die Einrichtung des Kupferstichkabinetts, folgte seinen Ideen. Wie kenntnisreich er den Aufbau dieser Abteilung plante, veranschaulicht das heutige Museum, dessen graphische Sammlung Harzens Handschrift noch immer erkennen lässt.

Die jüngsten Forschungen zu den Zeichnungen in der Hamburger Kunsthalle zeigen, dass Harzen nicht nur dem Bau und der Organisation dieser Abteilung sein Profil verlieh, sondern auch auf inhaltlicher Ebene nachhaltig wirkte. Sowohl die Zeichnungen seiner Sammlung als auch die druckgraphischen Bestände, deren wissenschaftliche Bearbeitung erst partiell geleistet worden ist, machen augenfällig, dass es ihm gelungen war, eine Kunstsammlung von internationalem Rang aufzubauen. Die Konzentration seiner Sammlung auf höchste Qualität beschäftigte ihn in der letzten Lebensspanne, wohl wissend, dass diese Kunstwerke für ein öffentliches Museum bestimmt waren.

Welche Ansprüche zu erfüllen waren, wusste Harzen aus der eigenen Anschauung. Auch während seiner aktiven Zeit als Kunsthändler hatte er jede Gelegenheit genutzt, sich mit den Kunstsammlungen der europäischen Metropolen vertraut zu machen. Er tat es den befreundeten Kollegen gleich. Er arbeitete wie Rumohr, Waagen oder Passavant mit seinen beobachtenden Bestandsaufnahmen am Fundament der frühen Kunstgeschichtsforschung, mit dem Ziel vor Augen, den Aufbau der eigenen Sammlung wissenschaftlich zu begleiten. Als die Hamburger Kunsthalle 1869 feierlich eröffnet wurde und die Harzensche Sammlung ihren letzten Bestimmungsort erreicht hatte, fand sie dort würdige Aufnahme, weil sie den Vergleich mit den großen europäischen Sammlungen bis heute nicht zu scheuen braucht.

1790–1823

DIE FRÜHEN JAHRE IN ALTONA

Herkunft

Am 1. November 1790 wurde Georg Ernst Harzen in dem vor den Toren Hamburgs gelegenen und damals zu Dänemark gehörigen Altona geboren. Im Kirchenbuch der Hauptkirche ist notiert, dass »der Finanz und Cammersekretär wie auch Gen. Administrator der königlichen Lott.[erie] Herr Georg Nicolaus Harzen und seine Ehefrau Johanna Catharina Francisca geb.Winklern« ihren ehelichen Sohn dort am 25. November taufen ließen.[1] Harzens Paten waren Anna Sophie Willing, Johann Christoph Amberg und Peter Matthiesen.

Die Einträge legen nahe, dass die Harzens erst Ende der 1780er Jahre nach Altona gezogen sind,[2] da nur Georg Ernst hier getauft wurde. Seine älteren Brüder – Jessenius Nicolaus und Friederich Francs – werden in den Kirchenbüchern nicht erwähnt.[3] Nur diese wenigen Fakten aus der Familiengeschichte sind heute bekannt. Georg Ernst war das jüngste Kind und, mit deutlichem Altersunterschied zu seinen Brüdern, das Nesthäkchen der Familie. Hinweise auf weitere Geburten oder frühe Kindstode etwaiger Geschwister gibt es nicht.

Schulzeit

Die Sorgfalt, die die Harzens in die schulische Ausbildung ihrer Söhne investierten, weist auf einen gehobenen gesellschaftlichen Status, den Vater Nicolaus als königlicher Beamter innehatte. Im Mai 1791 wurde Friederich Francs am Christianeum, der ehemaligen Altonaer Lateinschule, eingeschult und im August des gleichen Jahres auch Jessenius Nicolaus.[4] Beide verließen das Gymnasium nach sechs Jahren ohne Abschlussprüfung, um laut Eintrag im Matrikelbuch – »Mercaturae operam navaturi Gymnasium reliquerant ambo mese Aprili 1797«[5] – den Beruf des Schifffahrtkaufmanns zu ergreifen.

Georg Ernst wurde am 20. Januar 1796 in die Vorbereitungsklasse des Gymnasiums aufgenommen[6] und wechselte am 29. September des folgenden Jahres auf das Christianeum. Obwohl ihn das Matrikelbuch als guten und interessierten Schüler mit besonderen Fähigkeiten im sprachlichen Bereich ausweist, verließ er die Schule im Frühjahr 1805 ohne Abitur.[7] Als Grund ist der Berufswunsch »Mercatore oper. Daturas«[8] be-

1 Taufregister der Hauptkirche Altona, 1790, Nr. 394, freundliche Mitteilung von Walter Eggers.

2 Altonaer Museum für Kunst u. Kulturgeschichte, Stiftung Historische Museen in Hamburg, Bibliothek, Altonaer Adressbuch von 1794. Die Familie Harzen wohnte in der Carolinenstrasse.

3 Christianeum, Hamburg, Archiv, Matrikel des Christianeums II, S. 49, Nr. 52, 53.

4 Ebd.

5 Ebd.

6 Christianeum, Hamburg, Archiv, Matrikel der Vorbereitungsklasse 1795–1822, 1796.

7 Christianeum, Hamburg, Archiv, Matrikel des Christianeums II, S. 67, Nr. 31.

8 Ebd.

nannt. Harzen hatte, wie seine Brüder, eine kaufmännische Berufsausbildung vor Augen, und es entsprach den Gepflogenheiten der Zeit, sich unter solchen Umständen die Kraftprobe der Abschlussprüfung zu ersparen, wie die Kommentare zu den Schulabgängern verschiedener Jahrgänge belegen.

Harzen erwarb seine profunden Griechisch- und Lateinkenntnisse in Altona. Der Lehrplan des Christianeums war jedoch nicht auf den altsprachlichen Bereich beschränkt, sondern sah auch Englisch und Französisch vor.[9] Deutsche Literatur, Philosophie und Geschichte wurden ebenso unterrichtet wie Mathematik, Physik und Naturgeschichte.[10] Harzens vielseitige Interessen scheinen durch dieses komplexe Lehrangebot geweckt worden zu sein, auch wenn der Unterricht bisweilen wechselnde Qualität aufwies. So eilte zum Beispiel den Geschichtsstunden, die während Harzens gesamter Schulzeit vom Konrektor Hans Hinrich Vogler erteilt wurden, der Ruf voraus »gräulich; academisch in der äußeren Form, langweilig in ihrem Gehalt«[11] zu sein. Dennoch stand den Schülern ein umfassendes Ausbildungsangebot zur Verfügung, das sie ihren Neigungen entsprechend nutzen konnten.

Eine besondere Beziehung verband Harzen mit seinem Zeichenlehrer Jes Bundsen.[12] Der dänische Maler war seit 1795 Professor am Christianeum und verstand es, Harzen und einen Kreis kunstinteressierter Schüler der Oberstufe auch über die Schulzeit hinaus an sich zu binden. Bundsen legte sein Augenmerk auf das Zeichnen nach der Natur und vermittelte seinen Schülern Kenntnisse in den druckgraphischen Techniken. Bei Bundsen lernte Harzen den zukünftigen Mediziner Salomon Ludwig Steinheim kennen, mit dem ihn eine lebenslange Freundschaft verband.

Steinheim war seit 1804 Schüler des Gymnasiums. In seinen in Form von fragmentarischen Aufzeichnungen überlieferten Memoiren berichtet er von einer Schulzeit, in der die Mitschüler, »die einander nicht gleichgültig blieben«, eine feste Gemeinschaft bildeten, sich im Studium eng zusammenschlossen und »durch lebhaftere Empfindungen sich einigen Schwung mitzuteilen« geneigt waren.[13] Zu diesem Freundeskreis zählte neben Harzen auch Johann Heinrich Ludovig Roscher, der Sohn eines Syndicus aus Lüneburg, der im selben Jahr wie Steinheim eingeschult worden war.[14]

Übergang in das Berufsleben

1807 veröffentlichte der *Altonaische Mercurius* zwei Bekanntmachungen des königlichen Schleswig-Holsteinischen Leihe-Instituts, einer Kreditanstalt, denen zufolge Har-

9 Christianeum, Hamburg, Archiv, G. Roepelius: Lehrerinnen und Lehrer des Christianeums seit 1738, unveröffentlichtes Manuskript o. J.

10 Franklin Kopitzsch: Vom Unterricht im Christianeum vor 200 Jahren, in: 250 Jahre Christaneum 1738–1988. Festschrift, hrsg. von Ulf Andresen u. dem Verein Freunde des Christianeums, Bd. 1, Hamburg 1988, S. 49–55.

11 Zitiert nach Kopitzsch 1988, S. 53.

12 Franklin Kopitzsch, Dierk Brietzke (Hrsg.): Hamburgische Biografie, Bd. 1, Hamburg 2001, S. 65–66.

13 Hans-Joachim Schoeps: Salomon Ludwig Steinheim zum Gedenken, Leiden 1966, Ausgabe 1987, S. 222.

14 Christianeum, Hamburg, Archiv, Matrikel des Christianeums II, S. 89, Nr. 172.

zen, der die Schule im März 1805 verlassen hatte, mittlerweile erfolgreich im Finanzwesen tätig war und eine enge Zusammenarbeit mit den führenden Kaufleuten Altonas pflegte. Diese Annonce war außer von Harzen von »Lawaetz« und »Gebauer« unterzeichnet.[15]

Mit Blick auf diese berufliche Entwicklung scheint es nahe liegend, dass Nicolaus Harzen seine Kontakte zum Kopenhagener Bankwesen hatte spielen lassen und seinen jüngsten Spross zur Ausbildung in die Altonaer Niederlassung der Species-Bank oder in das Leihe-Institut schickte. Angesichts der engen Verbindung zu den Lawaetzens wäre es auch denkbar, dass Harzen einen Teil seiner Lehrzeit möglicherweise in diesem Familienunternehmen absolvierte und dann in die Kreditanstalt wechselte. Belegen lässt sich ein solcher Werdegang allerdings nicht, da sämtliche Dokumente aus Harzens Jugendjahren vernichtet wurden.

Am 6. Oktober 1807 wurde im *Altonaischen Mercurius* die bevorstehende Schließung der Schleswig-Holsteinischen Species-Bank angekündigt.[16] Sollte Harzen dort tätig gewesen sein, wäre eine berufliche Veränderung notwendig gewesen. In den nachfolgenden Jahrgängen des *Mercurius* findet sich sein Name unter den Bekanntmachungen nicht mehr. Das Altonaer Adressbuch weist Georg Ernst Harzen erst fünf Jahre später mit einem eigenständigen Eintrag aus. 1813 lautete seine Berufsbezeichnung »Commis«. Harzen war zu dieser Zeit kaufmännisch oder als Makler tätig und wohnte in der »Kl. Mühlenstrasse 156«.[17]

Altona – Hamburg. Das gesellschaftliche Umfeld

Harzens Kindheit fällt noch in das sogenannte Goldene Zeitalter Altonas, eine Zeitspanne wirtschaftlicher Blüte, die erst 1807 mit dem Beginn der auch für Dänemark gültigen Kontinentalsperre ihr Ende fand.[18] Trotz eines relativen Wohlstandes beeinflusste in den 1790er Jahren ein Anstieg der Teuerungsrate das wirtschaftliche und soziale Leben

15 Altonaischer Mercurius Nr. 154, 25.9.1807, S. 2936; ebd. Nr. 158, 2.10.1807, S. 3000. Commerz-Intendant und Bankdirektor Anton Friedrich Gebauer ist zu dieser Zeit für die Finanzverwaltung der zur Schleswig-Holsteinischen Species-Bank gehörigen Kreditanstalt verantwortlich gewesen. Die Familie Lawaetz war in Altona sowohl unter den Kaufleuten wie im Bankwesen etabliert. Seit Gründung der Altonaer Giro- und Leihbank im Jahr 1776 arbeitete Johann Daniel Lawaetz für das Geldinstitut und war als Oberrevisor der Schleswig-Holsteinischen Species-Bank möglicherweise auch mit Aufgaben des Leihe-Instituts betraut. Sein älterer Bruder Heinrich Wilhelm Lawaetz, ehemals Syndicus des adeligen Klosters Uetersen, wechselte 1801 in das Leihe-Institut, wo er bis zur Auflösung der Kreditanstalt im Jahre1813 arbeitete. Welcher der Lawaetz-Brüder nun mit seinem Namenszug verantwortlich zeichnete, ist ungesichert. Offen bleibt auch, welche Aufgaben Harzen in dem dänischen Geldinstitut bekleidet hat. Siehe dazu Julia Berger: Ein Bankier auf dem Dorf. Anton Friedrich Gebauers Landhaus in Othmarschen (1806), in: Ulrich Schwarz (Hrsg.): Christian Frederick Hansen und die Architektur um 1800, Berlin 2003, S. 37.

16 Altonaischer Mercurius Nr. 160, 6.10.1807, S. 3030.

17 Altonaer Museum für Kunst u. Kulturgeschichte, Stiftung Historische Museen in Hamburg, Bibliothek, Altonaer Adressbücher, 1813–1819.

18 Siehe dazu Hajo Brandenburg: Die Geschichte Altonas, hrsg. vom Altonaer Museum in Hamburg – Norddeutsches Landesmuseum, Hamburg 2000.

in Altona. Die große Zahl von Emigranten, die sich bevorzugt in »Hammonias beneideter Nebenbuhlerin«[19] niederließen, führte zu Engpässen auf dem Wohnungs- und Arbeitsmarkt. Während die großen Handelshäuser – Smissen, Baur, Donner, Matthießen und Lawaetz – von der stetig wachsenden Bevölkerung profitierten, wuchsen die Nöte der unteren Schichten.[20] Die gesellschaftliche Struktur Altonas war der Hamburgs vergleichbar. Einer verhältnismäßig kleinen Oberschicht, bestehend aus Fernhandelskaufleuten, Unternehmern und höheren Beamten, sowie einer oberen Mittelschicht, die sich aus Kaufleuten und Gewerbetreibenden rekrutierte, stand eine mindestens die Hälfte der Bevölkerung umfassende in großer Armut lebende Unterschicht gegenüber, die am Wohlstand in Altona kaum partizipierte.

Harzens Werdegang legt nahe, dass seine Familie von sozialen Einschnitten kaum betroffen war, sondern, bedingt durch den Beamtenstatus des Vaters, in gesicherten Verhältnissen lebte. Seine Integration am Christianeum und die spätere Einbindung in den Kreis von Kunstfreunden um Bundsen weisen ebenso wie die Kontakte zu den Lawaetzens auf eine gehobene gesellschaftliche Stellung hin. Die Situation der Familie spiegelt sich auch in den Einträgen der Altonaer Adressbücher, an denen die Stabilität der Lebensverhältnisse Harzens ablesbar ist.[21]

Bis 1806 wohnten die Harzens in der zwischen Königstraße und Pailmaille gelegenen Kleinen Mühlenstrasse 120, nahe dem jüdischen Viertel an der Peripherie zum wohlhabenden Süden Altonas (Abb. 1).[22] Dem Eintrag im Adressbuch von 1805 ist zu entnehmen, dass Nicolaus Harzen mittlerweile zum Justizrat befördert worden war. Drei Jahre später zog Georg Ernst mit seinen Eltern in die Große Freiheit 16, wo die Familie bis 1812 lebte, dem wahrscheinlichen Todesjahr des Vaters. Die im Osten Altonas gelegene Freihandelszone in unmittelbarer Nachbarschaft Hamburgs zählte zu den wohlhabenden Stadtteilen, und der Umzug dorthin bedeutete einen sozialen Aufstieg. Mit dem Tod des Vaters ging offenbar eine wirtschaftliche Zäsur einher, denn 1813 kehrte der 23-jährige Harzen – vielleicht sogar als mittlerweile selbstständiger Kaufmann – in den Stadtkern Altonas zurück, wo er mit seiner Mutter zusammenlebte. 1816 zogen beide erneut in den Osten der Stadt um, in die Johannisstraßsse 193, wo Harzen bis zu seinem Aufbruch nach Italien wohnen blieb.[23] Dieser letzte Wohnungswechsel veranschaulicht, dass es ihm offensichtlich in nur wenigen Jahren gelungen war, zum erfolgreichen Kaufmann zu avancieren.

Bildung und die Erziehung zur Rücksichtnahme haben Harzens Jugend in Altona geprägt und ihn vielleicht schon früh mit den Ideen der Aufklärung in Berührung ge-

19 Zitiert nach Franklin Kopitzsch: Grundzüge einer Sozialgeschichte der Aufklärung in Hamburg und Altona, 2. Auflage, Hamburg 1990, S. 225.

20 Kopitzsch 1990, S. 228–231.

21 Altonaer Museum für Kunst u. Kulturgeschichte, Stiftung Historische Museen in Hamburg, Bibliothek, Altonaer Adressbücher, 1804–1832.

22 Hajo Brandenburg: Die Sozialstruktur der Stadt Altona um 1800, Phil. Diss., Rostock 2000, S. 401–410.

23 Seine Mutter, die verwitwete »Justizräthin Harzen«, zog in die »Gr. Bergstrasse 392«, wo sie laut Eintrag der Altonaer Adressbücher bis 1832 lebte.

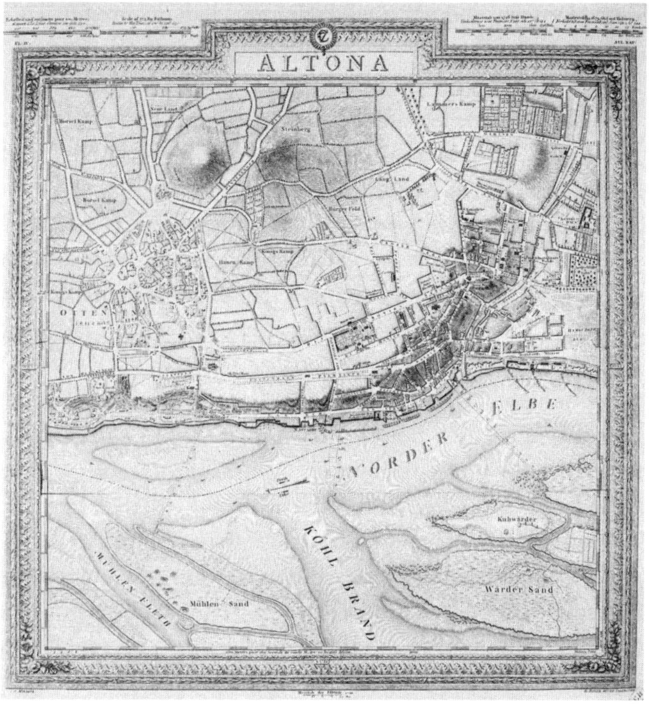

Abb. 1 Karte von Altona, 19. Jahrhundert, Altonaer Museum für Kunst und Kulturgeschichte

bracht. Das Christianeum ist für die Heranwachsenden eine Wiege gelebter Toleranz gegenüber Andersdenkenden und Andersgläubigen gewesen. In der Zeitspanne von 1778 bis 1815 zählte das Gymnasium 110 jüdische Schüler. Dass eine staatliche Bildungseinrichtung den Besuch nichtlutherischer Christen gestattete und sich für die anderswo bedrängten und schikanierten Juden öffnete, spiegelt das gesellschaftliche Einvernehmen einer Stadt, in der die Rechte und die Entfaltungsmöglichkeiten jedes Einzelnen geachtet wurden.[24] Wie stark diese Toleranz auch in die schulische Erziehung eingeflossen ist, belegen die Matrikel des Christianeums, in denen die Religionszugehörigkeit und der gesellschaftliche Status festgehalten wurden. Harzen scheint in einer offenen Atmosphäre aufgewachsen zu sein. Dass er von Haus aus weder Ressentiments noch Berührungsängste kannte, deutet die erste Anschrift der Familie – in der Nähe der Synagoge gelegen – ebenso an wie seine lebenslange Freundschaft mit Steinheim.

24 Die politische und wirtschaftliche Oberschicht suchte die Begegnung mit religiösen Minoritäten, die in den gemeinnützigen Institutionen, dem Altonaischen Unterstützungs-Institut von 1799 und der seit 1812 existierenden Schleswig-Holsteinischen patriotischen Gesellschaft, in eine tätige Zusammenarbeit mündete. Vgl. Kopitzsch 1990, S. 235–236.

Eine besonders enge Verbindung pflegte Harzen zu dem Hamburger Kaufmann und Kunstsammler Michael Speckter, Kompagnon von Hülsenbeck, Runge & Co. und Begründer der ersten lithographischen Anstalt der Hansestadt. Die wohlwollende Förderung, mit der Speckter Harzens berufliche Anfänge als Kunsthändler begleitete, deutet auf ein vielleicht bis in die Altonaer Jahre zurückreichendes freundschaftliches Verhältnis, das sich auf weltanschauliche Übereinstimmungen gegründet zu haben scheint.[25] Die Anzeigen im *Altonaischen Mercurius* dokumentieren die wirtschaftlichen Verflechtungen zwischen Hamburg und Altona. Die Handelshäuser setzten auf eine florierende Zusammenarbeit, so dass Harzen mit Speckter auf rein beruflicher Ebene hätte in Kontakt kommen können, doch die Protektion, die ihm zuteil wurde, lässt ein tieferes Interesse erkennen.

In Hamburg verkehrten beide in denselben Kreisen. Sie pflegten enge Kontakte zu den Buchhändlerfamilien Perthes, Besser und Mauke sowie zu David Christopher Mettlerkamp, dem engagierten Graphiksammler und späteren Initiator des Hamburger Kunstvereins.[26] Viele dieser Beziehungen scheinen auf Michael Speckter zurückzugehen, der den kunstinteressierten jungen Kaufmann aus Altona in der Hansestadt einführte. Harzens enge Freundschaft mit Wilhelm Perthes in Gotha, dem Neffen des in Hamburg ansässigen Buchhändlers und Verlegers Friedrich Christoph Perthes, und die Verbindung dessen Familie nähren die Vermutung, dass auch seine Begeisterung für Kunst und Literatur dazu beitrug, ihm den Weg in die Hansestadt zu ebnen.

Nicht auszuschließen ist, dass Harzen die 1796 von Perthes gegründete und später von ihm mit Johann Heinrich Besser gemeinsam betriebene Sortimentsbuchhandlung schon in jungen Jahren und auf Anregung Bundsens kennen gelernt hat. Das seit 1805 am Jungfernstieg 22 ansässige Geschäft offerierte gebundene Bücher – im Gegensatz zu den üblichen ungeschnittenen Druckbogen – und überregionale Zeitungen zur Lektüre vor Ort. Geworben wurde mit einer ansprechenden Schaufensterauslage, die das einsehbare Sortiment anpries, und vor allem mit bereitstehenden Sitzgelegenheiten für die interessierte Leserschaft.[27] Das Lokal avancierte – einer öffentlichen Bibliothek durchaus ebenbürtig und mit einem Debattierclub vergleichbar – zum Mittelpunkt von Hamburgs Geistesleben. Hier fand sich der Freundeskreis um Speckter, Daniel Runge und den Maler Heinrich Joachim Herterich ein, der vielleicht auf den jungen Harzen aufmerksam geworden ist.[28]

25 Speckter war ehemals Teilhaber der 1793 gegründeten Kommissions- und Speditionshandlung Hülsenbeck, Runge & Co. Nachdem es 1807 zur Auflösung der Firma gekommen war, firmierte das Handelshaus im selben Jahr neu. Bis 1818, dem Gründungsjahr seines lithographischen Betriebes, führte Speckter die Geschäfte gemeinsam mit Friedrich August Hülsenbeck weiter. Vgl. Veronika Braunfels: Otto Speckter (1807–1871). Illustrator und Lithograph in Hamburg, Hamburg 1995, S. 14.

26 Kurt Detlev Möller: Johann Daniel Runge, der Bruder des Malers Philipp Otto Runge, in: Hamburger geschichtliche Beiträge. Festschrift Hans Nirnheim, Hamburg 1935, S. 179–182.

27 Dirk Moldenhauer: Perthes, in: Kopitzsch, Brietzke 2001, S. 234–235.

28 Inge Grolle: Friedrich Christoph Perthes, Hamburg 2004, S. 44–45.

Der Altonaer Zeichenkreis um Jes Bundsen

Jes Bundsen hatte sich in vielfältiger Weise um das kulturelle Leben seiner Wahlheimat Altona bemüht. Nach dem erfolgreichen Abschluss einer akademischen Künstlerausbildung in Kopenhagen und Dresden arbeitete er als Zeichenlehrer für die Familie von Baudissin auf Gut Knoop in Schleswig-Holstein. Auf diese Tätigkeit mag sein Engagement zurückzuführen sein, die Beschäftigung mit Kunst auch in Altona als allgemeinen Bildungsinhalt zu etablieren und in die Erziehung junger Menschen einzubinden. Jenseits seiner Professur am Christianeum rief er mit dem Landschaftsmaler Friedrich Rosenberg eine Sonntagsschule ins Leben, die Handwerkslehrlingen unentgeltliche Zeichenkurse anbot.[29] 1819 zählte er zu den Mitbegründern der Altonaer Kunstausstellung, einem »Verein vaterländisch gesinnter Künstler und Kunstfreunde«, der es sich zur Aufgabe gemacht hatte, durch öffentliche Gemäldeausstellungen das Interesse für heimatliche Künstler zu wecken.[30] Diese Institution, die zum Vorbild für Harzens späteres Engagement in Hamburg wurde, ist aus dem 1812 gegründeten Kunstverein in Altona – dem zweitältesten deutschen Kunstverein – hervorgegangen. Dessen Gründungsgeschichte hielt Bundsen 1828 in seinen *Aufnotierungen* fest.

»Die Gesellschaft versammelte sich [...] von [...] October 1812 bis zum [...] April 1813 [...] im Degetaischen Gasthof in der großen Mühlenstrasse [...]. Hier wurden Gemälde in Oel-Farben von älteren und neueren Künstlern aufgestellt, Handzeichnungen, Radierungen, Kupferstiche u.d.gl. zum Besehen und zum Beurtheilen hingelegt. Auch wurden zuweilen Abhandlungen über irgend einen Gegenstand der Kunst vorgelesen.«[31]

Zu den Mitgliedern zählten Harzen, ein Mitglied der Familie Lawaetz, Roscher und Steinheim, die Maler Bundsen, Anton Carl Dusch und Rosenberg; ferner der Maler und Lithograph Carl Friedrich Kroymann, der Landschaftsmaler Ludwig Philipp Strack und der dänische Architekt Christian Frederick Hansen. Neben den Künstlern fanden hier auch Geistliche, Politiker, Ärzte, Lehrer und Kaufleute – darunter Conrad Hinrich Donner – in ihrer Neigung zur Kunst zusammen.

»Diesem in manchem Betracht interessanten Verein«, resümierte Bundsen, »hätte man wohl längere Fortdauer wünschen mögen; aber die in den Jahren 1813 und 1814 erfolgten unruhigen Zeiten erlaubten es nicht. Es erfolgte nun eine fast gänzliche Stille in Ausübung der Kunst und nur wenig Bedeutendes ward in einem Zeitraum von 4 Jahren hier ausgeführt.«[32]

Dass es 1813 während der sich zuspitzenden Auseinandersetzung zwischen dem von französischen Truppen besetzten Hamburg und dem zu Napoleons Verbündeten zäh-

29 Elimar Heinz Beilcke: Jes Bundsen und der König von Dänemark, Hamburg 2004, S. 142–143.

30 Verzeichnis der von dem Vereine vaterländischer Künstler und Kunstfreunde veranstalteten zweiten Ausstellung von Kunstwerken, Altona 1821.

31 Altonaer Museum für Kunst u. Kulturgeschichte, Stiftung Historische Museen in Hamburg, Bibliothek, Jes Bundsen: Aufnotierungen am Schlusse des Jahres 1828, unveröffentlichtes Manuskript, S. 16.

32 Ebd. S. 17.

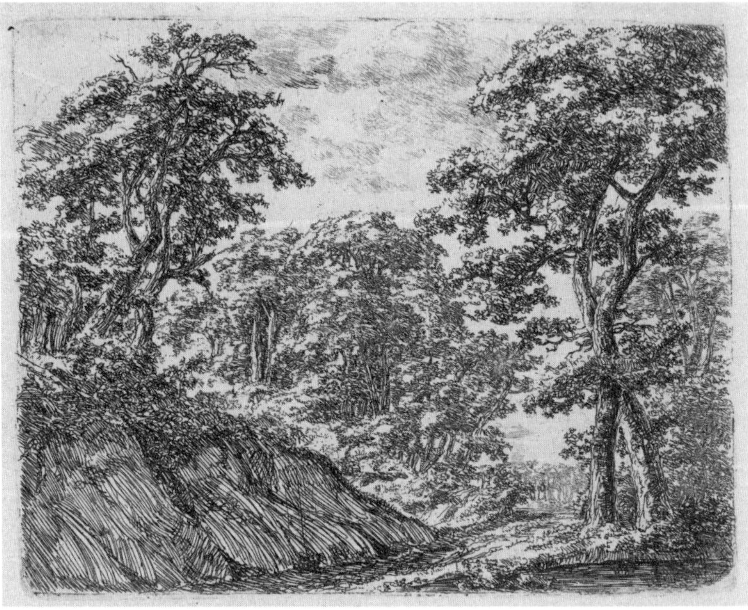

Abb. 2 Georg Ernst Harzen, Weg durch das Gehölz, Radierung, Hamburger Kunsthalle, Kupferstichkabinett

lenden dänischen Altona nicht zum Stillstand aller künstlerischen Aktivitäten gekommen ist,[33] zeigen die Zeichnungen und Radierungen von Harzens Hand. Bis in die 1820er Jahre hat in Altona ein privater Kunstzirkel existiert, der auf Bundsens unermüdlichen Einsatz zurückzuführen ist und dem neben Harzen seine Jugendfreunde Steinheim, Roscher und Lawaetz und wahrscheinlich auch andere Mitglieder des Altonaer Kunstvereins angehörten.

Harzens Blätter im Kupferstichkabinett der Hamburger Kunsthalle sind sämtlich zwischen 1804 und 1826 datiert, was andeutet, dass sich sein Interesse an der eigenen künstlerischen Arbeit erst nach der Schulzeit entwickelte. Steinheim und er haben während dieser Jahre gemeinsam gezeichnet und radiert. Harzen scheint dabei die treibende Kraft gewesen zu sein, er leitete den Freund an, sein Auge mittels eigener Versuche zu schärfen. Die in der Hamburger Kunsthalle bewahrten Radierungen legen ein Lehrer-Schüler-Verhältnis nahe.[34] Steinheims Arbeiten sind deutlich ungelenker als Harzens und wirken fast kindlich naiv in der Darstellung der Natur (Abb. 2). Eine Radierung mit dem Motiv einer Flusslandschaft widmete Steinheim seinem Freund und Lehrer: »E. Harzen amico cui docenti has artis primitas gratus debeo S. L. Steinheim Dr. Altona.« Die Bezeichnung auf einer radierten Waldlandschaft gibt über die Art und Weise der

33 Eckhard Klessmann: Geschichte der Stadt Hamburg, Hamburg 1981, S. 319–329.
34 G.-H. Goemann: Steinheim als Radierer, in: Schoeps 1987, S. 325–326.

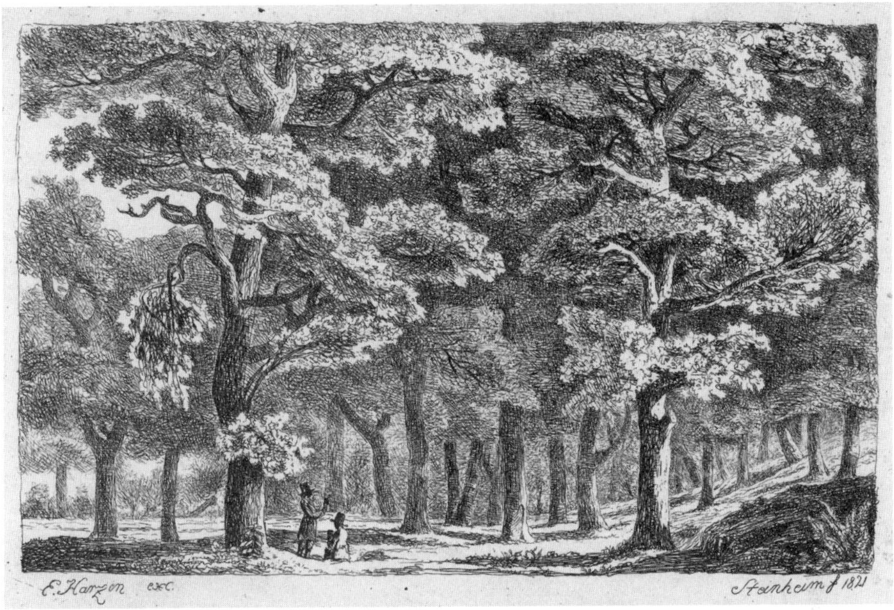

Abb. 3 Salomon von Steinheim, Flusslandschaft, Radierung, 1821, Hamburger Kunsthalle Kupferstichkabinett

Zusammenarbeit Auskunft: »E. Harzen exc. Steinheim fec. 1821«, Stecher von Steinheims Entwurfszeichnung ist der Inschrift zufolge Harzen gewesen (Abb. 3). Im selben Jahr muss diese künstlerische Zusammenarbeit ihr Ende gefunden haben, und vielleicht hatte Steinheim dies zum Anlass genommen, sich bei seinem Freund mit einer Widmung für die gemeinsamen Jahre des künstlerischen Studiums zu bedanken. 1826 endete auch Harzens Arbeit als Radierer mit dem Blick auf das bei Trittau gelegene *Grönwohlde*. Das Zeichnen in der Natur während seiner Reisen hat er hingegen nie aufgegeben.

REISE NACH ITALIEN 1819–1820

Aufbruch

Im Frühjahr 1819 löste Harzen seinen Wohnsitz in Altona auf und trat eine fast zweijährige Reise an, die ihn durch Deutschland bis nach Salzburg und Wien und von dort weiter nach Rom und Neapel führte. Alleiniges Zeugnis dieser Unternehmung bilden seine Notizen vom ersten Teil der Fahrt, die den Brand von 1842 unversehrt überstanden.[35] Die fragmentarischen Aufzeichnungen veranschaulichen, dass diese Exkursion der Kunst gewidmet war. Harzen besuchte Museen, Privatsammlungen, Kunsthändler und Verleger sowie Kunstwissenschaftler und Künstler.

»April 1819 Abfahrt.
[...] Bergedorf Lüneburg
Uelzen Braunschweig Siersdorpff. Museum Dir[ektor] Wietsch
Wolfenbüttel Halberstadt«.

In Braunschweig machte Harzen erstmals ausführlicher Station, um die Kunstsammlung des C. H. von Siersdorpff zu besichtigen. Der Besitzer hatte bereits 1816 mit einem ausführlichen Katalog für den Besuch seiner privaten Galerie geworben. Sowohl die knapp hundert Exponate prominenter Maler umfassende Altmeistersammlung wie auch die im höchsten Maße provozierende Vorrede, die der Besitzer dem Katalog vorangestellt hatte, mögen Harzen gereizt haben, sich ein eigenes Urteil zu bilden.

»Nicht immer, sogar selten ist es der Fall, dass Freude an Malerei und Liebe zur Kunst eine Gemälde-Sammlung veranlasst haben«, heißt es in von Siersdorffs Geleitwort, »oft liegen dabei Handel und Gewinnsucht, oft Ehrgeiz und Stolz [...], oft Mode und Wahn, der vornehme Mann müsse auch Kunstbeförderer seyn [...] zum Grunde [...], dass man Gemälde-Sammlungen aller Art, und oft darin das sonderbarste lächerlichste Zeug zusammengebracht antrifft; so siehet man oft bei Glücksrittern und Neureichen in großen Städten das elendeste Geschmiere in prächtigen Rahmen hängen [...] und oft werden dabei die elendesten Copien [...] für Werke der größten Meister ausgegeben. [...] Ein gewisser Kunstdünkel, Kunstschwindel, Kunststolz, oder wie man es nennen möchte, macht denn gewöhnlich solche Sammler zuletzt gleichsam blind [...].«[36]

Solcherart Verlautbarung, die Kennerschaft und Qualität als alleingültige Richtlinie anerkennt, musste bei Harzen einen tiefen Eindruck hinterlassen. Seine späteren Äußerungen zum Aufbau von Kunstsammlungen lassen keinen Zweifel daran, dass diese Haltung für ihn schon zu Beginn seiner Sammeltätigkeit Direktive war, und die er auch Kollegen und Sammlerfreunden ans Herz legte. Umso bedauerlicher ist es, dass Harzens Urteil über diesen Kunstbesitz angesichts der hären Ziele Siersdorffs nicht überliefert ist.

35 Hamburger Kunsthalle, Kupferstichkabinett, Archiv 268, NH Ca: 06: 01, Protokoll der Reise 1819–1820. In diesem Kapitel stammen sämtliche Zitate zum Reiseverlauf aus dieser Quelle

36 C.H. von Siersdorpff: Für die Freunde, welche meine kleine Gemälde-Sammlung besuchen wollen, Braunschweig 1817.

Leipzig und Dresden

Harzen reiste über Aschersleben und Halle nach Leipzig weiter. Dort lernte er die Buch- und Graphikhändler Johann August Gottlieb und Rudolph Weigel kennen. Aus dieser Begegnung entwickelte sich eine freundschaftliche wie geschäftliche Verbindung, die von den Dreien bis in ihr hohes Alter gepflegt wurde. Während seines Besuchs in Leipzig traf Harzen auch mit dem renommierten Graphiksammler Heinrich Wilhelm Campe[37] zusammen. Als dieser 1827 große Teile seiner Sammlung aus einer wirtschaftlichen Notlage heraus veräußerte, beteiligte Harzen sich mit der Übernahme von Aufträgen und eigenen Ankäufen an der Auktion.

»Weiterreise allein Dilligence Dresden. Nächtliches Fahren unbeq[uem]. Dresden. Prof. Dahl. Hogens Bergb[ahn] dann Friedrich. Chez daffairs. Prof. Klausen. Gallerie. Rüstkamm[er] unter derselben. Grünes Gew[ölbe]. Großer Garten. Draisine. Meine Fahrt damit Plauisch. Grund. Freiberg.«

In Dresden absolvierte Harzen ein klassisches Programm, wie es die zeitgenössischen Reiseführer empfahlen. Ob er den Gang in das Dresdner Kupferstichkabinett lediglich zu notieren vergaß oder ob ihm diese bedeutende Sammlung im Frühjahr 1819 nicht zugänglich gewesen ist, bleibt ungeklärt. Dass Harzen auch für technische Neuerungen offen war, belegt die Fahrt in den elbaufwärts gelegenen Plauischen Grund. Diesen Ausflug unternahm er auf einer Draisine, einem hölzernen Zweirad nebst Sattel und Lenker. Der als sogenannte »Laufmaschine« patentierte Vorläufer des Fahrrads galt seinerzeit als tollkühne Errungenschaft des Individualverkehrs.

In Dresden suchte Harzen den Kontakt zu Künstlern. Er traf den norwegischen Landschaftsmaler Johann Christian Dahl, der seit September 1818 in der Residenzstadt lebte, und lernte den Kunstliebhaber Henrik Nikolai Clausen kennen, einen dänischen Theologen und Politiker, der zu Dahls Freundeskreis zählte. Beide erinnerten sich lebhaft an ihre Begegnungen mit Harzen.

»Ich bin dieser Tage [...] unterwegs gewesen mit meinen Landesgenossen Herrn Doctor Clausen aus Kopenhagen und Hartzen aus Altona«, hielt Dahl in seinem Tagebuch fest. »Ich habe [...] mit ihm einen Besuch im Plauenschen Grund abgestattet. [...] Er ist ein sehr interessanter und guter Mann, der wahres Gefühl für das Schöne und Gute besitzt. Er fährt morgen früh um 6 Uhr ab und geht über die Schweiz nach Italien. [...] Ich habe versprochen, ihm eines meiner radierten Blätter zu schicken, sobald ich etwas fertig habe.«[38]

»Kunst und Kunstgeschichte waren nicht allein der Zweck seiner Studien«, gedachte Clausen des Freundes Harzen Jahrzehnte später in seinen Lebenserinnerungen, »er lebte mit der tiefsten Seele einziger Empfindsamkeit und mit einem seltenen Kennerblick in der Welt des Schönen. Sein persönliches Wesen war hier von den Gegenständen

37 Siehe dazu Dieter Gleisberg: Heinrich Wilhelm Campe- Glanz und Verhängnis eines Leipziger Gemäldesammlers, Beucha 2000.

38 Oslo, Nasjonalbibliotheket, Ms. 8° 1001; Ms. Film 205, J. C. Dahl, Tagebücher 1819, 16.05 bis 23.05, freundliche Mitteilung und Übersetzung von Tor E. Rössaak.

seines geistigen Interesses gleichsam durchdrungen. Über ihm lag eine ästhetische Feinheit, eine edle Harmonie ausgebreitet, wobei der Anstrich einer Hypochondrie in Verbindung mit einer milden Stimme einen ganz eigenen und fesselnden Eindruck machte.«[39]

Die Beschäftigung mit zeitgenössischer Kunst und der Landschaftsmalerei im Besonderen scheint dem Dresdenbesuch eine außergewöhnliche Intensität verliehen zu haben, die sicher auf Harzens eigene künstlerische Erfahrungen zurückzuführen ist. Die enge Freundschaft, die Dahl mit Caspar David Friedrich pflegte, verhalf Harzen zu einem Zusammentreffen mit dem großen Landschaftsmaler der Romantik. Dass dieses Ereignis für ihn ein willkommener Genuss gewesen ist, offenbaren die Notizen. »Chez d'affairs« – frei übersetzt: welche Gelegenheit –, kommentierte Harzen die unverhoffte Begegnung.[40]

Das anregende Zusammentreffen mit den Dresdner Malern stellte die Weichen für die Weiterreise. Harzen besuchte Freiberg mit seinen mittelalterlichen Kirchen und der seit 1765 existierenden Bergakademie. Das angesehene Institut galt als herausragende Forschungseinrichtung auf dem Gebiet der Montanwissenschaften. Doch neben den naturwissenschaftlichen Forschern suchten seit dem ausgehenden 18. Jahrhundert vermehrt Künstler den Anschluss an die Lehranstalt. Auch Friedrich und Dahl befassten sich mit der wissenschaftlichen Seite der Naturbetrachtung, die sich in empirisch anmutenden Studiensammlungen niederschlug. Der Dichter Novalis war Student der Bergakademie, und der Kreis um Friedrich von Schlegel stand dem Institut ebenfalls nahe. Maler wie Dichter bemühten sich, die unmittelbare und rein künstlerische Auseinandersetzung mit der Natur auch auf wissenschaftlicher Ebene zu vertiefen. Im Umfeld der Bergakademie entwickelte sich eine moderne Landschaftsmalerei, die auf sinnlich-konkreter Anschauung, wissenschaftlicher Beobachtung und ihrer ästhetischen Umformung beruhte.[41]

Die Auseinandersetzung mit solcherart poetischem Naturalismus hinterließ bei Harzen einen tiefen Eindruck, den er im Sinne einer leibhaftigen Erfahrung nachzuvollziehen gedachte. »Sendung des Koffers n[ach] Nürnberg. Weiterreise zu Fuß.« Der Marsch durch die Natur, einer künstlerisch ambitionierten Wanderung durchaus vergleichbar, führte Harzen über Chemnitz und Zwickau bis nach Hof. Der Besuch dort galt dem Dichter Jean Paul: »Jean Paul gesucht u. nicht gefunden.« Erst in Bayreuth, wo der Literat mittlerweile lebte, kam es kurze Zeit später zu einem Zusammentreffen. »J. P. Besuch Bier u. Kuchen. Gespräch über England.« Harzens Motivation, sich mit dem Dichter auszutauschen, ist nicht überliefert. Die Dresdner Erfahrungen scheinen bei ihm jedoch den Wunsch geweckt zu haben, die persönliche Begegnung mit einem mo-

39 Henrik Nikolai Clausen: Mit Leveneds og min Tids Historie, Kopenhagen 1877, S. 80, freundliche Mitteilung von Ulrich Schulte-Wülwer.

40 Hamburger Kunsthalle, Kupferstichkabinett, Archiv 268, NH Ca: 06: 01, S. 1. Harzen unterlief offenbar ein Fehler, richtig heißen müsste es »Quelle d'affairs«.

41 Jenns E. Howoldt u. Uwe M. Schneede (Hrsg.): Expedition Kunst. Die Entdeckung der Natur von C. D. Friedrich bis Humboldt, Ausst.-Kat. Hamburger Kunsthalle, Hamburg 2002, S. 9–16.

dernen, der Romantik verbundenen Schriftsteller zu suchen, der nun, nach Jahren heftiger Anfeindungen, auf dem Gipfel seines Erfolges stand.

Nürnberg

»Muggendorfer Thal zw[ischen] B[ayreuth] und Bamberg. Streitberg. Forellen u. Bier. Nordstein des Röm[ischen] Reichs. [...] Muggendorfer Höhen. Frau Höhleninspectorin Dr. Rosen Führer [...] Bamberg. Rupprecht Maler. Freiherr von Stengel u. s[eine] Schwestern. Wir brauchen keinen Wein. Pommersfelden. Keine Notizen. Sandiger alter Weg über Erlangen nach Nürnberg.«

Den Aufzeichnungen zufolge besuchte Harzen den Luftkurort Streitberg in der Fränkischen Schweiz. Seine Streifzüge führten ihn in die berühmten Kalksteinhöhlen der Region. In Bamberg traf er mit dem Maler und Radierer Friedrich Carl Rupprecht zusammen und pflegte offenbar ein recht geselliges Leben. Anzunehmen ist, dass ein Besuch der Gemäldegalerie des Grafen Schönborn-Wiesentheid auf Schloss Weißenstein der Anlass für den Ausflug nach Pommersfelden war, auch wenn Harzen die Sammlung mit keinem Wort erwähnte.

In Nürnberg besuchte er den Kunsthändler und Graphikverleger Johann Friedrich Frauenholz und lernte dessen Verlagsleiter und späteren Nachfolger Johann Andreas Börner kennen. Frauenholz galt als zentrale Persönlichkeit des süddeutschen Kunstlebens. Er zählte zu einem neuen Verlegertypus der Aufklärungsepoche, dessen berufliches Selbstverständnis sich nicht auf die materielle Gewinnmarge beschränkte, sondern der durch den Vertrieb qualitativ hochwertiger Druckgraphik auf die künstlerische Urteilsfähigkeit interessierter Sammler und Zeitgenossen bewusst einwirkte.[42] In seinem Bestreben, die Entwicklung der bildenden Künste in seiner Heimatstadt zu befördern, sah Frauenholz sich in der Rolle des Vermittlers zwischen der Kunst und dem Publikum. Sein Geschäft wurde wegen seines umfangreichen Sortiments herausragender Exponate weit über Nürnbergs Grenzen hinaus geschätzt. Neben eigenen Verlagswerken verfügte er über ausländische Druckgraphik aus verschiedenen Epochen und Gemälde in größerer Anzahl, die zum Verkauf, aber offensichtlich auch zur Anschauung für das Publikum bestimmt waren. Bei Frauenholz war das gesamte druckgraphische Werk von Albrecht Dürer nebst einigen Handzeichnungen versammelt. Druckgraphiken in verschiedenen Techniken, darunter auch die frühen Schrotschnitte und Nielli, zählten zu einem Bestand, der musealen Charakter hatte. Als Harzen seine eigene Kunsthandlung eröffnete, war Frauenholz für ihn offensichtlich ein richtungweisendes Vorbild, nicht zuletzt weil sein berufliches Ethos auf versierter Kennerschaft beruhte.

Für die eigenen Verlagswerke hatte Frauenholz mehrere Zeichner und Stecher verpflichtet, von denen Harzen einige kennen lernte. Er schloss Bekanntschaft mit Chris-

42 Edith Luther: Der Graphikverlag Frauenholz in Nürnberg. Ein Beitrag zu Graphikhandel und Verlagswesen um 1800, in: Anzeiger des Germanischen Nationalmuseums, Nürnberg 1998, S. 89.

toph Haller von Hallerstein und begegnete Johann Adam Klein, der sich von März bis August in Nürnberg aufhielt.[43] Klein und sein Künstlerkollege Johann Christoph Erhard, die zwischen 1816 und 1819 vorwiegend in Wien lebten, zählten zu einem Kreis junger Nürnberger Künstler, die ihr subjektives Erleben in naturnahen und genrehaft beeinflussten Landschaften wiedergaben. Ihre in Auflagen publizierten Radierungen gehörten zum modernen Verlagsprogramm von Frauenholz, das deutlich auf die Förderung zeitgenössischer Kunst hin angelegt war.[44] Diese Arbeiten weckten Harzens Neugier, weil sie in der Auseinandersetzung mit der heimatlichen Umgebung seinem eigenen Kunstschaffen nahe kamen.

Wien

»Diligence nach Regensburg. […] Mit einem ›Kehlheimer‹ stromabwärts nach Lintz. […] Herüber in 3 Tagen nach Wien. Heller ein Scherub. […] St. Pölten. Wien. Hofr[ath] Welzl v Wellenheim. v Thomsen empf[angen] 6 Treppen hoch am Graben. Wohnung am Bürgerspital. Von Bouckhout Dir[ektor] d. Alb[ertinischen] Sammlung. Hofrath Bartsch. Empf[angen]. v. Prof. Hartmann […] v. Rechberger. Dir[ektor] d Fries Sammlg […].«

Mit dem Eilpostwagen und per Schiff setzte Harzen seine Reise fort. In Wien galt einer der ersten Besuche dem Kunstforscher Joseph Heller, einem versierten Kenner der graphischen Künste, der nur vier Jahre später mit seiner *Geschichte der Holzschneidekunst* und der 1827 erschienenen Biographie Dürers nebst Werkverzeichnis bedeutende wissenschaftliche Grundlagen schuf. »Heller ein Scherub« – gleich einem himmlischen Wächter am Firmament der zeitgenössischen Kunstwissenschaft –, lobte Harzen den jüngeren Kollegen.

Von einem Ausflug in das niederösterreichische Sankt Pölten kehrte Harzen nach Wien zurück, um sich mit Leopold Welzel von Wellenheim zu treffen, einem international geschätzten Sammler von Münzen und Medaillen.[45] Harzen setzte auf ein vielseitiges Interesse, wie es seinerzeit im Handel und Kunsthandel üblich war.

Er besuchte die Albertina, die 1769 von Herzog Albert von Sachsen-Teschen begründete graphische Sammlung, die seit 1783 in der Hofbibliothek aufbewahrt wurde, und traf dort mit Joseph von Bouckhout zusammen, einem der zahlreichen Berater Alberts. Sein nächster Besuch galt Adam von Bartsch, der seit 1794 in gleicher Funktion für den Herzog tätig und als Kustos der Wiener Hofbibliothek mit der Sammlung bestens vertraut war. Internationale Aufmerksamkeit wurde dem Zeichner, Kupferstecher und Kunstforscher als Verfasser des *Peintre Graveur* zuteil. Als Harzen ihn 1819 auf-

43 Marleen Gärtner: Johann Christoph Erhard (1795–1822). Leben und Werk, in: Johann Christoph Erhard (1795–1822) Der Zeichner, Ausst.-Kat. Germanisches Nationalmuseum, Nürnberg 1996, S. 21.

44 Luther 1998, S. 93.

45 Die Zusammenkunft fand möglicherweise bei einem Münzhändler namens Thomsen statt, mit dem Harzen über Kopenhagen in Beziehung stand und der in Wien nun in dem zwischen Stephansdom und Hofburg gelegenen Graben residierte.

suchte, waren die letzten Bände des Gesamtverzeichnisses der europäischen Altmeister-Druckgraphik in Vorbereitung. Doch von weit größerer Wichtigkeit mögen für Harzen die umfassenden Erfahrungen gewesen sein, die Bartsch in seinem langjährigen Umgang mit der »schwarzen Kunst« gesammelt hatte und die die Grundlage zweier Schriften bildeten, deren Veröffentlichung unmittelbar bevorstand. In einem kleinen Heft *Über die Verwaltung der Kupferstichsammlung der K. K. Hofbiliothek*, das 1820 publiziert wurde, hatte Bartsch seine sämtlichen Kenntnisse über den Aufbau und die Ordnung einer graphischen Sammlung zusammengetragen.[46] Die im darauf folgenden Jahr erschienene *Anleitung zur Kupferstichkunde* ist ein Handbuch über die graphischen Techniken.[47] Bartsch fasste darin alles Wissenswerte über die Werkzeuge und die Arbeitsvorgänge zusammen. In aller Ausführlichkeit schreibt er über die Fähigkeit, Echtheit und Wert der Kupferstiche zu erkennen und von Kopien in betrügerischer Absicht zu scheiden. Nahezu alle für Sammler oder Händler relevanten Fragen werden aufgegriffen und in Bezug zum Stand der Forschung erörtert. Dass Bartsch sich der Bedeutung dieser speziellen Kenntnisse bewusst war, die der seriöse Umgang mit Kupferstichen erforderte, veranschaulicht seine Vorrede.

»[…] so ist leicht zu erachten, dass das Studium der Kupferstichkunde für Alle, die es betreiben, ein Unternehmen wird, welches mit ebenso vielen Schwierigkeiten, als großem Zeitaufwand verbunden ist; und es hat mancher Kunstliebhaber, dem es um gründliche Kenntnis zu thun war, viel Zeit und Mühe schon darum verloren […]. Vielleicht bloß wegen dieser Schwierigkeiten war die Zahl gründlicher Kenner jederzeit sehr klein […]. Diesem Übel abzuhelfen, habe ich versucht, die bisher […] weit ausgedehnte Wissenschaft in ein ordentliches System zu bringen […] nach welchem der angehende Kunstbeflissene […] die Wissenschaft gründlich erlernen […] kann.«[48]

Da Bartsch daran gelegen war, den Kreis seriöser Kenner zu erweitern, scheint es naheliegend, dass er dem engagierten Harzen einen gründlichen Einblick in seine Arbeit gewährte. Kurze Zeit nach seinem Besuch standen Harzen dann zwei Handbücher zur Verfügung, die das Fundament seiner Kennerschaft und Sammlungssystematik bildeten.

Ein weiterer Besuch führte Harzen zu dem Landschaftsmaler Franz Rechberger, der die exzellente Kunstsammlung des Grafen Moritz von Fries betreute.[49]

In Wien suchte Harzen Anschluss an Johann Christoph Erhard. In Begleitung der Maler Heinrich Reinhold, Georg Christian Wilder, Ernst Welker und eventuell auch Johann Adam Klein unternahm Harzen mit dem Nürnberger Zeichner eine »Fußreise auf den Schneeberg«. Mit von der Partie war auch der Wiener Kupferstecher Johann Nepumuk Passini, der sowohl für Frauenholz als auch für den Wiener Verleger Artaria arbeitete.[50] Als Harzen und seine Gefährten im Sommer 1819 zu diesem damals sehr

46 Adam von Bartsch: Über die Verwaltung der K. K. Hofbibliothek, Wien 1820.
47 Adam von Bartsch: Anleitung zur Kupferstichkunde, Wien 1821.
48 Ebd. S. III.
49 Vgl. Frits Lugt: Les Marques De Collections De Dessins & D'Estmpes, Amsterdam 1921, Nr. 2903, S.535–536.
50 Ob Johann Adam Klein beim Ausflug zum Schneeberg dabei war, ist nicht gesichert. Harzen benennt ihn unter den Gefährten, doch in der Autobiographie Kleins wird eine solche Exkursion nicht erwähnt. Seinen Auf-

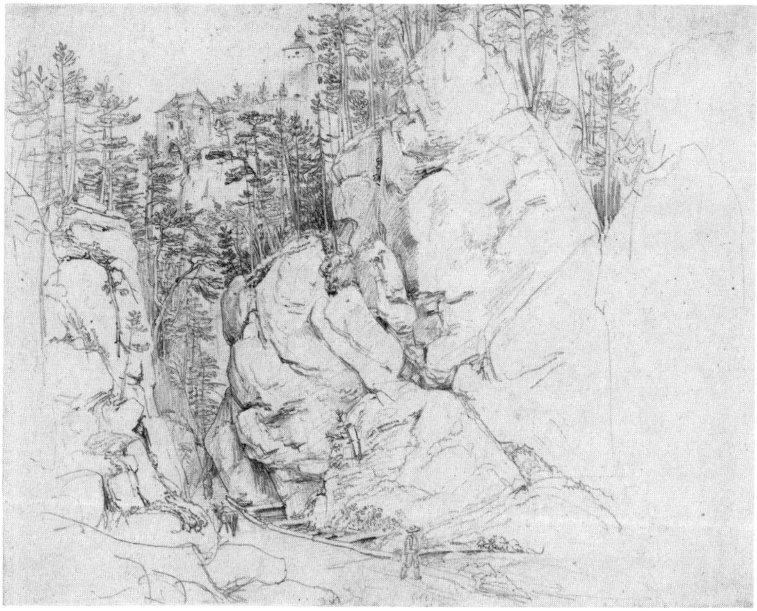

Abb. 4 Johann Christoph Erhard, Schlucht im Gutensteiner Tal, Bleistift, Hamburger Kunsthalle, Kupferstichkabinett

beliebten Ausflugsziel in die steirischen Kalkalpen aufbrachen, folgte er den Freunden auf vertrauten Pfaden, denn die Reisegesellschaft hatte das Gebiet in Nähe der Raxalpe um seiner pittoresken Motive willen erstmals 1817 aufgesucht. Die Blätter von Erhard, die im Verlaufe dieser ersten Wanderung entstanden, zeigen die touristischen Sehenswürdigkeiten aus einem unspektakulären Blickwinkel. Sowohl die *Schlucht im Gutensteiner Tal* (Abb. 4) mit der mittelalterlichen Burg als auch den *Eingang in das Höllenthal* erfasste er als intime Landschaften, an denen das unmittelbare Erleben der Natur ablesbar blieb. Der Verzicht auf eine spektakuläre Inszenierung der Landschaft rückt Erhards Zeichnungen in die Nähe von Harzens künstlerischen Arbeiten und lässt erahnen, was sie miteinander verband (Abb. 5).

Dieser in der Forschung bisher unbekannte Ausflug stellt einige Arbeiten Erhards in einen neuen Zusammenhang. Die 1819 datierte Pinselzeichnung *Rastende Künstler im Gebirge* (Abb. 6) galt lange Zeit als ein »nachträglich im Atelier entstandenes Erinnerungsblatt«, das sich auf einen Ausflug in das Berchtesgadener Land von 1818 bezog.[51] Der Versuch, aus der Bezeichnung die Jahreszahl 1817 herauszulesen, um das mittlerweile als Schneeberg-Landschaft identifizierte Motiv mit einer für diese Zeitspanne verifizierten Exkursion in Zusammenhang zu bringen, ist jedoch hinfällig. Das »denk-

zeichnungen zufolge reiste er im August 1819 von Nürnberg über Mailand nach Rom, was den Weg über Wien jedoch nicht ausschließt. C. Jahn: Das Werk von Johann Adam Klein, München 1863, S. XXX.

51 Ausst.-Kat. Nürnberg 1996, S. 128.

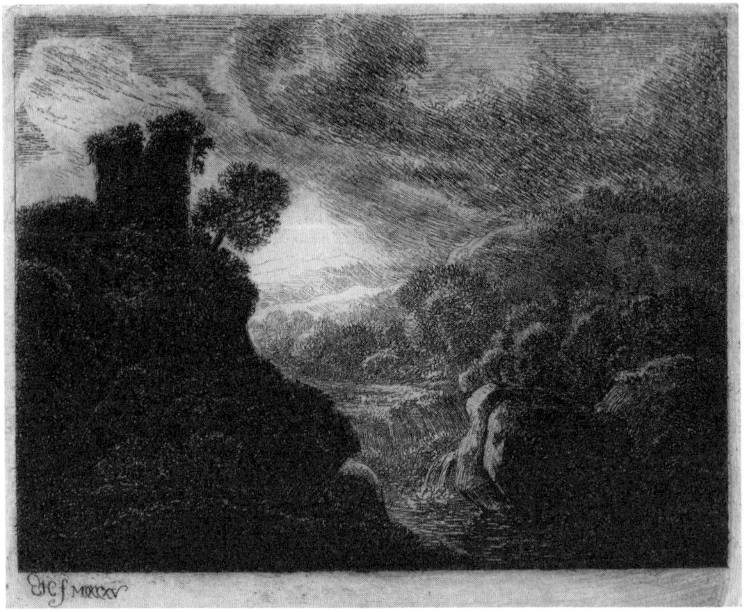

Abb. 5 Georg Ernst Harzen, Landschaft mit Turmruine, Radierung, Hamburger Kunsthalle, Kupferstichkabinett

malgleiche Dokument einer romantischen Künstlerfreundschaft«,[52] das in einer lichten Sommerlandschaft vor weitem Bergpanorama einen zeichnenden und einen ruhenden jungen Mann im Schatten eines Baumes zeigt, bezieht sich auf die Schneeberg-Wanderung von 1819, bei der Harzen dabei war. Eine Reihe anderer Zeichnungen Erhards, die heute der Zeitspanne um 1819 zugerechnet werden, zeigen denselben jungen Mann mit Zylinder als Spaziergänger oder rastenden Naturliebhaber ohne jegliche Ausrüstung zum Malen oder Zeichen, was an Harzen als Begleiter denken lässt.

Mit dem Hinweis auf einen Ausflug in Richtung Schweiz und eine Reise durch das salzburgische Land brechen Harzens Notizen im Spätsommer 1819 ab.

Italien

Aus dem Februar 1820 stammt ein Hinweis, der belegt, dass Harzen sich nunmehr in Italien aufhielt. Eine Radierung von Klein aus dem Jahr 1838, die auf eine Zeichnung vom 6. Februar 1820 zurückgeht, zeigt ihn in der Campagna winterlich bekleidet auf einem Esel sitzend (Abb. 7).

Harzens Bemerkungen zu Erhards Skizzen von der Reise nach Italien in seinem eigens verfassten Sammlungsinventar geben Anlass zu der Vermutung, dass er zugegen

52 Ebd.

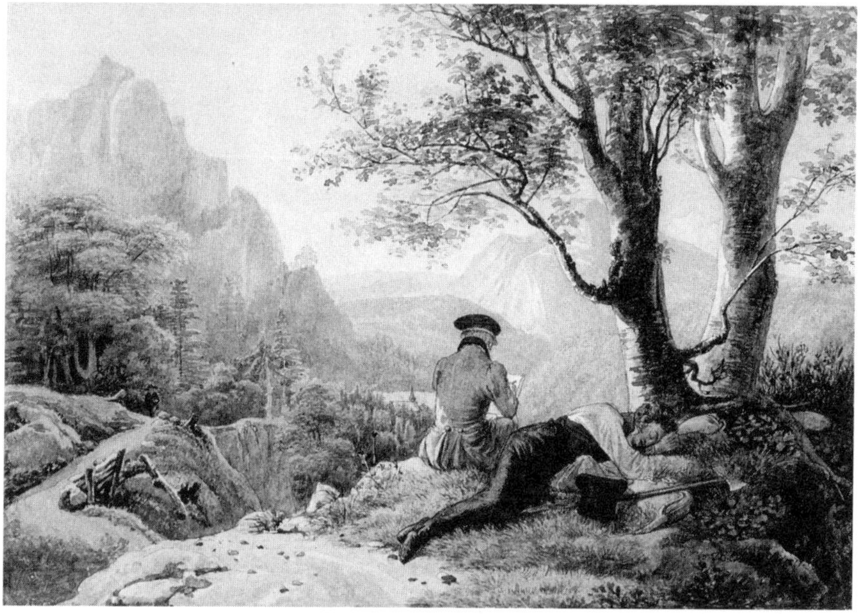

Abb. 6 Johann Christoph Erhard, Rastende Künstler im Gebirge, Feder, Aquarell, Kunsthalle Bremen, Kupferstichkabinett

war.[53] Möglicherweise ist er von Salzburg nach Wien zurückgekehrt, um die Fahrt gen Süden im Oktober gemeinsam mit dem Freund anzutreten. Dass Harzen in Italien viel Zeit mit Erhard und Klein verbrachte, veranschaulichen einige Zeichnungen. Zu der erwähnten Darstellung des reitenden Harzen existiert auch eine von Erhard ausgeführte Variante, die belegt, dass er den Freunden gemeinsam Modell gesessen hat.

Im Verlaufe des Februars reiste Harzen dann nach Neapel weiter, wo er sich die meiste Zeit in dänischer Gesellschaft befand. Clausen, den er dort wieder getroffen hatte, berichtet über einen intimen Kreis, der sich damals um Jean und Susette Dalgas aus Kopenhagen zusammenfand, mit denen Harzen verwandt war.[54] In seinem Nachlass belegt einzig eine Zeichnung vom Golf von Neapel von Pimont aus gesehen diesen Reiseabschnitt.[55]

Die nächste Nachricht stammt vom Juli 1820. In einem Brief an Andreas Börner in Nürnberg berichtete Klein über seine Unternehmungen mit Harzen, die ihn in Begleitung von Erhard in die Berge führten.

»Da ich mich bei meiner obigen Reisegesellschaft verspätet hatte [Klein wollte ursprünglich nach Neapel reisen, Anm. d. Verf.], so ging ich mit Harzen nach Tivoli wo es

53 Hamburger Kunsthalle, Kupferstichkabinett, Archiv 268, handschriftliches Inventar von Harzens graphischer Sammlung, NH Ad: 01. 20, S. 693.
54 Clausen 1877, S. 95.
55 Hamburger Kunsthalle, Kupferstichkabinett, Inv. Nr. 1964/135.

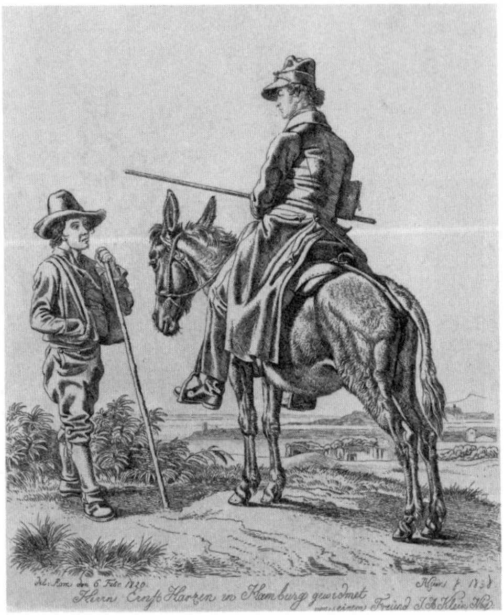

Abb. 7 Johann Adam Klein,
Harzen auf dem Esel, 1838, Radierung,
Hamburger Kunsthalle, Kupferstichkabinett

mir auch sehr wohl gefiel, dort fanden wir auch einen kleinen Zirkel von deutschen Künstlern, wo dann die heißen Mittag- und die kühlen Abendstunden sowohl im traulichen Gespräch als auch im lärmenden Disputieren angenehm verflossen. Die Morgenstunden muß man sehr gut benutzen wenn man was zeichnen will, denn gegen 10 Uhr wird es gewöhnlich grimmig heiß, als erst um 5 Uhr Abends wieder genießbar. Wie man aber von dem ungezogensten Publikum daselbst, sowohl als von den Flöhen, Fliegen und anderem Ungeziefer angefallen und gepeinigt wird, lässt sich fast nicht beschreiben, kurz man muß sich um jede Zeichnung, mit all diesem Pack herumschlagen. Ich kam nach 10 Tagen wieder zurück und ging dann mit Harzen und Erhard nach Albano, Censano, Arriccia, Marino, Grotta Ferrata nach Frascati da wollten wir hier der Hitze ausweichen, hattens aber schlecht getroffen, denn es war so ein arger Scirocco, dass man nichts machen konnte, dabei war die Ferne wie in Rauch gehüllt, und die Sonne stand gegen Abend ohne Strahlen am Himmel. Nichts hatte mehr ein Interesse für uns als die Osterien, wovon keine übersehen ward, zu den Scizzen die ich gemacht habe, setzte ich gleich den Barometerstand von 31 ½ Grad dazu, um mich bei der Nachwelt zu rechtfertigen. Diese herrlichen Gegenden sind freilich der Mühe werth dass man sie noch einmal zu einer besseren Jahreszeit sieht […]. Den 23. [July] kamen wir wieder [nach Rom] in der Meinung Briefe aus dem Vaterlande anzutreffen aber: umsonst.«[56]

56 Nürnberg, Germanisches Nationalmuseum, Archiv, Autograph K 31, Brief von Johann Adam Klein an Andreas Börner, 27.7.1821.

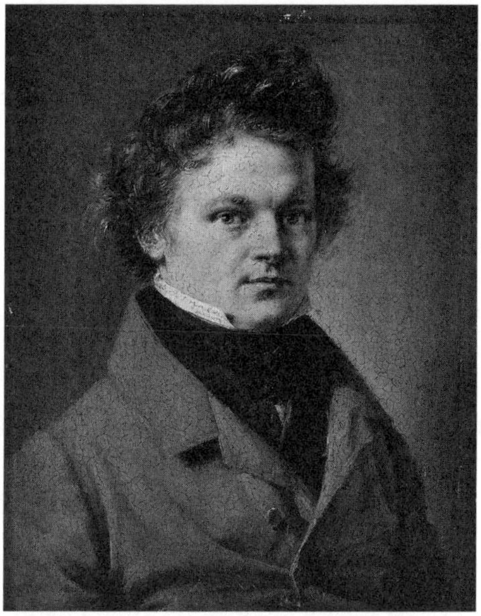

Abb. 8 Christian Albrecht Jensen, Bildnis Georg Ernst Harzens, 1820, Kopenhagen, Privatsammlung

Der Treffpunkt deutscher Künstler in Rom war das Caffè Greco, das für die meisten Ankommenden zum ersten Ziel wurde. Auch Klein erwähnt die regelmäßigen Besuche, die ihn, Erhard und sicherlich auch Harzen mit Joseph Anton Koch, Franz Ludwig Catel und vielen anderen Künstlern und Kunstliebhabern zusammenführten. Dass Harzen diese Gepflogenheit teilte, belegt eine weitere Begegnung mit Dahl. Als der Norweger in Rom eintraf, zeigte er sich hoch erfreut, Harzen, der erst Tags zuvor aus Tivoli zurückgekehrt war, dort vorzufinden. »Montag den 24. Juli abends in Rom angekommen […] Caffè Greco. Freund Jensen, Harzen, Koch und mehrere deutsche Maler gefunden […].«[57]

Wie sehr Harzen in diesen Kreis integriert war und welche Wertschätzung ihm zuteil wurde, veranschaulicht ein Porträt, das der dänische Maler Christian Albrecht Jensen von ihm in Rom gemalt hat (Abb. 8). Das kleinformatige Brustbild ist mit seinem lockeren Duktus im Studiencharakter ausgeführt und rückt in die Nähe zu den im frühen 19. Jahrhundert unter Künstlern gepflegten Freundschaftsbildnissen. Fraglos schätzte man Harzen als Gleichgesinnten.

In jenem Sommer weilten auch der aus Schleswig-Holstein stammende Kunstgelehrte und Kupferstecher Carl Friedrich von Rumohr und sein Zögling, der Zeichner Franz Theobald Horny, zeitweilig in Rom. Mit Rumohr verband Harzen eine langjäh-

57 Oslo, Nasjonalbibliotheket, Ms. 8° 1001; Ms. Film 205, J. C. Dahl, Tagebücher 1820, 24.07, freundliche Mitteilung und Übersetzung von Tor E. Rössaak.

rige und von vielen Kontroversen belebte Freundschaft, die möglicherweise 1820 hier ihren Anfang nahm. Dass die Landpartien Harzen auch nach Olevano und in die Casa Baldi führten, ist anzunehmen. Das in Dorfnähe gelegene Casino der Familie Baldi diente Rumohr, Horny und vielen deutschen Künstlerfreunden in den heißen Sommermonaten als Quartier. Hornys Porträtzeichnungen der Familie Baldi vom Sommer 1820 belegen, dass auch er die Stadt während der großen Hitze mied und sich zeitweise dort aufhielt. Daher ist nicht auszuschließen, dass Harzen und Erhard ihm auf diesem »pittoresken, wie für den Maler hergerichteten Stück Erde«[58] begegnet sind.[59]

Ende Juli 1820 verließ Harzen Rom und trat seine Heimreise an, im Gepäck einige Blätter der Freunde und mindestens 23 Handzeichnungen, überwiegend italienischer alter Meister, die er in Rom erworben hatte.[60]

»Freund Harzen ist heute abgereist«, berichtete Klein an Börner, »er nimmt seinen Rückweg über München u. wahrscheinlich auch über Nürnberg, er wird auch manches mündlich erzählen wozu mir jetzt die Zeit mangelt es zu schreiben.[...].«[61]

In München besuchte Harzen den Kunstwissenschaftler und Kupferstecher Franz Brulliot, einen weiteren ausgewiesenen Kenner der »Kupferstichkunde«. In einem Empfehlungsschreiben vom 7. Mai 1821 legte Brulliot einem namentlich nicht genannten Sammler nahe, in Harzen »einen jungen Mann kennen zu lernen, der auf seinen Kunstreisen sich ausgebreitete Kenntniß erworben, und dem man besonders im Fache der Kupferstichkunde großes Zutrauen schenken darf.«[62]

Auf seiner Rückreise machte Harzen auf Anraten von Johann David Passavant, den er in Rom kennen- und schätzengelernt hatte, auch in Frankfurt Station. Passavant, von Haus gelernter Tuchhändler und Maler, war in Rom im Umkreis Rumohrs zum Kunstkenner avanciert. Er versah Harzen mit weiteren Empfehlungen, die ihm zu wichtigen Kontakten in der Mainmetropole verhalfen. Obwohl die Reise durchweg erfolgreich verlaufen war und Harzen voller Pläne und Tatendrang nach Hause reiste, war ihm der Abschied von Rom und den Freunden schwer gefallen.

»Mit Leidwesen habe ich Rom verlassen, ohne Ihnen mein sehr geehrter Freund [...] ein Lebewohl sagen zu können«, entschuldigte sich Harzen von Altona aus bei Passavant für seinen wortlosen Aufbruch, »indeß werden meine getreuen Landsleute, die mich den sauren Weg zum Thor hinaus geleiteten, gewiß meine freundlichen Grü-

58 Zitiert nach Hinrich Sieveking: Arkadien in den Äquerbergen – Franz Hornys Aufbruch zu einer neuen Landschaftskunst, in: Franz Theobald Horny. Ein Romantiker im Lichte Italiens, Ausst.-Kat. Kunstsammlungen zu Weimar 1998, S. 64.

59 Ausst.-Kat. Nürnberg 1996, S. 39.

60 Harzen führt in seinen Inventaren für 23 Blätter die Provenienz Rom 1820 an, darunter 21 italienische Zeichnungen, eine französische Zeichnung und eine niederländische Zeichnung. Genauere Angaben zu den Umständen des Erwerbs lieferte er nicht. Hamburger Kunsthalle, Kupferstichkabinett, Archiv 268, NH Ad: 01: 02, S. 209–227, S. 259. Vgl. David Klemm: Italienische Zeichnungen 1450–1800 Kupferstichkabinett der Hamburger Kunsthalle, Köln 2009, S. 1.

61 Nürnberg, Germanisches Nationalmuseum, Archiv, Autograph K 31, Brief von Johann Adam Klein an Andreas Börner, 27.7.1821.

62 Hamburger Kunsthalle, Kupferstichkabinett, Archiv 268, NH Ca: 03: 01, Empfehlungsschreiben von Brulliot.

ße an Sie überliefert haben. Wohl war es ein Kreutzweg und noch manchm[al] habe ich davon weichen müssen, bis ich in diesem [...] fast erstarrten Winkel der Erde zur Ruhe gekommen bin, nur um desto stärker die Gewalt des Heimwehs zu fühlen, dass mich, wie mein innigster Wunsch ist und das Ziel aller meiner Anstrengungen seyn soll, wohl endlich wieder nach den glücklichen Italischen Gefilden zurückführt. Mir ist [...] als sey die Sehnsucht zurückzukehren fast größer als damals wo das gelobte Land meiner Wünsche und Träume vor mir lag, und ich weiß nicht wie es werden soll wenn nicht der kommende Frühling mich wieder mit meinem Vaterland aussöhnt.«[63]

63 Frankfurt am Main, Universitätsbibliothek Johann Christian Senckenberg, Ng. Ff. J. D. Passavant A II e, Harzen an Passavant, Brief vom 9.1.1921.

»ERNST HARZEN IN HAMBURG GEWIDMET« – DIE FREUNDE HARZEN, ERHARD UND KLEIN

Der freundschaftliche Umgang, den Harzen, Johann Christoph Erhard und Johann Adam Klein miteinander pflegten, beruhte auf gegenseitiger Sympathie. Als die drei zum Jahresanfang 1820 in Rom wieder aufeinandertrafen, stellte sich Harzen den Malerfreunden hoch zu Esel als Modell zur Verfügung. Klein skizzierte den mit einem dicken Mantel und Hut bekleideten Reiter schräg von hinten (Abb. 9), während Erhard für Mensch und Tier ein strenges Profil wählte (Abb. 10). Die Schläfrigkeit des Esels und Harzens ergebene Körperhaltung machen die arrangierte Pose augenfällig. Dass diesem harmlosen Sujet eine besondere Bedeutung zukommt, die sich nicht sogleich erschließt, belegt die Radierung von Klein (Vgl. Abb. 7). Achtzehn Jahre später wählte er *Harzen auf dem Esel* als Gegenstand für ein Blatt aus, das er dem Freund in dankbarer Erinnerung widmete – »del Rom den 6. Februar 1820, Klein f. 1838. Herrn Ernst Harzen in Hamburg gewidmet von seinem Freund J. A. Klein, Nbg«. Unter den rechten Arm Wanderstab und Buch geklemmt, wendet sich der Reiter nun einem vor ihm stehenden jungen Mann zu, der die Züge des Stechers Johann Nepomuk Passini trägt. Die nachträglich zum Gespräch erweiterte Szene lässt trotz aller Verschiedenheit im Bildausschnitt den Bezug zu den Zeichnungen erkennen.

Aus dem Februar 1845 datiert eine handschriftliche Notiz von Harzen, mit der er sich einige Grundbegriffe des Reitens vergegenwärtigte. »Zurücksetzen. Hacken tief. Lange Bügel. Fußspitze zurück. Zügel ruhig, wenn links herum l.[inker] Zügel kürzer, rechts d. rechten Z.[ügel] […].«[64] Auch 25 Jahre nach jenem Ausflug in die Campagna zählte Harzen nicht zu den versierten Reitern, und so scheint das bloße Wagnis, sich auf den Rücken eines Esels zu begeben, der Anlass für diese zweifache künstlerische Würdigung gewesen zu sein. Dass Erhard dies wiederum dazu verwandte, Harzen »mit freundschaftlicher Ironie in der Rolle eines Don Quichotte« darzustellen, ist als liebenswürdiger Hinweis auf den Idealismus des Freundes und als Ausdruck der Verbundenheit zu deuten.[65] Bemerkt sei an dieser Stelle noch, dass Harzen seinen Reisetagebüchern zufolge auch in späteren Jahren das Reiten nach Möglichkeit vermieden hat.

Am 6. April 1820 zeichnete Erhard Harzen erneut. Das kleine in Bleistift ausgeführte Brustbild zeigt den späteren Kunsthändler im Profil und gibt ihn offensichtlich in einem sich unbeobachtet wähnenden Moment wieder (Abb. 11). Als intime Charakterstudie und in der konzentrierten Beobachtung seines Gegenübers wird es zum Ausdruck einer persönlichen Beziehung, die von gegenseitiger Wertschätzung und Zuneigung

64 Hamburger Kunsthalle, Kupferstichkabinett, Archiv 268, NH Ba V:02, Beilage zu einem Brief an Wilhelm Harzen vom 22.8.1845.
65 Ausst.-Kat. Nürnberg 1996, S. 232.

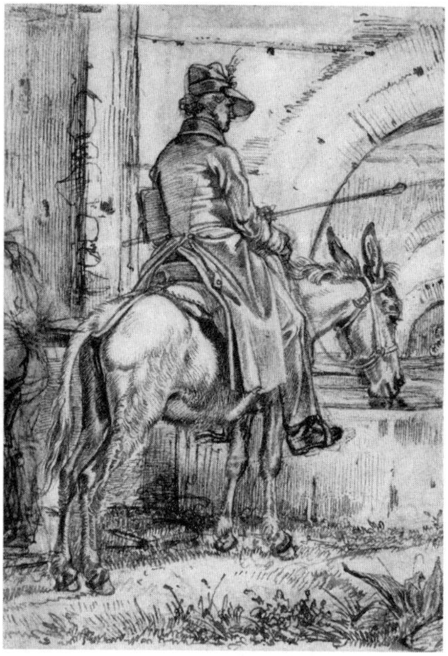

Abb. 9 Johann Adam Klein, Georg Ernst Harzen auf dem Esel, 1820, Bleistift, Hamburger Kunsthalle, Kupferstichkabinett

bestimmt ist. Erhard hätte seine freundschaftlichen Gefühle für Harzen kaum liebenswürdiger äußern können.

Bereits im Winter 1820 litt Erhard an schweren depressiven Verstimmungen. Nach einem ersten Selbstmordversuch im Dezember zog er 1821 in der Hoffnung auf eine Besserung seines Gemütszustands nach Olevano. Doch sein Befinden verschlechterte sich nach nur kurzzeitiger Erholung erneut. Am 20. Januar 1822 nahm sich Erhard an diesem Rückzugsort das Leben. Der in Rom verbliebene Nachlass – darunter Radierungen, Druckplatten und ein großes Konvolut Zeichnungen – ging an seinen älteren Bruder Benjamin in Nürnberg.[66] Nachdem sich die Freunde Reinhold und Klein sowie der Hamburger Maler Johann Joachim Faber vergeblich um das Œuvre bemüht hatten, konnte Harzen wesentliche Teile dieser Hinterlassenschaft erwerben. Insgesamt sind in seinem handschriftlichen Sammlungsinventar 306 Blätter von Erhard aufgeführt, 240 Zeichnungen und 66 Radierungen.

Als Harzen die Blätter inventarisierte, fügte er bisweilen persönliche Kommentare hinzu, die belegen, dass ihm die Umstände ihrer Entstehung oftmals vertraut gewesen

66 Erhard hatte zwei Geschwister gleichen Namens, einen Halbbruder aus erster Ehe des Vaters, den in Berlin lebenden Arzt Benjamin Erhard, und den in Nürnberg als Handwerker ansässigen Bruder, der nach seinem als Taufpaten fungierenden Halbbruder ebenfalls Benjamin genannt wurde. Freundliche Mitteilung von Marleen Gärtner.

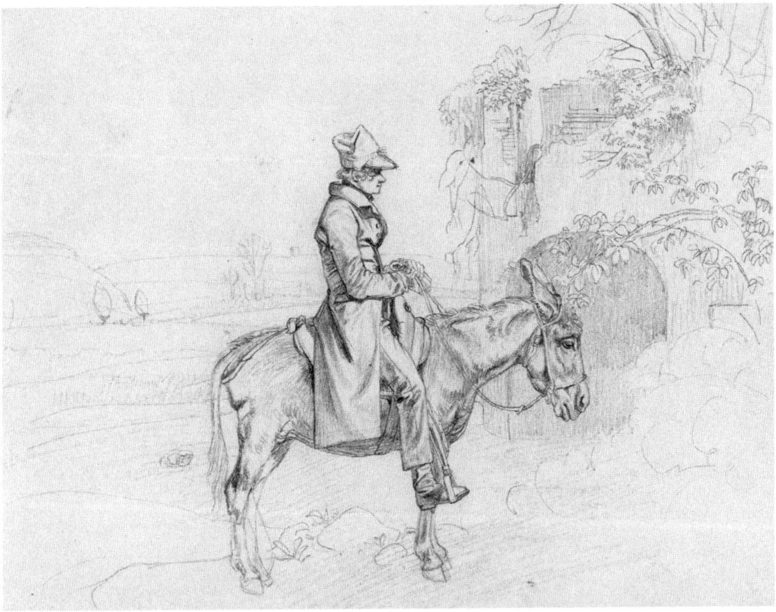

Abb. 10 Johann Christoph Erhard, Georg Ernst Harzen auf dem Esel, 1820, Bleistift, Hamburger Kunsthalle, Kupferstichkabinett

sind.[67] Zu einem Blatt aus der Campagna bemerkte er: »Zeichnung vom Künstler während der Gemüthskrankheit begonnen die sein frühes Ende herbeiführte, aber nicht beendigt wurde, trägt sichtlich die Spuren der deprimierten Stimmung die ihn erfasste; sie ist mit zaghafter Hand kleinlich und [...] desultorisch behandelt. Matt ziellos.«[68] Offensichtlich hatte sich Erhards Erkrankung schon im Sommer 1820 bemerkbar gemacht, und Harzen kannte das Leiden des Freundes aus eigener Anschauung. Von ihm stammt auch die am äußeren Blattrand einer aquarellierten Federzeichnung der Ortschaft Olevano angebrachte Bemerkung: »letzte Arbeit«. Die Genreszene stellt das beschauliche Leben in dörflicher Idylle überzogen und verniedlichend dar. Dass Erhard kurz vor seinem Freitod zu einem Sujet von derartiger Gefälligkeit zurückgekehrt war, nimmt sich angesichts seiner puristischen Campagnalandschaften wie das Eingeständnis seines Scheiterns aus. Die Bedeutung dieses fast zynisch anmutenden Resümees eines Künstlers, der seiner Zeit so weit voraus war, wusste Harzen zu beurteilen.

Als er nach Erhards Tod die Werke des Freundes im großen Umfang erwarb und dabei seinen eigentlichen, auf die altmeisterliche Druckgraphik ausgerichteten Samm-

67 Hamburger Kunsthalle, Kupferstichkabinett, Archiv 268, NH Ad 01: 20, S. 691, handschriftliches Inventar von Harzen graphischer Sammlung.
68 Ebd. S. 696, handschriftliches Inventar von Harzen graphischer Sammlung.

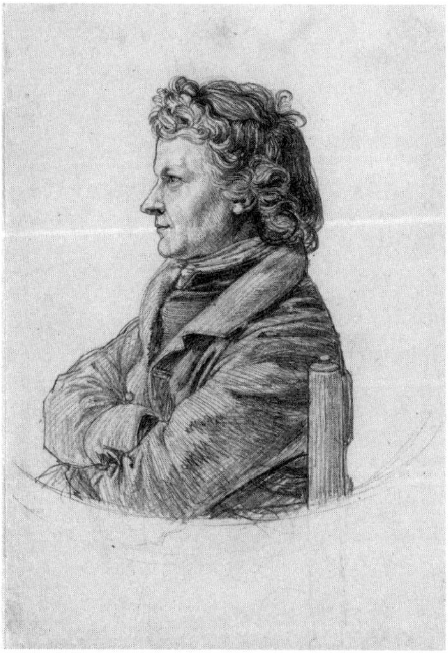

Abb. 11 Johann Christoph Erhard,
Bildnis Georg Ernst Harzens, 1820, Bleistift,
Hamburger Kunsthalle, Kupferstichkabinett

lungsschwerpunkt vollkommen außer Acht ließ, beruhte dieser Entschluss nicht allein auf der Wertschätzung einer außergewöhnlichen Künstlerpersönlichkeit und Begabung, sondern war auch ein Ausdruck der persönlichen Zuneigung und Achtung.

Die in Harzens Inventar verzeichneten Bestände offenbaren, dass er eine retrospektive Sammlung ausgewählt hatte, die Erhards Kunstschaffen von den Anfängen bis hin zum letzten Blatt seiner Hand dokumentierte. Auch die künstlerische Qualität wies ein breites Spektrum auf. Skizzenbücher und knappe Studien hatten in dieser Sammlung ebenso ihren Platz wie die Radierungen und die ausgeführten Landschaftsmotive in Aquarelltechnik. Harzen hat aus diesem Bestand kein einziges Blatt verkauft. Die Gefahr, Erhards Œuvre in kürzester Zeit unwiederbringlich zerstreut zu sehen, war ihm offenbar bewusst. Indem er sich darum bemühte, dieses innovative Werk für die Nachwelt zu bewahren, handelte er wie ein Sammler und Museumsmann.

Auch mit Johann Adam Klein blieb Harzen in Verbindung. Die Korrespondenz belegt einen eher sporadischen Kontakt, der bisweilen nur über gemeinsame Bekannte gepflegt wurde. Trotz aller Zurückhaltung ist auch diese Freundschaft von aufrichtigen Gefühlen bestimmt gewesen, wie sie Kleins Radierung zum Ausdruck bringt. Auch Harzen zeigte sich dem Freund eng verbunden. Gemäß einer undatierten handschriftlichen Verfügung zu seinem Testament bedachte Harzen ihn mit einer Summe von 500

Mark courant.[69] Dieser verhältnismäßig hohe Betrag macht offenkundig, dass ihm die schwindende Popularität des Künstlerfreundes mit allen Konsequenzen gegenwärtig gewesen ist.

NEUBEGINN IN HAMBURG

Die Anfänge 1821

Als Harzen einen beruflichen Neuanfang als Kunsthändler in Hamburg in Erwägung zog, mag die bis in das 18. Jahrhundert zurückreichende Tradition großer Kunstauktionen in der Hansestadt seine Entscheidung beeinflusst haben. Hamburg verfügte über ein ausgesprochen liberales Auktionsrecht. Die Kunstgegenstände waren den diversen Handelswaren gleichgestellt und konnten durch hierzu privilegierte Makler versteigert werden. Seit Mitte des 17. Jahrhunderts wurden die Geschäfte der öffentlich zugelassenen Makler durch eine Maklerdeputation und durch eine in gleicher Zeit verabschiedete Maklerordnung überwacht und geregelt.[70] Kunstwerke durften in der Hansestadt – im Unterschied zu anderen deutschen Städten – ohne Einschränkungen umgeschlagen werden. Diese besondere Gesetzeslage hatte dazu geführt, dass die Anzahl der Gemäldeauktionen Mitte des 18. Jahrhunderts erheblich zunahm und Kunstsammlungen sogar eigens nach Hamburg verbracht wurden, um sie hier mit größtmöglichem Erfolg versteigern zu können.

Im Verlaufe seiner Italienreise hatte Harzen das Für und Wider eines beruflichen Wechsels genauestens durchdacht. Was 1819 als vage Idee seinen Anfang genommen hatte, vielleicht der Beweggrund der Reise in mediterrane Gefilde war, hatte sich im Januar 1821 zu einem konkreten Vorhaben verdichtet, und nachdem er seine Absichten in Rom im Kreise seiner Freunde zur Diskussion gestellt hatte, entschied Harzen sich, auch Passavant ins Vertrauen zu ziehen.

»Ich weiß nicht ob meine Freunde Ihnen schon Etwas über mich und meinen Plan in Hamburg eine Kunsthandlung zu errichten, mitgetheilt haben, womit ich während meiner dortigen Anwesenheit hoch schwanger ging und das nun wie eine Pallas mit Schild und Speer aus dem Schädel gesprungen ist. Beiläufig kann ich hier wohl sagen, dass wenn ich soviel Fähigkeit für die Kunst bey mir verspürt hätte als ich Liebe für sie hege und der Römische Himmel durch seine Glut mein geringes Talent [hätte] ausbrüten wollen, mein Plan der gewesen [wäre], zu Ihrer Fahne zu schwören, woraus ich kein Geheimnis zu machen brauche; von diesen Gedanken bin ich aber bald zurückgekommen. Hoffe jedoch auf der niedrigeren Stufe auf die ich mich nun setze, nicht minder zum Nutzen […] der Kunst, von der ich nun einmal nicht lassen will, das Meinige ehrlich beizutragen.

69 Hamburger Kunsthalle, Kupferstichkabinett, Archiv 105, Nachlass Commeter.
70 Thomas Ketelsen, Tilmann von Stockhausen, Burton B. Fredericks u. Julia I. Armstrong (Hrsg.): Verzeichnis der verkauften Gemälde im deutschsprachigen Raum vor 1800, Bd. 1, München 2002, S. 16.

Mehrere Umstände vereinigen sich zur guten Vorbedeutung für mein Etablissement. Die Lage Hamburgs als [...] Mittelpunkt des ganzen Nordens, der von [...] Reisenden aus allen Weltgegenden besucht wird macht die Verbindung mit England, Rußland, Dänemark u.s.w wo theils noch vieles zu thun übrig ist, überaus leicht und bequem, und die Concurrenz ist geringe, da ein solches Geschäft bisher nur handwerksmäßig [...] mit wenig Geschmack und Kenntnis getrieben ist. So habe ich also gleichsam ein ziemlich weites unbebautes Feld vor mir mit dem angenehmen Beruf den guten Saamen darauf vorzubereiten: Hoffen wollen wir dann dass einiger aufgeht und Früchte trage. Ich kann hinbey auf Rat und Beistand einsichtsvoller Freunde zählen, die, wie sie mir versichern, daß mein Unternehmen einem langen gefühlten Bedürfnisse entspricht, mir gewiß keine Schmeicheley sagen. Unter solchen günstigen Aussichten und von allen Seiten aufgemuntert und unterstützt beginne ich mein Unterfangen und bitte Sie recht sehr bey allen Gelegenheiten wo es zur Erzielung eines gemeinnützigen Kunstzwecks verdienstlich beitragen kann, sich seines zu erinnern.«[71]

Hamburg bot für Harzens zukünftigen Kunsthandel unter vielerlei Gesichtspunkten geradezu ideale Bedingungen. Weil ihm die Liebe zur Kunst und die bis dahin erworbenen kaufmännischen Erfahrungen als eine unzureichende Grundlage erschienen, bemühte er sich um die nötige Kompetenz. Als Mitarbeiter des renommierten Hamburger Auktionators und Kunstmaklers Johannes Noodt zeichnete Harzen für den Katalog und die Auftragsabwicklung der am 19. Juni 1821 stattfindenden Auktion einer »vorzüglichen Sammlung Oelgemälde der Haupt-Schulen« verantwortlich.[72]

»Die Sammlung von Gemälden, deren Verzeichnis ich dem kunstliebenden Publicum hier zu übergeben die Ehre habe, und welche durch einen jener günstigen Anlässe, die so oft die vorzüglichsten Kunstwerke in unsere Mitte geführt haben, entgegen ihrer früheren Bestimmung, nun bey uns vereinzelt werden soll, enthält bedeutende und sehr schätzenswerthe Werke der Italienischen, Französischen und Flämisch-Holländischen Schulen, geeignet sowohl Gallerien als Cabinette zu zieren, und die mir auferlegte Abfassung und Herausgabe dieses Verzeichnisses zum Behuf eines öffentlichen Verkaufs, gehörte daher zu den angenehmsten meiner Berufspflichten.«[73]

Einer handschriftlichen Notiz zufolge handelte es sich um eine private Sammlung aus Frankfurt am Main, die nun in Hamburg umgeschlagen werden sollte. Die Erstellung des Katalogs und die Vorbereitung der Auktion waren Harzens Debüt im Hamburger Kunsthandel. Dies ließ er geschickt in seine Vorbemerkungen einfließen, indem er die versierte Kundschaft um ein mildes Urteil bat.

»So sehr ich mich nun auch bestrebt habe, durch Treue und Unpartheilichkeit dem in mich gesetzten Vertrauen, so wie den Forderungen des unterrichteten Kunstfreundes

71 Frankfurt am Main, Universitätsbibliothek Johann Christian Senckenberg, Ng. Ff. J. D. Passavant AIIe, Harzen an Passavant, Brief vom 9.1.1821.

72 Hamburger Kunsthalle, Bibliothek, Verzeichnis einer vorzüglichen Sammlung Oelgemälde der Haupt-Schulen welche am Dienstag d. 19. Juny d. J. und folgende Tage auf dem hiesigen Börsensaale in öffentlicher Auction versteigert werden durch den beeidigten Makler Herrn Johs. Noodt, Hamburg 1821.

73 Ebd. Vorwort.

und des strengen Kenners ein Genüge zu leisten; so bedarf jedoch bey solchem Werke viel gütiger Nachsicht mancher Unvollkommenheit, welche indeß Diejenigen mir nicht versagen werden, welche mit den Schwierigkeiten des Gegenstandes vertraut, die endlose Ausdehnung eines, selbst nur empirischen Kunststudiums, mit Billigkeit berücksichtigen wollen.«[74]

Trotz aller Bescheidenheit unterzeichnete Harzen das Vorwort mit dem Zusatz »Kunsthändler«. Im gleichen Atemzug kündigte er seinen 1821 bevorstehenden Umzug vom »Valentinskamp No. 274. Nach Himmelfahrt: Gr. Johannisstraße No. 48« an. Beides deutet darauf hin, dass er bereits selbständig arbeitete und diese Auktion im Auftrage oder in Zusammenarbeit mit Noodt vorbereitet hatte. Als kooperierende Kunsthändler benannte er ferner Frauenholz in Nürnberg, Weigel in Leipzig und Perthes & Besser in Hamburg. Harzen war es allem Anschein nach gelungen, die 1819 gesponnenen Fäden in eine geschäftsfähige Allianz zu wandeln.

Dass er die Erstellung des Katalogs und die administrative Durchführung einer großen Auktion einem Neuling anvertraute, zeigt, wie viel Vertrauen Noodt in Harzen setzte. Auch die Hilfestellung, die ihm durch Michael Speckter gewährte wurde, indem er ihm Räume in seiner im Valentinskamp gelegenen Steindruckerei für die Geschäftsgründung zur Verfügung stellte,[75] belegt, dass Harzen sich unter den kunstsinnigen Bürgern der Hansestadt längst einen Namen gemacht hatte. Im Hamburger Adressbuch wird er 1822 erstmals als Kunsthändler unter der angekündigten neuen Adresse aufgeführt, was Anlass zu der Vermutung gibt, dass ihm der erfolgreiche Einstieg innerhalb kürzester Zeit geglückt war.

In der gleichen Zeitspanne versah Speckter Harzen mit einem gewichtigen Auftrag. Um den Aufbau seiner Steindruckerei zu finanzieren, trennte sich der Kaufmann von seiner umfangreichen Kupferstichsammlung. Die insgesamt 5855 Katalogpositionen wurden von Harzen innerhalb dreier Jahre auf drei Auktionen angeboten. Die erste Auktion, auf der die Kupferstiche der italienischen und englischen Schule zum Verkauf standen, fand 1822 in Leipzig während der Ostermesse statt. Harzen setzte auf die seit dem frühen 18. Jahrhundert verbriefte Übereinkunft, den Verkauf graphischer Kunst an die großen Buchauktionen zu koppeln.[76] Traditionsgemäß wurde die Auktion der Speckterschen Sammlung im Roten Collegium abgehalten, einem Gebäude der Leipziger Universität, das seit 1783 für Kunstauktionen genutzt wurde.[77] Im Januar 1823 erschien der Katalog der Blätter aus deutschen und französischen Schulen und kündigte auch die kommende Auktion in Leipzig an. Der Verkauf der niederländischen Blätter fand entgegen ersten Verlautbarungen im August 1824 in Hamburg statt. Harzen führte diese Auktion, »welche der Besitzer auf den allgemein ausgesprochenen Wunsch der hiesigen Kunstfreunde sich veranlasst gefunden, nicht wie die vorhergehenden in Leip-

74 Ebd. Vorwort

75 Braunfels 1995, S. 22.

76 Ketelsen u.a. 2002, S. 12.

77 Ebd. S. 15.

zig, sondern an Ort und Stelle versteigern zu lassen«, in alleiniger Regie und in seinem eigenen Geschäft durch.[78] Der Ankündigung zufolge befand sich die gesamte Auktion fest in der Hand von Hamburgern aus dem Kreis um Speckter und Harzen. Verantwortlich für den Vertrieb der Kataloge und die Übernahme von Aufträgen waren der Maler Siegfried Bendixen und der Sammler und Oberalte Peter Friedrich Röding, mit denen Harzen befreundet war. Ferner engagierten sich sein späterer Geschäftspartner Johann Matthias Commeter sowie die Hamburger Buchhandlungen Perthes & Besser, Hoffmann & Campe und der Antiquarius Ruprecht.

Von dieser Veranstaltung sollte fraglos eine Signalwirkung ausgehen, die dem Kunsthandel vor Augen führte, dass die Hansestadt nach der wirtschaftlichen und politischen Zäsur während der »Franzosenzeit« wieder an vergangene Höhepunkte anzuknüpfen vermochte. Gleichzeitig scheint Speckter seine Entscheidung mit Blick auf Harzens berufliche Ziele getroffen zu haben. Nachdem er den Sammlungsverkauf in die Hände des Neulings gelegt hatte, stellte er nun die Weichen für Harzens weiteren Werdegang, und der Erfolg der vorangegangenen Auktionen schien dieses Vertrauen zu rechtfertigen. Die Verlegung der letzten Auktion von Leipzig nach Hamburg bedeutete geradezu eine Nobilitierung des jungen Kunsthändlers, denn laut Katalog zeichnete Harzen für den gesamten Verlauf allein verantwortlich. Er war Autor, zuständiger Makler und Auktionator in einer Person und führte die Veranstaltung in seinen 1824 bezogenen Geschäftsräumen am Neuen Wall durch.

Harzens Einführung in den Hamburger Kunsthandel war im Stil altbewährter Etikette erfolgt, denn er wurde auf ähnliche Weise protegiert, wie es Noodt seinerseits durch den Makler Peter Hinrich Packischefsky erfahren hatte. 1812 hatte Packischefsky begonnen, mit Noodt zusammenzuarbeiten, und ihn so als seinen Nachfolger etabliert. Im Hamburger Adressbuch ließ Harzen mit dem Umzug auch eine Änderung seiner Berufsbezeichnung vornehmen und nannte sich fortan »Makler in Kunstsachen u. Naturalien«. Mit dem sich abzeichnenden Erfolg hatte er sich darum bemüht, seinen Geschäftsbereich zu erweitern, was eine gewisse wirtschaftliche Unabhängigkeit versprach. Auf diese Neuerung machte er in Handzetteln aufmerksam.

»Harzen's Kunsthandlung empfiehlt sich dem geehrten, kunstliebenden Publicum und bietet demselben ihre Dienste nebst folgenden, auf Kunst Bezug habenden Gegenständen an.

Ein reichhaltiges Assortiment von Kupferstichen, Radirungen, Holzschnitten, Steindrücken, Handzeichnungen u.s.w. der vorzüglichsten Meister vom Anfange der Kunst, bis auf deren neueste Erzeugnisse; sowohl Prachtblätter zur Zimmerzierung, als Antiquarische für das Portefeuille, und Studien zum Nachbilden, nebst einer Sammlung von Oelgemälden. Ferner ein Lager von Kunst-Utensilien […].«[79]

78 Hamburger Kunsthalle, Bibliothek, Verzeichnis der Kupferstichsammlung des J. M. Speckter in Hamburg. Dritte Abtheilung, Niederländische Schule, welche Anfang August 1824, in Hamburg auf dem Neuenwall No. 131 öffentlich versteigert wird durch den Makler E. Harzen, 1824.

79 Kunsthalle Bremen, Kupferstichkabinett, Nachlass Hieronymus Klugkist, Werbeblatt von Harzens Kunsthandlung.

Neben dem breiten Angebot an Kunstwerken vertrieb Harzen Künstlerbedarf und handelte mit Naturalien und Münzen. Auch hierin war er seinem Mentor Noodt gefolgt.[80]

»Es wächst der Mensch mit seinen größeren Zwecken«. Die Gründung des Hamburger Kunstvereins

Im Winter 1817/18 hatte sich in Hamburg ein Kreis von Sammlern und Kunstliebhabern zusammengefunden, um die Freude an der Kunst im gemeinsamen Betrachten – vorwiegend von Werken aus eigenen Sammlungen – miteinander zu teilen. Die wöchentlich stattfindenden Zusammenkünfte bei David Christopher Mettlerkamp in den Langen Mühren 37 gelten heute als Gründungsphase des Hamburger Kunstvereins.[81] Dass es wiederum Speckter war, der Harzen hier einführte, ist aus heutiger Sicht ohne Zweifel. Als sich der Verein am 24. Januar 1822 offiziell aus dem lockeren Verbund der Kunstfreunde rekrutierte, zählte er jedenfalls dazu.[82]

Dem knappen Resümee der Gründungsgeschichte im Protokollbuch des Kunstvereins zufolge suchte man bis zum Jahresanfang 1821 »im Hause des Herrn Mettlerkamp zur Betrachtung der Handzeichnungen und Kupferstiche desselben, die freundliche Gesellschaft von Künstlern und Kunstfreunden«.[83] Dass diese Zusammenkünfte von den Beteiligten als ein kultureller Dialog empfunden wurden, der über das Gesellige hinausreichte, veranschaulicht das zum Motto erkorene Zitat aus Schillers *Wallenstein*: »Im regen Kreis vermenget sich der Sinn. Es wächst der Mensch mit seinen größern Zwecken«. Der Kunstverein sah seine Aufgabe darin, ein tieferes Verständnis für Kunst zu wecken und nach außen zu tragen. Aus diesem Grund wollte man den Kreis stets erweitern und ließ Gäste zu. »Freunde können eingeführt werden, aber während des ganzen Winters jeder höchstens dreymal.«[84] Wer weiterhin kommen wollte, musste dem Verein beitreten.

»Da diese Gesellschaft indeß zu zahlreich wurde«, heißt es im Protokollbuch, »um die Gastfreundschaft und die dem Herrn Mettlerkamp zu Gebothe stehenden Räume noch länger in Anspruch nehmen zu dürfen, so wurde beschlossen einen gemeinschaftlichen Versammlungsort, für einen zu bildenden Hamburgischen Kunst-Verein zu wählen. Durch die Freundlichkeit des Herrn Harzen fand sich dieser Versammlungsort in dessen Kunsthandlung Große Johannisstraße Nr. 48 für die Winter 1821 bis 1822. Am 4. Februar des letztgenannten Jahres fand die erste Versammlung an genanntem Orte

80 Hamburger Kunsthalle, Bibliothek, Johannes Noodt: Verzeichnis der wohlbekannten sehr beträchtlichen Sammlung original Handzeichnungen der vorzüglichsten Meister aller Schulen von Herrn Gerhard Joachim Schmidt gesammelt u. hinterlassen, Hamburg 1818.

81 Marina u. Uwe M. Schneede: Der Zweck des Kunstvereins ist mehrseitige Mittheilung über bildende Kunst, in: Volker Plagemann: Industriekultur in Hamburg, Hamburg 1984, S. 336.

82 Hamburger Kunsthalle, Kupferstichkabinett, Archiv 62a, Protokoll des Kunstvereins, S. 1.

83 Ebd. S. 1.

84 Ebd. S. 5.

statt und für dieselben wurden beygehefte Gesetze entworfen und von sämtlichen Mitgliedern unterschrieben.«[85]

Die erste reguläre Vereinssitzung 1822 bei Harzen hatte die Weichen für das Engagement der kommenden Jahre gestellt, denn im Laufe dieser Versammlung wurde die Konstitution des »Hamburgischen Kunst-Vereins« beschlossen, dessen vornehmster Zweck »die mehrseitige Mittheilung über bildende Kunst« sein sollte. Aus dem lockeren Verbund von Kunstliebhabern formierte sich eine ernstzunehmende Institution, die sich nur wenig später unter Harzens Führung in die kulturellen Belange der Hansestadt einmischte.[86]

»Der Gegenstand der Beschauung während des Winters 1821 bis 1822 waren hauptsächlich die italienischen Kupferstiche des Herrn Speckter, mehrere Handzeichnungen des Herrn Mettlerkamp und einige Portefeuilles des Herrn P. F. Röding [...].«[87]

Diese Auswahl lässt auf eine ausführliche und sorgfältige Betrachtung einzelner Kunstgegenstände schließen, deren Ziel die tiefere Kenntnis weit mehr war als die schnelllebige Unterhaltung. Die meisten Mitglieder waren selber Kunstsammler – dilettierten bisweilen wie Harzen – und gehörten nur wenig später zu seinen Kunden. Im engen Schulterschluss mit Speckter scheint Harzen sich hier um die Vermittlung einer modernen Kennerschaft – ganz im Sinne von Bartsch – bemüht zu haben. Dass er sich dabei keineswegs auf den Kunstverein beschränkte, veranschaulicht ein von Domherr Lorenz Meyer anonym verfasster Artikel für den *Hamburgischen Correspondeten*. Am 15. März 1822 nahm der damalige Vorsitzende der Patriotischen Gesellschaft zur Situation der Kunst in Hamburg Stellung:

»Hat gleich nach dem Wechsel aller Dinge Hamburg seit den letzten 25 Jahren seine bedeutsamsten Kunstsammlungen, diese Mittel zur [...] Beförderung des Kunstgeschmacks [...] fast alles verloren und damit zugleich die wichtigsten Hülfsmittel auch zu den praktischen Kunstleistungen eingebüßt, so regt und erhebt [...] hierin wieder ein kräftiger und gewiß folgereicher Geist, um [...] das Untergegangene neu zu schaffen [...]. Zum Beweise des Gesagten dürfen wir uns hier nur kurze Andeutungen erlauben.

85 Ebd. S. 1.

86 Zu den unterzeichnenden Mitgliedern der ersten Stunde zählten neben Harzen und Mettlerkamp die Maler Siegfried Bendixen, Gerdt Hardorff d. Ä. und Leo Lehmann, Senator Peter Nicolaus Schaffhausen, der Gründer des naturhistorischen Museums und spätere Oberalte Peter Friedrich Röding, Stadtbaumeister Carl Ludwig Wimmel, Johann Michael Speckter und der Mitbegründer seiner Steindruckerei Joachim Heinrich Herterich, Versicherungsmakler Nicolaus Hudtwalcker, Konditor Christian Wilhelm Lüdert, der Redakteur des *Hamburgischen unparteiischen Correspondenten* Carl Friedrich Hartmann, der Kunstsammler Aardt de Beurs Stiermans und sein Sohn André Paul, der Diplomat Johann Georg Rist, Ludwig Wolff, der Jurist Adolph Halle und der spätere Reformator des Gefängniswesens Nicolaus Heinrich Julius. Später leisteten Syndikus Karl Sieveking und Friedrich Sieveking, Carl von Graffen, der Sänger Philipp Ludwig Möglich, die Architekten Johann Heinrich Ludolf und Alexis de Chateauneuff, der Historiker Martin Lappenberg, Franz Wilhelm Ullrich, Lehrer am Johanneum, die Maler Johann Joachim Faber, Louis Asher, Carl Julius Milde und Julius Oldach, Johann Balthasar Langhenie und der Herausgeber des ersten hamburgischen Künstlerlexikons Otto Christian Gaedechens ihre Unterschrift. Auch im Hamburger Kunstverein hatte sich – wie einst in Altona – die Prominenz aus Kultur, Politik und Wirtschaft zusammengefunden. Ebd. eingeklebte Mitgliederliste; Schneede 1984, S. 336.

87 Hamburger Kunsthalle, Kupferstichkabinett, Archiv 62a, Protokoll des Kunstvereins, S. 1.

– […] Die unlängst errichtete, durch Wahl und Vollständigkeit der Gegenstände ihres Debits sehr ausgezeichnete Kunsthandlung des Herrn Harzen erwirbt sich durch Erweiterung ihres Plans, den Umlauf vorzüglicher Kupferstiche des Auslandes zur Ansicht und Nachbildung den ausübenden Liebhabern darzubieten, ein wesentliches Verdienst um die höhere Ausbildung derselben; und ebenso sehr durch die von einem Künstlerverein in ihrem Lokal errichtete Kunstakademie, worin nach der Natur lebender Modelle frei gezeichnet wird.«[88]

Harzens Bereitschaft, seine offenbar schon damals beeindruckende Sammlung öffentlich zu machen und dem Kunstverein und dem Maler Bendixen Räume in seiner Kunsthandlung zur Verfügung zu stellen, zeigt, dass er den Umgang mit Kunst – im Sinne seines Mentors Bundsen – als ein unverzichtbares Bildungsgut achtete. Nicht minder beeinflusst von der Begegnung mit Frauenholz gestaltete sich sein Wirken im Hamburger Kunstverein. Auf nahezu allen Versammlungen war Harzen anwesend und übernahm regelmäßig die Planung der Kunstbeschauung. Dabei fällt auf, dass die Kupferstiche mehr und mehr in den Hintergrund traten und stattdessen Handzeichnungen »lebendiger Künstler« betrachtet wurden. Vehement hatte Harzen damit begonnen, sich für seine Ideen stark zu machen, die seit Italien in ihm schlummerten.

»Ich habe noch etwas auf dem Herzen«, hatte er Passavant zum Jahresanfang 1821 wissen lassen. »Ich habe nämlich den Plan mit meiner künftigen Einrichtung eine Art permanenter Gemälde Ausstellung zu verbinden um dem Publicum in einem angemessenen Local eine Auswahl guter Bilder vor die Augen zu bringen und zwar vornämlich von lebenden Künstlern. Ich glaube daß das verdienstlich und zweckmäßig ist, damit eines Theils das Publicum ersehe was in der Zeit geleistet wird – wovon alle Morgen und Abendblätter nur einen sehr unvollkommenen Begriff geben und anderen Theils Geschmack und Nachahmung durch das lebendige Beispiel erregt werden. Wenn nicht einmal, und wie selten geschieht das, ein Kunstfreund der öffentlichen Sage trauend, bey einem Auswärtigen ein Bild bestellt, so führt kein günstiger Zufall, wie das bey allen Meisterwerken doch oft der Fall ist, ein solches Kunstwerk in unsere Nähe, und darum sind gute Bilder lebender Künstler so selten; dem Publicum muß man aber die Kenntniß des Guten erleichtern wenn man von ihm Geschmack dafür verlangt.«[89]

Harzen bat Passavant, sich künftig für dieses Projekt bei den ihm bekannten Malern einzusetzen. Bis aufs Weitere bemühte er sich in kleinen Schritten um Abhilfe, indem er Anschauungsmaterial für angehende Künstler und dilettierende Liebhaber bereithielt. »Eine Sammlung der vorzüglichsten Kupferstiche, Steindrücke und Handzeichnungen nebst Oelgemälden, als Studien zu benutzen, ist zum Verleihen an Kunstfreunde, von der Handlung abgesondert, auf billige Bedingungen eingerichtet.«[90]

88 Gustav Kowalefsky: Geschichte der Hamburgischen Gesellschaft zur Beförderung der Künste und nützlichen Gewerbe, Teil III: Das Wirken der Patriotischen Gesellschaft, Heft 2, Hamburg 1918, S. 235.

89 Frankfurt am Main, Universitätsbibliothek Johann Christian Senckenberg, Ng. Ff. J. D. Passavant AIIe, Harzen an Passavant, Brief vom 9.1.1821.

90 Kunsthalle Bremen, Kupferstichkabinett, Nachlass Klugkist, Werbeblatt von Harzens Kunsthandlung.

»Zwecks Beförderung des Kunstsinns«. Harzens Verbindungen nach außerhalb

Harzen dehnte seine Aktivitäten über die Grenzen der Hansestadt aus. Was als rein geschäftlicher Kontakt begonnen hatte, entwickelte sich schnell zu einer »Kulturstiftenden-Allianz«. Er begann für sein breites Leistungsprofil zu werben und verschickte gedruckte Handzettel, auf denen er seine Dienstleistungen anpries.

»Genannte Kunsthandlung [...] übernimmt die Anfertigung von Kunst-Katalogen und die Besorgung von Auktionen; sie wird endlich jeden Auftrag, womit man sie beehrt, mit Sorgfalt, Pünktlichkeit und Sparsamkeit auszuführen trachten, welches ihr durch ihre ausgedehnten Verbindungen mit ausgezeichneten Künstlern, kenntnisreichen Kunstfreunden und Sammlern, und den angesehensten Kunsthandlungen erleichtert wird.«[91]

Harzen setzte auf Kompetenz, hanseatisch-kaufmännische Tugenden und beste Geschäftsbeziehungen. Ob dies allein ausreichend war, um überregional im Kunsthandel zu bestehen oder ob er über weitere Empfehlungen verfügte, bleibt ungeklärt. Dem Briefwechsel mit dem Bremer Senator Hieronymus Klugkist ist jedoch zu entnehmen, dass Harzen mit ihm und dem Kaufmann Johann Hinrich Albers umgehend ins Geschäft gekommen war.

Als sich die Bremer Kunstsammler 1823 mit dem Gedanken trugen, mit Hamburg gleichzuziehen und einen Kunstverein ins Leben zu rufen, wandte sich Klugkist an Harzen. Aus ehrlich empfundener Freude ließ dieser ihn in aller Ausführlichkeit an seinen reichen Erfahrungen teilhaben.

»[Ich fühle] mich sehr geehrt durch die Fragen welche Sie von meiner geringen Einsicht beantwortet wünschen«, antwortete Harzen ihm im Dezember 1823, »und ich erfülle in Pflicht die mir auferlegen hinbey mit besonderem Vergnügen und dem Wunsche dass die Auskunft [...] Sie nicht ganz unbefriedigt lassen möge.

[...] Der hiesige Kunstverein, beruhend auf vieljähriger freundschaftlicher Verbindung mehrerer ausgezeichneter Kunstfreunde hat sich erst seit drey Jahren wo er meine Wohnung zu seinen Zusammenkünften benutzte zu einer geschlossenen Gesellschaft gestaltet, die in den Wintermonaten wöchentlich einmal sich versammelte. [...] Mehrere bedeutende hiesige oder auswärtige Sammlungen haben bisher reichlichen Stoff zur Unterhaltung geliefert und auch für die Folge ist gesorgt daher [ich] bis jetzt noch im Hintergrunde ließ, meine eigene Sammlung zu formieren; [...] Euer Hochwohlge[boren] würde unsere Einrichtung höchst einfach finden, ohne alle Formalität [...], man versammelt sich Abends gegen 7 Uhr, gesellt sich eine halbe Stunde später um einen großen Tisch und beschaut bis 9 Uhr, man geht auseinander nachdem besprochen was am folgenden Tage vorzunehmen. Die Blätter gehen herum aus einer Hand in die andere. Freilich kann auf solche Weise keine allgemeine Beschauung und Mittheilung stattfinden, [...] da doch Kupferstiche u. dgl. in einer großen Nähe betrachtet seyn wol-

91 Ebd.

len. Einige solide Rahmen von schwerem Holze mit angeklebten starken Gläsern die Rückseite gleicht einer Thüre bequem zum Auf- und Zumachen eingerichtet sind sehr nützlich um ausgezeichnete Blätter auf längere Zeit auf eine Staffeley zur Anschauung zu bringen oder die Wände abwechselnd zu dekorieren, zumal große moderne Prachtblätter sind auf solche Weise aufzustellen, indem nicht alle Kunstfreunde sie gehörig zu handhaben verstehen und Brüche und Falten fast gar nicht wieder aus dem schwammigen Papier herauszubringen sind worauf man sie seit mehreren Jahrhunderten angefangen zu drucken. [...]

Die Anordnung einer Sammlung Kupferstiche u. dgl. unterliegt großen Schwierigkeiten man richte es ein wie man wolle. Insofern [...] ist es wohl nicht mehr als billig die Blätter nach den Malern zu ordnen, wie auch bisher in allen mir bekannten bedeutenden Sammlungen geschehen. Die alphabetische Ordnung der Namen ist wiederum die bequemste um ein Blatt schnell aufzufinden – denn die Chronologische ist zu unvollkommen, da wir so mancher Künstler Epoche so unvollständig wissen. Sie würde stets eine mangelhafte Ordnung bleiben während erstere wenn auch nicht auf die Natur so begründet doch wenigstens eine bequeme und zuverlässige ist. Man hat vorgeschlagen Meister und Schüler zusammenzuordnen, dass führt aber auch nicht weiter, da so manch ausgezeichnete Künstler aus obscurer Schule hervorgingen oder mehreren Schulen angehören auch wohl gar keiner so ist die Verkettung der Fäden nach allen Seiten hin nicht in irgend eine Ordnung zu bringen.

[...] In den öffentlichen Sammlungen zu Wien und Dresden sind die Blätter in große Bücher eingeklebt eine sehr alte und insofern lobenswerte Weise als sie dadurch gut erhalten und vor Entwendung gesichert werden [...]. In der großen Sammlung des Herzogs von Sachsen T[eschen der Albertina, Anm. d. Verf.] hingegen befinden sich alle Blätter in Kapseln in Form großer Folianten aufbewahrt welche Cartons von gleicher Größe enthalten auf denen die Blätter an den Ecken aufgeklebt sind; ich halte diese Einrichtung für Ihre Zwecke fast am vorteilhaftesten, und wenn die Kapseln gleiche Größe haben, so lässt sich bequem Ordnung halten. [...]

Ein doppelter Index nach Malern und Schulen macht das Auffinden wie die Übersicht sehr bequem. Stempel verunzieren meistentheils und nützen wenig. Und falls in der Folge die Gesellschaft etwa Doubletten veräußert oder vertauscht nicht einmal ein Beweis der Entwendung daraus hergeleitet wäre: Wenn nur die Sammlung unter gehöriger Aufsicht bleibt dürfte nicht leicht unbemerkt ein Blatt daraus abhanden kommen.

Zur Betrachtung wurde bey uns früher Lampenlicht von oben gewählt, man fand aber bald dass neben diesem eine Anzahl Lichter die sich bequem rücken lassen, nicht zu entbehren sind – hinzu sind wohl am besten [...] sogenannte Comptoirleuchter zu empfehlen [...]. Eine hellgraue oder gelbliche Decke ist einer grünen vorzuziehen, da sie weniger Licht verschenkt und nicht durch den Contrast der hellen Blätter auf dunklem Grund die Augen angreift.

An Handbüchern dürfte zu empfehlen seyn Füßlys Großes Lexikon zum bequemen Nachschlagen. Bartsch Peintre Graveur. Heber u. Rost Handbuch für Kunstliebhaber. Brulliots Dictionnaire des Monogrames. Heinekens Nachrichten und neue Nachrichten von Künstlern und Kunstsachen […].[92] Zu einigen dieser Werke kann ich nachhelfen oder wenigstens Ihnen dieselben aus meiner kleinen Sammlung zur Durchsicht und Benutzung mittheilen.

Es wird mich sehr erfreuen bald zu erfahren dass Ihr so redliches Unternehmen begonnen hat, ich nehme gewiss den aufrichtigsten Antheil daran und Euer Hochwohlgeb[oren] versichert zu sagen, das Sie auf mich zählen können wo ich nur zur Beförderung so aufrichtiger Zwecke ein Scherflein beitragen darf. Kann ich Ihnen durch nähere Auskunft dienen so verfügen Sie gefälligst und entschuldigen gütigst, dass ich Ihnen nicht früher geantwortet habe.«[93]

Obwohl Harzen sich mit der Beantwortung des Briefes über Gebühr Zeit gelassen hatte – als offizielles Gründungsdatum des Bremer Kunstvereins gilt heute der 14. November 1823 –, bildete seine ausführliche Beschreibung des Hamburger Vereinslebens die Grundlage aller weiteren Aktivitäten in Bremen. Seine umfassenden Kenntnisse erleichterten es Klugkist, sein Vorhaben in die Tat umzusetzen. In uneigennütziger Weise ließ Harzen den Freund von seinem Wissen profitieren, das ein ausführliches Studium der Fachliteratur ebenso erkennen lässt wie reiche Erfahrungen. Harzen verstand seine Kenntnisse nicht als Machtwissen, sondern folgte in seinem Handeln Adam von Bartsch und ließ Kunstliebhaber und Sammler daran teilhaben, um den Kreis seriöser Kenner zu erweitern.

92 Harzen empfahl weitere Standardwerke zur Kupferstichkunde und biographische Handbücher – darunter die Künstlerviten von Vasari, Houbraken und Joachim von Sandrat – sowie Kataloge privater Kunstsammlungen.
93 Kunsthalle Bremen, Kupferstichkabinett, Nachlass Klugkist, Harzen an Klugkist, Brief vom 13.12.1823.

1824–1847

KUNSTHÄNDLER, MAKLER UND AUKTIONATOR IN HAMBURG

JOHANN MATTHIAS COMMETER

Auf der 21. Sitzung des Hamburger Kunstvereins am 7. April 1823 wurde der aus dem damals holsteinischen Wilster stammende Johann Matthias Commeter als Gast eingeführt.[94] Über wen der Kontakt zustande kam, ist im Protokollbuch leider nicht vermerkt. Die geschäftliche Verbindung, die Harzen und er nur wenig später miteinander eingingen, legt nahe, dass sich beide bereits kannten und Harzen ihn möglicherweise als seinen zukünftigen Teilhaber unter den Kunstliebhabern bekannt machen wollte.

Commeter kam wie Harzen aus einem kaufmännischen Umfeld, und sein Interesse an Kunst war ursprünglich rein privater Natur. In seiner Heimatstadt war er gemeinhin als Kunstfreund bekannt. Für seine berufliche Neuorientierung und den Umzug nach Hamburg sind vermutlich familiäre Gründe ausschlaggebend gewesen.

Im Kirchenbuch zu Wilster ist Commeter unter den Heiratseinträgen aufgeführt. Am 17. Februar 1818 beantragten er und die in Itzehoe gebürtige Kaufmannstochter Juliane Wilhelmine Möller die »Concession zur Eheschließung«.[95] Die Hochzeit fand sieben Tage später statt und besiegelte eine sechs Jahre währende Verlobungszeit (Abb. 12). Doch ein glückliches Familienleben war Commeter nicht lange vergönnt, denn seine Frau verstarb bereits im Oktober 1819.[96] Die auf dem Deckblatt seines 1812 begonnenen Poesiealbums chronologisch notierten Todesfälle belegen, dass er innerhalb weniger Jahre auch seine Eltern, Freunde, nahe Verwandte und Geschäftspartner verloren hatte. Diese Bündelung tragischer Umstände mag Commeter zu einem Ortswechsel und beruflichen Neuanfang bewogen haben, den er 1823 – vielleicht sogar mit Harzens Unterstützung – realisierte.

Die meisten im Album versammelten Grußkarten sind auf die Zeitspanne nach seinem Besuch im Hamburger Kunstverein datiert. Die guten Wünsche für die Zukunft lassen darauf schließen, dass Commeter seine Entscheidung für Hamburg und die Kunst offensichtlich nur wenig später getroffen hatte. Die Freundschaftsbekundungen im Stammbuch spiegeln tiefes Verständnis für einen Menschen, der sich ganz auf seine individuellen Neigungen zurückzuziehen gedachte. Henriette Morthorst bestückte ihre gezeichnete Reiseapotheke neben den obligatorischen Wünschen auch mit »Kunstsinn und Feinem Gefühl für alles Schöne«. Diesem Gruß schloss sich ihr Mann oder Bruder mit einem eigenen Gedicht an:

»Geleitet von freundschaftlichen Dioskuren
Wandle mein Freund durch deutsche Fluren;

94 Itzehoe, Ev.-Luth. Kirchenkreis Münsterdorf, Geburtsregister »Stadt=Söhne 1791«, Eintrag Nr. 6.

95 Itzehoe, Ev.-Luth. Kirchenkreis Münsterdorf, Kirchenbuch 1818, Eintrag Nr. 5 vom 24.2.1818.

96 Hamburger Kunsthalle, Kupferstichkabinett, Archiv 51, Nachlass Commeter, Poesie-Album für Johann Matthias Commeter.

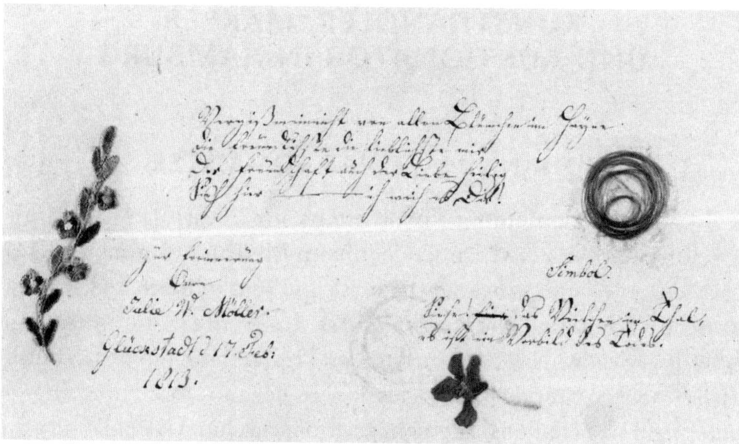

Abb. 12 Stammbuch von Johann Matthias Commeter, Seite von Juliane Moeller, 1812, Hamburger Kunsthalle, Bibliothek

Steige auf wolkenumhüllter Bahn
Die furchtbaren Höhen der Alpen hinan;
Auch soll er Italiens fruchtbare Auen,
Doch nicht wie Moses Kanaan, schauen;
Er sähe mit Freude die Hauptstadt der Welt,
Und was seit Jahrtausend Bewunderung erhält;
Dann leitet ihr schützende Dioskuren,
Meinen Freund zurück zu Holsteins Fluren!«[97]

Am 5. Januar 1824 war Commeter im Kunstverein erneut zu Gast, ehe er als ordentliches Mitglied aufgenommen wurde. Nachdem er am 28. Mai den »Bürger-Eyd« geleistet hatte, waren die juristischen Voraussetzungen geschaffen, um auch beruflich in der Hansestadt Fuß zu fassen.[98] Das Hamburger Adressbuch gibt über die enge Zusammenarbeit mit Harzen Auskunft, denn seit 1824 waren Commeter und er stets unter derselben Adresse gemeldet. Die Kunsthandlung war erneut umgezogen, und Harzen führte seine Geschäfte nun vom »Neuenwall 131 No. 10« aus. Nach geleistetem Eid firmierte auch Commeter als Kunsthändler unter dieser Anschrift.

97 Ebd. Blatt von Heinrich Morthorst, 9.3.1924.
98 Hamburger Kunsthalle, Kupferstichkabinett, Archiv 105, Nachlass Commeter.

DIE KUNSTHANDLUNG HARZEN-COMMETER

Große Johannisstraße 48

Als Harzen sein Geschäft 1821 in der Speckterschen Steindruckerei eröffnete, waren die Anfänge sicherlich bescheiden, und von einer eigenständigen Kunsthandlung kann damals kaum die Rede gewesen sein. Die ihm zur Verfügung stehenden Räumlichkeiten dienten der Aufbewahrung von Harzens Warenlager und Kunstsammlung. Erst mit dem Umzug in die Große Johannisstraße begann er, sich geschäftlich zu etablieren. Da der regelmäßige Geschäftsbetrieb Präsenz erforderte, stellte er im zweiten Jahr den 16-jährigen Wilhelm Becker als Gehilfen ein, der fortan »den Gästen die Tür öffnete«[99] und ihm die notwendige Bewegungsfreiheit verschaffte. Auch wenn aus den Anfängen kaum Unterlagen erhalten sind, steht außer Frage, dass Harzen sich international im Kunsthandel engagierte. Im Falle der Gemälde ist dies anhand von Inventarbüchern aus seinem Nachlass zu belegen.

Die vom Domherr Lorenz Meyer verfasste Lobrede auf Harzens Bestände legt nahe, dass er bereits in Altona mit dem Aufbau seiner graphischen Sammlung begonnen hatte. Die proklamierte Auswahl und Vollständigkeit lässt eine schulenübergreifende Kollektion vermuten, wie sie dem Zeitgeschmack entsprach. Dass Harzen einen solchen Bestand innerhalb eines Jahres zusammengetragen hat, ist nahezu ausgeschlossen.

Das Kunstlager

Auf den Hamburger Auktionen bemühte sich Harzen umgehend darum, seinen Grundstock an Kunstwerken für das Geschäft zu erweitern. Doch die frühen Phasen seiner Erwerbungen sind nur unzureichend dokumentiert. Über die Zugänge an Handzeichnungen und Druckgraphik gibt es nahezu keine Aufzeichnungen, und die drei erhaltenen Inventarbücher, in denen Harzen den An- und Verkauf seiner Gemälde festhielt, erheben keinen Anspruch auf Vollständigkeit.

Aus den Annotationen der in Hamburg zu Beginn der 1820er Jahre durchgeführten Kunstauktionen wird Harzens Handeln jedoch in den Grundzügen ersichtlich. Seine ersten größeren Ankäufe lassen sich für den September 1822 nachweisen. Aus der von Noodt verauktionierten Gemäldesammlung Stenglin[100] kaufte er zwölf niederländische alte Meister. Ein weiteres Bild kam im November gleichen Jahres aus der Auktion Kiehn hinzu.[101] Als im Februar 1823 die beachtliche Sammlung altmeisterlicher Gemälde verschiedener Schulen und Kupferstiche aus dem ehemaligen Besitz von Heinrich Theunes

99 Anton Lindner, Gustav Pauli: Jubiläumsausstellung zur Feier des Hundertjährigen Bestehens der Galerie Commeter Hamburg 1821–1921, Hamburg 1921, S. 12.

100 Hamburger Kunsthalle, Bibliothek, Johannes Noodt: Verzeichnis der trefflichen Gemälde-Sammlung welche früher im Besitz des verstorbenen Herrn Etatsrath von Stenglin, Hamburg 1822, Annotationen.

101 Hamburger Kunsthalle, Kupferstichkabinett, Archiv 268, NH Ad: 05: 01, Nr. 54, Inventarbuch von Harzens Gemäldesammlung.

de Jager angeboten wurde, ersteigerte Harzen insgesamt 42 Gemälde.[102] Dieser bis dahin umfangreichste Erwerb mag ihn an die Grenze seiner finanziellen Möglichkeiten geführt haben. Trotz des Umzugs in das größere Lokal am Neuen Wall und des Zusammenschlusses mit Commeter blieb Harzen zurückhaltend, als bei Noodt im Sommer 1824 eine »sehr vorzügliche Gemälde-Sammlung« verschiedener Schulen zum Verkauf stand. Erst im November beteiligte er sich wieder an einer Auktion und erwarb zwei Gemälde aus dem Nachlass des Hamburger Kaufmanns Peter Godeffroy und ein drittes Bild auf der Auktion Mylius. Der zeitgleiche Ankauf druckgraphischer Blätter und Handzeichnungen ist zu vermuten.

Harzens »Kunst-Anzeigen« in der Hamburger Tagespresse ist zu entnehmen, dass er sich auch am Handel mit moderner Reproduktionsgraphik beteiligte. Zu den am Kunstmarkt besonders beliebten Blättern zählten Stiche nach namhaften Gemälden alter und neuer Meister aus berühmten Sammlungen. Harzen warb er mit zur Ansicht bereitliegenden Probedrucken, nach denen Interessenten ihre Bestellung abgeben konnten.[103] So hielt er sein kaufmännisches Risiko überschaubar und verfügte zugleich über ein aktuelles Warenangebot, ohne seine Finanzen zu belasten oder Gefahr zu laufen, auf unverkäuflicher Ware sitzen zu bleiben.

Die Gemälde waren Handelsware und zählten in der Regel nicht zur privaten Kunstsammlung, dies legen die Inventarbücher zweifelsfrei offen.[104] Zu den ersten Einträgen gehört das von Gebrand van Eckhouts stammende Bild *Boas und Ruth*. Nachdem Harzen es von Theunes de Jager erworben hatte, sandte er es zum Weiterverkauf nach Paris. Da ein Abschluss dort ausblieb, wurde das Gemälde von dem Londoner Kunstsammler und Händler Thomas Emerson vermutlich kommissarisch übernommen und nach England gebracht. 1830 stand es in London ohne Erfolg zum Verkauf. Erst 1831 konnte Harzen einen Besitzerwechsel verzeichnen, denn mittlerweile war es ihm gelungen, den Bremer Kaufmann Hinrich Albers dafür zu interessieren. Aus seinem Nachlass gelangte das Bild 1856 in den Besitz der Bremer Kunsthalle (Abb. 13).[105] Eine *Falkenbeize* von Philipp Wouverman verkaufte Harzen ins Ausland. Nachdem er das Gemälde 1824 aus der Sammlung Godeffroy ersteigert hatte, schlug er es 1836 in London für 30 englische Pfund um.[106] Unverkauft blieb hingegen die Andrea del Sarto zugeschriebene Darstellung eines wundertätigen Klosterbruders, der einen Wolf besänftigt, indem er ihn »bey

102 Hamburger Kunsthalle, Bibliothek, Johannes Noodt: Verzeichnis der Gemälde-Sammlung der Frau Wittwe des verstorbenen Herrn Heinr. Theunes de Jager, Hamburg 1823, Annotationen.

103 Hamburgischer Correspondent Nr. 58, 10.4.1824.

104 Hamburger Kunsthalle, Kupferstichkabinett, Archiv 268, NH AD: 05: 01–03, Inventarbücher von Harzens Gemäldesammlung.

105 Hamburger Kunsthalle, Kupferstichkabinett, Archiv 268, NH Ad: 05: 01, Nr. 2, Inventarbuch von Harzens Gemäldesammlung; Corinna Höper: Katalog der Gemälde des 14. bis 18. Jahrhunderts in der Kunsthalle Bremen, Bremen 1990, S. 133.

106 Hamburger Kunsthalle, Kupferstichkabinett, Archiv 268, NH Ad: 05: 02, Nr. 76, Inventarbuch von Harzens Gemäldesammlung. Vermutlich kam das Gemälde auf die Auktion eines nicht näher bezeichneten Gemäldebestands, die vom 16.–17.4.1836 von Phillips in London durchgeführt wurde. Vgl. Frits Lugt: Répertoire des Catalogues des Ventes Publique, Deuxième Période 1826–1860, La Haye 1953, Nr. 14360.

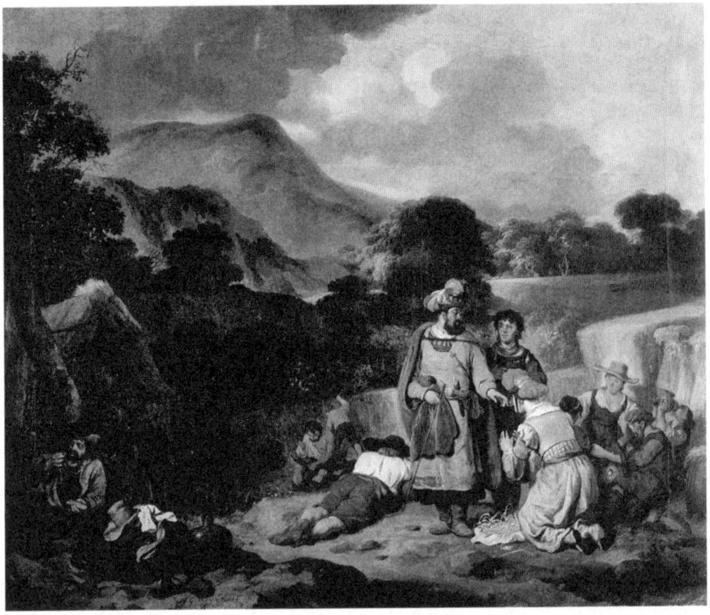

Abb. 13 Gerbrand van Eckhout, Boas und Ruth, 1651, Kunsthalle Bremen

der Pfote hält und zu ihm spricht«.[107] Insgesamt lassen sich nur fünf Gemälde aus den frühen Ankäufen im Inventar nachweisen, was die Vermutung nahelegt, dass Harzen den Großteil der Bilder bereits veräußert hatte, als er damit begann, über die Ein- und Ausgänge seines Bilderlagers Buch zu führen. Der deutlich gestiegene Umsatz zwischen 1823 und 1825 mag dazu den Ausschlag gegeben haben.

Die Bilder wurden chronologisch nach dem Datum des Erwerbs inventarisiert. Harzen notierte Künstlernamen, Bildtitel und eine knappe Beschreibung der Darstellung. Gegebenenfalls fügte er Bemerkungen über die Malerei, eventuelle Schäden, den Bildträger oder die Rahmung hinzu. Akribisch dokumentierte er den weiteren Weg der Bilder, wem er sie wann und zu welchem Preis angeboten und letztendlich verkauft hatte. Auch wenn sich der Verbleib der meisten Gemälde heute nicht mehr nachvollziehen lässt, belegen diese Einträge, dass ihm der Weg in die Metropolen des nordeuropäischen Kunsthandels schon innerhalb kürzester Zeit nach seiner Niederlassung in Hamburg offen stand.

556 Gemälde sind in den Inventarbüchern der Jahre 1824 bis 1842 erfasst, die alle zum Lagerbestand der Kunsthandlung zählten. Dass es jenseits dieser Einträge weitere Gemäldetransaktionen gegeben hat, über die Harzen an anderer Stelle Buch führte – so zum Beispiel die Vermittlung von Kunstwerken gegen Provisionszahlungen oder die

107 Hamburger Kunsthalle, Kupferstichkabinett, Archiv 268, NH Ad: 05: 01, Nr. 10, Inventarbuch von Harzens Gemäldesammlung.

Übernahme von Aufträgen –, lässt die Korrespondenz vermuten. 33 Bilder aus dem Kunstlager fielen 1842 den Flammen zum Opfer, und 51 weitere Gemälde gingen nach Harzens Tod in den Besitz der Hamburger Kunsthalle über, alles andere wurde verkauft.

Der Zusammenschluss mit Commeter

Harzen trat von Anbeginn im Auktionswesen auch als Käufer in Erscheinung und hatte auf seiner ersten mit Noodt bestrittenen Auktion das bereits erwähnte Andrea del Sarto zugeschriebene Gemälde erworben.[108] Auch auf seinen späteren Auktionen – so den Versteigerungen der Sammlungen Mettlerkamp und Martens 1825 – war er als Käufer präsent. Zieht man zum Vergleich die Kataloge anderer Auktionatoren in Hamburg heran, wird anhand der Annotationen deutlich, dass dies eine in der Hansestadt übliche Gepflogenheit war.[109]

Eine derartige Verschränkung der Interessen war einzigartig und ist in Hamburg nur aufgrund der enormen Freizügigkeit möglich gewesen, die man dem Auktionswesen zubilligte. In anderen deutschen Städten war es den Auktionatoren sogar eidesstattlich verboten, in irgendeiner Weise als Käufer – und sei es durch Mittelsmänner – in Erscheinung zu treten.[110] In Hamburg erforderte der Umgang mit dieser bis in das 18. Jahrhundert zurückreichenden Liberalität ein besonderes Fingerspitzengefühl, da man sich als Auktionator schnell dem Vorwurf der Vorteilsnahme und der Korruption ausgesetzt sah. Dieser fortwährende Balanceakt mag Harzen dazu bewogen haben, seine Geschäfte bereits nach kurzer Zeit neu zu strukturieren.

Nachdem er sich mit Commeter auf eine Zusammenarbeit geeinigt hatte, schufen sie im Frühjahr 1824 die Grundlagen für eine rein formale Aufteilung der zukünftigen Geschäfte. Damit Harzen Commeter die Kunsthandlung ganz offiziell übertragen konnte, musste dieser das Hamburger Bürgerrecht erwerben, denn nur als »erbgemessener« Bürger war es ihm gestattet, in der Hansestadt ein Handelshaus zu führen oder Grundbesitz zu erwerben. Den dazu notwendigen Taufschein ließ Commeter sich am 13. Mai 1824 in Wilster ausstellen und leistete seinen Eid knapp zwei Wochen später in Hamburg.[111] In dieser Zeitspanne übergab Harzen die am Neuen Wall ansässige Kunsthandlung an seinen Kompagnon als alleinigen Inhaber. Er selber ließ sich von der Maklerdeputation vereidigen und erhielt den für Hamburg obligatorischen Maklerstab aus gedrechseltem Ebenholz als Zeichen seiner Zunft.

Da Unterlagen über eine Trennung der Zuständigkeiten – insbesondere aus den Jahren nach 1842, in denen Harzens Leben akribisch dokumentiert ist – nicht vorliegen,

108 Auktionskatalog Noodt, 1821, Nr. 36.

109 Hamburger Kunsthalle, Bibliothek, Johannes Noodt: Verzeichnis der Kunst-Sammlung des verstorbenen Herrn Johannes Jansen in Hamburg. Zweyte Abtheilung. Gemälde Handzeichnungen Kupferwerke enthaltend, Hamburg 1820, Annotationen.

110 Ketelsen 2002, S. 15.

111 Hamburger Kunsthalle Kupferstichkabinett, Archiv 105, Nachlass Commeter.

verstärkt sich die Annahme, dass eine solche Aufteilung – jenseits der nach außen wirksamen rein formalen – nie vorgenommen wurde. Weder von Harzen noch von Commeter sind seit 1824 weitere Räume angemietet worden, so dass die Unternehmen nun eigenständig hätten betrieben werden können. Stattdessen deuten auch spätere Wohn- und Standortverlagerungen auf eine fortwährende Gemeinschaftlichkeit, denn die Adresse der Kunsthandlung Commeter war immer identisch mit der des Maklers Harzen.

Auch die Einträge in den Adressbüchern und Harzens Inventare belegen, dass eine tatsächliche Trennung nicht stattgefunden hatte. Die Kunsthandlung firmierte nun zwar unter dem Namen Commeter, doch sie wurde weiterhin von Harzen mit Kunstwerken beliefert und verblieb in den angestammten Räumen. Es ist zu vermuten, dass diese Aufteilung vor allem aus Gründen der Reputation vorgenommen wurde. Da die Verbindung von Auktionatorentätigkeit und eigener Kunsthandlung als unseriöse Vermengung von Interessen wirken konnte, wurde sie zumindest in ihrer nach außen sichtbaren Struktur aufgelöst.

Auf eine vergleichsweise enge und vertrauensvolle Zusammenarbeit deuten auch die geschäftlichen Abrechnungen und Zeugnisse der allgemeinen Lebensführung. Die Regelung finanzieller Belange wurde vielfach von Commeter übernommen, der über die notwendigen Vollmachten verfügte.[112] Geleistete Mietzahlungen für die in Harzens Lokal residierende Kunsthandlung oder eine eigene Wohnung lassen sich auch für die späteren Jahre nicht nachweisen. Die überlieferten Rechungen belegen vielmehr, dass die Betriebskosten für die Geschäfts- und Wohnräume sowie die Aufwendungen für den täglichen Bedarf in einvernehmlicher Regelung geteilt wurden. Harzen übernahm die Kosten der städtischen Elbwasserkunst und Commeter bezahlte die Gas-Compagnie. Nur in Steuerangelegenheiten traten beide strikt getrennt auf.[113] Dass man an dieser bewährten Praxis seit 1824 durchgängig festgehalten hatte, ist naheliegend.

Als Harzen im Mai 1825 die Sammlung Mettlerkamp versteigerte, wurden den Annotationen zu Folge 18 Bilder Commeter zugeschlagen. Unter diesen Erwerbungen befand sich auch ein Gemälde von Pieter Wouverman, das einen Reiter zeigt, der sein Pferd über einen Sandhügel führt.[114] In Harzens Inventar wird dieses Bild wiederum unter seinen Ankäufen aufgelistet.[115] Ein 1830 aus der Sammlung von Siegfried Bendixen erworbenes Gemälde gab Harzen an Commeter ab, der es an Salomon Steinheim verkaufte. Dem Eintrag zufolge ist zwischen den Geschäftspartnern bei dieser Transaktion kein Geld geflossen. Als Matthias Commeter seinen Kunstbesitz 1863 der Hamburger Kunsthalle vermachte, befanden sich drei Gemälde darunter, die ursprünglich aus Harzens Sammlung stammten. Die *Straße am Abend* von Aert van der Neer (Abb. 14) wurde von Harzen 1837 erworben. Um den Weiterverkauf dieses Gemäldes

112 Hamburger Kunsthalle, Kupferstichkabinett, Archiv 268, NH Cc: 01: 08, private Haushaltsführung.

113 Hamburger Kunsthalle, Kupferstichkabinett, Archiv 268, NH Cc: 04: 01, private Haushaltsführung.

114 Hamburger Kunsthalle, Bibliothek, Ernst Harzen: Verzeichnis der Sammlung Oelgemälde des Obristlieutenant Mettlerkamp, Hamburg 1825, Nr. 67.

115 Hamburger Kunsthalle, Kupferstichkabinett, Archiv 268, NH Ad: 05: 01, Nr. 11, Inventarbuch von Harzens Gemäldesammlung.

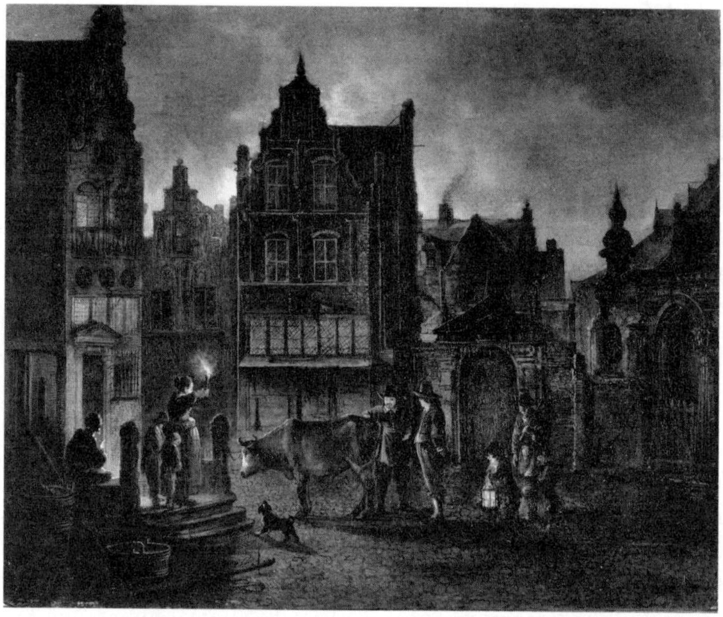

Abb. 14 Aert van der Neer, Straße am Abend, Hamburger Kunsthalle

hatte er sich nie bemüht, sondern es Commeter offenbar irgendwann überlassen.[116] Einen ähnlichen Weg nahm der *Kleine Waldsee* von Jacob van Ruisdael.[117]

Auch mit Blick auf die Öffentlichkeit manifestiert sich der Eindruck, dass Harzen und Commeter die Trennung der gemeinsamen Kunsthandlung eher leise vollzogen haben, denn im *Hamburgischen Correspondenten* wird mit keinem Wort auf diese Umstrukturierung hingewiesen. Die für den Kunsthandel bedeutsame Information über die vermeintlich neuen Kompetenzen des gefeierten »Zweigestirns Harzen-Commeter« fand allenfalls in Nebensätzen – den Namenszusätzen der Verkaufs- und Auktionsanzeigen – Erwähnung. Als die letzte Auktion der Sammlung Speckter von Harzen angekündigt wurde, waren der Umzug in den Neuen Wall und die Auflösung der Harzenschen Kunsthandlung bereits vollzogen. Verantwortlich zeichnete nun der Makler Harzen, und Aufträge nahm der Kunsthändler Commeter entgegen.

116 Hamburger Kunsthalle, Kupferstichkabinett, Archiv 268, NH Ad: 05: 02, Nr. 400, Inventarbuch von Harzens Gemäldesammlung .

117 Hamburger Kunsthalle, Galerie Alte Meister, Inv.-Nr. HK-156.

DIE ENTWICKLUNG DER GESCHÄFTE

Makler und Auktionator in Kunstsachen

Harzens geschäftliches Engagement war in der Zeitspanne zwischen seiner Niederlassung in Hamburg und dem späteren Rückzug in die Forschung breit gefächert. Er trat in der Hansestadt vorwiegend als Kunsthändler in Erscheinung, doch die überlieferten Auktions- und Sammlungskataloge belegen, dass seine beruflichen Aktivitäten deutlich vielseitiger waren.

Insgesamt sind 23 Auktionen nachweisbar, die Harzen zwischen 1822 und 1847 eigenverantwortlich und bis auf wenige Ausnahmen in Hamburg veranstaltet hat. Überwiegend waren es reine Kunstauktionen, in denen Gemälde und Kupferstiche zumeist vor Ort beheimateter Sammlungen umgeschlagen wurden. Die Verkäufe veranschaulichen, dass die Hamburger Kunstfreunde dem kunsthändlerischen Geschick Harzens offenbar bis über den eigenen Tod hinaus eine große Bedeutung beimaßen. Nach den Sammlungen Mettlerkamp und Martens versteigerte er 1830 den Nachlass des Musikers P. A. Möglich, und noch im selben Jahr erging der Auftrag an ihn, die von Johann Nicolaus Schaffhausen, mit dem er ebenfalls seit den Anfängen des Kunstvereins bekannt gewesen ist, hinterlassene Kupferstichsammlung zur Auktion zu bringen. Den handschriftlichen Notizen Harzens ist zu entnehmen, dass er 1841 auch für die »Commission der Hallerschen Auction«[118] verantwortlich zeichnete und 1863, nach dem Tod seines langjährigen Freundes Nicolaus Hudtwalcker, damit begonnen hatte, den Verkauf von dessen Gemäldesammlung vorzubereiten.

In seiner beruflich aktiven Zeit brachte Harzen in mindestens sechs großen Auktionen »Oelgemälde verschiedener Schulen nebst Kupferstichen«, hinter denen keine geschlossenen Privatsammlungen standen, zum Verkauf. Die Auktionsware setzte sich aus verschiedenen Aufträgen zusammen, und es ist anzunehmen, dass Harzen solche Gelegenheiten nutzte, etwas aus dem eigenen Kunstlager beizusteuern, wie es im internationalen Kunsthandel üblich war.

Im Gegenzug lassen sich zwischen 1824 und 1842 mindestens 36 Auktionen nachweisen, auf denen Harzen Gemälde ersteigerte. In derselben Zeitspanne trat er auch als Einlieferer in Erscheinung und bot auf 24 Auktionen Bilder aus seinem Kunstlager zum Verkauf an. Harzens geschäftliches Interesse war rege, und die Veranstaltungsorte dokumentieren seine guten internationalen Beziehungen. Er bediente Auktionen in Kiel, Bremen und Leipzig, in Rotterdam, Den Haag und Amsterdam sowie in Brüssel, London, Manchester und Kopenhagen.[119]

118 Hamburger Kunsthalle, Kupferstichkabinett, Archiv 268, NH Cd: 04:01, handschriftliche Verkaufskataloge. Auf welche Sammlung Harzen sich hier bezieht, ist den Aufzeichnungen nicht zu entnehmen. Mit großer Wahrscheinlichkeit handelt es sich um einen Teilverkauf aus der Sammlung des Kaufmanns Martin Joseph Haller, der viele holländische Altmeister besaß. Nach seinem Tod 1852 wurde die Sammlung von den Erben aufgelöst. Vgl. Martin Haller: Erinnerungen an Kindheit und Elterhaus, Hamburg 1985, S.17–19.

119 Hamburger Kunsthalle, Kupferstichkabinett, Archiv 268, NH Ad: 05: 01–03, Inventarbücher von Harzens Gemäldesammlung.

Handeln und Sammeln

Ein Großteil seiner Erwerbungen ging umgehend an befreundete Sammler und Händler, was vermuten lässt, dass Harzen viele Ankäufe mit Blick auf den weiteren Vertrieb arrangierte. Obwohl die Nachweise über den Umsatz von graphischen Blättern und Handzeichnungen während seiner aktiven Zeit gering sind, lässt die Streuung der Auslandsgeschäfte mit Gemälden erkennen, dass Harzen mit Hamburg als zentralem Standort die richtige Wahl getroffen hatte, um international agieren zu können.

Diese Einschätzung bestätigt ein undatiertes und handschriftlich geführtes Inventarbuch, in dem Harzen seinen Druckgraphikbestand und seine Zeichnungen auflistete.[120] Er notierte Titel, Technik und im Falle der Druckgraphik auch die Nummerierungen nach Bartschs *Peintre Graveur* oder anderen Standardwerken. Er hielt die Ankaufspreise fest und verzeichnete im Einzelfall den Erhaltungszustand, die Provenienz und – leider sehr selten – den Zeitpunkt des Erwerbs. Demnach hatte sich Harzen schon in Italien, als seine kunsthändlerischen Ambitionen langsam Gestalt annahmen, um den Aufbau einer kommerziell nutzbaren Sammlung bemüht. Auch die Zeichnungen, die er 1820 in Rom erworben hatte, zählten sowohl zur Handelsware der späteren Kunsthandlung als auch zu Harzens privater Kunstsammlung.[121]

Diese Kollektion ist stetigen Veränderungen unterworfen gewesen, Harzen ersetzte zeitlebens einzelne Werke durch prominentere Arbeiten und trennte sich bisweilen noch Jahrzehnte später von ausgewählten Blättern, wenn er den drängenden Wünschen seiner Sammlerfreunde nicht zu widerstehen vermochte. Sein Umgang mit Kunst war mit Blick auf den An- und Verkauf fließend, und eine Trennung in Handelsware oder Privatbesitz wurde von ihm im Falle der Arbeiten auf Papier nie konsequent vorgenommen, im Unterschied zu seinem Umgang mit den Gemälden, die er in der gleichen Zeitspanne ankaufte. Als Sammler widmete Harzen sich der »schwarzen Kunst« und den Zeichnungen, zu denen die Gemälde einen erläuternden Zusammenhang bildeten.

Dreizehn der aus Rom stammenden Zeichnungen verblieben in seiner Sammlung und befinden sich heute im Besitz der Hamburger Kunsthalle.[122] Die Blätter – darunter eine in Feder ausgeführte *Darstellung Mariens im Tempel* von Domenico Campagnola,[123] die Harzen als Werk Tizians erworben hatte, und ein in Kreide angelegter *Kopf eines aufblickenden jungen Mannes* nach Antonio Correggio (Abb. 15) – gelangten nach Harzens Tod in das Kupferstichkabinett.[124] Mit welch sicherem Gespür er schon damals seine Auswahl getroffen hatte, veranschaulichen die Bestandskataloge des Hamburger

120 Hamburger Kunsthalle, Kupferstichkabinett, Archiv 268, NH Ad: 02: 01, Inventarbuch von Harzens graphischer Sammlung.

121 Klemm 2009, S.1–2.

122 Ebd. Kat.-Nr. 97, 111, 195, 215, 239, 253, 259, 468, 603, 645, 679, 736.

123 Ebd. Kat.-Nr. 97.

124 Hamburger Kunsthalle, Kupferstichkabinett, Archiv 268, NH Ad: 02: 01, S. 213, Inventarbuch von Harzens graphischer Sammlung. Vgl. Klemm 2009, Kat.-Nr. 183.

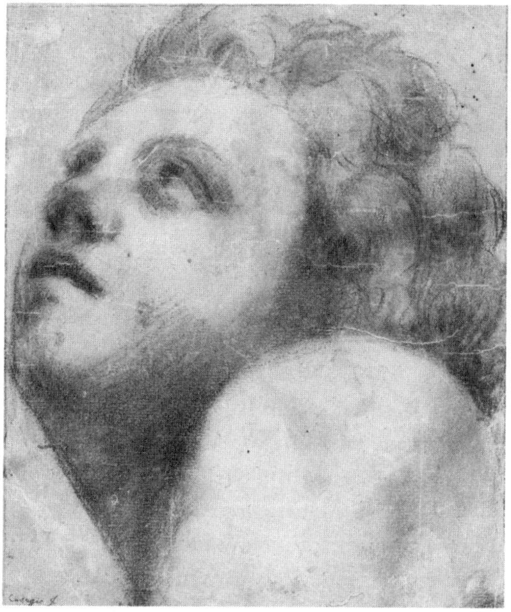

Abb. 15 Nach Correggio,
Kopf eines aufblickenden jungen Mannes, Kreide,
Hamburger Kunsthalle, Kupferstichkabinett

Kupferstichkabinetts, denn ein Großteil von Harzens Zuschreibungen halten bis heute einer kritischen Befragung stand.[125]

London

An den sporadischen Notizen zur Provenienz ist ablesbar, dass Harzen sehr bald auf internationale Kontakte zurückgreifen konnte. Als die Sammlung von Sir Mark Masterman Sykes 1824 in London zur Auktion kam, beteiligte er sich mit mehreren Erwerbungen. Den Annotationen zufolge war Harzen jedoch nicht persönlich zugegen, sondern hatte Kunsthändler vor Ort damit beauftragt, seine Interessen wahrzunehmen. Die von Samuel Woodburn ersteigerten *Allegorien*, von Andrea Zoan nach einer Zeichnung von Andrea Mantegna gestochen, führte Harzen mit dem Herkunftsverweis »Sykes« und unter der Nummer des Auktionskatalogs in seinem Inventar auf.[126] Das Blatt,

125 Vgl. dazu die Bestandskataloge des Kupferstichkabinetts der Hamburger Kunsthalle: Klemm 2009; Peter Prange: Deutsche Zeichnungen 1450–1800, Köln 2007; Annemarie Stefes: Niederländischen Zeichnungen 1450–1850, Köln 2011.

126 Hamburger Kunsthalle, Kupferstichkabinett, Archiv 268, NH Ad: 02: 01, Inventarbuch von Harzens graphischer Sammlung, S. 211, S. 3.

das heute ebenfalls zum Bestand des Kupferstichkabinetts gehört, zählt zu den wenigen gesicherten Nachweisen über Harzens frühe Graphikankäufe.[127]

Der rege Umschlag zahlreicher Kunstsammlungen dokumentiert, dass London in der ersten Hälfte des 19. Jahrhunderts vor Amsterdam, Paris und Rom die Drehscheibe des europäischen Kunsthandels war. Der Londoner Kunstmarkt hatte von den politischen Entwicklungen auf dem Kontinent seit 1789 profitiert, zeitbedingt wurden die Kunstbestände aufgelöst und ins Ausland transferiert. Im Zuge dieser Entwicklung hatte sich der Kunsthandel neu strukturiert, und seit dem frühen 19. Jahrhundert galt die britische Metropole mit Blick auf die Malerei und die graphischen Künste als der größte und am besten entwickelte Kunstmarkt Europas,[128] weshalb auch Harzen die geschäftliche Anbindung dorthin knüpfte.

Als die Sammlung des englischen Miniaturmalers Richard Cosway 1822 in London zur Auktion kam, erwarb Harzen vermutlich eine Rötelzeichnung von Elisabetta Sirani und ein weiteres Blatt von Domenico Campagnola.[129] Im darauf folgenden Jahr standen die letzten Bestände aus dem Nachlass des Graphikhändlers W. Richardson Jr. zum Verkauf. Drei italienische Zeichnungen in Harzens Inventar sind mit dieser Provenienzangabe versehen.[130] Er kaufte vermutlich erneut, als der Kunstbesitz des Londoner Bankiers Thomas Dimsdale 1824 versteigert wurde.[131] Bis zu Dimsdales Tod wurde die Sammlung von Woodburn betreut, der mit Harzen gut bekannt war und ihn möglicherweise beriet. Vier Zeichnungen wurden von Harzen mit diesem Herkunftsnachweis inventarisiert, darunter eine *Landschaft mit Reiter* von Salvator Rosa (Abb. 16).[132] Auch aus der im selben Jahr in London zum Verkauf stehenden Sammlung des britischen Malers und Stechers Paul Sandby sind mehrere Blätter in seinem Inventar aufgeführt.[133] Harzen zeigte sich interessiert, als die Sammlung des englischen Malers Sir Thomas Lawrence im Sommer 1830 in London verauktioniert wurde. Insgesamt acht Blätter der deutschen, niederländischen und italienischen Schule sind in seinem Inventarbuch mit dieser Herkunft ausgewiesen.[134] Die Rötelzeichnung von Fabrizio Boschi, ein *Mann im Mantel einen Schal tragend*, könnte direkt aus dieser Auktion stammen.[135]Andere Blät-

127 Hamburger Kunsthalle, Bibliothek, A Catalogue of the Valuable Collection of Prints, the Property of Sir Mark Masterman Sykes, London 1824, Annotationen, S. 66; Archiv 268 NH Ad: 02: 01 Inventarbuch von Harzens graphischer Sammlung, S. 3.

128 Hans Peter Thurn: Der Kunsthändler. Wandlungen eines Berufes, München 1994, S. 67.

129 Lugt 1921, Nr. 628, 629, S. 111; Hamburger Kunsthalle, Kupferstichkabinett, Archiv 268, NH Ad: 02: 01, S. 211, 220.

130 Lugt 1921, Nr. 2646, 2647, S. 499; Hamburger Kunsthalle, Kupferstichkabinett, Archiv 268, NH Ad: 02: 01, S. 210.

131 Lugt 1921, Nr. 2426, S. 451–452; Hamburger Kunsthalle, Kupferstichkabinett, Archiv 268, NH Ad: 02: 01, 217–219.

132 Hamburger Kunsthalle, Kupferstichkabinett, Archiv 268, NH Ad: 02: 01, S. 214; Klemm 2009, Kat.-Nr. 486.

133 Lugt 1921, Nr. 2112, S. 391.

134 Hamburger Kunsthalle, Kupferstichkabinett, Archiv 268 NH Ad: 02: 01, Inventarbuch von Harzens graphischer Sammlung.

135 Hamburger Kunsthalle, Kupferstichkabinett, Archiv 268, NH Ad: 02: 01, S. 210; Klemm 2009, Kat.-Nr. 73.

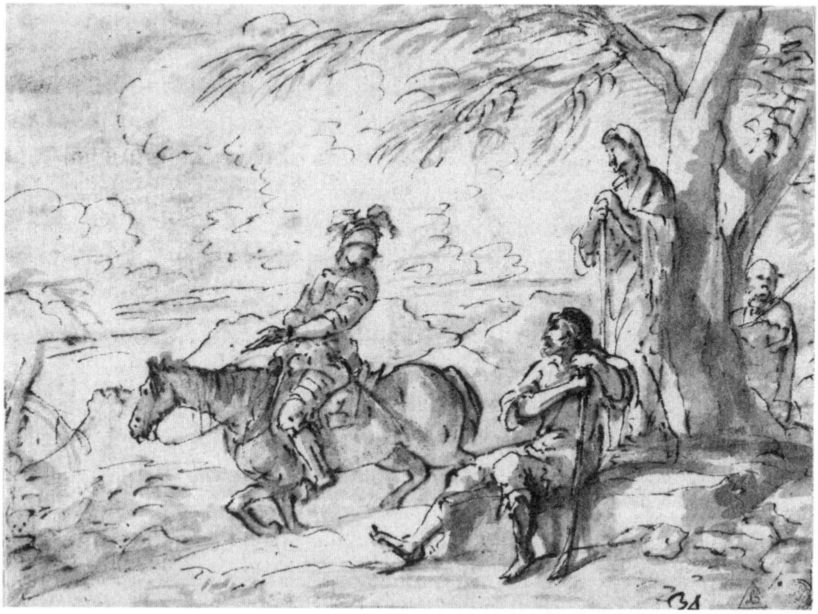

Abb. 16 Salvator Rosa, Landschaft mit einem Reiter, Feder, Pinsel, Hamburger Kunsthalle, Kupferstichkabinett

ter der Provenienz Lawrence zählen zu den späteren Erwerbungen.[136] An wie vielen großen Sammlungsverkäufen Harzen beteiligt war, veranschaulichen sein Inventarbuch und die jüngsten Forschungen zu den Beständen des Hamburger Kupferstichkabinetts.[137]

Auffallend an den frühen Erwerbungen ist, dass Harzen seinen Blick vermehrt auf Sammlungen richtete, die von Malern oder Stechern zusammengetragen wurden. Diese Herkunft erschien ihm als Garantie für Qualität, weil er annahm, dass sich das geschulte Künstlerauge weder vom oberflächlichen Eindruck noch von Effekten oder vermeintlich großen Namen blenden lässt, sondern nach dem Ausdruck der zeichnerischen Handschrift, der Erfassung des Gegenstandes und der originären künstlerischen Idee sucht. Einen solchen Qualitätsbegriff, wie er ihn sich als dilettierender Liebhaber angeeignet hatte, legte er auch dem kommerziellen Erwerb zugrunde. In den Sammlungen namhafter Künstler Arbeiten zu finden, die seinen Ansprüchen genügten, war eine berechtigte Hoffnung.

Harzens Fokus lag auf dem Londoner Kunstmarkt. Eigene Ankäufe und Aufträge wickelte er während seiner vielen Reisen nach London gern persönlich ab. Auskunft darüber geben ein frühes Reisetagebuch, die überlieferten Annotationen in den Auktionskatalogen und die Korrespondenz mit Klugkist. Danach verbrachte Harzen zwi-

136 Hamburger Kunsthalle, Kupferstichkabinett, Archiv 268, NH Ad: 02: 01, S. 217; Klemm 2009, Kat.-Nr. 367.
137 Vgl. dazu Klemm 2009, Prange 2007, Stefes 2011.

schen 1833 und 1834 eine längere Zeitspanne in London und steigerte im Auftrage seines Freundes.[138] Weitere Aufenthalte sind für 1836 und 1837 belegt, doch auf welchen Auktionen Harzen tatsächlich zugegen war, bleibt unerwähnt.

Dem Briefwechsel mit Klugkist ist zu entnehmen, was für geschäftliche Vereinbarungen, Harzen mit seinen Kunden traf, wenn er ihre Interessen im Ausland wahrnahm:

»Euer Wohlgeboren hatte ich vor einigen Tagen die Ehre meine Rückkehr aus London anzuzeigen; seitdem habe ich die mitgebrachten Sachen ausgepackt und geordnet. [...] Die Kiste expediert, welche [...] die für Sie erstandenen Blätter, nebst anderen zur Ansicht beigefügten, enthält. Meine Rechnung über die Ankäufe [...] befindet sich in der Anlage. In den Preisen ist meine Provision inbegriffen, und erhebe ich dieselbe an Sie nur außer einzelnen Blättern aus meiner Sendung.«[139]

Harzen steigerte gegen ein vereinbartes Aufgeld. Die Verkäufe aus seinen Beständen erfolgten nach festgelegten Preisen, und der Versand zur Ansicht blieb provisionsfrei. Gerade dieser Service wurde vermehrt zur Basis seiner kunsthändlerischen Aktivitäten und erforderte ein reiches Lagerangebot, das Harzen in London immer wieder aufstockte.

Der nächste gesicherte Nachweis über eine Reise nach England stammt vom März 1840, als Harzen sich von Klugkist mit diesem Ziel verabschiedete.[140] Erneut nahm er Aufträge seiner Kunden entgegen, die ihm Commeter brieflich übermittelt hatte. »Ich bin glücklich«, ließ Harzen Klugkist wissen, »einige interessante Blätter für Ihre Sammlung zu aquieriren.«[141] Auf welche Auktionen sich diese Erfolgsnachricht bezog, teilte er leider nicht mit.[142]

Auch das Frühjahr 1842 verbrachte Harzen in London. Ein kleines Konvolut von Rechnungen belegt, dass er während dieser Reise Kunst erworben und verschickt hat, ohne die Werke jedoch einzeln zu benennen.[143]

Wien

Von großem Nutzen für Harzens beruflichen Werdegang waren auch die in Wien geknüpften Kontakte. Als das Kabinett de Fries im Sommer 1824 in Amsterdam zum Verkauf stand, beteiligte er sich mit einigen Erwerbungen.[144] Harzen kannte die Samm-

138 Kunsthalle Bremen, Kupferstichkabinett, Nachlass Klugkist, Harzen an Klugkist, Brief vom 11.10.1834; Hamburger Kunsthalle, Kupferstichkabinett, Archiv 268, NH Ea: 01, Reisetagebuch 1833, S. 7–8; dazu Kapitel: London 1833.

139 Kunsthalle Bremen, Kupferstichkabinett, Nachlass Klugkist, Harzen an Klugkist, Brief vom 11.8.1837.

140 Kunsthalle Bremen, Kupferstichkabinett, Nachlass Klugkist, Harzen an Klugkist, Brief vom 7.4.1840.

141 Kunsthalle Bremen, Kupferstichkabinett, Nachlass Klugkist, Harzen an Klugkist, Brief vom 29.5.1840.

142 Für den März 1840 lassen sich in London nur zwei Auktionen nachweisen, auf denen Zeichnungen und Druckgraphik in größerer Anzahl angeboten wurden, die Sammlung Adamson 3.3.–7.3.1840 und die Sammlung W.J. Cook am 17.3.1840. Vgl. Lugt 1953, Nr. 15692, Nr. 15711.

143 Harzen kaufte in London bei Edward Radcliff, Robinson & Sons, Ackermann & Co und William B. Tiffin. Hamburger Kunsthalle, Kupferstichkabinett, Archiv 268, NH Ce: 01: 01, Reisen.

144 Lugt 1921, Nr. 2903, S. 535–536; Hamburger Kunsthalle, Kupferstichkabinett, Archiv 268, NH Ad: 02: 01, Inventarbuch von Harzens graphischer Sammlung, S. 34.

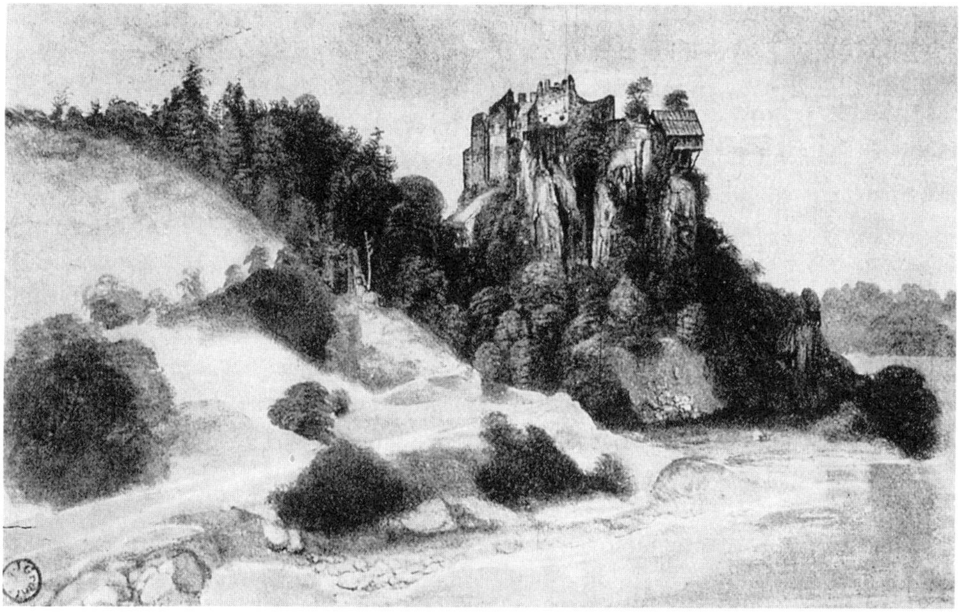

Abb. 17 Albrecht Dürer, Das Felsenschloss am Wasser, Aquarell, Kunsthalle Bremen, Kupferstichkabinett

lung und konnte auf bestehende Beziehungen zurückgreifen, da er den Verwalter Franz Rechberg schon 1819 aufgesucht hatte. Die Vermutung ist naheliegend, dass er über ihn auch mit den verantwortlichen Auktionatoren Albertus Brondgeest und Cornelis Francois Roos in Kontakt kam. Harzens Entscheidung, sich an diesem Verkauf zu beteiligen, war in doppelter Hinsicht ertragreich, denn über den reinen Kunsterwerb hinaus nahm hier eine geschäftliche Allianz ihren Anfang, die ihm nur wenig später den Zugang zum holländischen Kunsthandel ebnete.

Im Sommer 1827 wandte sich der Wiener Kunstsammler und Graphikhändler Joseph Grünling an Harzen und bot ihm ein Konvolut Handzeichnungen von Albrecht Dürer zum Kauf an, das ehemals zum Bestand der Albertina gezählt hatte (Abb. 17). Auch dieser Kontakt geht mit großer Wahrscheinlichkeit auf den ersten Wienaufenthalt zurück. Allein die Tatsache, dass Grünling ihm dieses spektakuläre Angebot unterbreitete, veranschaulicht, welches Renommee Harzen mittlerweile genoss.

»Ich kann Ihnen verlässlich versichern, daß die Waare ganz schön und vollkommen ächt sey; ich verstehe mich auf diesen Artikel wie sie wohl wissen – Bedenken sie, daß der Einkauf von mir unter sehr günstigen Umständen gemacht worden; und wenn Ihnen eine saldirte Rechnung des ehemaligen Herzog Albertschen Galleriedirektor Lefebre angewiesen ist, so können Sie durch dieselbe ersehen, daß ca. 40 Stück dieser Sammlung um 460 Fr. baar und billig bezahlt worden. Es mögen fast alle von dem verstorbenen Herzoge, der den Maximilianischen Nachlaß erhielt, beseitigte und an Lefebre gekommene Blätter seyn, da der Herzog soviel erhielt und wohl bey sich wiederholendem Zeichnungsgenre nicht alles damals behalten und aufnehmen wollte.«[145]

Mit seiner Erläuterung zur Provenienz zerstreute Grünling Harzens Zweifel an der Originalität der Blätter und der Legalität ihres Verkaufs. Unter welchen Umständen Grünling tatsächlich in den Besitz dieser hochkarätigen Blätter gekommen ist, konnte nie zufriedenstellend geklärt werden. Außer Zweifel ist, dass der einstige Inspektor der herzoglichen Zeichnungssammlung, Francois Lefèbvre, an dieser Transaktion beteiligt gewesen ist, der bis heute der Makel des Diebstahls anhaftet.[146]

»Sie werden Ihre Erwartungen in Betreff der Qualität vollkommen gerechtfertigt, wohl bei vielen übertroffen sehen; in den öffentlichen Sammlungen von Wien, München, Dresden und Paris ist dieser Artikel nicht um ein Haar schöner. [...] Nun freuen Sie sich recht mit der Portefeuille; so wie ich Sie kenne, wird es ein hoher Genuß für Sie sein, diese Perlen so recht mit Muße und Aufmerksamkeit untersuchen zu können; so ist die Waare ächt, so muß sie seyn, nicht wie die vielen anderen Schmieralien, die Händler zu 5 und 10 Louisdor pro Blatt für Dürers Arbeiten zeigen, anbieten und verkaufen.«[147]

Nach zähen Preisverhandlungen erwarb Harzen die Blätter im Konvolut. Er bewahrte keine dieser Zeichnungen für die eigene Sammlung, sondern verkaufte sie an Klugkist. Dass er sich im Auftrag seines Sammlerfreundes um dieses Geschäft bemüht hatte, steht zu vermuten, denn andernfalls hätte er sicherlich einige der prominenten Stücke in Hamburg behalten. Der geschlossene Erwerb, an dem Grünling gelegen war, führte letztendlich zum Zuschlag. »[...] auf einzelne Blätter«, ließ er Harzen wissen, »seyen schon höhere Preise vergebens geboten; es sey beisammen, wie es Heller gesehen und beschrieben und er werde sich als Stifter freuen, wenn es zusammen bleibe und in kunstverständige Hände komme, die es erhielten [...].«[148]

Kunsthändler mit besten Beziehungen

Harzens Korrespondenz der 1840er Jahre dokumentiert seine kontinuierlichen und guten geschäftlichen Verbindungen. In Großbritannien stand er mit Dominic Colnaghi, Edward Evans sowie Charles Hodges, William Smith und William Benjamin Tiffin –

145 Zitiert nach Emil Waldmann: Die Einkaufspreise für Dürers Landschaftsaquarelle in Bremen, in: Cicerone XX, Dürerfestschrift, Leipzig 1928, S. 104.

146 Walter Koschatzky, Alice Strobel: Die Dürerzeichnungen der Albertina, Salzburg 1971, S. 60–77.

147 Zitiert Waldmann 1928, S. 104.

148 Ebd. S. 105. Die 40 Landschaftszeichnungen und Aquarelle Dürers zählen zum größten Schatz des Bremer Kupferstichkabinetts. Leider ist dieser Kunstbesitz heute nur eingeschränkt zugänglich, denn die Blätter wurden im Zweiten Weltkrieg als Beutekunst nach Russland verbracht. Nach Auskunft von Anne Röver-Kann, Leiterin des Kupferstichkabinetts der Kunsthalle Bremen, haben erst sieben Arbeiten aus dem von Harzen lancierten Ankauf den Weg nach Bremen zurückgefunden. Dazu: Beutekunst. Warum Moskau die Rückgabe der Sammlung Baldin nach Bremen verzögert, in: Der Spiegel, Bd. 57 (2003) 13, S. 128–130. Dazu Anne Röver-Kann: Die Bemühungen des Kunstvereins Bremen um die Rückführung seiner Kriegsverluste – eine vorläufige Bilanz, in: Kulturgüter im zweiten Weltkrieg. Verlagerung, Auffindung, Rückführung, hrsg. von der Koordinierungsstelle für Kulturgutverluste, Magdeburg 2007, S. 441–459.

allesamt in London ansässig – in Verbindung. Er hatte geschäftliche Kontakte nach Manchester und nach Dublin. Seine Beziehungen in die Niederlande konzentrierten sich auf die Kunsthändler de Boer und Brondgeest, den Maler und Kunsthändler Willem Gruyter sowie Roos und de Vries in Amsterdam. Er unterhielt Beziehungen nach Dordrecht und Groningen und zu Arie Johannes Lamme, Kunsthändler und seit 1870 Direktor des Museums Boymann in Rotterdam. Außer mit Grünling stand Harzen in Wien mit dem Verleger und Kunsthändler August Artaria sowie Sigmund Bermann und Anton Promber in Kontakt. Die geschäftlichen Verbindungen nach Kopenhagen waren ebenfalls breit gefächert. Zu Harzens wichtigsten Kunden in Dänemark zählte Johann Conrad Spengler, der Leiter der königlichen Kupferstichsammlung in Kopenhagen.[149] Für Deutschland lässt sich eine Zusammenarbeit mit Ernst Sigismund Arnold in Dresden, Boerner und den Weigels in Leipzig sowie Andreas und Georg Finger in Frankfurt und Frauenholz in Nürnberg nachweisen. Harzen unterhielt Geschäftsbeziehungen zu Franz Göttner in München, Heberle in Köln sowie zum Berliner Kunsthandel. In Hamburg gehörten der Kunsthändler Heubel, Johannes Noodt, die Auktionatoren Költzow und Christian Meyer sowie natürlich Johann Matthias Commeter zu seinen wichtigsten Geschäftspartnern.

Harzens Kontakte zum Buchhandel entziehen sich einer klaren Einschätzung, da die Grenzen mit Blick auf die Kunst fließend gewesen sind. Dieser Geschäftszweig wurde von den Kunsthändlern im besonderen Maße zu Transportzwecken genutzt, und im Gegenzuge vertrieben Verleger und Buchhändler auch Graphik. Welcher Art beispielsweise die über die Hamburger Buchhändler Perthes, Mauke und Besser lancierten Sendungen tatsächlich gewesen sind, ist nicht mehr nachvollziehbar.

Die Struktur des Kunsthandels

Trotz der Vielzahl von Namen ergeben die nachweislichen Kontakte kein hinreichendes Bild vom damaligen Kunsthandel, denn im Falle der Privatsammler ist eine zweifelsfreie Trennung von Liebhaberei und kommerziellen Ambitionen nahezu unmöglich. Dass sie die ihnen zugedachten Sendungen weitervermittelten und ebenfalls am Kunstmarkt auftraten, war üblich. Erwähnt sei hier Harzens Neffe Hugo Behrens, der sich 1853 als Arzt in Quedlinburg niedergelassen hatte und unter der Hand einen privaten Kunsthandel aufbaute. Mit der notwendigen Handelsware ließ er sich von seinem Onkel versorgen. Auch der mit Harzen befreundete Londoner Chirurg Hugh Welsh Diamond war nicht nur ein leidenschaftlicher Sammler von Druckgraphik, sondern handelte auch.[150] Ähnlich ambivalent waren die Verbindungen zu den Museen, wie der Verkauf der Dürer-Blätter veranschaulicht, den Grünling aus dem Bestand der Albertina vorgenommen hatte.

149 Jens Heinet Knudsen: Lorenz Spengler's Collection of Drawings, in: Chris Fischer: A Sight for Sore Eyes, Kopenhagen 1993, S. 15–27.
150 Lugt 1921, Nr. 671, S. 121.

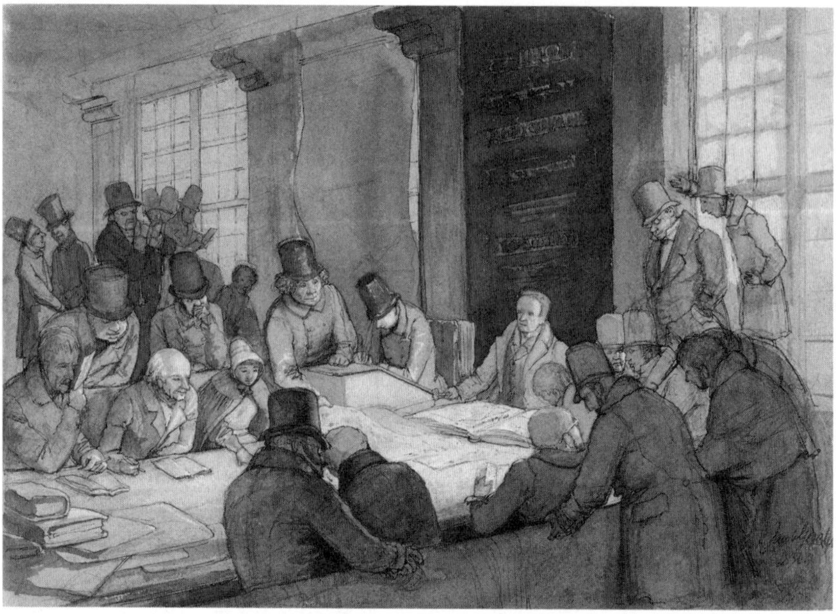

Abb. 18 Johann Jacob Gensler, Versteigerung von Kunstsachen, 1836, Feder, Tusche, Hamburger Kunsthalle, Kupferstichkabinett

Jenseits des Auktionsgeschäfts wurde ein großer Teil der Kunstwerke privat umgeschlagen. Aus Harzens Korrespondenz ist ersichtlich, dass die Geschäfte weitestgehend auf dem Postwege abwickelt wurden. Die in den Anhängen vieler Briefe notierten Zahlenreihen dokumentieren die Wünsche oder Angebote der Kunden: Bestellungen nach Katalognummern, die nach Zuschlag zu bezahlen waren, Abrechnungen von Zusendungen zur Ansicht, gegebenenfalls Auktionsaufträge oder Verkaufsangebote. Dabei wurden weder die Quellen noch die Kunstwerke benannt, sondern man verständigte sich über Zahlen. Ein großer Teil von Harzens Korrespondenz besteht aus solchen heute nicht mehr entschlüsselbaren Angeboten, Nachfragen und Abrechnungen, die ein enormes Geschäftsvolumen erahnen lassen. In erster Linie wurden dabei Kupferstiche gehandelt.

Harzens Auktionen erfreuten sich in der Hansestadt unbestrittener Popularität. Dies nahm der Hamburger Maler Jacob Gensler 1836 zum Anlass, eine solche *Versteigerung von Kunstsachen* als Pinselzeichnung festzuhalten (Abb. 18).[151] Genslers Blatt zeigt einen überschaubaren Kreis von Interessenten, die sich unter den Fenstern der alten Hamburger Börse um einen Tisch herum versammelt haben. Man begutachtet die ausgebreiteten Blätter und beratschlagt in kleinen Gruppen. Am Kopfende präsidiert Harzen mit dem Auktionshammer in der Hand. In einer nachträglich angebrachten Bildunterschrift[152] wird der Hergang erläutert:

151 Hamburger Kunsthalle, Kupferstichkabinett, Inv. Nr. 44713.
152 Der Text stammt vermutlich von Martin Gensler.

»Oben am Tisch sitzt Harzen als Verkäufer, rechts sein Schreiber, dann folgt Commeter, ein Blatt herüber reichend; ferner am Tisch sitzend: Mad. Stettenheim, Hr. Heineking und ein anderer Herr aus Altona, ehemaliges Militär. Links von ihnen am Fenster Wm. te Kloot (en face) mit Lüdert (profil) im Gespräch, hinter ihnen am Fenster O. C. Gedaechens, dann folgen noch einige an der Banklehne stehende Kunstfreunde, einen älteren am Tisch sitzenden Herren wie es scheint um Auskunft ersuchend, sowie ganz vorne, links, vom Rücken gesehen, Oberstlieutnant Mettlerkamp, seinem schwerhörigen Nachbarn ins Ohr sprechen.«

Kunstauktionen waren Mitte des 19. Jahrhunderts keine anonymen Großveranstaltungen, sondern fanden unter Kennern statt, die sich alle notwendige Zeit nahmen, die zu Gebote stehenden Blätter zu begutachten. Die Intimität, die Genslers Zeichnung spiegelt, deckt sich mit den Gepflogenheiten des Kunsthandels, wie sie in Harzens Korrespondenz beschrieben werden. Die grundlegende Voraussetzung für den geschäftlichen Erfolg war das Vertrauen der Kunden, wie auch der nachfolgende Brief von Georg Finger veranschaulicht, der sich offenkundig auf eine bevorstehende Auktion bezieht.

»Sie schrieben mir«, ließ er Harzen im Sommer 1841 wissen, »dass wenig dabei wäre, was meinen Forderungen entspreche – sind die Blätter <u>gering</u> oder <u>beschädigt</u> so verzichte ich gerne darauf [...]. Ist es aber Ursache, dass Sie anstehen mein Limitum zu überschreiten, so habe [ich] Ihnen bei guten Blättern freie Hand gelassen solches nach Ihrem Ermessen zu überschreiten. – Ich möchte hierin nicht gerne einem anderen Liebhaber nachstehen, es müsste dann der Fall seyn, dass unvernünftig hohe Preise dafür bezahlt wurden welches Sie am besten zu beurtheilen wissen [...] den Blättern welche ich ungern missen möchte [...] habe ich daher gar keine Preise limitiert [...] [um] solche bestmöglichst zu steigern [...].«[153]

Im Gegenzug übernahm Harzen einzelne Kunstwerke oder ganze Sammlungen kommissarisch und organisierte den Vertrieb gegen eine entsprechende Provision. Seinen außerordentlichen Erfolg belegt der spektakuläre Auftrag von Franz Göttner aus München im Frühjahr 1842.

»Ihre werthe Adresse verdanke ich dem Herrn von Montmorillion[154]«, wandte sich der Kunsthändler an Harzen, »der Sie mir in Besorgung von Verkäufen von Kunst-Gegenständen bestens empfahl, und bin daher so frey mich an Sie zu wenden. Ich habe nämlich eine schöne Sammlung von gut erhaltenen Gemälden von guten bekannten Meistern an Sie abgehen lassen, [...] in sechs Kisten verpackt [...], deren Realisierung ich Ihnen bestens angelegen sein lasse. Es sind einige Galeriestücke dabei und es bedarf keines besonders glücklichen Zufalls, wenn aus 20 der besten Gemälde die Summe von circa F 5000 erlohnt würde [...]. Beyliegend erhalten Sie das Verzeichnis derselben mit Bemerkungen der mich selbst kostenden Preise, die Ihnen als Richtschnur dienen soll-

153 Hamburger Kunsthalle, Kupferstichkabinett, Archiv 268, NH Bb III: 123, Georg Finger an Harzen, Brief vom 5.7.1841.

154 Gemeint ist der Zeichner, Kupferstecher und Kunsthändler Ludwig Albert von Montmorillion.

ten, wobei ich in dem Vertrauen lebe, dass Sie mein Interesse bestens wahrnehmen […] werden.«[155]

Harzen erhielt eine Auflistung von 140 Gemälden, darunter Arbeiten von Rubens, Holbein, Teniers, de Heem, Hondecoeter und Rembrandt. Er dankte für die Zusendung und ließ Göttner wissen, dass er den Verkauf per Auktion abwickeln werde. Im Herbst konnte er bereits den Umschlag von 69 Gemälden abrechnen. Seine Provision betrug 25 Prozent des Verkaufspreises.[156]

Als weiteres Standbein betrieb Harzen einen regelrechten Versandhandel mit Kunstwerken. In regelmäßigen Zusendungen bedachte er seine Kunden – oftmals unaufgefordert – mit ausgewählten Angeboten. Er stellte Konvolute von Druckgraphiken, bisweilen auch Handzeichnungen und Gemälden zusammen, die er zur Ansicht offerierte. Man traf die Auswahl und zahlte die geforderten Preise. Kunstwerke, die den Wünschen seiner Kunden nicht entsprachen, gingen an Harzen zurück. Diese Form der Betreuung setzte ein Höchstmaß an detaillierten Informationen und eine gut funktionierende Kommunikation unter allen Beteiligten voraus. Harzen musste die Kollektionen kennen, um Gesuchtes liefern zu können, und die Qualitätsvorstellungen und finanziellen Spielräume seiner Kunden überblicken, um die Offerten exakt ihren Wünschen anzupassen. Dass ihm dies durchaus gelang, belegt abermals der Briefwechsel mit Finger.

»Sie werden ersehen, dass ich bis auf wenige Blätter die ganze Sendung behalten habe und ich bitte Sie daher fortwährend um Zusendung von guten Blättern«, so Finger, »sollte Ihnen etwas ausgezeichnetes seltenes dabei schönes von hol[ländischen] Radierungen angeboten werden, so machen Sie mir nur gef[älligst] mit Wenigem die Anzeige davon nebst Bemerkung der dafür begehrten Preise ich werde Ihnen dann umgehend antworten ob ich darauf reflektiere oder nicht […]. Ich bin bei der Ansetzung Ihrer Preise von der Richtigkeit überzeugt, dass Sie mich so billig wie möglich bedienen werden und dadurch beitragen helfen neue Liebhaberei an diesen Blättern zu unterstützen und zu befördern – wenn ich mich früher hier rücksichtlich der Preise einzelner Meister dahin äußerte, dass ich soviel nicht dafür anlegen würde – so habe ich späterhin andere Ansicht gewonnen wie Sie sich ja auch durch unsere letzten Geschäfte überzeugt haben werden, je tiefer man in eine Liebhaberei eindringt je mehr lernt man den Werth der Gegenstände kennen und beurtheilen […].«[157]

155 Hamburger Kunsthalle, Kupferstichkabinett, Archiv 268, NH Bb III: 135, Abschrift den Korrespondenz Göttner – Harzen, 23.3.1841–29.10.1841.

156 Hamburger Kunsthalle, Kupferstichkabinett, Archiv 268, NH Bb III: 136, Göttner an Harzen, Brief vom 22.11.1841.

157 Hamburger Kunsthalle, Kupferstichkabinett, Archiv 268, NH Bb III: 125, Georg Finger an Harzen, Brief vom 18.8.1841.

DAS GESCHÄFT MIT DER KUNST, EINE FRAGE DES ANSTANDS

Vom Umgang mit der Konkurrenz

Den Erfolg im Kunsthandel garantierten stabile Beziehungen, insbesondere zu Kollegen, mit denen Harzen Informationen austauschen konnte, ohne Gefahr zu laufen, dass diese umgehend an unliebsame Ohren weitergetragen wurden. Harzens Briefwechsel veranschaulichen, dass er unter diesem Gesichtspunkt klar differenzierte und befreundete Geschäftspartner deutlich von Kontakten schied, deren Basis ein rein kommerzielles Interesse war. Zu seinen engsten Vertrauten zählte Carl Gustav Boerner in Leipzig, der im Falle unliebsamer Kollegen auch kein Blatt vor den Mund nahm.

»Herrn Hodges sind Sie also wieder los«, bemerkte Boerner im Sommer 1841, »der närrische Kauz hat einen lästigen Eifer sich alle guten Radierungen anzueignen. Wird er damit wohl auch in Holland viel Erfolg finden? Ich kenne dieses interessante Kunstland – daß Sie wohl öfters besuchten – noch gar nicht, hätte gerne dieses Jahr eine Reise dahin gemacht [...].«[158] »Wenn Sie mir Aufträge ertheilen, so bedinge ich Preisnachlass. Ersparen werde ich Ihnen gewiß, was in meiner Gewalt steht [...]. Herr Hodges hat d[ie] Radierungen durchgesehen u. die besten besetzt. Er hat die Aufträge hier u. da wieder abgeändert u. thut's vielleicht von München aus nochmals. Einigen [Namen] geht er stark zu Leibe [...].«[159]

Auch Harzen begegnete Charles Hodges mit Vorbehalt, denn der Londoner Kunsthändler, der sich 1841 in Deutschland auf einer Einkaufsreise befand, zeichnete sich offenbar durch besondere Rücksichtslosigkeit aus. Beider Bedenken waren jedoch nicht grundsätzlicher Natur, denn sogenannte »Kunstländer« zu Erwerbszwecken zu besuchen, war gemeinhin üblich. Boerners Kritik bezog sich vielmehr auf das ungebührliche Verhalten im Umgang mit Kollegen. Den Blick ausschließlich auf den eigenen Gewinn auszurichten, ging ihm und Harzen ganz offensichtlich gegen den Strich.

»Ich habe mir keine großen Hoffnungen in Betreff des Auktionsresultats gemacht«, berichtete Boerner über die im selben Jahr in Nürnberg abgewickelten Geschäfte, »die seltenen, wichtigen B[lätter] waren sehr dünn gesäet, u. ich fürchtete, mancher dürfte die Geduld verlieren, sie im Cataloge unter dem vielen trostlosen Zeuge heraus zu suchen [...]. Indeß ist es gut abgelaufen: Die Raritäten haben Furore gemacht, u[nd] d[as] Mittelgut nebst Schofel ist besser verkauft worden, als zu [erwarten stand]. D[as] Letztere wird v[on] auswärts nicht bestellt, die hiesigen paar Liebhaber wollen dabey nicht mehr anbeißen u. die paar Kunsttrödler (unsere vielen hiesigen Kunsthändler gar – jeder Buchhändler schreibt sich auch Kunsthändler – kaufen nichts) für welche jener

158 Hamburger Kunsthalle, Kupferstichkabinett, Archiv 268, NH Bb III: 45, Boerner an Harzen, Brief vom 28.6.1841.

159 Hamburger Kunsthalle, Kupferstichkabinett, Archiv 268, NH Bb III: 47, Boerner an Harzen, Brief vom 4.8.1841.

Kram passt, thun sich in d[en] Auktionen gegenseitig nichts mehr, was ich außer den Auktionen sehr billige.«[160]

Der Handel mit Objekten von zweifelhafter Qualität war Boerner ebenso ein Dorn im Auge wie eine unangemessene Preistreiberei. Das konnte zwar den Gewinn des Auktionators im Einzelfall steigern, doch der Schaden, der durch rücksichtloses Verhalten auf dem Kunstmarkt angerichtet wurde, wog erheblich schwerer. Die sich zusehends durchsetzende Devise »Den letzten beißen die Hunde« bedeutete das Ende einer kunsthändlerischen Moral, die von seriöser Kennerschaft, Rücksichtnahme und wohlüberlegten Ankäufen geprägt war. Harzen und Boerner war daher aus gutem Grund daran gelegen, dem entgegenzuwirken, und beide wurden es nicht leid, sich brieflich über das unrühmliche Tun der Kollegen in Kenntnis zu setzen. Aus diesem Grunde zählten Kulanz und ein auf Integrität beruhender freundschaftlicher Umgang für Harzen zu den Tugenden seines Geschäfts. Finanzielle Zugeständnisse wurden offen ausgehandelt, und man ließ dem anderen angemessen Zeit, über Angebote und Optionen zu befinden.

»[Die Summe] will ich gerne bezahlen«, schrieb Georg Finger im Dezember 1840 nach erhaltener Rechnung an Harzen, »wenn Sie mir [...] [Rabatt] pro Blatt erlassen, es ist der Preis wie [ihn] Weigel in seinem [...] Catalog offeriert und wie [ihn] mein Bruder [Andreas Finger, Anm. d. Verf.] diese Tage von demselben erhalten hat.«[161]

In höflicher Manier wurde Harzen auf seine offenbar überzogenen Preisforderungen aufmerksam gemacht und um Entgegenkommen gebeten. Undenkbar wäre es für Finger gewesen, das preisgünstigere Angebot von Harzens Freund Rudolph Weigel in Leipzig kommentarlos in Anspruch zu nehmen. Nun stand es Harzen frei, an seinen Bedingungen festzuhalten oder eine entsprechende Preisanpassung zu signalisieren. Die Fortdauer schwunghafter Geschäfte lässt eine einvernehmliche Lösung vermuten.

Tragfähige Allianzen

Der Wunsch, eine vertrauensvolle Zusammenarbeit wenigstens für einen begrenzten Kreis zu bewahren, bestimmte die Beziehungen zwischen Harzen und den ihm nahe stehenden Sammlern und Kollegen. Die Pflege freundschaftlicher Loyalität nahm alle in die Pflicht. Aus diesem Grunde zeigte Georg Finger auch keine Scheu, Harzens Beistand in einer prekären Situation zu erbitten.

»Hat Ihnen wohl schon ein gewisser Herr W. Meyer von hier um Einlieferung von Radierungen geschrieben. Es ist ein Bekannter von mir und durch mich erst zum Liebhaber daran geworden. Er besitzt auch schöne seltene Sachen manches was ich nicht habe – großentheils durch Hodges mit dem er in fortwährendem Verkehr steht – wir haben uns gegenseitig verstanden dass ich mir keine direkte Sendung von Hodges ma-

160 Hamburger Kunsthalle, Kupferstichkabinett, Archiv 268, NH Bb III: 49, Boerner an Harzen, Brief vom 22.11.1841.
161 Hamburger Kunsthalle, Kupferstichkabinett, Archiv 268, NH Bb II: 16, Georg Finger an Harzen, Brief vom 23.12.1840.

chen lasse sondern wenn er eine dergleichen erhält macht er seine Auswahl daraus was er denn schon besitzt und ich gebrauchen kann überlässt er mir – dagegen hat er mir versprochen gleichfalls nicht an Sie zu schreiben und ich halte es daher mit Ihren Sendungen in Rücksicht seiner ebenso [...]. Nun herrscht aber unter den Kunstliebhabern, wie Ihnen nicht unbekannt seyn wird, eine Rivalität und Eifersucht etwas zu besitzen was ein anderer nicht hat, auch mein [Bekannter, Anm. d. Verf.] ist nicht frei davon und ich traue ihm daher nicht ganz ob er seinen Versprechen nachkommt, eigentlich ich es ihm nicht nehmen [kann] an Sie zu schreiben ebenso wenig ich es Ihnen verargen könnte ihm Sendungen zu machen. Darum möchte ich Sie aber nun bitten mir als Ihrem älteren Freund den Vorzug zu geben [...].«[162]

Die Korrespondenz in Harzens Nachlass legt offen, dass er mit dem Sammler Meyer[163] aus Frankfurt nie ins Geschäft gekommen ist. Ob Fingers Bitte letztendlich den Ausschlag gab oder es andere Gründe waren, bleibt ungeklärt.

Die zunehmende Konkurrenz und die bisweilen fragwürdigen Methoden, die ins Feld geführt wurden, um begehrter Objekte habhaft zu werden, erschwerten es, die altbewährten Gepflogenheiten des Geschäfts zu bewahren. Im engen Schulterschluss standen die kooperierenden Händler und Sammler um Harzen zusammen, während andere ausgegrenzt oder nur rudimentär bedient wurden. Neben Boerner gehörte vor allem William Smith in London zu Harzens engsten Vertrauten.[164]

1844 vergewisserte sich Smith, ob er Harzen in seinem letzten Brief eigentlich darüber informiert habe, dass der gemeinsame Freund Woodburn seinen gesamten Bestand früher deutscher und italienischer Druckgraphik an einen Sammler namens Coningham verkauft habe, ohne die Händlerkollegen in irgendeiner Weise einzubeziehen. Dies erzürnte Smith insofern, da Woodburn ihm angeblich vor Jahren das Vorkaufsrecht für diese Blätter versprochen hatte. Ein schwacher Trost war es ihm daher, dass der graphische Bestand einschließlich einiger Zeichnungen und Kuriositäten seiner Einschätzung nach weit unter Preis den Besitzer gewechselt hatte. Da Coningham aber als ebenso exentrischer wie sprunghafter Sammler galt, war Smith zuversichtlich, über kurz oder lang doch noch in den Besitz dieser Sammlung zu gelangen.[165]

William Coningham zählte zu den jungen enthusiastischen Kunstsammlern der britischen Metropole. 1843 hatte er vermehrt damit begonnen, sich für die altmeisterliche Druckgraphik zu interessieren.[166] Doch wie von Smith prognostiziert, ebbte diese Leidenschaft genauso schnell wieder ab, wie sie entstanden war. Zwischen 1844 und 1851 kam diese Sammlung bei Christie's in London zur Auktion. Zuvor gingen ausgewählte

162 Hamburger Kunsthalle, Kupferstichkabinett, Archiv 268, NH Bb IV: 132, Georg Finger an Harzen, Brief vom 30.8.1842.
163 Lugt 1921, Nr. 1813, S. 325.
164 Hamburger Kunsthalle, Kupferstichkabinett, Archiv 268, NH Bb V: 207–210. Smith an Harzen, Briefe vom 21.3.1843–11.12.1843.
165 Hamburger Kunsthalle, Kupferstichkabinett, Archiv 268, NH Bb VI: 194, Smith an Harzen, Brief vom 28.2.1844.
166 Lugt 1921, Nr. 476, S. 87.

Bestände, wie von Smith erhofft, an ihn und an die Londoner Kunsthändler Tiffin und Colnaghi, mit denen Harzen gleichfalls gute Verbindungen unterhielt.

Interna über den Londoner Kunstmarkt, insbesondere Informationen über die Bewegungen von Kunstwerken jenseits der öffentlichen Auktionen – so wie es offensichtlich im Falle der legendären Sammlungsbestände Woodburns geschehen war – zählten zu den für Harzen unverzichtbaren Neuigkeiten. Zu wissen, wer was besaß oder woran interessiert war und wer im Gegenzuge als potenzieller Verkäufer welcher Kunstwerke infrage kam, bildete, neben den verlässlichen Informationen über gezahlte Preise, die Basis seiner kunsthändlerischen Tätigkeit. In William Smith hatte Harzen einen loyalen Freund, aber auch einen scharfen Kritiker, der weder ein offenes Wort scheute noch bereit war, die eigenen Interessen zurückzustecken.

»Ihr Brief hat mir den Atem verschlagen«, wetterte Smith 1845 über Harzens Preisforderung für drei Kupferstiche von Lucas van Leyden, darunter eine Darstellung des Sündenfalls, dessen Qualität er beanstandete.[167] Smith war vor allem deshalb verärgert, weil kurz zuvor aus der Sammlung des Herzogs von Buckingham zwei oder drei Blätter mit diesem Motiv oder einer Variante in deutlich besserem Zustand und zu deutlich günstigeren Preisen in den Handel gelangt waren.[168] Um es klar auszudrücken, zürnte er Harzen weiter, sind ihre Preise derartig hoch angesetzt sind, dass es mir nicht mehr möglich ist, meine eigene Provision drauf zuschlagen.

Die Korrespondenz belegt, dass gerade die gegenseitige Vermittlung von Kunstwerken ein wesentlicher Bestandteil der Geschäfte war. Wer als Kunsthändler über gute Kontakte verfügte, konnte die Wünsche seiner Kunden mit Glück und Geschick binnen kürzester Zeit bedienen. Zwar blieben die zu versorgenden Sammler in der Regel anonym, was im Sinne gegenseitiger Wahrung der Interessen einer gewissen Absicherung diente, doch unter den kooperierenden Kollegen war man stets darüber informiert, wer im Dienste seiner Kunden wonach suchte.

Das durch die wachsende Konkurrenz immer rauer werdende Klima auf dem Kunstmarkt hatte während der Vormärzjahre auch Auswirkungen auf Harzens Geschäfte. Die zunehmende Schwierigkeit, an qualitativ hochwertige Ware zu gelangen, mag ihn letztendlich dazu bewogen haben, bisweilen Abstriche bei den Qualitätsansprüchen seiner Zusendungen zu machen. Als er Smith im Mai 1845 Blätter zusandte, die erheblich vom gewohnten Standard abfielen, ließ dessen Reaktion nichts an Deutlichkeit vermissen. »Es tut mir leid, aber ich habe den Eindruck«, beschwerte sich Smith bei Harzen, dass sie die »Große Hagar« nicht sorgfältig genug in Augenschein genommen haben. Mein Kunde war sehr enttäuscht und verständlicher Weise sehr erzürnt über mich, nachdem ich ihm zuvor mitgeteilt habe, dass ihre Beschreibung durchaus positiv wäre. Sie erwähnten kleine Einrisse, aber selbige sind keineswegs klein zu nennen, sondern haben

167 Hamburger Kunsthalle, Kupferstichkabinett, Archiv 268, NH Bb VII: 195, Smith an Harzen, Brief vom 29.7.1845.

168 Bei der von Smith erwähnten Auktion handelte es sich nicht um den spektakulären Verkauf der Sammlung des Herzogs von Buckingham im Sommer 1848, sondern um eine Auktion, die bei Lugt nicht verzeichnet ist. Vgl. Lugt 1953, Nr. 19055, 19093.

das Blatt nahezu zerstört. Das ist aber nichts das Schlimmste, verglichen mit dem Kopf des Ismael, der wie ein großes Loch wirkt, aber tatsächlich abgerieben oder weg radiert ist, was dann mit Druckfarbe kaschiert wurde.[169]

Smith beanstandete ein von Lucas van Leyden stammendes Blatt, *Hagar und Ismael* darstellend, das er allem Anschein nach ungeprüft und mit großem Vertrauen in Harzens Urteil vermittelt hatte. Das gute Einvernehmen zwischen beiden war nach den klaren Worten aber schnell wiederhergestellt. Smith kündigte zwar die Rücksendung des Kupferstiches an, doch noch im Fortgang seines Briefes setzte er Harzen über seine bevorstehende Paris-Reise und über die Begutachtung der Sheepshanks Collection in Kenntnis. Die Sammlung des Londoner Dilettanten war von Smith 1836 anteilig aufgekauft und seinerzeit mit großem Gewinn an das Britische Museum veräußert worden. 1845 wurde dort offenbar über einen Wiederverkauf nachgedacht, in den man Harzen einzubeziehen gedachte.[170]

Im Frühjahr 1846 begab sich Harzen auf eine ausgedehnte Italienreise. Es war der Beginn des Rückzugs ins Privatleben. Als er Monate später nach Hamburg zurückkehrte, setzte Boerner ihn über die mittlerweile trostlosen Entwicklungen am Kunstmarkt in Kenntnis.

»Was den Kunsthandel betrifft ist es seit ½ Jahr sehr still bei mir gewesen, ähnliche Klagen höre ich allenthalben in Berlin. Weder für Einkäufe, noch für Verkäufe finden sich größere Gelegenheiten. Dagegen stehen [...] nun mehrere Gelegenheiten bevor 1. hier die dritte Abtheilung der Bögeholdschen Sammlung,[171] 2. in Dresden die v. Rumohrsche.[172] Die betreffenden Kataloge werden sie jedenfalls haben. 3. wird, wie ich hörte, in Berlin Dr. Arnd daselbst seine sehr ansehnliche Sammlung versteigern lassen.

Die Rumohrsche Auktion werde ich jedenfalls persönlich abwarten und mit Vergnügen, wie mit möglichster Aufmerksamkeit die Aufträge besorgen, welche Sie mir anvertrauen wollen. Nur schlimm, dass der Frenzelsche Katalog wieder so ganz unzuverlässig ist, wie mir Herr Passavant aus Frankfurt schreibt, der die Sammlung noch vor kurzem in Lübeck durchsah [...]. Es wäre unbegreiflich wie der Direktor einer Königlich. Kupferstichsammlung einen Katalog von solcher Unzulänglichkeit und Prahlerei schreiben könnte, wie es alle die Dresdener Kataloge sind. Wenn er dabei das geläuterte Publikum der Kunstfreunde und nicht bloß seine Sammler im Auge hätte, dessen Interesse an der Sache ihm mehr gilt als sein guter Ruf als Sammler.«[173]

Dass die von Boerner geschilderten Zustände keinesfalls nur ein deutsches Problem waren, spiegelt auch der Briefwechsel mit Smith. Ich weiß nicht, wie es auf ihrer Seite

169 Hamburger Kunsthalle, Kupferstichkabinett, Archiv 268, NH Bb VII: 196, Smith an Harzen, Brief vom 22.8.1846.
170 Lugt 1921, Nr. 2333, S. 436.
171 Hamburger Kunsthalle, Bibliothek, Sammlung Bögehold Verzeichnis der Kupferstichsammlung, Auktion vom 25.5.1846, Rudolph Weigel, Leipzig.
172 Hamburger Kunsthalle, Bibliothek, Die Kunstsammlung des Freiherrn C.F.L.F. von Rumohr beschreibend dargestellt von J.G.A. Frenzel, Auktion vom 19.10.1846 in Dresden, Lübeck 1846.
173 Hamburger Kunsthalle, Kupferstichkabinett, Archiv 268, NH Bb VIII: 24, Boerner an Harzen, Brief vom 12.9.1846.

des Wassers ausschaut, erkundigte der Freund sich nach Harzens Geschäften auf dem Kontinent. Hier ist jedenfalls alles ruhig und still infolge der politischen und finanziellen Veränderungen. Es gibt weder Auktionen noch kommen private Kunstsammlungen in den Handel.[174] Den einzigen Hoffnungsschimmer bildete die bevorstehende Verauktionierung der Kunstsammlung des Barons Verstolk van Soelen,[175] bei der Smith Harzen zu treffen hoffte. »In that case no doubt you and I shall meet on the field of battle, and make fire war against each other.«[176] Zu diesem angekündigten Gefecht auf den Schlachtfeldern des Kunsthandels kam es jedoch nicht mehr, denn im Sommer 1847 zog Harzen sich aus allen offiziellen Verpflichtungen zurück.

MAKLER IN NATURALIA, MÜNZEN UND MEDAILLEN

Über Conchilien und getrocknete Bälger

Den Anzeigen im *Hamburgischen Correspondenten* ist zu entnehmen, dass Harzen im öffentlichen Leben der Hansestadt vorwiegend als Kunsthändler in Erscheinung trat. Obwohl die Adressbücher darüber Auskunft geben, dass er auch »Makler in Naturalien« gewesen ist, übte er sich eher in Zurückhaltung, was die Werbung für diesen Geschäftsbereich anbelangte. Eine der wenigen Ausnahmen in diesem auf eine einseitige Reputation bedachten Bild war die 1824 durchgeführte Versteigerung der Sammlung Martin Hull. Auf den Verkauf dieser prominenten Kollektion asiatischer Kunst- und Naturhistorika, die von Peter Friedrich Röding in Harzens Auftrag kenntnisreich katalogisiert worden war, wies eine groß aufgemachte Anzeige im *Correspondenten* hin.[177]

Als er zwei Jahre später die Mineraliensammlung des verstorbenen Dr. Ernst Gottlob Köstlin – ehemals Professor an der Hamburger Gelehrtenschule Johanneum – versteigerte, ließ Harzen einen Katalog erstellen, der ausschließlich für Fachkreise bestimmt war.[178] Die Auflistung und Bewertung der Naturhistorika legte er abermals in kompetente Hände und betraute J. H. Müller, seinerzeit Prediger von St. Katharinen zu Hamburg und »correspondierendes Mitglied der Jenaer Mineraologischen Societät«, mit der Bearbeitung. Für eine in Südafrika zusammengetragene »Parthie Säugethiere, Vögel & Amphibien in trockenen Bälgen nebst Mineralien, sowie Waffen und Kleidungsstücke der Kaffern u. Hottentotten«,[179] die im Juli 1842 zum Verkauf stand, nahm Harzen

174 Hamburger Kunsthalle, Kupferstichkabinett, Archiv 268, NH Bb VIII: 106, Smith an Harzen, Brief vom 10.3.1846.

175 Lugt 1921, Nr. 2490, S. 465.

176 Hamburger Kunsthalle, Kupferstichkabinett, Archiv 268, NH Bb VIII: 106, Smith an Harzen, Brief vom 10.3.1846.

177 Hamburgischer Correspondent, Nr. 84, 26.5.1824.

178 Hamburger Kunsthalle, Bibliothek, Verzeichnis einer Mineralien-Sammlung aus dem Nachlass E. G. Köstlin; nebst einiger Conchilien und Schmetterlinge, Verkauf am 6.11, Makler Ernst Harzen, Hamburg 1826.

179 Hamburger Kunsthalle, Kupferstichkabinett, Archiv 268, NH Cd: 02: 01, Auktionskatalog Vögel und Amphibien.

lediglich eine Auflistung der Objekte vor. Als er sich 1847 ein letztes Mal in offizieller Funktion an einer Versteigerung beteiligte, handelte es sich um die Sammlung seines langjährigen Freundes Peter Friedrich Röding. Für Röding's Kunstmuseum, bestehend aus Druckgraphik und Handzeichnungen, Asiatika, fremdländischem Kunstgewerbe und ethnographischen Gegenständen, übernahm Harzen die Katalogisierung der Exotika, führte das Protokoll der zweiten Partie und zeichnete für Aufträge seiner Kunden verantwortlich.[180] Die Durchführung dieser Auktionen überließ er den Maklern Christian Meyer und A. Költzow.[181]

Harzens Geschäfte mit naturhistorischen und ethnographischen Objekten können hier nur ausschnitthaft beschrieben werden. Grundsätzlich verlief der Vertrieb von Naturalia und Conchilien – den Muschelsammlungen oder Partien von Muschelkalk – ähnlich wie der Kunsthandel. Es wurden Auktionen abgehalten, Harzen übernahm Aufträge oder vermittelte Sammlungen an Interessenten. Anhand der Korrespondenz lassen sich mindestens 25 Geschäftspartner aus Deutschland, Dänemark, England und Italien nachweisen, mit denen er in Verbindung stand. Am Aufbau einer eigenen naturhistorischen Sammlung hatte Harzen kein Interesse, sondern makelte die Waren ausschließlich. Im grundsätzlichen Umgang unterschied sich dieser Geschäftszweig nicht vom Kunsthandel, denn Vertrauen und Respekt bestimmten auch hier das Miteinander.

Als der Londoner Conchiliensammler und Händler H. Cunning Harzen im Frühjahr 1841 damit beauftragte, für seine naturhistorischen Bestände einen Interessenten zu finden, legte er selbstredend die eigenen Aktivitäten offen und setzte Harzen davon in Kenntnis, dass er seinerseits um Käufer warb, indem er Conchilien zur Ansicht versandte, ohne dass dies die Zuständigkeit seines Hamburger Partners in Abrede stellte.[182] Für den Sommer kündigte Cunning seinen Besuch in Hamburg an, um weitere Warenlieferungen zu besprechen.[183] Doch es ist fraglich, ob diese Begegnung zustande kam, denn Cunning strandete Mitte August in Hitzacker, als das Dampfschiff, auf dem er reiste, mit schwerem Maschinenschaden auf der Oberelbe havarierte. Es gelang ihm nicht, sich bis nach Hamburg durchzuschlagen, sondern er landete in Ermangelung von Sprachkenntnissen auf Irrwegen in Magdeburg.[184]

Harzen war es bereits im Frühjahr 1841 gelungen, wesentliche Teile von Cunnings Beständen nach Wien an das Kaiserlich-Königliche Hof-Naturalien-Cabinett zu vermitteln. Deren Qualität scheint bei dem verantwortlichen Kurator Carl M.Diesing Be-

180 Hamburger Kunsthalle, Bibliothek, A. Költzow u. C. Meyer: Verzeichnis über das von weiland dem Herrn Oberalten Peter Friedrich Röding hinterlassene Kunst-Museum, Hamburg 1847.

181 Hamburger Kunsthalle, Bibliothek, C. Meyer: Verzeichnis der aus dem Nachlasse des hieselbst verstorbenen Herrn Oberalten Röding herrührenden reichen Sammlung von Kupferstichen, Radirungen, Holzschnitten und Handzeichnungen, Hamburg 1847; vgl. Anmerkung 63.

182 Hamburger Kunsthalle, Kupferstichkabinett, Archiv 268, NH Bb III: 62, Cunning an Harzen, Brief vom 8.3.1841.

183 Hamburger Kunsthalle, Kupferstichkabinett, Archiv 268, NH Bb III: 65, Cunning an Harzen, Brief vom 30.6.1841.

184 Hamburger Kunsthalle, Kupferstichkabinett, Archiv 268, NH Bb III: 67, Cunning an Harzen, Brief vom 19.8.1841.

gehrlichkeiten geweckt zu haben, denn er ließ Harzen wissen, dass er an weiteren Lieferungen interessiert sei, ihm bedauerlicherweise aber keine Mittel zur Verfügung stünden.

»Unsere Position ist aber leider für dieses und auch das folgende Jahr durch den Ankauf der Cunningschen Sammlung erschöpft. Sollten Sie aber für die H[öfische] Sammlung doch etwas ganz vorzügliches besitzen, und auf die Ausbezahlung warten können, so erwarten wir eine kleine Zusendung.«[185]

Selbstredend gewährte Harzen einen großzügig bemessenen Zahlungsspielraum, und das Wiener Kabinett beglich die Rechnungen im folgenden Jahr.[186] Entgegenkommen war nicht nur üblich, sondern die Voraussetzung, um überhaupt ins Geschäft zu kommen. Dies setzte neben erheblichen finanziellen Mitteln vor allem einen für Kreditwürdigkeit bürgenden guten Namen voraus. Sämtliche Bedingungen scheint Harzen erfüllt zu haben. Um das notwendige Kapital aufbringen zu können, beschränkten sich seine Geschäfte mit den Naturhistorika nicht auf museale oder private Sammlungen, sondern er belieferte auch industriell arbeitende Betriebe. 1841verhandelte Harzen mit dem Wiener Muschelwarenfabrikanten Daniel Muralt über ein Auftragsvolumen von mindestens 20 Zentnern kleiner Muscheln, die er sich jährlich zu besorgen anbot.[187]

Auch im Geschäft mit den Conchilien wurde Harzen wegen seiner Kompetenz und seiner guten Verbindungen geschätzt. Als dem Bremer Sammler E. Chr. Gruner im Sommer 1843 eine umfangreiche Lieferung Conchilien angeboten wurde, wandte er sich umgehend an seinen Hamburger Geschäftspartner.

»[…] der selbe Freund […], welcher mir vor ein paar Jahren eine Parthie Landschnecken von den Philiphinen zum Verkauf sendete, hat während seiner letzten Anwesenheit in Canton, daselbst wieder einen Einkauf chinesischer See Muscheln gemacht und mir zur Versilberung eingesendet. Solche hier abzusetzen, daran ist ja nicht zu denken, wohl möchte sich aber doch wohl ein Käufer dazu finden und ist es daher der Zweck dieser Zeilen, Ihre Gefälligkeit diesenfalls in Anspruch zu nehmen und bey Sie anzufragen, ob Sie sich wohl mit deren Verkauf […] befassen würden.«[188] Seinem Schreiben fügte Gruner ein 102 Positionen umfassendes Sammlungsverzeichnis nebst Preisen bei.

Münzen und Medaillen

Schon 1819 hatte Harzen in Wien erste Kontakte zum Münzhandel hergestellt, was vermuten lässt, dass er auch diesen Geschäftszweig von Anbeginn als ein wirtschaftli-

185 Hamburger Kunsthalle, Kupferstichkabinett, Archiv 268, NH Bb III: 74, Diesing an Harzen, Brief vom 24.4.1841.

186 Hamburger Kunsthalle, Kupferstichkabinett, Archiv 268, NH Bb IV: 88, Diesing an Harzen, Brief vom 16.2.1842.

187 Hamburger Kunsthalle, Kupferstichkabinett, Archiv 268, NH Bb III: 150, Muralt an Harzen, Brief vom 28.11.1841.

188 Hamburger Kunsthalle, Kupferstichkabinett, Archiv 268, NH Bb V: 104, Gruner an Harzen, Brief vom 6.6.1843.

ches Standbein betrachtete. Zwischen 1827 und 1828 lassen sich drei Münzauktionen nachweisen, für die er Aufträge entgegennahm, worauf im *Hamburgischen Correspondenten* hingewiesen wurde:

»Auction von Münzen und Medaillen. Am 5ten März beginnt in Kopenhagen die Versteigerung der von weyland Herrn Justizrath Frost hinterlassenen Münzsammlung [...]. Der Catalog ist von [...] Makler Harzen in Hamburg zu beziehen.«[189]

Zwei Jahre später erbat Harzen Angebote »Münzen betreffend« und publizierte eine Liste gesuchter Objekte im Auftrag der von ihm betreuten Sammler in der Hamburger Tageszeitung.[190] Aus den knappen Hinweisen wird ersichtlich, dass seine Geschäfte nach Kopenhagen ausgerichtet waren. Die in Dänemark durchgeführten numismatischen Auktionen wurden in Anzeigen angekündigt, für die Harzen von Hamburg aus Aufträge entgegennahm. Dass die Hamburger Presse für Werbezwecke genutzt wurde, lässt einen entsprechenden Markt vermuten.

Zu Harzens wichtigsten Geschäftverbindungen zählte der in Kopenhagen ansässige Altertumsforscher und Münzsammler Christian Jürgensen Thomsen, mit dem er zwischen 1842 und 1856 in Kontakt stand. Thomsen war Anfang des 19. Jahrhunderts zum Direktor des Dänischen Nationalmuseums berufen worden und leitete seit 1816 die altnordischen Sammlungen.[191] Seinen fundierten Kenntnissen in der Numismatik hatte der dänische Hof Rechnung getragen und ihn 1832 zum Inspektor des Münzkabinetts in Kopenhagen ernannt. Zehn Jahre später wurde Thomsen die Leitung übertragen. Er war Harzens Verbindungsglied zum dänischen Münzhandel, eine Allianz, die sich – so lassen es die Anzeigen in der Hamburger Presse jedenfalls vermuten – für beide Seiten als ertragreich erwies.[192]

Obwohl Harzen selber so gut wie keine Münzen sammelte, scheint er auch in diesem Fach über ausgezeichnete Kenntnisse verfügt zu haben, die ihn als Handelspartner prädestinierten. Unter Numismatikern avancierte er zu einem wichtigen Mittelsmann, der sich um verbindliche Beziehungen bemühte und diese Fäden lebenslang in der Hand behielt. Aus diesem Grund wandte sich der Münzsammler Carl Petersen – Jurist und späterer Bürgermeister von Hamburg – 1850 mit der Bitte um Unterstützung an Harzen und setzte ihn über den bevorstehenden Verkauf der namhaften Münzsammlung des verstorbenen jüdischen Reformers Hartwig von Essen in Kenntnis.[193] Nachdem diese

189 Hamburgischer Correspondent Nr. 16, 21.1.1827.

190 Hamburgischer Correspondent Nr. 43, 17.3.1829.

191 Nach dem Tod von J. C. Spengler, dem Leiter des Kupferstich- und Kuriositätenkabinetts in Kopenhagen, der zu Harzens langjährigen Graphikkunden zählte, übernahm Thomsen dessen Aufgaben. Als Interessent für Graphik ist Thomsen allerdings nicht nachweisbar, wohl aber als Käufer eines Gemäldes, das durch Harzens Hände ging. Vgl. Hanne Westergaard: C. J. Thomsen og de skoenner kunster, in: Det Kongelige Nordiske Oldskriftselskab: Christian Jürgensen Thomsen 1788 – 29. December –1988, Kopenhagen 1988, S. 71–82.

192 Thomsen hatte eine große Münzsammlung mit Ausrichtung auf mittelalterliche Exponate aufgebaut, die nach seinem Tod in einer spektakulären Auktion verkauft wurde. Vgl. Morten Eske Mortensen: The buyers at the auction of C. J. Thomsen's medievial coins September 22. 1876, Kopenhagen 1979.

193 Hamburger Kunsthalle, Kupferstichkabinett, Archiv 268, NH Bb XII: 29, Petersen an Harzen, Brief vom 16.2.1850.

Sammlung über eine längere Zeitspanne hinweg »ganz unbenutzt gelegen« hatte, sollte sie nun auf Betreiben der Erben zur Auktion gebracht werden.

»Es ist unter den verschiedenen bei der Sache interessierten Parthien verabredet worden Euer Wohlgeboren [...], die Inventarisierung und demnächst die Realisierung der – äusserst seltenen und werthvollen – Sammlung zu leiten. Aus diesem Grunde nehme ich mir im Auftrage der Betheiligten die Freiheit [Sie] zu ersuchen, sich am Montage zur bezeichneten Stunde zu jener Commission einzufinden, um Ihre gütige sachverständige Ansicht darüber zu ertheilen, ob die dort zu verabredende Art der Inventarisierung und Realisierung [das heißt die finanzielle Bewertung, Anm. d. Verf.] angemessen sei und ob Sie sich der Sache unterziehen möchten.«[194]

Obwohl Harzen sich 1847 offiziell aus dem Geschäftsleben zurückgezogen hatte, wurde sein fachlicher Rat auch weiterhin gesucht. Das Schreiben reflektiert die Ernsthaftigkeit, mit der Harzen auch diesen Handelszweig bediente, indem er sich von Anbeginn um die notwendige fachliche Kompetenz bemühte.

Kunst und Natur.
Zur veränderten Tradition des Sammelns und Handelns

Harzens Bestreben, sich in erster Line als Kunsthändler und Makler zu begreifen und dieses Bild nach außen zu vermitteln, deutet auf ein sich wandelndes Selbstverständnis. Die Tradition, in der er und sein kunsthändlerischer Ziehvater Noodt ihre Geschäfte aufbauten, basierte auf einem gesamtheitlichen Sammlungsbegriff, der letztlich auf die höfischen Kunstkammern und Gelehrtensammlungen des 16. und 17. Jahrhunderts zurückging.

Gleich einem Abbild der Welt vereinigten sie Naturhistorika, Kunstgegenstände, Antiken und Ethnographika sowie Juwelen und Münzen. Mit dem durch wirtschaftliches Wachstum, naturwissenschaftliche Forschung und koloniale Eroberungspolitik immer weiter werdenden Blick auf die Welt erfreuten sich Exponate, die über bis dahin wenig bekannte Länder und Kulturen Auskunft gaben, größter Beliebtheit. Exotische Muscheln, Mineralien und Münzen zählten neben den getrockneten Bälgen, den ausgestopften Vögeln, Säugetieren und Schrumpfköpfen ebenso wie Zeichnungen und Gemälde zu den begehrten Sammelobjekten. Neben der wissenschaftlichen Betrachtung waren es auch Kriterien wie Schönheit oder Kuriosität, auf die Sammler ihr Augenmerk richteten. Insbesondere die Exotika, die allein durch ihr Fremdsein Neugier weckten, erfreuten sich zunehmender Begehrtheit.[195]

Harzen zeigte schon in frühen Jahren Interesse an den Wunderkammern, auch wenn er in dieser Richtung nie selber gesammelt hat. 1819 besuchte er die Kursächsische

194 Ebd.

195 Lorraine Daston: Neugierde als Empfindung und Epistemologie in der frühmodernen Wissenschaft, in: Andreas Grote (Hrsg.): Macrocosmos in Microcosmos. Die Welt in der Stube. Zur Geschichte des Sammelns 1450 bis 1800. Berliner Schriften zur Museumskunde Band 10, Opladen 1994, S. 44–48.

Kunstkammer in Dresden, zu der auch eine Münz- und Medaillensammlung gehörte, und im weiteren Verlaufe seiner Reise ist er sicherlich im Hof-Naturalien-Cabinett in Wien zu Gast gewesen. Naheliegend ist, dass Harzen sich auch mit Sammlungen in seiner unmittelbaren Umgebung befasst hat und um die einstige Kunstkammer auf Schloss Gottorf bei Schleswig wusste. Das Kabinett war im 17. Jahrhundert durch die Herzöge Friedrich III. und Christian Albrecht eingerichtet worden. Der seinerzeit verantwortliche Hofmathematicus und Astronom Adam Olearius verfasste 1666 eine ausführliche Beschreibung der »Gottorfischen Kunstkammer«.[196] Die aufgelisteten Exponate geben Aufschluss über einen reichen Bestand, der sich – so Olearius – bestens zum Studium fremder Kulturen, der Naturkunde und der Antike eignete.[197] Dass Harzen diese Schrift kannte, die 1674 in zweiter Auflage publiziert worden war, ist wahrscheinlich. Vielleicht hatte er einige Exponate sogar in Kopenhagen gesehen, denn die Sammlung wurde 1751 in die königliche Kunstkammer eingegliedert und Harzen hatte gute Beziehungen dorthin.

Jenseits aller wirtschaftlichen Aspekte scheint es vor allem Harzens Affinität zu dieser ursprünglichen Vorstellung eines gesamtheitlichen Sammelns gewesen zu sein, die ihn dazu veranlasste, außer mit Graphik und Malerei auch mit Numismatika, Naturhistorika und enthnographische Objekten zu handeln. Doch schon in den frühneuzeitlichen Kunstkabinetten zeichnete sich die Tendenz zur Spezialisierung ab, hervorgerufen durch eine enge Beziehung zur zeitgenössischen Wissenschaft. Die zusammengetragenen Objekte sollten untereinander in Beziehung stehen, was zwangsläufig eine inhaltliche Ausrichtung ganzer Sammlungen zur Folge hatte.[198] Am Ende dieser Entwicklung standen die wissenschaftlichen Spezialsammlungen, die Münz- und Medaillenkabinette, die Mineralien- und Conchiliensammlungen sowie die ethnographischen Kollektionen oder die Schatzkammern, die Mitte des 19. Jahrhunderts das Fundament der fachlich ausgerichteten Museumsgründungen bildeten. Sie wurden – wie in Dresden und Wien – räumlich streng voneinander geschieden oder waren in der Hand privater Sammler, die sich auf eine Disziplin konzentrierten.

Außer mit Kunstwerken auch mit kunstfremden Waren zu handeln, ist ebenso üblich gewesen wie der nebenerwerbliche Vertrieb von Kunstwerken durch Kaufleute, die sich eigentlich auf den Verkauf gemischter Waren spezialisiert hatten.[199] Daran hatte sich zu Harzens Lebzeiten nur wenig geändert, wie zum Beispiel die Anzeigen des Auktionators Frisch im *Altonaischen Mercurius* zeigen, der sowohl Kunstwerke wie Handelsgüter aller Art vertrieb. Eine solche Verknüpfung verschiedener geschäftlicher Belange hatte schon im 17. Jahrhundert dazu geführt, dass sich insbesondere die Kunsthändler um ein kulturnahes Profil bemühten, wie es sich auch Harzen auf die Fahnen geschrieben hatte. Indem sie sich spezialisierten oder zumindest mit einem solchen Bild

196 Adam Olearius (Öhlschläger): Gottorfische Kunstkammer, Schleswig 1666 (zweite Auflage Schleswig 1674).
197 Arthur Mac Gregor: Die besonderen Eigenschaften der »Kunstkammer«, in: Grote 1994, S. 77–79.
198 Brigitte Hoppe: Kunstkammern der Spätrenaissance zwischen Kuriosität und Wissenschaft, in: Grote 1994, S. 243–245.
199 Thurn 1994, S. 44–55.

öffentlich agierten, versuchten sie sich in aller Deutlichkeit vom Typus des Gemischtwarenhändlers abzugrenzen.[200] Das Geschäft mit der Kunst genoss ein anderes Prestige als der Handel mit agrarischen Erzeugnissen oder Gebrauchsgütern. Kunst zu besitzen, war Ausdruck gehobener Lebensform. Bedingt durch die gesellschaftliche Stellung der Sammler kamen die Kunsthändler mit dem entsprechenden Umfeld in Berührung. Auch Harzen strebte nach einem solchen Renommee, indem er öffentlich als Kunsthändler mit einer deutlichen Ausrichtung auf die graphischen Künste in Erscheinung trat, während er seine anderen geschäftlichen Aktivitäten nahezu ausschließlich auf Fachkreise konzentrierte.

Wer hauptberuflich als Kunsthändler Fuß fassen wollte, benötigte neben dem fachlichen Wissen auch wirtschaftliche Kompetenz. Differenzierte Kenntnisse über Preisentwicklungen am Kunstmarkt oder internationale Steuersätze waren ebenso notwendig wie solide kalkulierte An- und Verkäufe. Diese Voraussetzungen erfüllte Harzen aufgrund seiner kaufmännischen Ausbildung. Seine breitgefächerten Aktivitäten im Geschäft mit Kulturgütern lassen sein Bemühen um wirtschaftliche Unabhängigkeit erkennen, indem er seinen Handel so strukturierte, dass spartenspezifische Entwicklungen oder Einbrüche nie sein Geschäft insgesamt gefährdeten.

In seinem Werdegang entsprach Harzen einem neuen Typus Kunsthändler, wie er sich nach 1800 in Deutschland entwickelt hatte. Bedingt durch die sich seit 1789 stetig verringernden finanziellen Mittel der Fürstenhöfe, kam es langfristig immer wieder zu Veräußerungen von Kunstsammlungen oder zumindest von Teilen davon, was zu zu einer grundlegenden Veränderung des Kunstmarktes führte. An die Stelle aristokratischer Sammler trat nun das politisch wie wirtschaftlich immer bedeutender werdende Bürgertum, das Kunstbesitz sowohl aus einem tief begründeten Interesse für den Gegenstand selber, als auch als häusliche Zierde entdeckte. Die gesteigerte Nachfrage führte zur Belebung des Kunstmarktes, und gerade die sammelnden Kaufleute gaben sich nicht nur mit einem versierten Kunsturteil zufrieden, sondern verlangten nach kaufmännischer Sachverständigkeit ihrer Berater. Naheliegend war es daher, dass sie sich an ihresgleichen wandten, an Kaufleute, die mittlerweile in den Kunsthandel gewechselt waren. Als sogenannter »Kunstkaufmann« erfüllte Harzen sämtliche zum Maßstab erhobenen Kriterien.[201]

200 Ebd. S. 56.
201 Ebd. S. 93–94.

DAS ERBE AM NEUEN WALL

VON DER ETAGE ZUM EIGENEN HAUS

Im Auktionskatalog Speckter kündigte Harzen die letzte Veranstaltung im Sommer 1824 in seinen neuen Geschäftsräumen an. Gemeinsam mit Commeter war er in die »Neue Wall Strasse« umgezogen, wo er im Frühjahr ein Haus erworben hatte.[202] In den Registern des Hypothekenamtes in Hamburg wird Harzen seit 1824 als Grundbesitzer geführt.[203] Den Erbebüchern des Kirchspiels St. Petri ist zu entnehmen, dass ein Grundstück aus dem ehemaligen Besitz des verstorbenen Philipp Andreas Nemmich am 19. März 1824 durch den Auktionator Busch an ihn verkauft wurde.

Dieses »Erbe, belegen auf der Neuen Wall Strasse hinten an die Alster sich erstreckend, zwischen jetzt Ferdinand Pelzer und Gottlieb Beyer Erben, [ging] an den öffentlichen Käufer Friedrich Georg Heinrich Hornborstel, welcher gegenwärtig zufolge [...] dasselbe sogleich wieder verlassen hat, an den gegenwärtigen Georg Ernst Harzen, so dass nunmehr dieses Erbe Georg Ernst Harzen eigenthümlich zugehöret.«[204]

Das Haus Nummer 131/10, das sich in der Mitte des Neuen Walls, unweit des »Görzschen Palais« befand, gehörte zur ursprünglichen Bausubstanz aus dem frühen 18. Jahrhundert.[205] Der Straßenzug war in ungefähr gleich große Bürgerhausparzellen aufgeteilt, auf denen Geschäftshäuser mit schlichten Fassaden standen, deren architektonischer Schmuck sich auf einige wenige Gesimse beschränkte (Abb. 19). In den Räumen auf Straßenniveau befanden sich Läden oder Kontorräume, während man in den Etagen darüber wohnte.

Zu Anfang des 19. Jahrhunderts begann sich auch in Hamburg die Vermietung von Geschäftshäusern durchzusetzen. War es ursprünglich ein Zeichen von Armut gewesen, einen »gemietheten Sahl« zu bewohnen, fanden Mietwohnungen – bedingt durch Wohnraumknappheit und eine wirtschaftlich angespannte Lage infolge der französischen Besatzung – auch unter den wohlhabenderen Stadtbewohnern zunehmend Akzeptanz.[206] Dass Harzen eine Aufteilung seines Hauses vorgenommen oder beibehalten hat, deutet die ergänzende Nummerierung an. Den Ankauf dieser Immobilie in guter Lage konnte er nach nur drei Geschäftsjahren kaum alleine tragen. Eine anteilige Ver-

202 Die ergänzende Hausnummer könnte darauf hinweisen, dass es sich um ein geteiltes Anwesen handelte, auf dem neben der gemeinsamen Wohnung, Harzens Geschäftsräumen und der Kunsthandlung Commeter möglicherweise auch weitere Mieter untergebracht waren.

203 Staatsarchiv Hamburg, Hypothekenamt 231-1, I 22, Bd. 1, Teil 2 (Namensregister), S. 375.

204 Staatsarchiv Hamburg, Hypothekenamt 231-1, II 5, Bd. 27 (Erbebücher), S. 127–129.

205 Eines der ersten Häuser, die dort im frühen 18. Jahrhundert errichtet wurden, war das Palais des Freiherrn von Schlitz, genannt von Görz, leitender Minister des Königs Karl XII. von Schweden. Das 1710/11 von Nikolaus Kuhn errichtete Haus wurde 1722 von der Hansestadt gemietet und 1726 angekauft. In der Zeit der napoleonischen Besatzung wurde es als »Hôtel de Ville« der Sitz des Bürgermeisters. Seit 1814 diente das Palais als »Stadthaus« und beherbergte die Polizeibehörde.

206 W. Melhop: Alt-Hamburgische Bauweise, Hamburg 1925, S. 347–348.

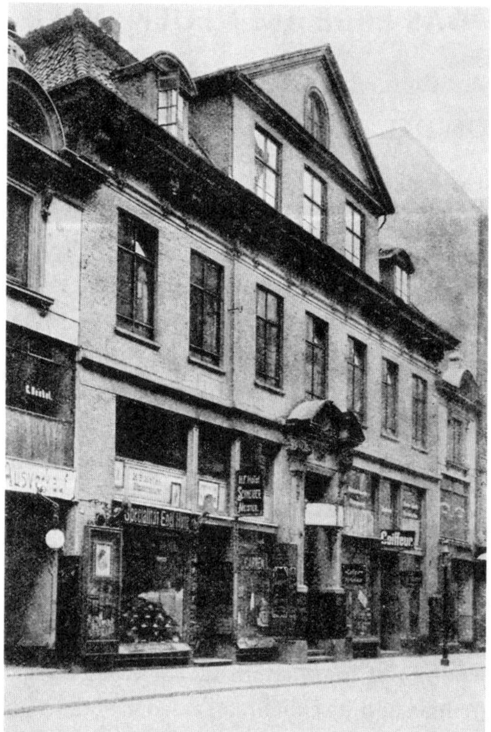

Abb. 19 Neuer Wall, 1905
(fotografiert von W. Melhop)

mietung war sicherlich eine Möglichkeit, die wirtschaftliche Last zu verringern. Harzen finanzierte den Grunderwerb aber auch über Schuldverschreibungen. In der Zeitspanne nach dem Ankauf war eine Summe von 27 000 Mark »in seinem Erbe belegen«. Friedrich Heinrich Nemmich hielt Anteile des einstigen Familienbesitzes, und Vincent Butterloh, Thomas Diedrich Viehbrook sowie Lucia Magdalena Augusta Klausen aus Tönning hatten in den Kauf dieses Grundstück investiert.[207] Ob sich daraus auch ein Nutzungsrecht ergab, ist nicht überliefert. Erstaunlich ist wiederum, dass Commeter sich zumindest offiziell nicht am Grundstückskauf beteiligt hatte und auch sonst in keiner Weise finanziell in Hamburg engagiert war, die sich in den städtischen Registern niederschlug.[208]

207 Staatsarchiv Hamburg, Hypothekenamt 231-1, II 8, Bd. 65 (Rentenbücher St. Petri).
208 Zu den tatsächlichen Vermögensverhältnissen und Commeters Beteiligung siehe Kapitel: Geordnete Verhältnisse.

HARZEN AM NEUEN WALL – EINE INSTITUTION

Der Kunstverein. Vom privaten Club zur öffentlichen Einrichtung

Schon Harzens erstes Geschäft in der Großen Johannisstraße war innerhalb kürzester Zeit zum Mittelpunkt des Hamburger Kunstlebens avanciert. Sein Engagement für die kulturellen Belange der Hansestadt war im positivsten Sinne auffallend. Dies hatte auch der Domherr Lorenz Meyer in seinem Artikel für den *Hamburgischen Correspondeten* gewürdigt, weil er hier die Wiederbelebung einer längst tot geglaubten Tradition erkannte. Von viel Wohlwollen bestätigt – und nicht zuletzt durch die Beförderung des Kunsthandels getragen –, sah Harzen sich bestärkt, diesen Einsatz auch künftig fortzuführen. So wurde die Unterbringung des Kunstvereins in seinem Geschäft, die ursprünglich als Interimslösung gedacht war, zu einer festen Einrichtung. Am 20. Oktober 1823 kam man überein, sich dauerhaft in der Harzenschen Kunsthandlung zu etablieren.

»Nachdem sich der Verein einmal im Hause [...] Beurs-Stiermann, und eben auch einmal bey [...] Bendixen außerordentlich versammelt hatte, hielt er am oben genannten Tage seine erste Versammlung für diesen Winter in seinem alten Zusammenkunftsort. In dieser ersten Versammlung wurde beschlossen, auf Kosten der Gesellschaft einen zweckmässigen Ofen für diesen Winter setzen zu lassen [...].« [209] Die Zahl der ordentlichen Mitglieder wurde in Anbetracht der zur Verfügung stehenden Räumlichkeiten auf dreißig beschränkt.

Harzens Umzug im darauffolgenden Jahr ging am Verein nahezu spurlos vorbei, denn er fand während der sommerlichen Sitzungspause statt. Als die Kunstliebhaber im November 1824 zu einer »vorbereitenden Versammlung« am Neuen Wall zusammentrafen, gab es keinen Anlass, den Wechsel in das neue Lokal im Protokoll zu vermerken. Dass die erweiterten Räumlichkeiten dem Verein angenehm waren, ist ebenso zu vermuten wie die wohlwollende Aufnahme des Zusammenschlusses von Harzen und Commeter, der mittlerweile zu den regulären Vereinsmitgliedern zählte. In der Auftaktsitzung war nur Organisatorisches zu klären. Rumohr wurde mit nur einer Gegenstimme als Ehrenmitglied aufgenommen, und »die Gesellschaft beschloss hierauf noch, dass Hr. Harzen das Amt als zweiter und stellvertretender Schriftführer [...] bekleiden solle.«[210]

Dass sich der Verein von einem privat initiierten Club in eine kulturstiftende Institution zu wandeln begann, deutet seine allmähliche Öffnung an. Zwar konnte man sich nicht sofort zur Änderung der Statuten durchringen, als Nicolaus Schaffhausen 1823 anregte, »hiesige Einwohner, namentlich junge Künstler [...] als besuchende Mitglieder aufzunehmen«,[211] doch wer sich für Kunst interessierte, dem stand Harzens Haus fortan offen.

209 Hamburger Kunsthalle, Kupferstichkabinett, Archiv 62a, Protokoll des Kunstvereins, S. 8.
210 Ebd.
211 Ebd.

Kunstausstellungen und »Verloosungs-Verein«

Im Dezember 1824 schlug Geheimrat Langhenie als »Vorsitzender des vereinsinternen Kunstausschusses« – dem auch Harzen als »berathender Beisitzer« angehörte – vor, eine eigene Kunstausstellung auszurichten.[212] Die Idee löste eine heftige Debatte über Sinn und Zweck des Vereins und die Realisierung dieses kühn anmutenden Projekts aus. Doch bereits auf der nächsten Versammlung wurde beschlossen, aktiv in Hamburgs Kunstleben einzugreifen und »hinselbst eine Ausstellung von Kunstwerken im Herbst 1825 oder im Frühlinge 1826 zu veranstalten«. Das einberufene Komitee setzte sich aus den Malern Bendixen, Hardorff und Herterich sowie Alexis de Chateauneuf und Harzen zusammen. Die Resonanz war lebhaft. Euphorisch berichtete der Hamburger Maler Günther Gensler seinem in Eutin weilenden Bruder Jacob von diesen sich am Neuen Wall abzeichnenden Entwicklungen.

»Kürzlich hörte ich [...] von Hardorff, dass der hiesige sogenannte Kunstverein (bey Harzen Montags Abends Versammlung wie bekannt) im Werk habe hier auf künftige Jahre eine Kunstausstellung zu errichten (doch ist viel noch nicht ganz gewiß da sonderlich das Lokal nicht wohl zu bekommen ist [...]). Die Ausstellung wird hoffentlich ganz brillant, schränkt sich nicht bloß auf hiesigen Platz ein [...].«[213]

Die Organisation der Schau nahm mehr Zeit in Anspruch als erwartet, so dass sie innerhalb der vorgesehenen Zeitspanne nicht realisiert werden konnte. Diese Verzögerung mag mit personellen Veränderungen in der Vereinsleitung in Verbindung gestanden haben, denn im Januar 1826 verkündete Harzen den Verlust dreier prominenter Mitglieder. Oberstlieutenant Mettlerkamp hatte Hamburg aus stadtpolitischen Gründen verlassen, Oberstlieutnant von Bergen war verstorben, und der bisherige erste Schriftführer Nicolaus Heinrich Julius gab seinen Austritt wohl aufgrund seiner ausgedehnten Reisetätigkeit als Gefängnisreformer bekannt. Noch im Verlaufe der Sitzung wurde die neue Führungsspitze benannt. »Die durch Letzten erledigte Stelle eines ersten Schriftführers wurde nunmehr dem bisherigen stellvertretenden Schriftführer Harzen übertragen und in dessen vacante Stelle Herr Kunsthändler Commeter eingesetzt.«[214] Mit dieser Entscheidung war der Verein nicht nur über das Versammlungslokal an den Neuen Wall gekoppelt, sondern Harzen und Commeter hielten in ihrer gemeinschaftlichen Verantwortung sämtliche Fäden in ihren Händen. Dass sie bereit waren, Neuerungen zu wagen, veranschaulichen die nachfolgenden Zusammenkünfte.

»Herr de Chateauneuf machte den Vorschlag zu einer, nach Art zu München und Berlin bereits bestehenden, größeren Vereinbarung von Kunstfreunden dessen Zweck es seyn würde tüchtigen Künstlern vaterländische Beschäftigung zu erteilen, und deren aus gemeinschaftlichen Mitteln erstandenen Werken wiederum unter den Theilneh-

212 Ebd. S. 4.
213 Hamburger Kunsthalle, Kupferstichkabinett, Archiv 41 II, Nachlass Gensler, Brief 30/12 24.
214 Hamburger Kunsthalle, Kupferstichkabinett, Archiv 62a, Protokoll des Kunstvereins, S. 19.

mern zu verlosen. Welcher Vorschlag von den anwesenden Mitgliedern unterstützt, und dem Schriftführer zu Bereitstellung übertragen wurde.«[215]

Harzen und Chateauneuf wurden mit dem Entwurf eines Programms betraut, das in der Versammlung vom 23. Januar 1826 angenommen wurde. In Harzens und Commeters Verantwortung lag die Auswahl der Kunstwerke, die der zukünftige »Verloosungs-Verein« unter seinen Mitgliedern per Lotterie zu verteilen gedachte. Dass man in Harzens sicheres Auge Zutrauen haben durfte, hatte er in den Vereinssitzungen und im Ausstellungsausschuss bewiesen.[216]

Die mutige Idee, in Hamburg zeitgenössische Kunst zu zeigen, wurde durch die Gründung des Verlosungsvereins beflügelt. Die Aussicht, für einen geringen Mitgliedsbeitrag durch eine Art Bilderlotterie in den Besitz eines Kunstwerks zu gelangen, stieß auf reges Interesse, und bereits im Gründungsjahr zählte der Verlosungsverein 124 Mitglieder. Diese Gründung war ein wichtiger Schritt zur Belebung der Kunstszene, denn die Hoffnung, dass die Mitglieder dieses Vereins zu wichtigen Kunden der bevorstehenden wie auch aller zukünftigen Kunstvereins-Ausstellungen werden könnten, sollte sich erfüllen.

»Der Zweck desselben ist jährlich eine Anzahl gediegener Werke lebender Deutscher oder Niederländischer Künstler anzukaufen und durch Loos unter die Interessenten zu vertheilen; um sowohl tüchtigen Künstlern Beschäftigung zu geben, als auch Privatleuten Gelegenheit zu verschaffen, mittels eines geringen Beitrags, zum Besitze ausgezeichneter Kunstwerke zu gelangen und dadurch die Liebe zur Kunst zu wecken und zu nähren. [...]

Einer Direction wird die Sorge übertragen den [...] gebildeten Fond zur Anschaffung ausgezeichneter Arbeiten [...] zweckmäßig zu verwenden [...].«[217]

Die Anzahl der zur Verlosung kommenden Werke war schwankend, denn sie bemaß sich an den Vereinserträgen und den Preisforderungen der Künstler. Bis zur Trennung von Kunst- und Verlosungsverein im Jahr 1837 fanden die Verlosungen in den vom Kunstverein genutzten Räumen statt.[218] Auch Harzen gehörte durchgängig beiden Vereinen an. 1852 kam er sogar in den Genuss eines Losgewinns. Die *Innere Ansicht der Küche [Kirche, Anm. d. Verf.] Saint Gommaire in Lierre* des belgischen Architektur- und Historienmalers Jules Victor Genisson ging an ihn.[219]

Als die erste Ausstellung des Kunstvereins im April 1826 in einem »neu erbauten Hause in der ABC Straße« eröffnet wurde, war die Strategie der Auswahl offensichtlich.

215 Ebd.
216 Ebd. S. 16–17.
217 Hamburger Kunsthalle, Bibliothek, Bericht über die vom Kunst-Verein im Jahre 1835 veranstaltete Neunte Gemälde-Verloosung, Hamburg 1835.
218 Leider sind die Anfänge des Vereinslebens nicht dokumentiert, denn die Jahresberichte über die »Gemälde-Verloosungen« setzen erst 1835 ein. Vgl. Hans Platte: 150 Jahre Kunstverein in Hamburg 1817–1967, Hamburg 1967, S. 5.
219 Hamburger Kunsthalle, Bibliothek, Jahresbericht des Kunst-Vereins 1852, Resultat der Gemälde-Verloosung des Kunst-Vereins, am 20. December 1852, Hamburg 1852.

Im Mittelpunkt stand die Förderung der heimatlichen Künstlerschaft.[220] Der lokale Fokus wurde durch Maler von außerhalb erweitert. Harzen nutzte seine Beziehungen nach Dresden und lud die Maler Johann Christian Dahl, Caspar David Friedrich und Friedrich Georg Kersting nach Hamburg ein. Letztendlich ist es ihm zu danken, dass Friedrichs *Watzmann* und das *Eismeer* 1826 in einer öffentlichen Ausstellung erstmalig zusammen zu sehen waren.[221]

Trotz der um die 1000 Besucher und des erstaunlich hohen Eintritts von einer Mark brachte die Ausstellungsinitiative zum Wohle der zeitgenössischen Kunst und Künstler nicht den erhofften wirtschaftlichen Erfolg. Als Commeter dem Verein die Abrechnung vorlegte, musste er für die erste Kunstausstellung ein Defizit von 42,13 Mark ausweisen. »Auf Vorschlag des Schriftführers [Harzen, Anm. d. Verf.] wurde die Strafkasse [...] eröffnet und dessen Inhalt in 24 Mark bestehend [...] zum vorläufigen Abtrag bestimmt.«[222] Das verbliebene Defizit wurde ohne großes Aufheben von den finanzkräftigen Mitgliedern getragen.

Obwohl die Ausstellung die Erwartungen zumindest wirtschaftlich nicht erfüllt hatte, blieb das Engagement des Kunstvereins unter Harzens Führung davon unberührt. Schon auf der ersten Versammlung 1828 wurde angeregt, »für das Jahr 1829 eine abermalige Kunstausstellung zu veranstalten; die Versammlung ging mit Beifall hierin ein, und beschloß diesen Gegenstand in ihrer zweyten Sitzung zur besonderen Deliberation zu ziehen.«[223] Im April 1829 wurden im »Concertsaale des neuen Schauspielhauses« 248 Exponate gezeigt, darunter erstmals auch Arbeiten von Dilettanten. Die Schau fand viel Aufmerksamkeit und schloss mit einem Überschuss von 1704 Mark und einer großen Anzahl verkaufter Bilder. Nach Begleichung aller Kosten konnte die Summe von 1000 Mark an die »hiesige Allgemeine Versorgungs-Anstalt« ausgezahlt werden.[224]

Das Engagement von Kunst- und Verlosungsverein wurde schon nach wenigen Jahren zur Erfolgsgeschichte. Im Februar 1836 kam man zusammen, um Bilanz zu ziehen und über die Verwendung der erwirtschafteten Erträge zu befinden.[225] Der Kunstverein konnte auf eine zehnjährige Ausstellungstätigkeit zurückblicken, in der es ge-

220 Neben Entwürfen der Architekten Chateauneuf und Heinrich Ludolf waren es vor allem die alteingesessenen Maler aus Hamburg und Altona – darunter Bundsen, Bendixen, Gerdt Hardorff und Carl Friedrich Gröger – sowie deren Schüler, die Genslerbrüder, Georg Haeselich, Christian Morgenstern und Adolph Vollmer, die gezeigt wurden.

221 Hamburger Kunsthalle, Bibliothek, Verzeichnis der ersten vom Hamburger Kunstverein veranlassten Kunstausstellung 1826, Hamburg 1826.

222 Hamburger Kunsthalle, Kupferstichkabinett, Archiv 62a, Protokoll des Kunstvereins, S. 23.

223 Ebd. S. 27.

224 Ebd. S. 33.

225 Ebd. S. 65: »Herr Commeter theilte hierauf einen Auszug aus dem Protokoll des Vereins mit, um sämtlichen Mitgliedern die Entstehung des Vereins, seine Zwecke, seine Bestrebungen und das bisher zum Besten und zur Förderung der neuen lobreden Kunst Geleistete in gedrängter Übersicht vorzulegen. Es ergibt sich aus dieser Übersicht, dass auf den von dem Verein veranstalten [...] Kunstausstellungen [...] für circa 47 000 Mark u von der Verlosungslotterie 13 000 Mark zusammen also für circa 60 000 Mark Gemälde usw. verkauft worden sind; dass die seit 1827 bestehende und von diesem Verein ins Leben gerufene Verlosungslotterie zu seinen bis Ende 1835 veranlassten 9 Verlosungen für circa 30 000 M Gemälde gekauft hat, ferner ergiebt sich, dass der Verein von seinem Überschusse [...] 1050 dem Verlosungsverein als Geschenk überwiesen hat, und 350 Mark als Beiträge an

lungen war, wichtige Ziele zu verwirklichen. Die vielseitige »Mittheilung über Kunst« wurde nicht nur in den Zusammenkünften gelebt, sondern Künstler und Publikum konnten über die Ausstellungen daran teilhaben. Schließlich waren die Vereine unter Harzens und Commeters kaufmännisch versierter Führung auch wirtschaftlich zu einem erfolgreichen Unternehmen geworden, dem eine finanzielle Kunst- und Künstlerförderung möglich war. Was 1821 bei Harzen als sehnsüchtige Vision seinen Anfang genommen hatte, hatte er mit Einsatz und Zielstrebigkeit zu realisieren verstanden.

Harzen und Commeter, ein Anlass für Kritik

Trotz allen persönlichen Risikos und Einsatzes, mit dem Harzen und Commeter die Ausstellungen lancierten, blieb ihr Tun nicht ohne Kritik, weil sich alle Zuständigkeit am Neuen Wall ballte. Die Kunsthandlung Commeter war und blieb der erste Anlaufpunkt, denn hierhin mussten alle einzureichenden Gemälde für die Ausstellungen gesandt werden. Auf den Versammlungen wurden die Einsendungen vorgestellt und traf eine Auswahl, doch den erste Blick hatten Harzen und Commeter.[226] Sie bildeten sich ihr Urteil und taten ihre Meinung – sehr zum Verdruss der Maler – bisweilen recht unverblümt kund. Die Machtstellung, die beide im Hamburger Kunstleben einnahmen, stieß auf Widerstand. Als Christian Morgenstern 1830 ein Gemälde an die Kunsthandlung Commeter sandte, sorgte das am Neuen Wall gefällte Kunsturteil noch in München für Empörung.

»Morgenstern hat neulig ein Bild (der Ilsenstein im Harz) über Hamburg nach Kopenhagen geschickt«, so Jacob Gensler aus München, »und Commeter ersucht die Kiste zu öffnen, um das Bild einigen Kunstfreunden zu zeigen. Kürzlich erhielt Morgenstern [...] in einem Briefe von Commeter eine solche Fluth Grobheiten u. Schmähungen über sein Bild wie man wohl selten in einem Briefe beysammen gesehen hat; er wunderte sich nämlich wie er hätte wagen können ihm einer solchen liederlichen Arbeit wegen, die Mühe zu machen die Kiste zu öffnen usw. [...] – dieses Bild war ganz wie seine übrigen behandelt u. Luft u. Ferne sogar sehr gelungen, es ist uns allen hier daher unbegreiflich wie Commeter zu diesem verrückten Urtheil kömmt. Laßt Euch aber gegen Niemanden etwas hiervon merken, da es so leicht Klatschereien giebt, weil hier so viele sind die mit Hamburg correspondieren. Wenn diese saubere Clique alles so behandelt, so muß man sich ja fürchten etwas nach Hamburg zu schicken.«[227]

Das Aufbegehren der Künstler gegen das »Dioskurenpaar« Harzen-Commeter wuchs, trotz seiner Verdienste.[228] Nicht zuletzt aus diesem Grunde gründete sich der Hamburgische Künstlerverein von 1832. Dessen ab 1834 regelmäßig durchgeführte

auswärtige Vereine gegeben, weiterhin die [Summe] von 1400 Mark direkt zur Förderung der neuen Kunst verwendet hat.«

226 Ebd. S. 35.

227 Hamburger Kunsthalle, Kupferstichkabinett, Archiv 41 IV, Nachlass Gensler, Brief 13/5 30.

228 Lindner 1921, S. 20.

Ausstellungen bildeten ein das Kunstleben der Stadt bereicherndes Gegengewicht zu den Veranstaltungen des Kunstvereins. Sie boten den Malern die Gelegenheit, ihre Werke nach persönlichem Dafürhalten und vor allem ohne auswählende Gremien dem Publikum vorzustellen.[229] Harzen und Commeter standen dieser Konkurrenz wohlwollend gegenüber und erhielten Freikarten für die Dauer der Ausstellungen.[230]

Ein Schritt in Richtung Museum

1836 kam es zu einer weiteren Neuerung im Kunstverein, als von Aardt de Beurs-Stiermans der Antrag gestellt wurde, zukünftig in eine Kunstsammlung zu investieren.

»Da der Mangel öffentlicher, sowie die stete Verminderung der Privatsammlungen in Hamburg, welche den Künstlern und Kunstfreunden der Mittel zum Studium wie zur Bildung des Kunstgeschmacks beraube, ein fühlbarer Nachtheil sey, welchem abzuhelfen eine gemessene Aufgabe für den Kunstverein bilde, dessen accumodierten Mitteln kaum eine bessere Anwendung gegeben werde können, als durch Begründung einer Sammlung vornehmlich älterer klassischer Kupferstiche, welche dann nach Maaßgabe fernerer Geldflüsse zu mehren sey, und zweifelsohne auch durch freiwillige Beiträge manche Bereicherung erhalten werde, und dass, da der [bei Harzen, Anm. d. Ver.] bevorstehende öffentliche Verkauf eines derartigen vorzüglichen Cabinetts eine günstige Veranlassung zu gewählten und billigen Ankäufen darbiete, eine Summe bis zum Belauf von Ein Tausend Mark Banco aus dem Fond des Vereins zu solchem Endzwecke zu Disposition gestellt werde.«[231]

Da eine solche Erwerbung den Statuten des Vereins widersprach, die ausschließlich eine finanzielle Unterstützung lebender Künstler vorsahen, verlangte das Vorhaben Konsens unter den Mitgliedern. Stiermans Vorschlag war insofern realisierbar, als er mit einem ureigenen Vereinsziel übereinstimmte, nämlich zur »Beförderung der Künste« und »Belebung des Kunstsinns«[232] beizutragen. Die Einrichtung einer zu Studienzwecken nutzbaren Kunstsammlung war zweifelsohne ein bedeutender Schritt in diese Richtung. Nachdem de Beurs-Stiermans sich bereit erklärte, die Kunstgegenstände im Falle eines Defizits oder einer Umentscheidung des Vereins in den kommenden drei Jahren gegen die aufzuwendende Summe zu übernehmen, wurde seinem Antrag »nach lebhafter Discussion« mehrheitlich zugestimmt.[233]

Die Versammlung vom 21. März 1836 war gut besucht, und der rege Zuspruch galt den »für den Kunstverein angeschafften Radierungen und Kupferstichen«, die gezeigt

229 Silke Reuther: Johann Jacob Gensler. Ein Maler aus Hamburg (1808–1845), Phil. Diss., Hamburg 1998, S. 66–69.

230 Hamburger Kunsthalle, Kupferstichkabinett, Archiv 306, Ausstellungen des Hamburger Künstlervereins; vgl. Axel Feuß: Jeder schaffe nach seinen Kräften …, in: Hermann Kauffmann Bilder aus Norddeutschland, Ausst.-Kat. Altonaer Museum, Hamburg 1989.

231 Hamburger Kunsthalle, Kupferstichkabinett, Archiv 62a, Protokoll des Kunstvereins, S. 63.

232 Plagemann 1984, S. 337.

233 Hamburger Kunsthalle, Kupferstichkabinett, Archiv 62a, Protokoll des Kunstvereins, S. 63–66, 69.

wurden.[234] Erworben hatte man die Blätter über Harzen auf der vom 10. bis 14. März 1836 in Hamburg durchgeführten Auktion einer nicht näher bezeichneten Sammlung.

Das Inventarbuch des Vereins, das von 1836 bis 1840 von Harzen geführt wurde,[235] verzeichnet für diese Zeitspanne 276 Zugänge. Die ersten 141 Positionen weisen altmeisterliche Kupferstiche der deutschen, italienischen und niederländischen Schule in alphabetischer Auflistung aus, einschließlich einiger französischer Blätter, was auf den geschlossenen Erwerb von 1836 deutet. Die nachfolgenden Einträge belegen, dass von Beginn an auch zeitgenössische Kunst einbezogen wurde. Das Kontingent an Kunstwerken war innerhalb kürzester Zeit zusammengetragen worden, was eigene Probleme mit sich brachte. Hatte man den Raum bisher nur über Winter und einmal wöchentlich in den Abendstunden benötigt, so stellte die Aufbewahrung, vor allem aber die Nutzbarmachung dieser Sammlung den Verein vor eine vollkommen neue Aufgabe. Senator Jenisch beantragte daher die »Localveränderung des Kunstvereins«:

»Da das bisher von der Commeterschen Kunsthandlung dem Verein [...] überlassene Zimmer sich [...] allzu beschränkt an Raum ausgewiesen [...] so dürfte ein hierin coincidierendes Anbieten des Herrn Harzen, dem Verein ein in der zweiten Etage desselben Hauses, in welchem bisher die Versammlungen gehalten worden sind, gelegenes Local auf Martini dieses Jahres in Miethe zu überlassen, [...] in geneigte Deliberation zu ziehen seyn. [...] Die vorzüglich geeignete Lage im Mittelpunkt der Stadt dürfte dieses Lokal ebenfalls für die alljährlichen Ausstellungen und Ziehungen des Verlosungs Vereins qualifizieren, [...] es würde zugleich einem vielfach ausgesprochenen Wunsche begegnet, in dem dadurch hiesigen Künstlern eine bequeme Gelegenheit dargeboten wäre, ihre Arbeiten sofort nach der Vollendung zu Ansicht der Kunstfreunde aufzustellen.«[236]

Harzens Angebot wurde angenommen, und Hamburgs Kunstleben fand weiterhin vorwiegend am Neuen Wall statt. Gerade in der Verknüpfung unterschiedlicher Belange lag der besondere Vorzug dieser Allianz. Die Kundschaft der Kunsthandlung kam nun zwangsläufig auch mit den Werken der jungen Künstler in Berührung. Ein Besuch am Neuen Wall erhielt zusätzlichen Reiz durch die Sammlung des Kunstvereins, die auch für den Harzen-Commeterschen Kunstbestand eine Bereicherung war und mit einem Lesezimmer nebst Bibliothek beinahe museale Arbeitsbedingungen versprach. Die vereinseigenen Ausstellungen und die Bilderverlosungen ließen wiederum auf einen regen Publikumsverkehr hoffen. In nunmehr zehn Jahren war Harzen am Neuen Wall zu einer Institution geworden.

Als der Kunstverein 1839 abermals über die Verwendung seiner Gelder beriet, kam der entscheidende Anstoß von Hamburgs Bürgermeister Amandus Augustus Abendroth. Er machte nunmehr den Vorschlag, es dem Städelschen Verein in Frankfurt gleich-

234 Ebd. S. 66.
235 Hamburger Kunsthalle, Kupferstichkabinett, Archiv 307, Catalog der Sammlung des Kunst-Vereins in Hamburg.
236 Hamburger Kunsthalle, Kupferstichkabinett, Archiv 62a, Protokoll des Kunstvereins, S. 71–72.

zutun und die Gelder in den Aufbau eines zukünftigen Kunstmuseums zu investieren. Am 22. April 1839 wurde die Gründung der Hamburger Kunsthalle in Harzens Haus gedanklich auf den Weg gebracht, auch wenn der Vorschlag unter den 21 Mitgliedern der Deliberationsversammlung erst einmal eine heftige Kontroverse auslöste.[237]

Prominenz am Neuen Wall

Der exklusive Zirkel von Sammlern und Kunstliebhabern weckte die Neugier, und nationale wie internationale Gäste waren im Kunstverein gern gesehen. Schon im Oktober 1823 hatte der rege Zulauf im frisch gegründeten Verein zu Engpässen geführt, so dass man sich gezwungen sah, sowohl die Zahl der Mitglieder als auch die der Gäste zu begrenzen. Neben der namhaften Künstlerschaft der Hansestadt fanden sich auch die hier wirkenden Architekten ein. Alexis de Chateauneuf, die Baumeister Jacob Heinrich Ludolf und Christian Wilhelm Lüdert zählten ebenso zu den Mitgliedern wie Franz Georg Stammann – von Harzen 1827 eingeführt und zum Mitglied vorgeschlagen – oder Carl Ludwig Wimmel und Hinrich Klees-Wülbern. Bürgermeister Abendroth und sein Amtsnachfolger Carl Petersen sowie die Senatoren Martin Jenisch, Eduard Johns und Syndikus Karl Sieveking traten dem Kunstverein bei. Weitere Größen aus Hamburgs Wirtschaft und Geistesleben kamen hinzu, darunter Nicolaus Hudtwalcker, Otto Christian Gaedechens – auf Einladung Harzens –, die Godeffroys und die Rödings. Selbst in Altona fand der Verein seine Liebhaber, nicht zuletzt, weil er dem hiesigen Vorläufer so ähnlich war. Der Kaufmann Hirschfeld zählte zu den Mitgliedern, Senator Heinrich Levin Hesse, der Maler Herterich und Conferenzrath Johann Georg Rist. Seinen Jugendfreund Steinheim führte Harzen 1838 persönlich ein und schlug ihn zum Mitglied vor.

Viele Besucher taten es dem mit Harzen befreundeten Kunstsammler Gaspare Weiß aus Berlin gleich, der sich 1827 anlässlich seines Hamburg-Aufenthalts in den Kunstverein einführen ließ und ein Konvolut Handzeichnungen vorführte.[238] Zu den prominenten ausländischen Gästen zählte der aus Paris stammende Architekt Joseph Ramée, der im Februar 1834 von Harzen eingeführt wurde.[239] Nach einem längeren Aufenthalt in seiner Heimatstadt war er 1830 in das kosmopolitisch geprägte Hamburg zurückgekehrt. Harzen und Ramée hatten sich vermutlich in Ottensen kennengelernt, als der Architekt mit den Erweiterungsbauten des Heineschen Landsitzes betraut war.[240] Etwas ausführlicher ist der Besuch von Berthel Thorwaldsen im Protokollbuch des Kunstvereins dokumentiert. Schon im Februar 1839 hatte man sich Gedanken gemacht, welche Vorbereitungen zu treffen seien, um dem Besuch des dänischen Bildhauers einen

237 Ebd. S. 89–90.
238 Ebd. S. 23.
239 Ebd. S. 53.
240 Julia Berger: Salomon Heines Landhaus und Gärtnerhaus in Ottensen, in: Joseph Ramée. Gartenkunst, Architektur und Dekoration. Ein internationaler Baukünstler des Klassizismus, hrsg. v. Bärbel Hedinger und Julia Berger, Ausst.-Kat. Altonaer Museum , Hamburg 2003, S. 75–89.

angemessenen Rahmen zu verleihen. Nachdem Thorwaldsen sein Kommen für den Sommer angekündigt hatte, gedachte man ihn »mit einem Festmahle oder auf andere Weise nach dem Beispiele anderer Städte zu dessen Ehren zu feiern«.[241] Am Ende überließ man es Harzen, den Gast zu begrüßen, der auf dem Weg nach Italien einige Tage in Hamburg verbringen wollte. Der gute Kontakt zu Thorwaldsen war über Harzens Cousine Christine von Stampe zustande gekommen, die einen familiären Umgang mit dem Künstler pflegte, der bis zu seinem Tod in dem Schloss der Stampes in Nysö bei Kopenhagen lebte.

Im Juni 1839 traf Thorwaldsen in Begleitung der von Stampes mit dem Dampfschiff in Kiel ein. Von dort reiste man per Diligence nach Altona weiter, wo Harzen die Gesellschaft in Empfang nahm und bei Hinrich Donner einführte. Am nächsten Tag geleitete Harzen Thorwaldsen nach Hamburg. Bürgermeister Abendroth begrüßte den Bildhauer und ehrte ihn mit einem festlichen Abendessen. Am Neuen Wall lernten Commeter und Thorwaldsen sich kennen, als man den Kunstbestand in Augenschein nahm.[242] Die offizielle Begrüßung im Kunstverein fand am 1. Juli statt: »Es hatten sich drey Mitglieder eingestellt. Durch den Schriftführer wurde der Conferenzrath Berthel Thorwaldsen eingeführt.«[243] Dass die Veranstaltung so spärlich besucht war, mag an der Jahreszeit gelegen haben, denn während der sommerlichen Sitzungsperiode waren selten mehr als vier Mitglieder zugegen.

Zur »Cultur der bildenden Kunst«

Von Anbeginn seines Engagements hatte Harzen es verstanden, die Vereinssitzungen in den Dienst seiner Ambitionen zu stellen, indem er sie großenteils persönlich bestritt. Dennoch scheint sich die Kunstbetrachtung der ersten beiden Jahre auf die Sammlungen Mettlerkamp und Speckter beschränkt zu haben. Gelegentlich gestalteten externe Gäste das Programm, so Carl Friedrich von Rumohr, der der Gesellschaft im Februar 1823 »eine Auswahl in Italien gesammelter Kupferstiche«[244] vorlegte. Ab und zu bereiteten umtriebige Mitglieder wie Peter Friedrich Röding und Nicolaus Schaffhausen die Zusammenkünfte vor. Aber mit dem Umzug in den Neuen Wall und der erweiterten Kompetenz von Harzen und Commeter änderte sich dies.

»Der Zweck des Kunstvereins ist mehrseitige Mittheilung über bildende Kunst.« Dieses Credo der ersten Stunde schrieb Harzen sich auf seine Fahne und entwickelte im Schulterschluss mit Commeter ein abwechslungsreiches Programm. Da er die zur Auktion bestimmten Sammlungen in die Bilderschau einbezog, stand ihm ein vielseitiges Repertoire an Kunstwerken von der Zeichnung über die Graphik bis hin zur Malerei zur Verfügung. Die Präsentation geschlossener Sammlungen bot eine gute Gelegenheit,

241 Hamburger Kunsthalle, Kupferstichkabinett, Archiv 62a, Protokoll des Kunstvereins, S. 91.
242 Rigmor Stampe: Baronesse Stampes Eridringer om Thorwaldsen, o. O. 1912, S. 23–26.
243 Hamburger Kunsthalle, Kupferstichkabinett, Archiv 62a, Protokoll des Kunstvereins, S. 91.
244 Ebd. S. 6.

Sachkenntnis im Aufbau privater Kunstbestände zu demonstrieren, was auf großes Interesse stieß, da die meisten der Anwesenden selber sammelten. Harzen nahm sich für die Vermittlung Zeit und führte das Anzuschauende über mehrere Wochen hinweg vor. Auch Commeter stellte sein kommerzielles Engagement in den Dienst dieser Sache. Zu den regelmäßigen Programmpunkten zählte die Vorführung von Novitäten unter den Ankäufen zeitgenössischer Druckgraphik der Kunsthandlung. Den Kunstliebhabern wurde so die Gelegenheit gegeben, an den Entwicklungen des Kunstmarktes zu partizipieren, und zugleich kamen diese Veranstaltungen dem kommerziellen Interesse aller entgegen. Harzen und Commeter rekrutierten auf diese Weise zukünftige Kunden, und Letztere kamen in den Genuss vortrefflichster Beratung.

Harzen war daran gelegen, möglichst vielseitig zu arbeiten. Er zeigte Handzeichnungen der verschiedenen Schulen und versuchte damit den Blick für ein Medium zu öffnen, das im frühen 19. Jahrhundert als Sammlungsgegenstand keineswegs unumstritten war, sah man darin doch eher eine vorbereitende Arbeit auf dem Weg zum Kupferstich oder zur Malerei. Diese Betrachtung bemühte er sich durch vergleichende Anschauung zu vertiefen, indem er beispielsweise die Handzeichnungen niederländischer Meister mit ausgesuchten Radierungen von Rembrandt, Adriaen Ostade und Anthonie Waterloo zusammen vorstellte. Er brachte dem Verein das Werk Lucas van Leydens nahe, zeigte Holzschnitte von Dürer sowie Arbeiten des von ihm außerordentlich geschätzten Stechers Wenzel Hollar. Mit gleicher Ausführlichkeit wandte er sich den italienischen Meistern zu, allein vier Abende waren im Winter 1829 dem gestochenen Werk Annibale Carraccis vorbehalten. Wer auf den Sitzungen des Kunstvereins regelmäßig zugegen war, erhielt eine sorgfältige Einführung in die ältere Kunstgeschichte. Auch die vereinseigene Sammlung war unter diesem Gesichtspunkt ausgewählt und angekauft worden. Über die Jahre hinweg diente sie Harzen als wichtiges Anschauungsobjekt, dem man sich mit großer Begeisterung widmete.

Sein besonderes Engagement im Vereinsleben galt aber der zeitgenössischen Kunst. Harzen befürwortete die Aufnahme junger Künstler und wagte, nachdem die Reform des Kunstvereins 1823 trotz Schaffhausens Bemühungen gescheitert war, im Schulterschluss mit Johann Georg Rist einen erneuten Vorstoß. 1826 beantragten sie, dass »etwaigen talentvollen hiesigen jüngeren Künstlern [...] der Zutritt zu den Versammlungen gestattet werde möge.«[245] Nach positivem Entscheid gewann der Kunstverein an Attraktivität, denn die wöchentlichen Sitzungen boten die reizvolle Gelegenheit zum Dialog. Von Harzen wurde umgehend Adolph Vollmer eingeführt, »welcher gleichfalls einige Handzeichnungen von seiner Arbeit mittheilte, landschaftliche Studien in Bley und anderes« (Abb. 20).[246]

Auf den wöchentlichen Sitzungen begann Harzen damit, Zeichnungen und Radierungen von Johann Christoph Erhard und Johann Adam Klein zu zeigen. Gemeinsam mit Commeter bemühte er sich, den Blick für die zeitgenössische Kunst weiter zu öff-

245 Ebd. S. 19.
246 Ebd. S. 20.

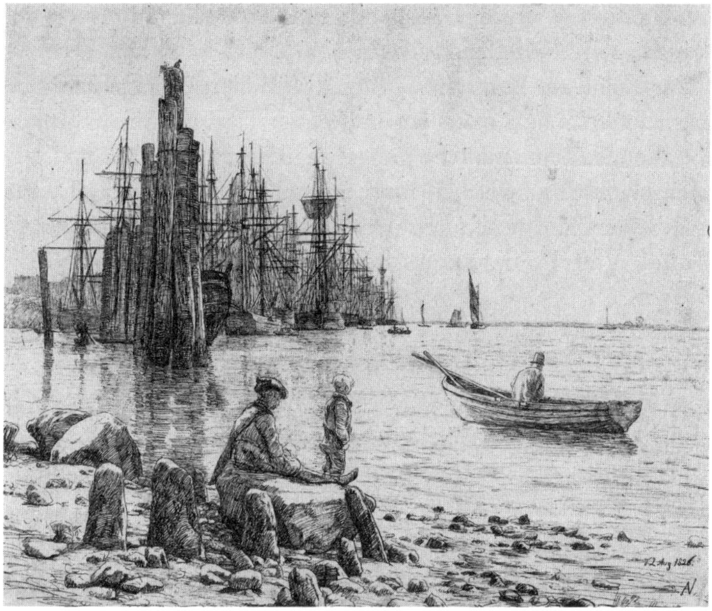

Abb. 20 Adolph Vollmer, Die Elbe mit dem Hafen bei Hamburg, Feder, Hamburger Kunsthalle, Kupferstichkabinett

nen. Beiden war bewusst, dass der Boden mit Bedacht bereitet werden musste, deshalb zeigten sie moderne Kunst und Handzeichnungen im steten Wechsel mit den Kupferstichen alter Meister. Dass schließlich das Interesse an der zeitgenössischen Hamburger Kunst auf den Ausstellungen des Kunstvereins und in der Bilderlotterie in den 1830er Jahren immer weiter wuchs, war wesentlich ihr Verdienst.

Letztlich führte das wachsende Verantwortungsbewusstsein gegenüber der Hamburger Künstlerschaft dazu, dass die Statuten des Kunstvereins zum Jahresbeginn 1837 endlich revidiert wurden:

»Zweck des Vereins ist Cultur der bildenden Kunst, sowohl durch gemeinschaftliche Anschauung ihrer Werke und gegenseitige Mittheilung als durch thätige Förderung derselben und allgemeinen Entwicklung des Kunstsinns. [...] Jedes von 1837 an eintretendes ordentliche Mitglied macht sich anheischig die Sammlung des Vereins durch ein angemessenes Geschenk von Kunstsachen zu bereichern; Künstler sind speziell eingeladen Zeichnungen von ihrer Hand beyzutragen [...].«[247]

Auch als Privatmann und Kunsthändler trat Harzen für die Hamburger Kunst ein. Die junge Kunst wurde von ihm gesammelt und gehandelt. Ganz besonders lag ihm jedoch die soziale Absicherung der Künstlerschaft am Herzen. Die zunehmenden Erträge der Vereinsausstellungen veranlassten ihn 1842 anzuregen, »die Hälfte zur Begründung eines Hülfsfonds für bedürftige Künstler und Künstlerwitwen Hamburgs und

247 Ebd. S. 75–76.

Altonas zu bestimmen«.[248] In der eiligst einberufenen Deliberationsversammlung wurde diesem Vorschlag mit Beifall zugestimmt.

Harzens entschiedenes Eingreifen in die kulturellen Belange Hamburgs mag aus der Sicht eines Kunsthändlers plausibel erscheinen. Darüber hinaus trug sein Engagement aber vor allem auch persönliche Züge. Erhards Schicksal in Rom hatte ihn für die tragische Wechselwirkung zwischen innovativem Künstlertum und wirtschaftlichen Zwängen sensibilisiert und zu seiner Entscheidung, sich von der wirtschaftlichen Basis eines Kunsthändlers aus für die Kunst zu engagieren, beigetragen.

Ein Opfer der Flammen

1842 fand das rege Kunstleben am Neuen Wall ein abruptes Ende. Als Hamburg in den ersten Maitagen von einer gewaltigen Brandkatastrophe heimgesucht wurde, der nahezu die gesamte Altstadt zum Opfer fiel, brannte auch Harzens Anwesen bis auf die Grundmauern nieder. Während dieser vier Tage andauernden Feuersbrunst kamen 51 Menschen ums Leben, und 20 000 Einwohner verloren den größten Teil ihrer Habe.

Harzen hielt sich in London auf, als ihn ein Brief von Matthias Commeter über die Einzelheiten des Unglücks in Kenntnis setzte:

»Lieber Freund [...] über den Anfang, Fortgang und Ende des unseligen Brandes, der den ersten Theil unserer Stadt eingeäschert hat, einliegend gedruckte Berichte [...]. Lassen sie mich dann hier in Kürze berichten, nicht was ich gerettet aus unserem Hause, sondern was ich nicht habe retten können. Auf Ihrem Zimmer habe ich Ihren antiken Schrank und die Kleinigkeiten in dem Eckschrank mit Ausnahme der hauptsächlichen Schnitzwerke und Silberscheiben die darin aufgestellten Bücher und den ordinären blauen Schrank und deren Inhalt auch viele der [...] geringen Bilder nicht gerettet. Aus Ihrem Wohnzimmer Ihren Schreibsekretär nicht und letzteren Inhalt; sowie sämtliche Mobilien nicht. Oben in der kleinen Kammer nicht die Mappen der Auktion bis auf vier – Auf dem Vorplatz nicht Ihre Bücher aus dem Schrank. Ferner aus Ihrer Bibliothek nichts mit Ausnahme einiger Incunabeln und der Todtenbücher. – Unten nicht die Sammlung des Dr. Müllerschen Nachlasses, nichts aus dem Lager von Papier und sonstigen Utensilien und der geringeren Gegenstände des Kunsthandels im Laden. Alles Mobiliar usw. ist verloren gegangen. Dagegen habe ich bestimmt größtent[eils] aber Mappen & Kupferstiche aus Ihrem Zimmer die Mappen aus dem blauen Schrank auf der Wohnetage, der nur einige der Handzeichnungen enthält aber vorzüglichste Bilder dieses Zimmers und des Wohnzimmers [geborgen]. Unten im Laden sämtliche Mappen & werthvollste Sachen an Kupfer und Stein und dann unsere Backschaften und Papiere von Werth Briefe usw. – Alles Übrige übergab ich den Flammen da der hölzerne Speicher von oben bis unten Feuer fing und ging mit dem letzten [Transport] soviel ich tragen konnte davon. Bald war auch der ganze Neuewall [voll] Schuttsucher und [...] später auch der Jungfernstieg – das Übrige lesen Sie gedruckt. [...]

248 Ebd. S. 107–108.

An Geschäfte und Bestimmungen für die nächste und ferne Zukunft ist nicht zu denken, – zu ändern ist nichts, nichts zu bessern, das Beschönigen kann nichts helfen, und da [...] es für den errichteten Hülfsverein an brauchbaren Leuten mangelte, so trage ich jetzt am Leib ein großes Blechschild mit Aufschrift Hülfsverein – Schlafe des nachts bei Freund Dr. Chaufepie und arbeite des Tages eben in einem Local des Hülfsvereins zur Unterbringung und Ernährung der Tausenden von Hülfsbedürftigen [...]. Für Sie lieber Freund ist jetzt nichts zu thun, als in Ottensen einzuziehen. Sie brauchen deshalb nicht früher London zu verlassen wie sonst Ihr Wille ist. Ihren letzten Brief habe ich hier soeben abgeholt und über[nehme] alle Geschäfte und sonstige Mittheilungen [...].«[249]

Der materielle Schaden an verlorenen Gütern sowie privaten und öffentlichen Gebäuden belief sich in Hamburg insgesamt auf rund 135 Millionen Mark. Im In- und Ausland erregte der Brand ein enormes Aufsehen, und weltweit wurden beinahe sieben Millionen Mark an Spendengeldern zusammengetragen, um die Not leidende Bevölkerung Hamburgs zu unterstützen.[250] Obwohl der wirtschaftliche Schaden sicherlich enorm war, hatte Harzen Glück im Unglück, denn Commeter war es zumindest gelungen, den bedeutendsten Teil der Kunstsammlung und die wichtigsten Bestände der Kunsthandlung zu retten. Trotz der erlittenen Einbuße traf es ihn weniger hart als viele andere Opfer der Feuersbrunst, denn er hatte zwischenzeitlich auch ein Haus in Ottensen erworben, in das er sich nun zurückziehen konnte. So zählte er zwar zu den Abgebrannten, doch die Obdachlosigkeit und Noteinquartierung blieben ihm erspart.

Mit tröstenden Worten versuchte auch Harzens in Mexiko lebender Neffe Wilhelm dem Unglück etwas Positives abzugewinnen. »Auf jeden Fall ist allein ein großes Glück für Dich, dass Du kurz vor jener Catastrophe Dein Haus in Ottensen gekauft hast, um so mehr, als Du es jetzt wohl schwerlich so billig an Dich würdest bringen können. Ernst [Wilhelms Bruder, Anm. d. Verf.] schrieb mir, dass er Dich dort besucht habe, und spricht mit viel Gefallen von Deinem Tusculum. Ich wiederhole die besten Wünsche für den ungetrübten Genuß Deines ländlichen Stillebens.«[251] Aus dem Grundstückserwerb war, bedingt durch die Wohnungsnot in Hamburg, eine profitable Kapitalanlage geworden.

Harzen selber trug den Verlust – zumindest nach außen hin – mit einer gewissen Gelassenheit. Am 7. Juni 1842, der ersten Zusammenkunft des Kunstvereins im Hause von Wilhelm te Kloot nach dem Brand, nahm er seine Verpflichtungen wieder wahr und verfasste einen knappen Bericht der Sachlage für das Protokollbuch:

»In den verhängnisvollen Tagen des 5/8 Mai 1842 wurde auch das Haus in welchem der Kunstverein seit 1824 seine Versammlungen gehalten von den Flammen gänzlich vernichtet. Den angestrengten Bemühungen des Herrn Commeter gelang es die in fünf Mappen aufbewahrte Sammlung von alten und neuen Kupferstichen u.s.w. nebst deren Verzeichnisse, dem Protokolle und den Abrechnungen von 1841, zu retten, wogegen die

249 Hamburger Kunsthalle, Kupferstichkabinett, Archiv 268, NH Bb IV: 80, Commeter an Harzen, Brief vom 10.5.1842.
250 Klessmann 1981, S. 401.
251 Hamburger Kunsthalle, Kupferstichkabinett, Archiv 268, NH Bb IV: 174. Wilhelm Harzen an Harzen, Brief vom 16.3.1842.

berühmten Kunstgegenstände, nämlich der von Herrn Mestern verehrte Frauen Kopf von M[ichel] Angelos, zwey Landschaftszeichnungen der Herren Kauffmann und Lüdert und die Stammtafel der Gesellschaft [...] nebst den ganzen Mobilien preisgegeben werden musste.

Ein Antrag von Seiten der Patriotischen Gesellschaft«, fuhr Harzen unberührt im Tagesgeschäft fort, »zum Beitritt der Commission in Bauangelegenheiten, veranlasste die Einberufung einer außerordentlichen Deliberationsversammlung [...].«[252]

Zwischen Resignation und Aufbruch

Wann Harzen seine Geschäfte im vollen Umfange wieder aufnahm, lässt sich rückblickend nur ungefähr bestimmen.[253] Der Rückzug in das ländliche Leben scheint weder seinen Vorstellungen noch den wirtschaftlichen Gegebenheiten entsprochen zu haben. Nach nur wenigen Wochen bemühten Commeter und er sich um die Rückkehr zur Normalität und richteten sich in den Großen Bleichen 73 provisorisch ein. Die Korrespondenz des Sommers belegt, dass Harzen seine internationalen Geschäftsverbindungen nach wie vor bediente, doch wie es um die Erträge tatsächlich bestellt war, verbleibt im Dunkeln. In großer Zahl bekundeten die Freunde und Handelspartner ihre Anteilnahme, grenzenlos war anscheinend die Erleichterung, dass er und Commeter die Katastrophe unversehrt an Leib und Leben überstanden hatten.

»Euer Wohlgeboren danke ich herzlich für das Mitgefühl das sich in Ihren gütigen trostreichen Zeilen [...] bekundet [es] folgt die Zeit, wo [...] doch manche Wunde vernarben wird. Wiederum in meine gewohnte Thätigkeit einzutreten, nehme ich mir die Freiheit Ihnen [...] einige Sachen zur Ansicht vorzulegen, welche ich zum größten Theil auf meiner letzten Reise zusammengebracht. Die Ausbeute ist diesmal allerdings gering in Zahl gemessen [...].«[254]

Mit diesen Worten avisierte Harzen seinem Freund Klugkist ein Konvolut von 21 Blättern, unter denen sich allein vier Handzeichnungen von Albrecht Dürer und eine weitere von Lucas van Leyden befanden. Viele Kunden bemühte er sich umgehend mit Zusendungen zu versehen und lieferte schon im Juni nach Frankfurt, Leipzig, München und Amsterdam. Wie sehr ihn die Brandkatastrophe tatsächlich erschüttert hatte und welche Zweifel ihn plagten, offenbarte er nur wenigen Vertrauten, zu denen neben Boerner vor allem Wilhelm Harzen zählte:

»Freund Commeter war es gelungen etwa die Hälfte unserer Kunstsachen zu retten [...], das übrige musste wegen Mangel an Mitteln zum Fortschaffen preisgegeben werden [...]. Am härtesten trifft es mich, dass ich von meinen sämtlichen Privatpapieren,

252 Hamburger Kunsthalle, Kupferstichkabinett, Archiv 62a, Protokoll des Kunstvereins, S. 109.
253 Auszuschließen ist jedoch, dass Harzen die für den 13. bis 18. Juni angesetzte Auktion der Sammlung Dr. Müller in Hamburg tatsächlich durchgeführt hat. Dass diese Auktion bei Lugt erwähnt wird, ist mutmaßlich auf den bereits erschienenen Katalog zurückzuführen. Vgl. Lugt 1953, Nr. 16639.
254 Kunsthalle Bremen, Kupferstichkabinett, Nachlass Klugkist, Brief von Harzen, 23.6.1842.

allen meinen Briefen, Reise- und Kunstnotizen, Skizzen u.s.w. fast nichts gerettet habe.«[255] »Die Catastrophe hat mich allerdings schwer getroffen gerade in einem Moment wo ich mich darauf vorbereitete, dem Geschäftsleben zu entsagen […], aus den Erfahrungen und Bedeutungen eines besten Lebens zu sichten und zu ordnen […]. Diese Hoffnungen sind nicht in Erfüllung gegangen und die verhängnisvollen Maitage haben meine Pläne über den Haufen geworfen. Zwar bin ich aus den Flammen nicht arm hervorgegangen […] [habe] aber auch nicht allenthalben genug um fortan unabhängig zu leben. Umso mehr bin ich in dieser Hinsicht glücklich zu preisen gegen manche die Alles verloren haben, aber am meisten schmerzt mich der Verlust meiner sämtlichen Privatpapiere, denn alle meine Familiennachrichten und Bildnisse, alle schriftlichen Dinge und Lebenserinnerungen bis in die Zeit meiner Jugend hinauf, alle vielschichtigen Zeichen des Lebens und Aufmerksamkeiten meiner Freunde, nunmehr auch Deine gesammelten mir so wichtigen Briefe, die Skizzen und Zeichnungen, die mit Mühe und Fleiß gesammelten historischen [Dinge] nach Kupferstichen welche ich nicht mehr ersetzen könnte, selbst wenn ich ein noch […] so langes Leben daran zu setzen hätte, sind diese auf immer und in Gänze [verloren].«[256]

Es war weniger der wirtschaftliche Schaden, der Harzen zusetzte, sondern der Verlust aller persönlicher Erinnerungsstücke und seiner im Verlaufe von zwanzig Jahren zusammengetragenen geistigen Arbeit.

»Schmerzlich, entsetzlich schmerzlich muß es sein, so vieles […] woran man mit Liebe gehangen auf einmal vernichtet zu sehen«, bekundete Boerner auch tröstend, »und dieser Schmerz wird oft in den Erinnerungen, die sich so beiläufig daran ergeben, zurückkehren; aber der edelste Trost des Mannes, das Bewusstsein seiner solche Schicksale überbietenden Kraft, wird Ihnen auch wieder viele recht frohe Stimmungen gewähren, wenn Sie sich allmählich wieder über die Verworrenheit der Umstände zu einem angenehmen Packt Ihrer Thätigkeit gekommen sehen, und der Segen des Himmels wird nicht ausbleiben, dieses aufs glücklichste gedeihen zu lassen.«[257]

Boerners Beistand hatte Harzen bitter nötig, denn alle Pläne für die Zukunft waren hinfällig geworden. Im Alter von 53 Jahren und auf dem Höhepunkt seines Erfolges wollte er den Rückzug aus den Geschäften nun von langer Hand vorbereiten und seine Aktivitäten auf das Reisen und Forschen verlagern. Die ungeklärte wirtschaftliche Gesamtlage zwang ihn zu der grundlegenden Entscheidung, sich entweder als Privatier in beschränkte Verhältnisse nach Ottensen zurückzuziehen oder mit aller Entschlossenheit einen beruflichen Neubeginn zu wagen.

»Den vorigen Herbst hatte ich Gelegenheit mir in Ottensen ein Häuschen zu kaufen« ließ Harzen Wilhelm an seinen Überlegen teilhaben, »mit Obstgarten und ein Paar

255 Hamburger Kunsthalle, Kupferstichkabinett, Archiv 268, NH Ba II: 02, Harzen an Wilhelm Harzen, Brief vom 2.8.1842.

256 Hamburger Kunsthalle, Kupferstichkabinett, Archiv 268, NH Ba II: 03, Harzen an Wilhelm Harzen, Brief von 1842.

257 Hamburger Kunsthalle, Kupferstichkabinett, Archiv 268, NH Bb IV: 52, Boerner an Harzen, Brief vom 22.6.1842.

Wiesen, abseits der Straße gelegen, still und ruhig, wie ich es mir so gewünscht, umher eine unbeschränkte Aussicht auf die Stadt und nicht mehr als ¾ Stunde von meinem Hause auf dem Neuenwall entfernt, ein Besitz der mir nun doppelt lieb ist, und wo ich vorläufig mit meinen geretteten Sachen ein Asyl gefunden habe. Commeter hat dagegen eine kleine Wohnung auf den Großen Bleichen nicht weit von unserer früheren Wohnung bezogen, wo er seinen Kunsthandel, freilich im sehr beschränkten Maßstabe [...] eingerichtet hat. Man muß genügsam seyn.«[258] »[...] und da Wohnungen so rar als theuer sind, so werde ich auch den Winter draußen bleiben, es steht mir ohnehin eine stille Zeit bevor.«[259]

Was als paradiesisches Refugium des Rückzugs gedacht war, von dem aus Harzen seine Reisen als Kunstforscher anzutreten gedachte, nahm angesichts der Umstände eine beklemmende Dimension an. Zurückgeworfen auf diese unfreiwillige ländliche Idylle, haderte Harzen mit dem Leben und erstmals auch mit seiner Liebe zur Kunst:

»Wie lange jetzt die bildende Kunst hier ihr Daseyn treiben werde, steht dahin, denn es tritt wenigstens hier eine Zeit lang, wieder ein primitiver Zustand ein, wo nur für die materiellste Lebendigkeit gesorgt wird«, informierte er Wilhelm über seine beruflichen Aussichten. »Kunsthändler und ihre Mittler, sind einstweilen überflüssige Glieder der eigentlichen Gesellschaft. Oft muß ich mich selber fragen, was denn aus meinem Wirken und Treiben für ein [...] Gewinn für dieselbe entstehe, und würde denn ein anderer, wenn ich mich nicht an den leidigen Troste hefte, [woraus denn] das ganze Treiben des Menschseins eigentlich bestehe, auf Nichtigkeiten etwas herbei führen?«[260]

Harzen befürchtete, dass sämtliche Errungenschaften des hamburgischen Kunstlebens nun zur Disposition stünden. Angesichts der enormen existenziellen Not schien die Frage nach dem Fortbestand von öffentlichem Kunstbesitz und Ausstellungswesen geradezu marginal.

Ein Neubau für Harzen am Neuen Wall

»Der Anblick der zerstörten Stadt von den verschütteten Straßen und Canälen und den verbrannten Buden [...] war grauenhaft, und wie lange hat sie gewüthet, diese uns eigenste Feuerstätte. An der Aufräumung des Brandschutts unseres Hauses haben 12 Leute Wochen zu arbeiten gehabt [...]. Nun werden nachhaltige Pläne zum Wiederaufbau angegangen. Einige wollen mit Lineal und Zirkel in der Hand alles umwälzen, [statt] das Alte ganz unverändert zu erhalten, um nur sobald an die Arbeit zu gehen [...].«[261]

258 Hamburger Kunsthalle, Kupferstichkabinett, Archiv 268,NH Ba II: 03, Harzen an Wilhelm Harzen, Brief von 1842.
259 Hamburger Kunsthalle, Kupferstichkabinett, Archiv 268, NH Ba II: 02, Harzen an Wilhelm Harzen, Brief vom 2.8.1842.
260 Hamburger Kunsthalle, Kupferstichkabinett, Archiv 268, NH Ba II: 03, Harzen an Wilhelm Harzen, Brief von 1842.
261 Ebd.

»Der Neuewall unter anderem wird um 14 Fuß breiter werden, welches meine Seite hergeben muß. Mein Haus wird hinten am Wasser wieder einen ähnlichen Zuwachs erhalten in dem dort [ein] [...] Fleht zugebaut werden soll, wobey [ein] Theil des Vorderstücks verloren geht.[262] [...] Große Pläne, wie auch hohe Kosten, sind jetzt im Werden, die Stadt in theurer Gestalt wieder aufzubauen. [...] Ob ich selber wieder bauen werde steht dahin, man hat in der Gegend des Jungfernstiegs bereits viele Plätze zu hohen Preisen an Spekulanten verkauft und wenn ich erhalte, was das Haus vor dem Brand werth war, so werde ich auch verkaufen.«[263]

Die Wochen nach der Feuersbrunst waren von Hiobsbotschaften und Zweifeln geprägt. Zusätzlich zum Verlust des Hauses musste Harzen auch noch die Kosten der Trümmerbeseitigung tragen. Für die Befreiung Hamburgs von Schutt und Asche wurden 464 000 Mark aufgebracht, die zu Lasten der Stadt und vor allem der Grundbesitzer gingen.[264] Das Brandgebiet war gesperrt, und sowohl das Betreten ohne offizielle Erlaubnis wie auch das eigenmächtige Bergen der Trümmer standen unter Strafe. Nur so war es möglich, die Bauschuttbeseitigung in der Zeitspanne vom 14. Juni bis zum 25. August mit höchster Effizienz voranzutreiben.[265] Dieser Regierungsverfügung musste sich auch Harzen beugen und die entsprechenden Mittel bereitstellen.

Gleichwohl bot der Wiederaufbau die ungeahnte Chance der Modernisierung Hamburgs. So sah der Wiederaufbauplan eine Verbreiterung und Begradigung der Straßen vor, um sie den Erfordernissen des städtischen Verkehrs anzupassen, denn gerade die übermäßig dichte Bebauung der Altstadt hatte sich bei der Brandbekämpfung und den Rettungsmaßnahmen als verhängnisvoll erwiesen.

Harzen stand dem Entwurf auf dem Reißbrett skeptisch gegenüber, denn er bedeutete den totalen Verlust eines über Jahrhunderte gewachsenen Stadtbildes. Die Diskussion um Hamburgs Wiederaufbau bewegte sich zwischen Tradition und Innovation, zwischen einem ängstlichen Bewahren der vertrauten Umgebung und verbriefter Privilegien sowie der Suche nach neuen Möglichkeiten städtebaulicher Gestaltung. Der Boden für diesen Wandel war jedoch schon vorher bereitet worden. Die schleichende Modernisierung hatte 1805 mit dem Abbruch des mittelalterlichen Mariendoms begonnen und setzte sich kontinuierlich in der Preisgabe von Klöstern und Kirchen fort. Die planmäßige Zerstörung der letzten gewachsenen Strukturen des alten Hamburg mag Harzen wie ein Sakrileg erschienen sein. Aber auch die damit einhergehenden enormen Kosten waren ihm ein Dorn im Auge. Insgesamt kostete der Wiederaufbau einschließlich der Umgestaltung von Fleeten und Straßen, der Modernisierung von Straßenbeleuchtung und dem Aufbau einer modernen Wasserver- und Abwasserentsorgung

262 Hamburger Kunsthalle, Kupferstichkabinett, Archiv 268, NH Ba II: 04, Harzen an Wilhem Harzen, Brief vom 3.9.1842.

263 Hamburger Kunsthalle, Kupferstichkabinett, Archiv 268, NH Ba II: 02, Harzen an Wilhelm Harzen, Brief vom 2.4.1842.

264 Klessmann 1981, S. 403.

265 Evi Jung-Köhler: Verlust und Chance Hamburg 1842, Hamburg 1991, S. 38.

2 643 250 Mark.[266] Auch wenn Harzen den exakten Betrag nicht kennen konnte, hegte er an der Verhältnismäßigkeit von Aufwand und Nutzen Zweifel. Angesichts dieser umwälzenden Veränderungen mag es ihm als der einfachere Weg erschienen sein, sich von seinen Grundbesitz zu trennen, insbesondere weil ihm kein Handlungsspielraum geblieben war, denn die Entscheidung, die abgebrannten Stadtteile nicht in gleicher Weise wieder zu erbauen, sondern eine Neuparzellierung des 309 700 Quadratmeter umfassenden Areals vorzunehmen, war bereits am 16. Juni 1842 gefallen.[267]

Was letztendlich den Sinneswandel bei Harzen auslöste, bleibt ungeklärt, doch naheliegend scheint, dass die zu erwartende Schadensregulierung seitens der Versicherungen und der Stadt zum Umdenken beigetragen hat. Da ihm nicht, wie befürchtet, allenfalls 20 Prozent des erlittenen Verlustes abgedeckt wurden,[268] sondern er mit einer Entschädigung in nahezu vollem Umfange rechnen konnte, ließ er sich auf das Wagnis eines Neubeginns ein. Im Herbst 1842 führte Harzen bereits Verhandlungen mit dem Architekten Franz Georg Stammann über einen möglichen Neubau am Neuen Wall. Wilhelm bestärkte seinen Onkel in dieser Entscheidung:

»Ein Unglück wie das vorliegende ist so unerhört, liegt der Spekulation so fern, dass man sich staunend wundert, wie es nur stattfinden, wie es zum einen zu so haarsträubender Größe erwachsen konnte, und wenn es wahr ist, dass jede Sache zwei Seiten habe, so wird sich die gute erst nach vielen Jahren herausstellen, und ließen sich am Ende doch auch die zweckmäßigeren Einrichtungen des eingeäscherten Stadtviertels [gewinnen], in der That ein Hamburger Equivalent für die namhaften Verluste, welche die Verbesserungen eben hervorrufen mussten. Ich habe gehört und hoffe, dass ich es glauben kann, dass der Staat die Verluste, namentlich der Grundeigenthümer, deren Versicherungen von der Compagnie nicht gedeckt werden kann, zum größten Theil ersetzen wird […].«[269]

Wie viele sah auch Wilhelm in Hamburgs Wiederaufbau eine einzigartige Gelegenheit, die Stadt den modernen Erfordernissen anzupassen, an der sich zu beteiligen einer unausgesprochenen Pflicht gleichkam. Auch aus Livorno erhielt Harzen aufmunternde Worte von seinem Cousin C.A. Dalgas, der sich dort als Finanzagent niedergelassen hatte:

»Wohl hatte ich mir vorgestellt, dass der Schaden am empfindlichsten für die Mittelklasse seyn würde, welche nur zum Theil oder vielleicht gar nicht versichert waren […] und da braucht es lange Zeit bevor das Unglück verschmerzt ist. – Doch habe ich in der Zeitung gelesen von einer Anleihe welche hauptsächlich darum gemacht wurde um die Versicherungscompagnien in Stand zu setzen ihren Verpflichtungen voll entgegen zu kommen. – Habe ich richtig verstanden so werden Sie, mein Freund, auch noch be-

266 Klessmann 1981, S. 406–407.

267 Jung-Köhler 1991, S. 41.

268 Hamburger Kunsthalle, Kupferstichkabinett, Archiv 268, NH Ba II: 04, Wilhelm Harzen an Harzen, Brief vom 3.9.1842.

269 Hamburger Kunsthalle, Kupferstichkabinett, Archiv 268, NH Bb IV: 174, Wilhelm Harzen an Harzen, Brief vom 16.3.1842.

zahlt – oder bin ich im Irrthum? – Jedenfalls begreife ich ganz wohl daß Gegenstände für Sie verloren gingen welche nicht durch Geld ersetzt werden können, und deren Mangel es vielleicht unmöglich macht Ihr Etablissement wieder ordentlich herzustellen – darum sprachen Sie davon sich aufs Land zurückziehen zu wollen – aber mein werther Freund! Sie scheinen mir noch nicht alt genug um ein thätiges Leben aufgeben zu dürfen, und es ist gewiß nicht zweckmäßig sich im besten Mannesalter ganz aus dem geschäftigen Leben entfernen zu wollen. – Überlegen Sie es wohl bevor bevor Sie zu einem solchen Entschluß kommen [...].«[270]

Die Entscheidung für einen Neubau hatte Harzens Kampfgeist neu entfacht, und mit Stammanns Hilfe bemühte er sich, am Neuen Wall seine Interessen zu wahren. Der Freund aus dem Kunstverein galt als Neuerer. Er hatte sich mit dem Bau einer Festhalle in Hamburg einen Namen gemacht und einen wichtigen Beitrag zur Neubaudiskussion geleistet, als er sich in einer kleinen Schrift für das verkehrsgerechte Konzept des englischen Ingenieurs William Lindley aussprach.[271] Harzen betraute ihn damit, die Verhandlungen mit den zuständigen Gremien, der Baudeputation und der technischen Kommission, zu führen. Ob es ihm zum Vorteil gereichte, dass Letzterer mit den Architekten Wimmel, Chateauneuf, Klees-Wülbern und Ludolf gleich mehrere Wegefährten des Kunstvereins angehörten, ist nicht bekannt.[272] Den staatlichen Kontrollausschuss bildete die Rat- und Bürgerdeputation für den Wiederaufbau, in die Stammann 1842 als einziger Hamburger Architekt berufen worden war.[273]

Warum Harzens Wahl auf Stammann fiel, ist nicht bekannt, denn geäußert hat er sich dazu nie. Doch es war fraglos eine kluge Entscheidung, jemanden zu beauftragen, der mit den verantwortlichen Gremien kooperierte. Darüber hinaus signalisierte Harzens Entschluss ein Umdenken. Den Bau des Hauses in Stammanns Hände zu legen, bedeutete, mit den modernen Stadtentwicklern Konsens zu suchen, und versprach eine innovative Realisierung. Fast scheint es, als habe Harzen erst dann auf die Zukunft gesetzt, als es nichts mehr zu bewahren gab. Auch die Signalwirkung, die von einem solchen Bauvorhaben ausging, ist nicht zu unterschätzen, und in der allgemeinen Aufbruchstimmung zählte nun auch Harzen zum Kreis jener, die sich um ein neues Hamburg bemühten. Wenn es also einen Neubau am Neuen Wall geben sollte, so musste er von Weltoffenheit und Modernität geprägt sein.

Der Wiederaufbau Hamburgs bestimmte die Bürgerdiskussion 1842 wie kein zweites Thema. Eine schnelle Einigung war dringend notwendig, da die ungeklärten besitzrechtlichen Verhältnisse die Rückkehr zur Normalität und zum Wirtschaftsleben vereitelten. Nach zähem Disput hatte sich die Stadt noch im Frühsommer 1842 für die Preisgabe der bisherigen Grundbesitzparzellierung entschieden. Die gesamte Brand-

270 Hamburger Kunsthalle, Kupferstichkabinett, Archiv 268, NH Bb IV: 85, Dalgas an Harzen, Brief vom 24.12.1842.
271 Jung-Köhler 1991, S. 59; vgl. Ortwin Pelc, Susanne Grötz (Hrsg.): Konstrukteur der modernen Stadt William Lindley in Hamburg und Europa 1808–1900, Hamburg 2008.
272 Jung-Köhler 1991, S. 75–80.
273 Julius Faulwasser: Der große Brand und der Wiederaufbau von Hamburg, Hamburg 1892, S. 58–59.

fläche von 750 Grundstücken sollte enteignet und neu aufgeteilt werden, so dass die Umgestaltung der Straßenzüge gewährleistet war. Dabei war an eine Teilung des Sanierungsgebietes in breitere, aber deutlich verkürzte Parzellen gedacht, so dass die Anzahl der verfügbaren Grundstückseinheiten reduziert werden musste.[274] Im Juli hatte die Rat- und Bürgerdeputation jedoch beschlossen, den Wiederaufbauplänen Wimmels und Paridom Gottlob Heinrichs zu folgen, die von einer beschränkten Enteignung ausgingen, um Konsens zwischen den Grundeigentümern und der Stadt zu erzielen.[275] »[Daher] [...] haben wir besonders gesucht, wo es irgend thunlich, die neuen Straßenrichtungen so zu leiten [...] um dadurch Expropriation [Enteignung, Anm. d. Verf.] so viel thunlich zu vermeiden, oder wenigstens mancher Orten, anstatt einer gänzlichen eine theilweise Expropriation zu veranlassen.«[276] Folglich gab es wieder einen Verhandlungsspielraum, und Stammann war in Harzens Auftrag an die Gremien herangetreten und hatte sowohl dessen Beitrag zur Grundstückssanierung wie auch den Umfang an Grund und Boden ausgehandelt, der an die öffentliche Hand abgetreten werden musste. Die offizielle Nachricht über das erzielte Einvernehmen erging Ende Oktober an Harzen, also knapp zwei Monate, nachdem die Gesetze, die den Finanzierungs- und Enteignungsmodus regelten, im Rat- und Bürgerkonvent verabschiedet worden waren.[277] Die Abrechnung eines Bauunternehmers namens Bambath, der auf dem Neuen Wall in Harzens Auftrag eine Baubude errichtet hatte und mit Aufräumungs- und Sanierungsarbeiten betraut war, belegt umgehendes Handeln. Dazu zählte auch eine Befestigung des künftigen Baugrundes mit Pfählen, für die der Handwerker sein Angebot unterbreitete.[278] Die Vorbereitungen für den Neubau liefen bereits Anfang November auf Hochtouren.

Die Unterlagen der Feuerkasse geben über die geleistete Entschädigung Auskunft. Am 15. März 1843 wurde der mit 47 789 Mark taxierte Feuerschaden des Erbes Neuer Wall 85 von der Versicherung abgegolten.[279] Die Summe wurde durch den Kaufmann J. P. Cordes an Matthias Commeter »in Vollmacht von G.E. Harzen« ausgezahlt. J.H. Hülz und Wilhelm Mauke bestätigten die Schadensregulierung durch ihre Unterschrift.[280] Mit Hilfe dieser Geldsumme konnte der Bau des neuen Geschäftshauses zü-

274 Jung-Köhler 1991, S. 41.

275 Jung-Köhler 1991, S. 103–105.

276 Zitiert nach Jung-Köhler 1991, S. 104.

277 Jung-Köhler 1991, S. 42; Hamburger Kunsthalle, Kupferstichkabinett, Archiv 68, NH Bb IV. 297, Franz Georg Stammann an Harzen, Brief vom 19.10.1842.
»Ich kann Ihnen officiell mittheilen lieber Harzen, dass Ihr Anerbieten 1 Fl. courant pro [Quadrat]fuß zu geben genehmigt worden ist, nur werden 3 Fuß den Neuenwall nicht gerechnet od[er] vielmehr 3 [Quadrat]fuß für jedes Fuß der F[onte] am Neuenwall müssen vorerst unentgeltlich abgetreten werden, für den Rest wird ausgetauscht und das sur plus mit 1 Fl. cour[ant] per Fuß vergütet.
Der Ihrige Stammann.«

278 Hamburger Kunsthalle, Kupferstichkabinett, Archiv 268, NH Bb IV: 45, Bambath an Harzen, Brief vom 4.11.1842.

279 Am Neuen Wall hatte es eine Umnummerierungen gegeben, in deren Folge das Haus 110 zur 85 geworden war.

280 Staatsarchiv Hamburg, 333-1/1 Hamburger Feuerkasse IV Band 1, S. 140, Nr. 534.

gig fortgesetzt werden. Über den Fortgang der Bauarbeiten selber berichtete Harzen kaum etwas, und nur alltägliche Querelen waren Anlass für gelegentliche Klagen. »Ich bedaure gewiß recht herzlich, dass Du dir auf Deinem Bauplatz einen Nagel in den Fuß getreten hast«, beteuerte Wilhelm seine Anteilnahme, »[hoffe] aber, dass solcher keine weiteren bösen Folgen gehabt.«[281]

Ein spektakuläres Haus

Zum Jahreswechsel 1843/44 war der Bau vollendet, und Harzen und Commeter konnten an ihren angestammten Wohn- und Geschäftssitz zurückkehren. Im Hamburger Adressbuch ließ Harzen für das Jahr 1844 »Neuerwall 39« als gemeinsame Anschrift eintragen.[282]

Das Haus war mit seiner schlichten Fassade, auf der vier Terrakottamedaillons – die Bildhauerei, die Malerei, die Architektur und die Poesie darstellend – prangten, und dem aufwendigen Eingangsportal ein viel beachteter Blickfang in der Hamburger Neubaulandschaft, auf den Harzen mit Recht stolz war, nicht zuletzt weil Berthel Thorwaldsen einen Teil dieses Dekors ausgeführt hatte (Abb. 21). »Was Du mir über den nun beendeten Neubau Deines Hauses schreibst«, freute sich Wilhelm mit seinem Onkel, »kann ich den Wunsch nicht unterdrücken, persönlich mit Dir die vom großen Thorwaldsen Dir verehrten Medaillons zu bewundern.«[283]

Dass man für dieses gelungene Haus auch fünfzig Jahre später und lange nach Harzens Tod noch voller Bewunderung war, dokumentiert der Hamburger Stadtchronist Julius Faulwasser: »Speziell im Äußeren durch seinen jetzigen Besitzer vorzüglich gehalten ist das Kimmelstielsche Haus [Neuer Wall, Anm. d. Verf.] Nr. 39«, lobte er, »ein Bau in wahrhaft vornehmen Verhältnissen von Architekt F. G. Stammann. Reich und reliefierte Terrakotten schmücken das Portal und das Hauptgesims; die vier Medaillons über dem Hauptgeschoß hat Thorwaldsen für den kunstsinnigen ehemaligen Besitzer Commeter modelliert.«[284]

Im Herbst 1844 war Harzen endgültig zur Normalität im Geschäftsalltag zurückgekehrt. Mit drei großen Auktionen beteiligte er sich nun wieder im alten Stile am Kunsthandel. Er verauktionierte eine Sammlung moderner englischer und französischer Prachtwerke, die Sammlungen Aldenrath, Hoyer und Dr. Müller – die verbliebenen Restbestände der bereits 1842 zum Verkauf bestimmten Hinterlassenschaft – und die Sammlung des verstorbenen Professor C. Suhr, Mitglied der Akademie der Künste in

281 Hamburger Kunsthalle, Kupferstichkabinett, Archiv 268, NH Bb V: 114, Wilhelm Harzen an Harzen, Brief vom 1.11.1843.

282 Im Zuge der Neuparzellierung war eine weitere Umnummerierung vorgenommen worden, nach der Harzens Grundstück nun die Hausnummer 39 zugewiesen worden war.

283 Hamburger Kunsthalle, Kupferstichkabinett, Archiv 268, NH Bb VII: 88, Wilhelm Harzen an Harzen, Brief vom 1.8.1845.

284 Faulwasser 1892, S. 100; vgl. Karlheinz Hemmeter: Studien zu Reliefs von Thorwaldsen Auftraggeber – Künstler – Werkgenese: Idee und Ausführung, Beiträge zur Kunstgeschichte Bd. 1, München 1984.

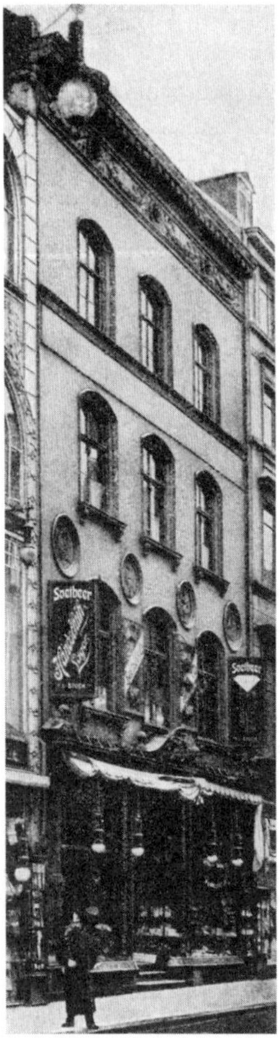

Abb. 21 Harzens ehemaliges Haus, Neuer Wall, 1906 (fotografiert von W. Melhop)

Berlin.[285] Noch drei weitere Jahre wirkte Harzen vom Neuen Wall aus aktiv im Kunsthandel, ehe er sich im Herbst 1847 offiziell aus dem Geschäft zurückzog und seine Verpflichtungen als Makler niederlegte.

Nach Harzens Tod 1863 verblieb die Commetersche Kunsthandlung vorerst am Neuen Wall. 1886 beraumte Harzens einstiger Gehilfe Wilhelm Becker, seit 1847 der Inhaber des etablierten Geschäfts, den Umzug in die Hermannstraße an.[286] Das Haus wurde an die Firma Kimmelstiel & Co verpachtet, die es in seiner äußeren Erscheinung bewahrte, nicht zuletzt weil es dem Neuen Wall nach wie vor zur Zierde gereichte. Nur in einem Punkte irrte Faulwasser, Commeter ist nie der Eigentümer dieses Anwesens gewesen. Die Kosten wie die Verantwortung der Realisierung hatte allein Harzen getragen.

285 Lugt 1953, Nr. 17514, Nr. 17515, Nr. 17524.
286 Lindner 1921, S. 25.

DIE FAMILIE

Ein Netzwerk enger Bindungen

Harzen war ein Familienmensch, und die Beziehungen zu seinen nächsten Verwandten scheinen eng gewesen zu sein. Dies legt die Anteilnahme, die er dem Schicksal seiner beiden älteren Brüder Jessenius Nicolaus und Friedrich Francz entgegenbrachte, nahe.

Friedrich Francz, kurz Fritz genannt, hatte Altona schon 1806 verlassen. Die Geschäfte führten den unverheirateten Commis rund um die Welt. 1840 hielt er sich in Mexiko auf, wo er Wilhelm, dem Sohn seines älteren Bruders Jessenius, begegnete, der sich in Vera Cruz niedergelassen hatte. Von Mexiko aus reiste er in die Vereinigten Staaten, doch dort verlieren sich seine Spuren.

»Von Onkel Fritz hatte ich von New Orleans nur einen Brief«, schrieb Wilhelm nach Hamburg, »worin er mir aber noch nicht sagte, wohin er sich von da begeben wollte. In einer Phase sagte er indeß, dass wohl das nördliche Europa das Ziel seiner Reise sein würde. Der Brief, den ich vor kurzem an seine Adresse [...] in NO sandte, wurde mir zurück geschickt, weil sie Onkel nicht auffinden konnten, noch wussten wohin er gegangen wäre. In Mexiko hieß es eine Zeit, er wäre nach Osten gegangen, was bei seinen schnellen Entschlüssen nicht unmöglich wäre. Ich vermuthe dass Briefe von ihm an mich + andere verloren gegangen sind. Sollte er gegenwärtig daheim sein, so grüße ihn herzlich von mir.«[287]

Auch Harzen war seit langem ohne Nachricht und stellte eigene Nachforschungen in London an. Doch eine Weiterreise seines Bruders gen Asien bestätigte sich nicht. 1849 unternahm er mit Wilhelms Hilfe einen letzten Versuch, Licht in das Dunkel zu bringen:

»Ich komme jetzt auf den Hauptpunkt Deines Briefes zurück«, äußerte Wilhelm sich zu Harzens Plänen, die Suche in Mexiko fortzusetzen, »nämlich Deinen Wunsch ernstliche Schritte zu thun um Onkel Fritzens Aufenthalt zu erforschen. Du meinst es sei am gerathsamsten, in hiesige Blätter eine Anzeige [...] einrichten zu lassen, doch theile ich diese [Ansicht] nicht. Ich bin überzeugt dass Onkel nicht in diesem Land ist, denn erstens war er herzlich froh als er es vor 9 Jahren verließ, und zweitens würde ich es wissen, weil hier in der Hauptstadt die Leute von allem Theilen der Republik [...] durchkommen [...]. Dagegen schrieb ich nach New Orleans, von wo ich noch keine Antwort erhalten habe. [...] Ich fürchte aber fast, dass alles umsonst sein wird, die Welt ist so groß und ein möglicher Todesfall des guten Onkels liegt bei seinen Jahren und Strapazen auch nicht so ganz fern.

Was nun den Grund dieser Forschungen anbelangt so will ich hiermit ausgesprochen haben, dass sein Testament noch lange, lange unaufgebrochen bleibe.«[288]

287 Hamburger Kunsthalle, Kupferstichkabinett, Archiv 268, NH Bb III: 140, Wilhelm Harzen an Harzen, Brief vom 30.11.1841.

288 Hamburger Kunsthalle, Kupferstichkabinett, Archiv 268, NH Bb XI: 30, Wilhelm Harzen an Harzen, Brief vom 25.2.1849.

Im Sommer musste Wilhelm seinen Onkel dann von der Ergebnislosigkeit sämtlicher Recherchen in Kenntnis setzen. Zwar war der Reisepass von Fritz Harzen in New Orleans aufgetaucht, doch die Hoffnung, »dass der Hamburger Consul vielleicht sich seiner erinnern möchte«,[289] erfüllte sich nicht.

Auch der Lebensweg von Harzens Bruder Jessenius nahm einen tragischen Verlauf. Er zog 1805 nach Hamburg und heiratete später in die Kaufmannsfamilie Cordes ein. Im Jahr von Harzens Niederlassung in Hamburg erlitt die Familie einen schweren Verlust. »Gestern entriß der Tod im 37. Jahre ihres schönen Lebens meine theure Gattin Dorothea Wilhelmine geb. Cordes«,[290] inserierte Jessenius im *Hamburgischen Correspondenten*. Dorothea Harzen war am 26. Oktober 1821 gestorben und hinterließ mit Ernst und Franz Wilhelm zwei Söhne im jugendlichen Alter. Jessenius blieb in Hamburg und arbeitete weiterhin für Cordes. Bis 1830 wohnte er Herrlichkeit Nr. 88, dann zog er in das Geschäftshaus Cordes & Gronemeyer, erst Grimm Nr. 7 und ab 1834 Nr. 30. Fünf Jahre später verloren sich auch seine Spuren, und die Fürsorge, mit der sich Harzen um die beiden Neffen kümmerte, lässt den Tod ihres Vaters vermuten.

Harzen stand auch der weit verzweigten Familie seines Paten Christoph Amberg zur Seite. Er pflegte mit seiner Cousine Christine vom Stampe und ihrem Sohn Holger einen regelmäßigen Briefkontakt, eine Verbindung, die vor allem im Gedankenaustausch über die Kunst für beide Seiten eine Bereicherung darstellte. Sie war eine geborene Dalgas, und mit der gleichnamigen Bankiersfamilie in Italien verband Harzen sowohl eine freundschaftliche als auch eine geschäftliche Beziehung, ohne dass sich die verwandtschaftlichen Verhältnisse bislang exakt ermitteln ließen. Familiäre Bindungen waren für Harzen in doppelter Hinsicht relevant. Einerseits bedeutete es, die sich dadurch ergebenden Möglichkeiten in den Dienst der eigenen Interessen zu stellen, andererseits aber auch, im Bedarfsfall hilfreich einzuschreiten. Dass er den Bedürftigen offensichtlich ohne Umschweife unter die Arme griff, veranschaulicht die Wertschätzung, die ihm entgegengebracht wurde.[291] Harzens Integrität und kaufmännische Kompetenz machten ihn innerhalb der Verwandtschaft zu einem gefragten Berater, der auch in Notsituationen keine Anstrengungen scheute. Über Jahre hinweg ließ er seiner Cousine Henriette Behrens und ihrer Familie Hilfe in jeglicher Form angedeihen. Er unterstützte sie mit Geldmitteln sowie juristischen Ratschlägen und übernahm nach dem Tod ihres Mannes die Vormundschaft für die jüngste Tochter Malvine. »Du bewährst Dich immer in jeder Hinsicht gegen unsere Familie als ein nobler Mann«, dankte ihm Henriette. »Der

289 Hamburger Kunsthalle, Kupferstichkabinett, Archiv 268, NH Bb XI: 31, Wilhelm Harzen an Harzen, Brief von 1849.

290 Hamburgischer Correspondent Nr. 172, 27.10.1821.

291 Hamburger Kunsthalle, Kupferstichkabinett, Archiv 268, NH Bb XVII: 04, Amberg an Harzen, Brief vom 26.12.1855. »Mein Guter Edler Harzen! Ich kann nicht umhin nochmals Dir meinen aufrichtigsten, herzlichsten Dank […] abzustatten«, schrieb Amberg aus dem Hamburger Armenhaus und bedankte sich für finanzielle Hilfe, »denn nur in einer so trauervollen unglücklichen Lage als die Meinige lernt man wahre Wohltaten edler Menschen im Grunde kennen. […] Danke Dir tausendfach für die vielfältigen Beweise Deines Wohlwollens. Du bist ganz in die Stufen Deiner seligen vortrefflichen Mutter getreten. Gott Lohne es Dich ewiglich.«

Himmel wird Dich tausendfach segnen, und wir werden Dir ewig dankbar sein.«[292] Als Ausdruck dieser Wertschätzung trug der erstgeborene Sohn der älteren Tochter Albertine Harzens Vornamen, in der Hoffnung, dass er »einst Dir an Fleiß, Redlichkeit und Edelmuth gleich sein würde.«[293] Auch die ihm angetragene Patenschaft für dieses Kind wurde von Harzen mit allen Verbindlichkeiten übernommen.

Trotz der Erfüllung dieser ihm auferlegten familiären Pflichten und seiner Beständigkeit im brieflichen Austausch wahrte Harzen immer ein gewisses Maß an höflicher Distanz. Einzig zu Henriettes Sohn Hugo Behrens pflegte er eine sehr persönliche Beziehung, die ihre Wurzeln wiederum in der Liebe zur Kunst hatte. Ihm und seinen Neffen Ernst und Wilhelm war Harzen inniglich zugewandt.

Ernst und Wilhelm Harzen. Leben in Hamburg und Übersee

Harzens Neffe Wilhelm hatte in Hamburg eine kaufmännische Ausbildung absolviert, ehe er 1834, im vermuteten Todesjahr seines Vaters, nach Mexiko emigrierte. Harzen nahm regen Anteil am beruflichen Fortkommen seines Neffen, der in Vera Cruz als Buchhalter unter anderem für das Bankhaus William de Drusina & Co arbeitete, das bis 1838 zum Konsortium der Rothschilds gehörte. Er war Wilhelm ein wichtiger Ratgeber in beruflichen wie in finanziellen Fragen und hatte ganz pragmatisch für den Fall etwaiger Krisen vorgebeugt, als er dessen Vermögen gewinnbringend in Hamburg investierte.[294] Im Gegenzug gab es offenbar niemanden, dem sich Harzen mit einer vergleichbaren Offenheit anvertraute und den er Anteil nehmen ließ an seinen Plänen und den Bedenken, die er bisweilen hegte.

In besonderem Maße wurde Harzen von Ernst in die Pflicht genommen, der beruflich gescheitert war und einem verhängnisvollen Schicksal entgegenstrebte. Im brieflichen Austausch waren Wilhelm und er darum bemüht, das drohende Unglück abzuwenden.

»Die [...] traurigen Finanzverhältnisse meines Bruders lassen mich heute die Feder ergreifen und Dich mit einer Bitte angehen«, ersuchte Wilhelm seinen Onkel um finanzielle Unterstützung seines Bruders. »Da Ernst mich neulich davon unterrichtet, wie er seit längerem ganz ohne Anstellung gewesen und dann nur gegen spärliche Vergütung gearbeitet, da er überdies durch getäuschtes Vertrauen um einen Theil seines Vermögens gekommen, so ersuchte er mich [...] [um Unterstützung]. Ich kann ihm dies umso weni-

292 Hamburger Kunsthalle, Kupferstichkabinett, Archiv 268, NH Bb XVIII: 04, Behrens an Harzen, Brief vom 9.5.1856.

293 Hamburger Kunsthalle, Kupferstichkabinett, Archiv 268, NH Bb XXI: 03a, Behrens an Harzen, Brief vom September 1859.

294 Hamburger Kunsthalle, Kupferstichkabinett, Archiv 268, NH Bb XIII: 36, Wilhelm Harzen an Harzen, Brief vom 5.7.1851.

ger abschlagen als ich ihm der Nächste bin, und mich [...] in nicht ungünstigen Verhältnissen [befinde].«[295]

Die als einmalige Hilfe gedachten Mittel, die Bruder und Onkel gewährten, konnten einen verzweifelten Existenzkampf nicht abwenden, dessen Ursache allen Beteiligten bis dahin verborgen geblieben war. Ernsts ausschweifender Lebenswandel und seine unkontrollierte Leidenschaft für das Glücksspiel hatten ihn in Geldnöte gebracht, die nun fortwährende Schwierigkeiten und finanzielle Forderungen nach sich zogen.[296] Als er sich mit erneuten Geldwünschen wiederum an seinen Bruder wandte, konnte er nicht umhin, ihm reinen Wein einzuschenken. Doch die Offenbarung seiner bis dahin sorgsam gehüteten Geheimnisse löste bei Wilhelm eine unerwartete Reaktion aus, der sich dazu bekannte, keineswegs ohne Fehl und Tadel zu sein.

»Deine beiden traurigen Briefe [...] habe ich empfangen und muß Dir aufrichtig gestehen, dass sie mich mehr verärgern als erfreuen. Ich habe Nächte nicht schlafen können und noch immer mag ich lieber alles thun als an Deine trübe Lage – trübe weil sie größtentheils eine selbstverschuldete – zurückdenken. [...] Du hast Recht ich hätte ferne Summen schon ersparen können [...] allein man ist in Vera Cruz so leichtsinnig als in Hamburg, was vielleicht noch eher zu entschuldigen ist als man hier so manches entbehren muß, und ich schäme [mich] es zu sagen, mein Spiel Conto kostete mich in diesen 4 Jahren über 1.200 [Mark, Anm. d. Verf.]. Ich würde Dir dieses nicht gesagt haben, weil es immer gut ist Assecuranz zu behaupten, thue es auch nur im Vertrauen auf Dein Stillschweigen [...], damit Du nicht glaubst, dass es etwa leere Ausflüchte sind wenn ich Dir sage, dass ich Geld von hier aus nicht überweisen kann. Glücklicherweise habe ich bei Onkel Ernst noch [...] Zinsen stehen, über die ich gerne für mich selbst [...] disponiert hätte. Allein unter unseren gegenwärtigen Umständen gehst Du ja vor. Ich schreibe also in der Einlage an Onkel, dass er Dir soviel Geld nach seiner Convernierung [...] auszahlen soll und überlasse es Dir, ob Du jenen Brief abgeben willst oder nicht, weil Du mir schreibst, dass Onkel Ernst aus dem Leibe war. [...]. Auf der anderen Seite bitte ich Dich aber, nicht ferner auf meine Unterstützung zu rechnen [...] mir nicht wieder solche Briefe zu schreiben, die mir das Leben auf Wochen + Monate vergällen. Du überlässt es freilich meinem Willen, ob ich Dir helfen will [...] Allein Bemerkungen ›wie + was aus mir werden soll‹, um krasserer nicht zu gedenken, lassen einem keine Wahl [...] gleichsam wie mit der Pistole auf der Brust, mir abgefordert werden.«[297]

Das Blatt schien sich zu wenden, als Ernst die Agentur für das Rotterdamer Handelshaus Thormann angetragen wurde. Doch während Wilhelm und Harzen sich in der Hoffnung wähnten, dass es ihm nun gelungen sei, beruflich Fuß zu fassen, hatte Ernst sich vollends in die Katastrophe manövriert. Die Vermittlung von Schiffsladungen ver-

295 Hamburger Kunsthalle, Kupferstichkabinett, Archiv 268, NH Bb III: 139, Wilhelm Harzen an Harzen, Brief vom 24.6.1841.

296 Hamburger Kunsthalle, Kupferstichkabinett, Archiv 268, NH Bb V: 111a, Ernst Harzen an Harzen, Brief vom 27.5.1843.

297 Hamburger Kunsthalle, Kupferstichkabinett, Archiv 268, NH Bc: 08, Wilhelm Harzen an Ernst Harzen, Brief vom 13.9.1843.

säumte er, und Unregelmäßigkeiten in den Abrechungen lassen erahnen, dass Ernst auch Firmengelder veruntreut hatte. Thormann verlangte, seinem »baaren« Wunsch von knapp 170 Mark umgehend nachzukommen, und hatte sich mit dieser Forderung auch an Harzen gewandt.[298] Im Herbst 1843 brach Ernst unter der Last seines Unvermögens zusammen und wurde – wie Harzen wohl eher verharmlosend berichtete – »von einer Gemüthskrankheit befallen« mehrere Monate im Hamburger Allgemeinen Krankenhaus in St. Georg stationär behandelt.[299]

Verlegung ins Ausland

Die Ereignisse hatten weitreichende Konsequenzen. Ernst war in Hamburg nicht länger tragbar, da es ihm weder gelungen war, den »traurigen Stand eines Commis ohne Vermögen« hinter sich zu lassen, noch die Hoffnung auf Besserung bestand. Zudem drohte er den guten Namen seines Onkels in Misskredit zu bringen. Nach Rücksprache mit Wilhelm verfügte Harzen, dass Ernst sich in Australien einen neuen Wirkungskreis suchen sollte.

Eine größere Distanz zu Hamburg war kaum denkbar. Die ehemalige britische Strafkolonie stand den Siedlern erst seit 1793 offen, und die im Entstehen begriffenen Handelsniederlassungen waren vergleichsweise jung. Da der Schwerpunkt auf Ackerbau und Viehzucht lag, was für die auf den Import fremdländischer Produkte ausgerichteten Hamburger Handelshäuser eher von zweitrangigem Interesse war, gab es kaum Dependancen heimatlicher Kontore.[300] Harzen scheint darauf gehofft zu haben, dass Ernst diese Anonymität als Chance für einen unbelasteten Neuanfang nutzen würde.

Im Frühsommer 1844 schickte er seinen Neffen auf den Weg. Gemeinsam hatten Wilhelm und er für die Bezahlung der Passage Sorge getragen und Ernst mit einen gewissen Budget an Wechseln ausgestattet, die ihm den Neubeginn erleichtern sollten. Der Bremer Kunstsammler Olbrichs vermittelte die Überfahrt auf dem Segler »Correspondent« unter der Führung eines Kapitäns Probst. Voller Hoffnung und mit großer Erleichterung empfing Wilhelm die Nachricht von Ernsts Aufbruch nach Übersee.

»Gottlob [ist] in Erfüllung gegangen [...] dass Ernst zu Erkenntnis seiner Vergehen gekommen ist [...]; eine solche Crisis, wie er sie leider bestehen musste, ist zu erschütternd, als dass nicht alle guten Keime die in seinem Charakter lagen ins thätige Leben gerufen werden sollten, und glaube ich mit Dir guter Onkel, dass dieser Wendepunkt [...] von sehr heilsamer Folge für seine künftige Laufbahn sein wird. Seine Auswanderung nach Australien kann ich [...] nur gutheißen, wenngleich er mir noch weiter entrückt, und die Unwahrscheinlichkeit, ihn je wieder zu sehen, größer geworden als ehedem. [...] Was meine Ernst erwiesene Hülfe betrifft, so habe ich keinen Grund, ihm

298 Hamburger Kunsthalle, Kupferstichkabinett, Archiv 268, NH Bb VI: 219, Thormann an Harzen, Brief vom 30.1.1844.
299 Hamburger Kunsthalle, Kupferstichkabinett, Archiv 268, NH Ba V: 03, Harzen an Hübbe, Brief vom 14.5.1845.
300 Klessmann 1981, S. 410–414.

dieselbe zu verheimlichen, im Gegentheil glaube ich er würde mir nie verzeihen, wenn ich mich bei seinem Unglück kälter gezeigt hätte.«[301]

Der Schicksalsschlag in Adelaide

Im September 1844 wurde Harzen davon in Kenntnis gesetzt, dass Ernst »in einem Zustand von Geisteszerrüttung in Adelaide angelangt« und auf Geheiß der Regierung in das örtliche Hospital eingeliefert worden war. Die Behörden hatten den Hamburger Juristen Ulrich Hübbe, der seit 1842 vor Ort lebte,[302] eingeschaltet und gebeten, sich des jungen Mannes aus seiner Heimatstadt anzunehmen. Als enger Freund des Malers Julius Oldach war Hübbe das Hamburger Kunstleben vertraut, und er kannte Harzen möglicherweise persönlich. Wilhelm und Harzen betrachteten es daher als einen segensreichen Glücksfall, dass sich fernab der Heimat ein vertrauenswürdiger Hamburger der Sache annahm.

»Schon bei seiner Ankunft hinselbst«, berichtete Hübbe nach Hamburg, »befand sich […] der junge Mann Herr E. Harzen jun. in einem sehr bedenklichen Krankheitszustand. Seine Geisteskräfte haben gelitten, so dass die Unterscheidung seiner Umgebung und Erinnerung des Vergangenen nur schwach sind und er Tage und Wochen in melancholischem Hinbrüten oder halb unbewussten Zuspruch mit sich selbst zubringen kann. Dieser Zustand ist, wie die Passagiere mir sagten, auf dem Schiffe nach und nach hervorgetreten, nachdem es etwa 5 bis 6 Wochen in See gewesen.«[303]

Der Fortgang aller weiteren Fürsorge für Ernst gestaltete sich schwierig. Obwohl er über ein Reisebudget von mindesten 28 Pfund verfügt hatte, kam er offenbar mittellos in Adelaide an. So waren weder die stationären Behandlungskosten gedeckt, noch bestand die Möglichkeit einer betreuten Rückführung nach Hamburg, da kein Reeder gewillt war, das Risiko einer unbezahlten Passage auf sich zu nehmen.

»Was seine mitgebrachten Effecten und Baarschaften betrifft, so weiß ich davon […] nur ganz ausnehmend wenig«, ließ Hübbe Harzen wissen. »Um so besonderer war es mir zu sehen, als gestern der Capitain Probst in Begleitung eines Herrn, der [auch] mit dem Schiffe kam, einen Check von der Bank auf 20 £ lautend von Herrn Harzen unterzeichnen ließ […].«[304]

Dass Ernst in seinem verwirrten Zustand zum Opfer krimineller Machenschaften wurde, ist ebenso wenig auszuschließen wie eine erneute Verstrickung in Glücksspiele,

301 Hamburger Kunsthalle, Kupferstichkabinett, Archiv 268, NH Bb VI: 104, Wilhelm Harzen an Harzen, Brief vom 1.7.1844.

302 Hübbe hatte versucht, sich eine neue Existenz aufzubauen, indem er sein Vermögen in fruchtbares Ackerland im Barossa-Tal investierte, um es an kleinere landwirtschaftliche Betriebe zu verpachten. Später tat er sich als Journalist und Lehrer hervor. David St. Leger Kelly: Australian Dictionary of Biography, Bd. 4, Melbourne 1972, S. 436–437.

303 Hamburger Kunsthalle, Kupferstichkabinett, Archiv 268, NH Bb VI: 111, Hübbe an Harzen, Brief vom 17.9.1844.

304 Ebd.

die ihn – im Bewusstsein, noch während der Überfahrt mittellos geworden zu sein – in noch tiefere Verzweiflung gestürzt haben könnte. Ohne Barschaft war seine Situation sehr schwierig, zumal auch Hübbe finanziell nicht aushelfen konnte, da seine gesamte Habe einem Buschfeuer zum Opfer gefallen war.[305] So blieb nichts weiter zu tun, als auf Unterstützung aus Hamburg zu warten.

Monate verstrichen, ohne dass eine Entscheidung über Ernsts Zukunft gefällt wurde, denn die Ärzte und die Behörden waren über den Fortgang der Angelegenheit uneinig. 1846 sandte Hübbe einen Auszug aus seinem Tagebuch nach Hamburg: »Ernst Harzen sah ich gleichfalls. Er kannte mich [...] und sprach zuthunlichst und mit klarem Bewusstsein, fragte mich sogleich: Ob ich seinem Onkel geschrieben – und bat mich noch einmal zu schreiben. Denn er wünsche nach Hamburg zurückzukehren. [...] In der Tiefe seines Auges lag doch noch des Unsicheren, was dem gestärkten Bewusstsein eigen ist. Doch Gott Lob, viel ist schon gewonnen. [...]. Es sind schwere Pflichten«, so Hübbe an Harzen, »die sie mir auferlegen. Soviel nur der Höchste seinen Beistand aus Gnaden verrichten wird, will ich mich äußerst bestreben, einen guten Erfolg herbei zu führen.«[306]

Alle Hoffnungen waren vergebens, denn es gelang Hübbe nicht, Ernsts Rückreise bei den australischen Behörden und dem Anstaltspersonal durchzusetzen, weil »Abirrungen« des Patienten – so die einmütige Beurteilung – ständig gegenwärtig waren.[307] Im Frühjahr 1849 starb Ernst Harzen, vermutlich ohne je wieder aus der geschlossenen Anstalt für Geisteskranke herausgekommen zu sein.

»Ich erhielt Deinen Brief«, konstatierte Wilhelm im September 1849,»der mir die Trauerpost des Absterbens meines einzigen Bruders brachte, und ich hätte Dir schon darauf eher geantwortet, wenn ich nicht von einem Steamer zum anderen entschlossen nähere Berichte über die Ereignisse zu erhalten geglaubt hätte.«[308] Ob Harzen jemals von den genauen Umständen der letzten Lebensjahre und des Todes seines Neffens erfuhr, bleibt ungewiss, da Hübbes Berichte im März 1846 abbrachen oder, wie so viele Briefe, auf dem Postwege verlorengegangen waren.

Ein schwerer Verlust

Der Verstorbene war nie wieder Gegenstand der Korrespondenz zwischen Wilhelm und seinem Onkel. Beide zeigten sich dem Leben zugewandt, und trotz aller Betriebsamkeit beklagte sich Harzen häufig, »so lange ohne Briefe geblieben zu sein«.[309]

305 Staatsarchiv Hamburg, 622-1 Hübbe.
306 Hamburger Kunsthalle, Kupferstichkabinett, Archiv 268, NH Bb VIII: 57, Hübbe an Harzen, Brief vom 29.1.1846.
307 Hamburger Kunsthalle, Kupferstichkabinett, Archiv 268, NH Bb VIII: 59, Hübbe an Harzen, Brief vom 1.3.1846.
308 Hamburger Kunsthalle, Kupferstichkabinett, Archiv 268, NH Bb XI: 31, Wilhelm Harzen an Harzen, Brief von 1849.
309 Hamburger Kunsthalle, Kupferstichkabinett, Archiv 268, NH Bb XII: 22, Wilhelm Harzen an Harzen, Brief vom 14.5.1850.

»Die Mittheilungen, die ich Dir hier zu machen habe«, ließ Wilhelm den Onkel im Sommer 1851 wissen, »sind leider ziemlich trübe. Daß das Haus Drusina seine Zahlungen eingestellt und daß namhafte Verluste dadurch herbeigeführt [...] wirst Du schon in Hamburg gehört haben. Auch ich nebst 3 Collegen haben unsere Stellen eingebüßt; 2 andere sehen ihrer Kündigung von einem Tag zum anderen entgegen; und so gehe ich [...] als Candidat umher. Glücklicherweise habe ich indeß meine Vorkehrungen schon früher getroffen [...] welche mir um so lieber, als die Zeichen hier und in der ganzen Republik so sehr traurig sind, daß es bei vieler Concurrierung sehr schwer ist, so gar bald wieder unterzukommen. Daß ich die Blattern, freilich nur Viehblattern, sehr leicht gehabt, führe ich nur an, um meinen Bericht vollständig zu machen.«[310]

Wilhelm erwog einen Ortswechsel und liebäugelte damit, sich in Kopenhagen niederzulassen. Nach nunmehr elf Jahren in Mittelamerika war er der politischen und wirtschaftlichen Unruhe, der Beschränkungen im gesellschaftlichen und kulturellen Leben, vor allem aber der regelmäßig auftretenden Tropenkrankheiten überdrüssig.[311]

Aus demselben Jahr stammt Wilhelms letztes Lebenszeichen. Er bedankte sich bei Commeter für die im Auftrage des nunmehr in Italien weilenden Onkels geleisteten Zahlungen. Im Herbst erreichte Harzen dann die Nachricht von Wilhelms Tod. Der hamburgische Consul de Bray in Mexiko übersandte ihm eine »Nota der im Zimmer des verstorbenen Herrn W. H. vorgefundenen Gegenstände« sowie eine Abrechnung seines Vermögens.[312] Wilhelm Harzen war am 25. August 1852 unerwartet und unter nicht näher benannten Umständen gestorben. Vieles spricht dafür, dass er als Opfer eines Unfalls oder einer plötzlichen Erkrankung regelrecht aus dem Leben gerissen wurde.

Das Inventar seines Besitzes veranschaulicht, dass Wilhelm in einfachen Verhältnissen gelebt hatte und – angesichts früherer Verfehlungen und im Wissen um das Schicksal seines Bruders – ganz und gar darauf bedacht war, sein Vermögen zusammenzuhalten. Nach dem Zusammenbruch von Drusina hatte er offenbar schnell wieder eine Anstellung gefunden, denn in der Zeitspanne von Juli 1851 bis zu seinem Ableben nahm er regelmäßige Einzahlungen auf sein Konto vor. Abzüglich der Gebühr für die Überführung seines Leichnams auf einen amerikanischen Friedhof in Mexiko, der Bestattungskosten und der noch ausstehenden Gehaltszahlungen für seinen Bediensteten hinterließ Wilhelm in Mexiko ein Vermögen von 1336,70 Dollar. Für Harzen war Wilhelms Tod von kaum zu ermessender Tragik, denn er verlor mit dem innig geliebten Neffen seinen nächsten noch lebenden Verwandten.

310 Hamburger Kunsthalle, Kupferstichkabinett, Archiv 268, NH Bb XIII: 36, Wilhelm Harzen an Harzen, Brief vom 5.7.1851.

311 Nach einer kräftezehrenden Gelbfiebererkrankung in den Anfangsjahren machte ihm im Frühjahr 1850 das in Mexiko grassierende »California Fieber« zu schaffen. Hamburger Kunsthalle, Kupferstichkabinett, Archiv 268, NH Bb XII: 22, Wilhelm Harzen an Harzen, Brief vom 14.5.1850.

312 Hamburger Kunsthalle, Kupferstichkabinett, Archiv 268, NH Bb XIV: 08, de Bray an Harzen, Brief vom 1.9.1852.

1847–1863

RÜCKZUG INS PRIVATE

Die Geschäfte werden aufgegeben

»Zum letzten Male wird nunmehr Röding's Museum dem Publicum geöffnet, und diese seltene Vereinigung verschiedenartigster Gegenstände den Kunstfleiß aller Völker und die entlegensten Zeitepochen umfassend [...] ist die letzte Sammlung dieser von Vielen, deren Verlust der Patriot zu beklagen hat.«[313]

Doch es war nicht nur die gewaltige Sammlung des Freundes Röding, die 1847 ein letztes Mal zu sehen war und deren Exklusivität Harzen hervorgehoben hatte, sondern es war zugleich sein letzter Auftritt im Auktionsgeschäft. Die umfangreichen Bestände versteigerte er gemeinsam mit den Maklern Költzow und Christian Meyer, die Harzen als seine Nachfolger im Auktionsgeschäft vorstellte.[314]

Schon seit Jahresbeginn hatte sich er mit dem Gedanken getragen, den beruflichen Aktivitäten den Rücken zu kehren. Da es ihm nach dem Wiedereinzug am Neuen Wall verhältnismäßig schnell gelungen war, die wirtschaftlichen Verluste der Brandkatastrophe zu kompensieren, konnte er sich den Rückzug ins Private nun leisten.

»Meine Verhältnisse zu vereinfachen habe ich mich aus der Verbindung des Kunsthandels, d. h. [activen] Kunsthandels herausgezogen«, ließ Harzen seinen Neffen Wilhelm wissen, »worauf Commeter es nicht allein mehr betreiben wollte, und wir unserem W[ilhelm] Becker das ganze übertragen haben der nun nach 25 Jahren endlich selbständig geworden ist. Commeter will nunmehr privatisieren und ich arbeite mich auch auf diesen Punkt los. Diesen Sommer werde ich eine Reise nach Frankreich machen und von dort nach Italien gehen, den kommenden Winter dort zubringen, da mir die langen harten Winter hier zu Lande nicht bekommen [...]. Meine Wohnung in Hamburg denke ich so lange zu vermiethen.«[315]

Im Herbst übernahm Becker offiziell die Geschäfte der Kunsthandlung. Sie trug zwar weiterhin den Namen Commeter, doch der einstige Inhaber hatten keinen Anteil mehr daran, auch wenn nicht auszuschließen ist, dass sowohl Commeter als auch Harzen ihren langjährigen Mitarbeiter mit guter Kunst versorgten. Nach 23 einvernehmlichen Jahren, während derer die strikte Trennung der Geschäfte eine reine Formalie gewesen war, zog man nun auch gemeinschaftlich den Schlussstrich.

»Am 1. November [...] hat Johann Matthias Commeter von seiner Handlung und Heimatstadt Abschied genommen. Rasch schnürt er sein Ränzel, ein fünfundfünfzigjähriger Jüngling. Es beginnt ihn – wie einst seinen vielgeliebten Dürer – hoch oben im Norden nach der südländischen Sonne zu frieren [...]. Auch Georg Ernst Harzen, der ja

313 Hamburger Kunsthalle, Bibliothek, Verzeichnis über das von weiland dem Herrn Oberalten Peter Friedrich Röding hinterlassene Kunst-Museum, Hamburg 1847, S. III–IV.
314 Ebd.
315 Hamburger Kunsthalle, Kupferstichkabinett, Archiv 268, NH Ba VII: 02, Harzen an Wilhelm Harzen, Brief vom 14.1.1847.

von Jugend her dem Schwalbentrieb nach südlichen Gestaden stattgegeben, nimmt einen ähnlichen Weg. Nur hundertdreißig Tage älter als Commeter, rückt er im nämlichen Jahre in das gefährliche Alter der gebieterisch mahnenden Reisewollust auf. Wie ein Kapellmeister, der nach dem letzten Finale-Akkord den Taktstock hinwirft, legt er im Augenblick, da er das südwärts lockende Gestirn über seinem Haupte zu fühlen glaubt, den Maklerstock nieder und eilt in die Welt.«[316]

Mit diesen blumigen Worten hatte Anton Lindner anlässlich des hundertjährigen Jubiläums der Kunsthandlung Commeter den Rückzug ihrer Begründer Revue passieren lassen.

Der enge Zusammenhalt zwischen Harzen und Commeter fand mit dem geschäftlichen Alltag sein Ende. Während der aktiven Zeit im Kunsthandel hatte es keine gemeinsamen Reisen gegeben, weil es zu den Gepflogenheiten gehörte, dass stets einer von beiden in Hamburg zugegen war. In den späteren Jahren scheint es kein Bedürfnis nach einer gemeinschaftlichen Gestaltung des Lebensabends gegeben zu haben. Man teilte sich den Hamburger Wohnsitz am Neuen Wall, doch im Übrigen trennten sich die Wege.

Da die von Harzen und Commeter gepflegte Allianz weder im Kreise der Freunde noch unter Handelspartnern je erörtert worden ist, lassen sich kaum Schlüsse über ihre Wesensart ziehen. Doch angesichts beider Entscheidung, diese Verbindung im Alter aufzulösen, ist es naheliegend, sie als eine ebenso freundschaftliche wie zweckdienliche Lebens- und Arbeitsgemeinschaft zweier Junggesellen zu begreifen, deren ureigenste Wurzel die Liebe zur Kunst und das geschäftliche Engagement waren. Mit dem Wegfall dieser beruflichen Ebene wurde die Gemeinschaft verzichtbar.

Abschied vom Kunsthandel

Den Jahreswechsel 1847 gestaltete Harzen in altbewährter Manier. Er nahm die Wünsche seiner Kunden zum neuen Jahr entgegen und schien vollends mit den Vorbereitungen der Rödingschen Auktion beschäftigt. Auch den gewünschten Lieferungen an Kunstwerken oder den Übernahmen von Aufträgen kam er mit gewohnter Sorgfalt nach. Dass Commeter sich im Frühsommer bereits in Italien befand und die vertraute Verbindung zum Hamburger Kunsthandel somit eine erste Zäsur erfahren hatte, nahmen die Kunden mit einer gewissen Gelassenheit, vor allem aber mit wohlwollender Freude für den Reisenden zur Kenntnis, der sich einen lang gehegten Traum erfüllt hatte.

Weitaus größere Sorge scheint es den Kunstfreunden bereitet zu haben, dass auch Harzen mit dem Gedanken liebäugelte, nach Italien zu gehen. Doch offensichtlich hatte er diese Nachricht nur mit Bedacht verbreitet, vielleicht weil seine Pläne noch nicht feststanden oder um die laufenden Geschäfte nicht zu beinträchtigen. So korrespondier-

316 Lindner 1921, S. 22–23.

ten Albers, Boerner und andere vorerst in vertrauter Manier über Zusendungen, Ankäufe und die anstehende Auktion. Harzens behutsame Ankündigung, es Commeter gleichzutun, wurde eher am Rande oder mit Humor zur Kenntnis genommen. William Smith war angenehm überrascht, Harzen im März noch geschäftlich aktiv zu sehen, und konnte sich eines ironischen Kommentars nicht enthalten, als ein Brief aus Hamburg. seine Befürchtungen zerstreute, Harzen könne unpässlich sein, oder wie er mutmaßte, in weiblicher Begleitung nach Italien durchgebrannt sein, um das süße Nichtstun zu genießen.[317]

Zu den von angstvollen Vorahnungen geplagten Kunden Harzens, die sich ihre Zukunft nun in eher düsteren Farben auszumalen begannen, zählte Hieronymus Klugkist, dem er im Herbst reinen Wein über seine Pläne einschenkt hatte.

»Der Zweck dieser heutigen [Zeilen] nun, ist Sie mit meinem Vorsatze bekannt zu machen, Ende dieses Monats meine Stellung als Kunstmakler aufzugeben, ein Vorsatz, den ich bereits früher ausgeführt haben dürfte, wenn nicht die unglückliche Feuerbrunst von 1842 einen argen Querstrich durch meine Pläne gemacht hätte.

Es haben sich nämlich in den letzten Jahren die Verhältnisse so unerfreulich für mich gestaltet, dass mir von meinen vielfachen früheren Verbindungen nur noch wenige erhalten sind. [Viele] Sammler von Belang sind nach und nach hinweggegangen. Andere [...] haben ganz oder teilweise zu Sammeln aufgehört [...] so ist dadurch mein Verhältnis unhaltbar geworden, weil bey beschränktem Absatze die Kosten unverhältnismäßig sind.

Während der selben Zeit auch zu Schwere gekommen, empfinde ich mit der Abnahme der Kräfte, zugleich das Bedürfnis meine alten Tage in einem, meiner Constitution besser als das hiesige zusagende Clima zu verleben. Italien war von jeher das Land meiner Wünsche. Indem dessen einfache und wohlfeile Lebensart meinen Mitteln besser angemessen ist, als die des theuren Hamburgs, bietet es mir zugleich ein unerschöpfliches Vergnügen der edelsten Natur und Kunstgenüsse dar, auf welche ich hier verzichten muß [...]. Bey der großen Leichtigkeit der Communication aber hoffe ich öfter in guter Jahreszeit Deutschland wieder besuchen zu können, um unter rechten Freunden, nach den Fortschritten der Wissenschaft, nach dem Vaterlande überhaupt, mich [nicht] zu entfremden [...].«[318]

Harzen beklagte die Spuren der Zeit, die sich ihm unweigerlich offenbarten. Mit 57 nun selber in die Jahre gekommen, hatte der Tod Freunde und Kollegen ereilt, so dass das sorgsam gepflegte Netzwerk geschäftlicher Beziehungen langsam brüchig geworden und der Umsatz zurückgegangen war. Und Harzen war zu sehr Geschäftsmann, als dass er sich jemals auf nicht profitable Bedingungen eingelassen hätte, und zog die Konsequenzen.

317 Hamburger Kunsthalle, Kupferstichkabinett, Archiv 268, NH Bb IX: 187, Smith an Harzen, Brief vom 9.3.1847.

318 Kunsthalle Bremen, Kupferstichkabinett, Nachlass Klugkist, Brief von Harzen vom Oktober 1847.

»Ihr Brief«, entgegnete Klugkist, »und der enthaltene Entschluß Hamburg mit ihrer bisherigen Beschäftigung zu verlassen, wenn gleich er nur die Wiederaufnahme früherer Lebenspläne enthielt, hat doch bei uns von neuem dieselben trüben und unangenehmen Empfindungen erweckt, da wir jene für längere Zeit beseitigt gedacht hatten. Sie haben ihre Wurzeln vorzüglich in den Besorgnissen, ob Sie auch wirklich dort in jener neuen Lage, die Ruhe finden werden, welche dem nahenden Alter so zuträglich und für Ihre ferneren Kunststudien so unumgänglich nötig ist [...] doch Sie werden gewiß auch diese Schattenseiten nicht unerwogen gelassen haben, und so bleibt unseren hiesigen mehreren Kunstfreunden und mir denn nur das Bedauern Ihren treuen und guten Rath bei Auswahl und Ihre so bewährte genaue und gewissenhafte Ausführung der Aufträge in Zukunft entbehren zu müssen; und wird es mir doch einen Ersatz gewähren wenn Sie künftig mir melden könnten, dass Ihr Plan geglückt und Sie ein Leben voll der reuelosen Kunst- und Naturgenüsse und im Äusseren ein zufriedenes Leben gefunden haben.«[319]

Nachdem Harzen 1842 zwangsläufig von allen beruflichen Veränderungen hatte Abstand nehmen müssen, sahen viele den Abgang offenbar auf lange Sicht verschoben. Umso größer war die Sorge, als er nur drei Jahre nach dem Wiederaufbau seines Unternehmens seinen endgültigen Abschied ankündigte. Unvermittelt sah man sich des vertrauten Handelspartners oder Sammlerfreundes beraubt. Zugleich witterten Kollegen in Harzens Wunsch nach Veränderung auch Chancen, und so empfahl zum Beispiel der in Wien ansässige Kunsthändler Friedrich Wilhelm Fink seinem hochgeschätzten Hamburger Geschäftspartner die österreichische Residenzstadt als neuen Wirkungskreis.[320] Doch Harzen ging auf diese Avancen nicht ein.

Geänderte Pläne

Es sollte offenbar ein langsamer Ausstieg aus dem Geschäft werden, den Harzen sorgfältig vorbereitete. Nach einer ausgedehnten Italienreise im Jahr 1846 hatte er für den Herbst des folgenden Jahres einen längeren Aufenthalt eingeplant, seinen sogenannten »Umzug« nach Italien. Doch die politischen Entwicklungen in Europa im Vorfeld der 1848er Aufstände vereitelten sein Vorhaben. Als Klugkist Zweifel hegte, ob der Freund es wohl verstünde, sich »jener neuen Lage« anzupassen, zeigte Harzen sich noch optimistisch. »Allerdings«, entgegnete er, »ist es nicht möglich, alle Urtheile und Aufmerksamkeiten des Lebens mit unter zu bedenken und zugleich zu genießen, man muß gegen das andere abwägen, und sehen wo das Zünglein hinausschlägt; so bin ich denn darauf gefasst, auf Manches zu verzichten, das mir in meinen früheren Verhältnissen lieb und theuer war. Nur bitte ich Sie, sich das Volk in Toscana und im Kirchenstaate, nicht schlimmer zu denken als das unsrige, im Gegentheil es hat sehr liebenswürdige Seiten.

319 Hamburger Kunsthalle, Kupferstichkabinett, Archiv 268, NH Bb IX: 108, Klugkist an Harzen, Brief vom 26.10.1847.

320 Hamburger Kunsthalle, Kupferstichkabinett, Archiv 268, NH Bb IX: 62, Fink an Harzen, Brief vom 5.5.1847.

[…] Mir ist wirklich nur ein ganz vereinzelter Fall zu Ohren gekommen, dass harmlose Reisende, weil Deutsch, arrestiert worden sind, und auch nur, weil sie an ihrer Kleidung Abzeichen trugen.«[321]

Allem Optimismus zum Trotz nahm Harzen sich Klugkists Bedenken zu Herzen und zog nur wenig später die Konsequenzen. Er verschob seine Abreise nach Italien wegen der politischen Entwicklungen auf unbestimmte Zeit.

Im Vorfeld der Märzrevolution kam es sowohl in Deutschland als auch in Italien zu Volkserhebungen und Ausschreitungen, die das Reisen mit nur schwer abschätzbaren Risiken verbanden. Auslöser dieser politischen Unruhen in Europa war das Krisenjahr 1847, in dem es bedingt durch schwere Missernten zu Hungersnöten und Hungerrevolten gekommen war. Im Anschluss daran formierte sich das Aufbegehren gegen die fortschreitende Industrialisierung und Verarmung und es entstand ein breiter politisch motivierter Widerstand. In Italien schürte die gesamteuropäische Krisenstimmung den Protest in mehreren nördlichen Fürstentümern. Bereits seit den 1820er Jahren hatten sich dort die aufständischen Kräfte gegen die österreichische Herrschaft in Oberitalien zur Wehr gesetzt und forderten den italienischen Einheitsstaat. Aus diesem Konflikt resultierten auch Ressentiments gegen Deutsche, die sich vordergründig an der Gemeinsamkeit der Sprache festmachten. Harzens bevorzugte Reiseziele, die Lombardei, Venetien und die Toskana, zählten zu den besonders betroffenen Provinzen.

»In Antwort auf ihr gestriges Schreiben […] bemerke ich mit Vergnügen, dass Sie ihren Entschluß nach Italien auszuwandern doch noch von einer näheren Erwägung der Umstände und der Entwicklung der derzeitigen Zustände abhängig zu machen scheinen«, freute sich Klugkist über das Einlenken seines Freundes. »Das ist gewiß das Gerathsamste, wo wie hier bei aller Treuhängigkeit und Naivität der Gesinnung doch der altgewohnte […] Patriotismus noch zu sehr vorzuherrschen scheint, um so gleich zur echten Vaterlandsliebe empor blicken zu können, und wo friedliche Leidenschaften und langgewährte Nationaleitelkeit die Würdigkeit zur rechten Freiheit noch lange gefährden dürften, wird erst ein Durchlaufen der blendenden Phasen manchen Scheinbildes […] zu erwarten sein […], ehe ihr Ziel [als] erreicht geachtet werden dürfte. Also […] überlegen Sie sich die Sache genau!«[322]

Obwohl Harzen sich gegen den Aufbruch nach Italien entschieden hatte, stand die Rückkehr in den Kunsthandel für ihn vorerst nicht zur Debatte, und so zog er sich für die folgende Zeit nach Ottensen zurück. Als Privatier ging er nun anderen Leidenschaften nach und widmete sich der Gartenarbeit. Gerade um diese Möglichkeiten beneidete ihn sein Freund Boerner angesichts der immer desolater werdenden Lage auf dem deutschen Kunstmarkt.

»Wie lange habe ich mich keiner freundlichen Berührung mit Ihnen erfreut und wie sehr beklage ich, daß dieß so aufgehört hat!« Kommentierte Boerner Harzens of-

321 Kunsthalle Bremen, Kupferstichkabinett, Nachlass Klugkist, Brief von Harzen vom 16.12.1847.
322 Hamburger Kunsthalle, Kupferstichkabinett, Archiv 268, NH Bb IX: 109, Klugkist an Harzen, Brief vom 21.12.1847.

fensichtliches Stillschweigen. «Wie geht es Ihnen nur? Soviel ich gelegentlich erfahren konnte, befinden Sie sich wohl, leben zurückgezogen von Geschäften, den reizenden und friedlichen Genüssen der Gartenliebhaberei. Das ist beneidenswerth, besonders beneidenswerth in unserer politisch aufgeregten Zeit, deren wilde Strudel alles fortreißen und zu vernichten drohen, was dem inneren Leben in stiller Muße und Freude ziemt. Die Kunst vermag natürlich da auch kein Gedeihen zu finden, das Geschäftsleben für dieselbe hat so gut wie aufgehört, Sie können froh sein, sich nicht mehr damit zu befassen [...].«[323]

Harzen musste seine Italienreise um mehr als zwei Jahre verschieben. Unkommentiert blieb, wie er über die revolutionären Erhebungen in Europa und die daraus resultierenden Abänderungen seiner Pläne dachte. Das Leben eines Ruheständlers war für ihn jedenfalls nur kurzzeitig zufriedenstellend, und so besuchte er 1848 nochmals die Niederlande. Nach einem Kuraufenthalt in Scheveningen reiste er weiter nach Amsterdam, Den Haag und Haarlem. 1849 führte ihn die Reiselust auch wieder nach London. Im selben Jahr machte er sich versuchsweise auf den Weg nach Italien und gelangte über Basel und Genf nach Turin. Im Anschluss kehrte Harzen erst einmal nach Deutschland zurück und verweilte einige Zeit in Berlin. 1850 wagte er endlich, zu seiner ersten großen Italienreise nach dem Rückzug aus dem Geschäftsleben aufzubrechen. Doch von der Idee eines endgültigen Umzugs in mediterrane Gefilde hatte er Abstand genommen.

Die wirtschaftliche Absicherung

Um sich als Privatier einen größtmöglichen finanziellen Spielraum zu bewahren, hatte Harzen umfassend Vorsorge getroffen. Die Räume der Kunsthandlung wurden von Becker gegen Zahlung eines Mietzins genutzt und auch die repräsentativen Wohnungen am Neuen Wall waren gewinnbringend vermietet.[324] Harzens prominentester Mieter war der Architekt Carl Friedrich Reichardt, der sich in Zusammenarbeit mit Chateauneuf für Hamburgs Wiederaufbau engagiert hatte. Er gehörte seit Februar 1841 dem Kunstverein an und war über diese Verbindung am Neuen Wall eingeführt worden.[325]

Harzens Mieteinnahmen für das Jahr 1847 beliefen sich auf 2075 Mark, davon entfielen 1150 Mark auf den Laden, 900 Mark auf die Etagen und 25 Mark auf die Wasserleitungen.[326] Seinen Hauptwohnsitz verlegte er mehr oder weniger nach Ottensen, auch wenn er in seinem Landhaus nie offiziell gemeldet war. Die postalische Adresse blieb am

323 Hamburger Kunsthalle, Kupferstichkabinett, Archiv 268, NH Bb X: 13, Boerner an Harzen, Brief vom 10.8.1848.

324 Im Nachlass sind E. F. Evers, T. Goldberg und Carl Friedrich Reichardt namentlich als Mieter erwähnt.

325 Joist Grolle in: Franklin Kopitzsch u. Dirk Brietzke (Hrsg.): Hamburgische Biografie, Bd. 3, Göttingen 2006, S. 309–311.

326 Hamburger Kunsthalle, Kupferstichkabinett, Archiv 268, NH Cc: 01: 07, private Haushaltsführung.

Neuen Wall, wo Harzen mit Commeter eine kleine Stadtwohnung im Hinterhaus unterhielt.[327]

Zahlreiche Handwerkerrechnungen belegen, dass Harzen in seinem Haus in den nachfolgenden Jahren immer wieder Umbauten vornehmen ließ, die der eigenen Behaglichkeit dienten, aber auch den Komfort in den sich über vier Stockwerke erstreckenden Wohnungen verbesserten, was den Mieteinnahmen zugute kam. So hatte er sämtliche Wohnungen mit modernen *Water Closets* ausstatten lassen.[328] Folglich wurde der erste deutsche Nachbau des 1852 von Alexander Cummings patentierten Wasserklosetts nicht erst 1860 im Coburger Schloss Ehrenburg für Queen Victoria installiert, sondern befand sich schon seit geraumer Zeit in Hamburg am Neuen Wall, und zwar auf jeder Etage.[329]

Eine Reihe von Schuldverschreibungen belegt, dass Harzen sich auch im Finanzgeschäft engagierte und seine Häuser am Neuen Wall und in Ottensen beliehen hatte.[330] Für das Hamburger Anwesen lässt sich anhand von Zinsabrechungen nachweisen, dass er sein Erbe über längere Zeitspannen als Sicherheit einsetzte. Die jährlichen Schuldverschreibungen bewegten sich in den 1850er Jahren zwischen 20000 und 60000 Mark. 1855 ist sogar eine Summe von mindestens 61 500 Mark nachweisbar, die private Anleger Harzen gegen Zinszahlungen von vier bis fünf Prozent überantworteten.[331] Auch Johann Matthias Commeter hatte Geld in das Anwesen seines Geschäftspartners investiert. Diese bis 1856 existierende Schuldverschreibung über 40000 Mark findet einzig in der Abschrift von Harzens Testament Erwähnung, wo darauf verwiesen wird, dass der Betrag getilgt und ein Zahlungsbeleg beigefügt sei.[332] Da Commeters Geschäftsanteil offenbar nie Bestand der offiziellen Bücher gewesen ist, geben weder die Einträge im Grundbuch noch sonstige Abrechnungen oder Vereinbarungen darüber Auskunft. Undurchsichtig bleibt auch, wie Harzen die geliehenen »Mark Species Capital, welche in dessen auf dem Neuenwall belegenem Erbe« versichert standen, anlegte. Die Summen, die er vermutlich anderweitig investiert hatte, waren imposant und überstiegen, wie 1855, sogar den Schätzwert seines Hauses. Eine Fehlinvestition hätte ihn mit einem Schlag um sein gesamtes Vermögen gebracht.

Harzen verfügte jedoch über gute Kontakte zur Finanzwelt im In- und Ausland, die nicht nur die notwendigen Mittel für seine Reisen transferierten, sondern auch mit Investitionsgeschäften betraut waren. Ein Großteil der finanziellen Transaktionen ging

327 Aus den »Declarations-Formularen zur Wein- und Branntwein-Consumtions-Accise« und den Abrechnungen der »Gas-Compagnie« wird ersichtlich, dass beide nun unter deutlich bescheideneren Verhältnissen im Hinterhaus Quartier bezogen hatten. Hamburger Kunsthalle, Kupferstichkabinett, Archiv 268 NH Cc: 09: 01, private Haushaltsführung.

328 Hamburger Kunsthalle, Kupferstichkabinett, Archiv 268, NH Cc: 04: 01, private Haushaltsführung.

329 Wiesbadener Kurier: Die Geschichte vom Abort, 5.1.2006.

330 Hamburger Kunsthalle, Kupferstichkabinett, Archiv 268, NH Bb IV: 172, Wilhelm Harzen an Harzen, Brief vom 28.2.1842. Die Grundbücher der Stadt Altona, in denen möglicherweise Schuldverschreibungen eingetragen waren, sind im Zweiten Weltkrieg verbrannt.

331 Hamburger Kunsthalle, Kupferstichkabinett, Archiv 268, NH Cc: 07: 02, private Haushaltsführung.

332 Hamburger Kunsthalle, Kupferstichkabinett, Archiv 268, NH Ca: 07: 01, private Haushaltsführung.

auf familiärem Wege über das Bankhaus Dalgas & Co in Livorno vonstatten. Aus dem Jahr 1856 liegt eine Abrechung der Bank vor, die belegt, dass Harzen sein Kapital in den englischen Markt investiert und bei Dalgas nun die enorme Summe von 21 000 Pfund liegen hatte.

»Ihre werthen Zeilen [...] aus Bologna mit [...] Ihrer Zeichnung auf J. H. Hülsz sind uns richtig zugekommen, dagegen haben wir das Vergnügen Ihnen heute die Abrechnung über diese Operation zu geben.«[333] Einliegend erhielt Harzen abzüglich der Provision einen Scheck über 831 Pfund Zinsen. Es handelte sich um ein ausnehmend lukratives Geschäft, denn der Wert des britischen Pfunds war sehr hoch. So hatten 1847 allein 20 Pfund ausgereicht, um den Lebensunterhalt von Harzens Neffen in Adelaide auf ein Jahr zu bestreiten. Bei diesem Transfer von Geldern, den Harzen über seinen Hamburger Handelspartner Hülz abwickelte, mit dem er seit vierzehn Jahren in finanziellen Angelegenheiten erfolgreich kooperierte, handelte es sich mit großer Wahrscheinlichkeit um die Einlagen seiner Kapitalgeber, auf die er selber lediglich 1120 Mark Zinsen für das laufende Jahr auszubezahlen hatte.

Aus Rücklagen, Finanzgeschäften und Mieteinnahmen erwuchs eine solide Kapitaldecke, die es Harzen ermöglichte, sich der Forschung zu widmen. Da er seine Mittel aber zeitlebens als beschränkt empfand, hatte er stets ein Auge darauf, preiswert zu reisen. Die Angemessenheit von Kosten und Leistungen wog er unablässig gegeneinander ab und befand sie in seinen Tagebüchern immer einer Bemerkung wert. Dort hielt er seinen Ärger über die Prellerei mancher Wirte ebenso fest wie die horrenden Preisforderungen für verwanzte Betten. Die wenigen privaten Notizen in den Reisetagebüchern der 1840er und 1850er Jahre beschränken sich nahezu auf die Kommentare zu entstandenen Kosten. Jede Übernachtung und jede Fahrt mit dem Wagen wurde der Beurteilung ihrer »Wohlfeilheit« unterzogen. Harzens Sparsamkeit und sein Geschäftssinn bewegten sich bisweilen an der Grenze zum Geiz.

333 Hamburger Kunsthalle, Kupferstichkabinett, Archiv 268, NH Bb XVIII: 21, Dalgas an Harzen, Brief vom 1.9.1856.

PFLEGE ALTER FREUNDSCHAFTEN UND DIE SCHULE DES SEHENS

Kleinere Inkonsequenzen

Der von Boerner als so beneidenswert empfundene Abstand zu den Geschäften, den Harzen sich leistete, war nur von kurzer Dauer. Ob die vereitelten Italienpläne den Sinneswandel auslösten, die Liebe zum Metier selber oder die schlichte wirtschaftliche Notwendigkeit, ist ungeklärt. Fest steht jedoch, dass Harzen sich schon recht bald wieder in den Kunsthandel einmischte; diese Option hatte er sich wohlweislich offen gehalten.

»Recht erfreulich war es mir [...] zu ersehen, [...] daß Sie bei dieser Gelegenheit von der Richtigkeit der Bemerkung von neuem überzeugt worden sind, daß altgewohnter Beruf sich nicht so ohne weiteres auf einmal hintanstellen lässt«, interpretierte Klugkist Harzens Entscheidung, »und daß, wenn den Kunstliebenden [auch] vorgeworfen wird, sie jagten eitlen und leicht abzulegenden Genüssen nach, diese Erfahrung mich wieder für die Tiefe und Innigkeit der Freude an menschlichen Schöpfungen zeigt und weit der Schmetterlingsjagd vorzuziehen ist, womit wir so viele den Phantasiegebilden des nüchternsten Verstandes zu folgen beschäftigt und getäuscht, aber noch nicht enttäuscht sehen.«[334]

Das im Zuge der Märzrevolution vermehrt in Misskredit geratene Sammeln von Kunst – nun als Relikt einer privilegierten Gesellschaftsschicht gebrandmarkt – achteten Klugkist und Harzen auch weiterhin als bedeutende Errungenschaft auf dem Wege hin zur allgemeinen Bildung und Schulung des menschlichen Geistes. Dafür hatten sich beide in den Kunstvereinen ihrer Heimatstädte stark gemacht. Auch dies mag Harzen dazu bewogen haben, in Zeiten des gesellschaftlichen und politischen Umbruchs zu seinen beruflichen Wurzeln zurückzukehren, um abermals für die Kunst einzutreten und um seinen Sammlerfreunden zur Seite zu stehen. »Meine Mappen sind mehr wie je meine Zuflucht«, ließ Harzen Klugkist wissen. »So ist doch glücklicherweise der Kunstsinn nicht in der allgemeinen Calamität untergegangen.«[335]

Harzen bediente Sammler und Händler wieder mit gewünschten Kunstobjekten. Sie dankten es ihm wärmstens, dass er sich trotz eigener Reisepläne und der politischen Lage Europas bereit erklärte, ihnen so »willfährig dienen zu wollen«.[336] Zahlreiche Verkäufe rekrutierte Harzen nun aus eigenem Besitz, um seinen Kunstbestand zu reduzieren und sich auf eine qualitativ hochwertige und inhaltlich geschlossene Privatsammlung zu beschränken. Die Anzahl seiner Kunden hatte sich jedoch verringert, und das Geschäft gründete nun in erster Linie auf freundschaftlicher Verbundenheit und der Liebe zur Zeichnung. Diese Beschränkung behielt Harzen in den 1850er Jahren bei. An

334 Hamburger Kunsthalle, Kupferstichkabinett, Archiv 268, NH Bb X: 40, Klugkist an Harzen, Brief vom 1.11.1848.

335 Kunsthalle Bremen, Kupferstichkabinett, Nachlass Klugkist, Brief von Harzen vom 15.11. 1848.

336 Hamburger Kunsthalle, Kupferstichkabinett, Archiv 268, NH Bb X: 27, Fink an Harzen, Brief vom 23.2.1848.

die Stelle der Kunsthändler traten nun vermehrt Museumsleute und Kunsthistoriker, mit denen er einen lebendigen Austausch pflegte.

Hieronymus Klugkist

Nachdem Harzen 1827 ein erstes Konvolut Dürer-Zeichnungen an Klugkist verkauft hatte, bemühte er sich in späteren Jahren, das Interesse seines Freundes erneut auf diesen Zweig der Kunst zu lenken. 1845 lud er den Bremer nach Hamburg ein und zeigte ihm seine Sammlung altmeisterlicher Zeichnungen. Offenbar war es Harzen bereits in Ottensen gelungen, in seinem Weggefährten eine neue Leidenschaft zu entfachen, denn unmittelbar nach dessen Besuch ging eine erste Auswahl niederländischer Handzeichnungen des 16. und 17. Jahrhunderts auf den Weg nach Bremen.

»Vor allem sage ich Ihnen meinen herzlichen Dank, für die mannigfaltige Güte, die Sie mir während meines Aufenthaltes erwiesen«, dankte Klugkist von Bremen aus, »wodurch Sie mir den selbigen so genussreich als belehrsam gemacht und mir zwei so freudenreiche Tage geopfert haben, wie die welche ich in ihrer Einsiedelei [in Ottensen, Anm. d. Verf.] unter den herrlichsten Zeichnungen verlebte, die mich mehr fesselten und entzückten als Sie, Ihre Schlingpflanzen [und] der Anblick von Hamburg [...]. Daß Sie meiner Bitte, mir von Zeit zu Zeit, einige Ihrer vortrefflichen Handzeichnungen, wovon Sie etwa mehrere desselben Meisters besitzen [...] zur Ansicht zuzustellen durch Ihre Sendung angefangen haben, erkenn ich mit vielem Dank an, ich hoffe, daß Sie auch in Zukunft [bei wiederholter] Durchsicht Ihrer schätzbaren Sammlung sich meiner kleinen durch Sie begründeten freundlich erinnern werden.«[337]

In den anschließenden Monaten schickte Harzen immer neue Konvolute nach Bremen, aus denen Klugkist auswählte. Obwohl er gelegentlich Blätter italienischer Meister beifügte, hielt der Freund an den Niederländern fest. Zeichnungen von Rembrandt, Adrian van Ostade, Samuel van Hoogstraten und Allaert van Everdingen wechselten auf diesem Wege den Besitzer.[338] Angesichts dieser neu entbrannten Leidenschaft ist nachvollziehbar, warum er Harzens Ankündigung, dem Geschäft den Rücken zu kehren, als Bedrohung empfand. Im Sommer 1849 war es dann der Bremer selber, der die Geschäfte aufkündigte und den Freund darum bat, von weiteren Zusendungen abzusehen.

»Für Ihren Brief [...] wodurch Sie mir Nachricht über unseren Freund Harzen und dessen Ansichten über unsere politischen Zustände ertheilen, sage ich Ihnen meinen verbindlichsten Dank«, wandte sich Klugkist an Commeter, »allein leider muß ich gestehen dass mich zwei arge [Plagen, Anm. d. Verf.], das Alter und die Gicht, gänzlich unfähig machen, an neuen Erwerbungen und ferneren Genuß hindern, und dass ich

337 Hamburger Kunsthalle, Kupferstichkabinett, Archiv 268, NH Bb VII: 106, Klugkist an Harzen, Brief vom 4.9.1845.

338 Dazu Silke Reuther: Georg Ernst Harzen und Hieronymus Klugkist. Händler, Sammler und Kunstfreunde in Hamburg und Bremen, in: Rembrandt, oder nicht?, Ausst.-Kat. Kunsthalle Bremen 2000, S. 18–23.

daher [Harzens, Anm. d. Verf.] freundliches Erbieten Ankäufe in London und Paris zu übernehmen, ganz von der Hand zu weisen genöthigt sehe.«[339]

Im Herbst hatte sich Klugkist gesundheitlich wieder etwas erholt, und sogleich erwachte die Leidenschaft zur Kunst aufs Neue. Er erkundigte sich bei Harzen nach jüngsten Erwerbungen und verzichtbaren Zeichnungen aus dessen Sammlung. »Sie würden mich sehr verpflichten, wenn Sie für den Fall, dass Sie dieselben entbehren zu können der Ansicht sein sollten, mir die Preise derselben angeben könnten [...] obgleich ich vom ferneren Ansammeln von Kunstwerken völlig abgestanden bin und mich mehr auf das Anschauen meines Besitzthumes beschränke.«[340] Offensichtlich war es genauso schwer, das leidenschaftliche Sammeln von Zeichnungen »hintanzustellen« wie den Beruf des Kunsthändlers aufzugeben. Ob es noch zu weiteren Ankäufen kam, ist ungewiss, denn mit diesem Brief brach die Korrespondenz zwei Jahre vor Klugkists Tod ab.

Carl Gustav Boerner

Auch der Leipziger Kunsthändler Boerner begeisterte sich für Handzeichnungen und war dank Harzens hilfreicher Unterweisung binnen kurzer Zeit zum Connaisseur geworden. Während er sich mit ihm über den augenscheinlich gelungenen Rückzug von den Geschäften freute, begann Boerner mit Blick auf seine private Sammelleidenschaft unter den nun zu erwartenden Entbehrungen zu leiden, und so regte sich angesichts der geänderten Pläne auch in Leipzig neue Hoffnung.

»Indem mich oft ein wahrhaft sehnsuchtvolles Verlangen nach mir brauchbaren Kunstsachen erfüllt gedenke ich mit Vergnügen der öfteren Sendungen die Sie mir früher machten«, erinnerte sich Boerner 1848 der Geschäfte mit den Zeichnungen für seine Sammlung. »Haben sie denn gar keine Vorräthe mehr, um mir wieder einmal etwas schicken zu können? Oder haben Sie vielleicht noch beträchtliche Vorräthe, die Sie nur im Ganzen wegzugeben geneigt sind? Auch im letzteren Falle würde ich gerne kaufen, ja wenn der Gegenstand irgend ansehnlich genug wäre, leicht selbst nach Hamburg kommen.«[341]

Für Boerner blieb Harzen der wichtigste Lieferant qualitätvoller Kunst. Im Laufe der Jahre hatte sich aus dieser bis 1828 zurückreichenden Geschäftsverbindung eine Freundschaft entwickelt, die besonders in späteren Jahren in der Liebe zur Handzeichnung verwurzelt war.[342]

339 Hamburger Kunsthalle, Kupferstichkabinett, Archiv 268, NH Bb XI: 35, Klugkist an Harzen, Brief vom 9.6.1849.

340 Hamburger Kunsthalle, Kupferstichkabinett, Archiv 268, NH Bb XI: 36, Klugkist an Harzen, Brief vom 31.10.1849.

341 Hamburger Kunsthalle, Kupferstichkabinett, Archiv 268, NH Bb X: 13, Boerner an Harzen, Brief vom 10.8.1848.

342 Anhand der fragmentarisch erhaltenen Geschäftsbücher lassen sich erste Ankäufe von Harzen bis 1828 zurückverfolgen, Düsseldorf, C. G. Boerner Fine Arts, Ausgaben im Kunsthandel 1828, S. 153.

»Im Besitze Ihres Wechsels [...] sehe ich noch den mir zugesagten Gegenständen entgegen, unter welchen sich hoffentlich wieder manches finden wird, was [...] mir Freude machen kann. Zu letzterem zähle ich bloß Handzeichnungen«, bekannte Boerner sich zu seiner Passion, »deren ich seit kaum zwei Jahren für mich zu sammeln angefangen habe, und davon ich unter günstigen Bedingungen schon so manches Bedeutende erlangte, dass sich die Lust daran fast zur Leidenschaft gesteigert hat, welche meinen beschränkten Verhältnissen sehr entgegensteht. Indessen kann ich's nicht ganz lassen und bitte, wenn sie was Gutes haben, das Sie recht billig lassen können, mich gefälligst damit bekannt zu machen. Es hat mir nämlich das beste Zutrauen gegeben, dass Sie Handzeichnungen mit geistreichem Auge zu wählen wissen, nachdem ich die Entdeckung gemacht hatte, dass der Anfang zur letzten hiesigen Auction an Handzeichnungen von Ihnen kam.«[343]

Boerner gehörte seit 1839 zum Kreis der von Harzen auf die Zeichnung eingeschworenen Liebhaber. Ob er wie Klugkist je in den Genuss gekommen ist, ihn in Hamburg zu besuchen, bleibt ungewiss. Fest steht hingegen, dass Harzen ihn auch in der Zeit des bevorstehenden Aufbruchs nach Italien nicht unbetreut ließ.

»Ihr freundliches Andenken [...] gereicht mir sehr zur Freude. Eben so ist das gütige Anerbieten, mir den Rest Ihrer Handzeichnungen [von denen Harzen willens war sich zu trennen, Anm. d.Verf.] en bloc zu verkaufen«, bedanke sich Boerner im Herbst 1848 bei Harzen, »so ausgezeichnet, als mir Handzeichnungen überhaupt die reizensten Gegenstände der Kunst sind. Dennoch muß ich Bedenken tragen dieser Neigung jetzt viel nachzugeben, indem sie kein Geschäftswerk, sondern nur meiner persönlichen Lust daran entspricht, welche sich in den gegenwärtigen Zeiten, wo ich seit fast ¾ Jahren auch nicht 1 Groschen mehr zu verdienen vermochte, [...] leider Zwang anlegen muß. [...] Indessen haben Sie nun einmal meine schwache Seite berührt und ich kann mir die Bitte nicht versagen, mir gefälligst nähere Ansicht Ihrer Zeichnungen zu gewähren.«[344]

Trotz wirtschaftlicher Nöte konnte Boerner der Verlockung nicht widerstehen, einige Blätter zu erwerben, eine allzu bescheidene Auswahl, wie er schon bald mit Bedauern festgestellt hatte. Deshalb bat er Harzen um die die abermalige Zusendung der zurückgewiesenen Arbeiten. Boerner zeigte sich zuversichtlich, dass ihm auch solche recht angenehm sein könnten, die er damals nicht behalten hatte. »In vielen Fällen vielleicht bloß darum nicht, weil ich damals für keinen anderen Zweck, als meine Liebhaberei davon kaufte und mich in dieser beschränken musste. Dieses ist auch jetzt das wesentliche Motiv für den Wunsch der mir gefälligst offerierten Zusendung, nur muß ich mir jetzt in Folge der schlechten Zeiten und der vergrößerten Familie durch das Heranwachsen meiner Kinder immer mehr versagen. Eigentliche Kunden für Geschäftszwecke habe ich für Zeichnungen leider gar nicht, obschon ich bei dem Ankauf Ihres

343 Hamburger Kunsthalle, Kupferstichkabinett, Archiv 268, NH Bb III: 45, Boerner an Harzen, Brief vom 28.6.1841.

344 Hamburger Kunsthalle, Kupferstichkabinett, Archiv 268, NH Bb X: 14, Boerner an Harzen, Brief vom 6.11.1848.

Restes auf den Wiederverkauf bedacht sein müsste, um einiges davon für mich behalten zu können. […] und es bleibt mir demgemäß der Wunsch, dass Sie die Gefälligkeit haben mögen, mir Ihre Vorwahl von 30 Blättern […] zur Ansicht zu schicken, sofern Sie mir die Verbindlichkeit erlassen wollen sie behalten zu müssen.«[345]

Für Boerner wurde das Sammeln zu einer Passion, die einem nicht ungefährlichen Grenzgang nahekam, da er dieser Liebe bisweilen mehr Gewicht einzuräumen schien als seinem Geschäftssinn. Letztendlich zeigte er sich bei dem Angebot aus Hamburg sehr zurückhaltend, bemängelte die ihn wenig ansprechenden Gegenstände ebenso wie den schlechten Erhalt der Blätter. Da er auf einen Ankauf aber keinesfalls verzichten wollte, versuchte er über die Bezahlung zu verhandeln, war nach Kräften bemüht, die Preise zu drücken, in der Hoffnung, sich wenigstens einige der Blätter leisten zu können. Harzen ließ Milde walten und stimmte dem Geschäft zu, wohl wissend um die brennende Qual eines passionierten Sammlers, der von den Objekten seiner Leidenschaft nicht lassen kann.

Auch den mittlerweile 59 Jahre alten Boerner plagten eine Reihe von körperlichen Gebrechen, die ihn an der Ausübung seines Berufs mehr und mehr hinderten. Gicht und andere Leiden zwangen den Freund schließlich dazu, sich aus den Geschäften zurückzuziehen. In seinem letzten Brief an Harzen zum Jahresanfang 1851 schrieb er, dass es allein die Liebe zur Zeichnung sei, die ihn bisweilen noch veranlasse, die eine oder andere Auktion zu besuchen, so die Gesundheit dies möglich mache.[346]

Friedrich Wilhelm Fink

Seit 1845 bestand eine regelmäßige Geschäftsverbindung zwischen Harzen und seinem Wiener Kollegen Fink. Der in Graz gebürtige Lithograph und Stecher war ein Mann der Praxis, der sich wie Harzen über die Ausübung der Künste an den Kunsthandel angenähert hatte. 1821 war er nach Wien gezogen und hatte als Konservator an der Albertina gearbeitet, ehe er sich im Kunsthandel und vor allem als Sammler von Zeichnungen und Druckgraphik engagierte. Fink war Spezialist für die Kalligraphie und hatte 1837 eine *Schreibschule* publiziert, ein Handbuch der Schönschrift mit 120 Illustrationen.

Von Anbeginn der Geschäfte zwischen Harzen und Fink kam dem Transfer von Handzeichnungen ein wichtiger Stellenwert zu. Auch Fink umgab sich mit einem Kreis »beginnender Liebhaber« dieser Gattung und erbat von Harzen entsprechende Zusendungen. An Zeichnungen herrschte auf dem Wiener Kunstmarkt ein deutlicher Mangel, anders als bei der Druckgraphik, die angesichts »der periodisch sich ergebenden Sterbe-

345 Hamburger Kunsthalle, Kupferstichkabinett, Archiv 268, NH Bb X: 15, Boerner an Harzen, Brief vom 20.12.1848.

346 Hamburger Kunsthalle, Kupferstichkabinett, Archiv 268, NH Bb XIII: 10, Boerner an Harzen, Brief vom 27.1.1851.

fälle von Liebhabern« in ausreichendem Maße in den Handel kam.[347] In Wien war das Sammeln von Zeichnungen kaum verbreitet, sondern eine Disziplin ausgewiesener Kenner, zu denen auch Fink zählte. Es war um die Geschäfte also in doppelter Hinsicht schlecht bestellt, so dass selbst hochwertige Objekte laut Fink nicht »an den Mann gebracht« werden konnten. Ungeachtet des nur mäßigen Erfolgs im Bestreben, den Handel mit Zeichnungen zwischen Hamburg und Wien in Schwung zu bringen, blieb die kunsthändlerische Verbindung zwischen den beiden auch in der Phase von Harzens Rückzug lebendig und eng. Die der Korrespondenz von 1848 beigefügten Abrechungen belegen, dass das Geschäft mit den Zeichnungen trotz aller Widrigkeiten auf dem Kunstmarkt mit Energie vorangetrieben wurde. Da sich die Lage in Wien als nur wenig beweglich erwies, vermittelte Harzen den Kontakt nach London. Im Gegenzug übernahm Fink das Aufziehen und die bisweilen notwendige Restaurierung ihm zum Verkauf übermittelter Blätter. So stand Harzens Name für eine gepflegte Ware, die er im günstigsten Fall über Fink veräußern konnte oder aber im besten Zustand zurückerhielt.

In den 1850er Jahren wurde der Kontakt zwischen Harzen und Fink seltener, und auch der Schwerpunkt verlagerte sich, denn die Geschäfte waren weiter rückläufig. Stattdessen begann Harzen den Freund in seine Forschungen einzubinden und beauftragte ihn mit Recherchen zu illuminierten Handschriften in der Wiener Hofbibliothek, die Fink bereitwillig erfüllte. Der reiche Kunstbesitz Wiens diente ihm immer wieder und mit Erfolg als Grund, Harzen zum Kommen zu veranlassen. Zwei Aufenthalte lassen sich für 1850 und 1851 nachweisen, eine spätere Reise wurde von Harzen 1857 noch einmal in Betracht gezogen, aber nicht mehr realisiert, und so verblieb der Kontakt der letzten Jahre rein brieflich.

»Von Hiesigen und Kunstliebhabern das Belangreichste«, berichtete Fink 1853 aus Wien, »dass das unschätzbare Bild v. Tizian im Belvedere, die Mutter Gottes mit dem Kinde, dem jungen Johannes u. auch zwei Heiligen [*Die Kirschenmadonna*], [das] endlich, ehe es ganz zu Grunde gegangen einer sorgfältigen Restauration durch Übertragung v. d. Leinwand auf Holz, durch den auch sehr erfahrenen Restaurator Engert unterworfen wurde, bei welcher Gelegenheit [er] auf höchst interessante Selbst Correcturen des Malers während der Componierung gekommen.«[348]

Die Restaurierung der *Kirschenmadonna*, die drei Jahre in Anspruch nahm, hatte wegen der Massivität des Eingriffs für Aufsehen gesorgt. Bei dieser Maßnahme wurde die Malschicht des auf Leinwand ausgeführten Bildes vollständig abgenommen und auf eine Holztafel übertragen. Dabei entdeckte Engert auf der Rückseite der Malerei Tizians ursprüngliche Bildkonzeption, die er in einer Kopie der Untermalung festhielt. Demnach hatte der Meister lediglich eine Darstellung der Madonna mit dem Jesuskind und Johannes vorgesehen, die er in eine strenge Dreieckskomposition einpasste. Erst nach der Fertigstellung des ursprünglichen Entwurfs wurden Josef und der Heilige Zacharias

347 Hamburger Kunsthalle, Kupferstichkabinett, Archiv 268, NH Bb VII: 84, Fink an Harzen, Brief vom 1.2.1845.
348 Hamburger Kunsthalle, Kupferstichkabinett, Archiv 268, NH Bb XV: 28, Fink an Harzen, Brief vom 5.12.1853.

eingefügt.[349] Diese Entdeckung war sensationell, weil der Blick in die tieferen Malschichten, auf die Entwurfszeichnung, eventuelle Pentimenti oder Übermalungen den Forschern im 19. Jahrhundert gemeinhin verborgen blieb, sofern sie nicht durch solchermaßen drastische Eingriffe offengelegt wurden. Da Fink Harzen über dieses spektakuläre Ereignis unverzüglich berichtete, ist anzunehmen, dass beide bereits während Harzens letzten Wienbesuchs über dieses Bild im Gespräch waren.

»In der Furcht Sie zu sehr in Ihrer kostbaren Zeit zu beeinträchtigen, breche ich für heute ab und beginne mit der Lösung der Aufgabe, welcher ich mich mit Liebe unterzog«, wandte sich Fink dem Maler und Stecher Hans Burgkmair zu. »In Anbetracht der den Figuren unterliegenden Zeichnung wie der technischen Bearbeitung des Stoffes u. der Handhabung des Werkzeuges ersieht jeder auch nur halbgeübte Kunstfreund in den 77 Nummern den Burgkmair als den Verfertiger, auch wenn das 45.te [Blatt] [nur] seinen ganz ausgestochenen Namen enthielt. [...] Einige Blätter tragen als Wasserzeichen den heraldischen Doppeladler, andere eine hohe schmale Kroone. Das Papier kann von keinem anderen an Schönheit und Güte übertroffen werden.«[350]

Mit diesen knappen Worten leitete Fink den mit Harzen geführten Disput über den *Stammbaum Maximilians I.* ein, einer von Hans Burgkmair stammenden Holzschnittfolge, für die beide Interesse hegten. Harzen hatte den Wiener Freund darum gebeten, ihm bei der Recherche und dem Erwerb der Blätter behilflich zu sein. Die 77-teilige Folge galt als umstritten, da die Darstellungen nicht einheitlich bezeichnet sind. Lediglich das 45. Blatt mit dem König von Ungarn als Motiv (Abb. 22) ist mit »H. Burgkmair« signiert, während die übrigen mit einem Monogramm versehen sind. Diese Unregelmäßigkeit ließ Zweifel an der Originalität laut werden, die allerdings weder Harzen noch Fink teilten. Auch unter historischen Gesichtspunkten galt das zwischen 1510 und 1512 in Augsburg geschnittene Werk als fragwürdig, da die Richtigkeit der Genealogie unbewiesen war. Aus diesem Grunde ist es nie zur Drucklegung in höherer Auflage gekommen, so dass die Folge nur in seltenen Zustandsdrucken existiert.[351] Gerade dies mag Harzen besonders gereizt haben. Er bat Fink, das Exemplar der Kaiserlichen Hofbibliothek in Augenschein zu nehmen und die Qualität von Ausführung und Papier zu überprüfen. »Ich habe«, so Fink, »Ihnen zu Liebe, bei den hiesig. Antiquaren nach dem Werke Ausschau gehalten, welchen es aber ganz unbekannt war, obwohl anzunehmen, dass die Stücke auch einzeln in der Kunstwelt gestreut vorkommen dürften.«[352] Doch offenbar vermochte Fink es nicht, ein anderes aufzufinden. Aus dem Inventar von Harzens Sammlung geht hervor, dass ihm weder der Erwerb der kompletten Folge noch einzelner Blätter daraus gelungen ist. Burgkmairs Genealogie blieb für ihn Gegenstand

349 Harold E. Wethey: The Paintings of Titian, Bd. I: The Religious Paintings, London 1969, S. 99.

350 Hamburger Kunsthalle, Kupferstichkabinett, Archiv 268, NH Bb XV: 28, Fink an Harzen, Brief vom 5.12.1853.

351 Maiximilian I. 1459–1519, Ausst.-Kat. Österreichische Nationalbibliothek, Graphische Sammlung Albertina, Kunsthistorisches Museum, Wien 1959, S. 59.

352 Hamburger Kunsthalle, Kupferstichkabinett, Archiv 268, NH Bb XV: 28, Fink an Harzen, Brief vom 5.12.1853.

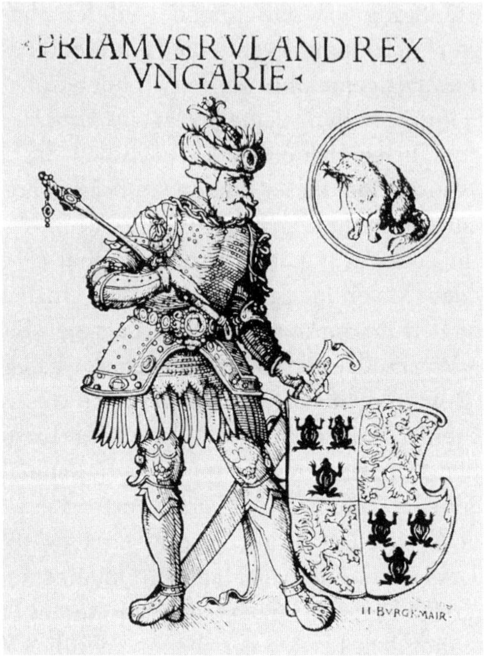

Abb. 22 Hans Burgkmair, Stammbaum Maximillians I., Blatt 45, Der König von Ungarn, Holzschnitt

einer ausschließlich historischen und kunstgeschichtlichen Betrachtung, der er sich 1854 im Deutschen Kunstblatt in einem umfassenden Exkurs widmete.[353]

Ein weiterer Berührungspunkt in diesen späten Jahren war beider Verbundenheit mit dem Werk von Johann Christoph Erhard. Fink berichtete von der Suche nach den letzten Radierungen von Erhards Hand, den Bemühungen des Künstlerfreundes Ernst Welker in dieser Angelegenheit und dem Engagement des Dresdner Kunsthändlers Aloys Apell, den Zeichner mit einem Œuvrekatalog und einer Biographie zu würdigen.[354]

»Als ein Curiosum erscheint mir unter Ihren güthigen Mitteilungen, dass Sie auch die Zeichnung v. Erhard für seine danach [letzte] radierte Platte von Olevano mit mir besitzen sollen […] vermutlich ist Ihre Zeichnung noch mehr ausgeführt«, mutmaßte Fink, vielleicht »ganz zum Stich verarbeitet? Aus der Radierung entnimmt man bereits sein inneres geistiges Kranksein, und dass ihm die italienische Natur überhaupt nicht so wie die deutsche Idylle zu sagte.«[355]

353 Georg Ernst Harzen: Maximilian des Ersten Stammbaum, und dessen »Zotende Mendel«, in: Deutsches Kunstblatt, Berlin 1854, Nr. 26, 6. Juli 1854, S. 237–240.

354 Harzen und Apell standen seit 1842 nachweislich in geschäftlicher Verbindung.

355 Hamburger Kunsthalle, Kupferstichkabinett, Archiv 268, NH Bb XIX: 31, Fink an Harzen, Brief vom 16.4.1857.

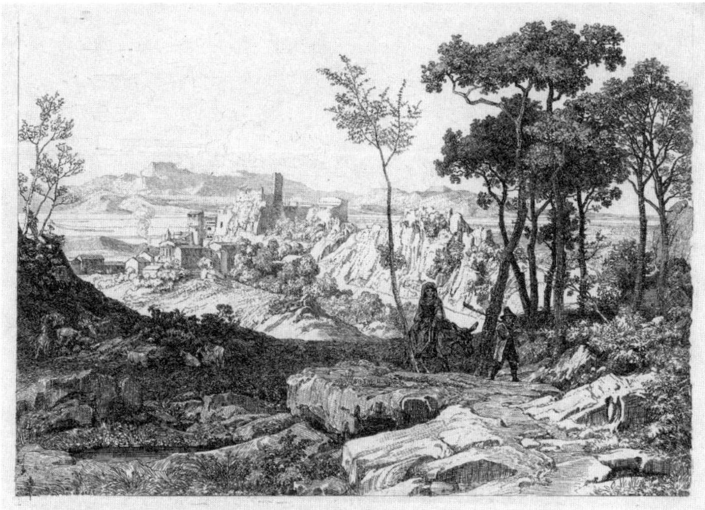

Abb. 23 Johann Christoph Erhard, Olevano,1821, Radierung, Hamburger Kunsthalle, Kupferstichkabinett

Fink zeigte sich angesichts seiner Recherchen überrascht, dass auch Harzen eine Vorzeichnung dieser Ansicht von Olevano (Abb. 23) sein Eigen nennen konnte, da er das Blatt aus seinem Besitz für die alleinige Vorarbeit hielt. Harzen besaß insgesamt vier Studien Erhards zu diesem Sujet: eine mit leichter Hand entworfene vielfigurige Skizze der landschaftlichen Szene, deren differenzierte Ausführung, die unmittelbare Vorzeichnung zur Radierung (Abb. 24) und eine seitenverkehrte Durchzeichnung des Motivs für die Platte auf der Rückseite dieses Blattes. Auf welche Zeichnung sich die Korrespondenz seiner Zeit bezog, ist ungewiss. Doch es ist nicht auszuschließen, dass eines dieser Blätter aus Finks Besitz stammte, der es dem Freund im Austausch überlassen oder verkaufte hatte. Bemerkenswert ist, wie sehr Harzen sich auch in späten Jahren noch darum bemühte, seine Sammlung von Erhard-Zeichnungen zu vervollständigen.

In den letzten Lebensjahren schien sich ein Kreis zu schließen, der Harzen in seiner Beziehung zu Fink noch einmal an die eigenen Anfänge zurückführte, an die nachhaltigen Berührungen mit Erhard und seinen Künstlerfreunden während des ersten Wienbesuchs und der gemeinsamen Monate in Italien. Umso dringlicher mag Harzen den Wunsch Apells nachempfunden haben, Erhards Werke in einem Buch zu publizieren.

»Mittlerweile ist die Verfassung der vom Kunsthändler Apell in Dresden auch mit aller Gewissenhaftigkeit und Verständnis angelegte Monographie Erhard's fast bis zu Ende, nur das Vorwort noch fehlend, gediehen«, ließ Fink 1861 verlauten, »für welches auch vor Anderen wohl Ihre Feder gewachsen u. aus dem Grunde mehr geeignet wäre, da Sie 1. Erhard persönlich kannten u. als Freund liebten, seinem Umgang als Kunstgenosse gepflogen, und als Künstler selbst, Erhards Arbeiten daher am besten zu beur-

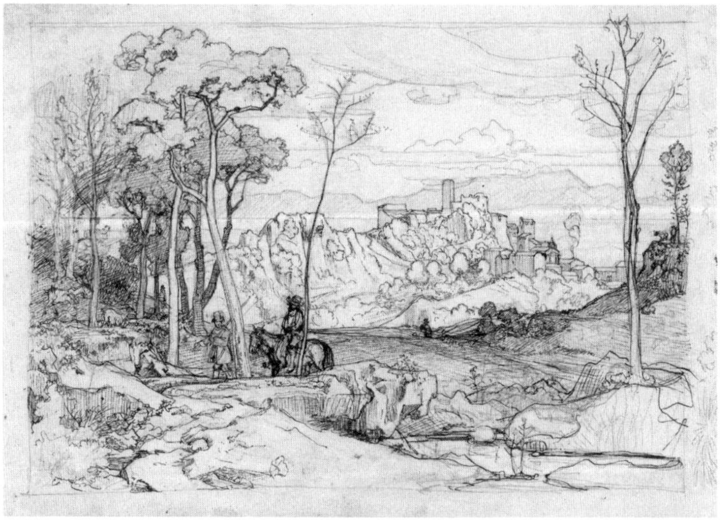

Abb. 24 Johann Christoph Erhard, Olevano, Feder, Bleistift, Hamburger Kunsthalle, Kupferstichkabinett

theilen u. zu würdigen im Stande sind; wodurch Herr von Harzen nicht nur allein seine unzähligen Verehrer im gleichen Maße beglücken u. erfreuen, als sich und den lieben Erhard noch mehr verewigen könnte; – daher auch ich Sie und im Namen aller meiner Freunde hier insbesondere um Ihre gewichtsvolle Mitwirkung zum Aufbau seines verdienten Monumentes inständig bäte.«[356]
Da sich das Buchprojekt weiter verzögerte, kam es nicht mehr zu dieser ehrenvollen Einbindung, und Finks kurz vor seinem Tode ausgesprochener Wunsch blieb unerfüllt. Auch Harzen erlebte die Drucklegung nicht mehr, denn das Buch erschien erst 1866, drei Jahre nach seinem Tod.[357]

William Smith

Mit dem Londoner Graphikspezialisten und Kupferstecher William Smith verband Harzen eine Freundschaft, die bis in das Jahr 1833 zurückreichte. Er hatte sich im März in London aufgehalten und eine Auktion bei Sotheby's besucht, bei der auch Smith zugegen war.[358] Da der Brite mit seinen 25 Jahren zu den Debütanten im Londoner Kunsthandel zählte, ist es vorstellbar, dass Harzen den jungen Kollegen unter seine Fittiche nahm und ihm den Weg in Richtung Kontinent ebnete. Geschäftliche Berührungspunk-

356 Hamburger Kunsthalle, Kupferstichkabinett, Archiv 268, NH Bb XXIII: 15, Fink an Harzen, Brief ohne Datum.
357 Aloys Apell: Das Werk von Johann Christoph Erhard. Maler und Radierer, Dresden 1866.
358 Hamburger Kunsthalle, Kupferstichkabinett, Archiv 268, NH Ea: 01, Tagebuch London 1833, S. 9.

te gab es vorwiegend beim Handel mit Druckgraphik, der sich anscheinend schnell auf einer vertrauensvollen Basis weiterentwickelte, denn Harzen und Smith vertraten einander auf den internationalen Auktionen. An der Korrespondenz der 1840er Jahre ist die sehr persönliche Beziehung ablesbar. Im vertrauten Ton wurden kommerzielle und private Belange abgehandelt, die auch intime Fragen des gesundheitlichen Wohlbefindens nicht aussparten. Die besondere Affinität des Briten zur deutschen Literatur, insbesondere zu Goethe und Schiller, trug dazu bei, den Kontakt zum belesenen Feingeist aus Hamburg zu vertiefen. Auch wenn die Liebe zur Handzeichnung zwischen Harzen und Smith offensichtlich keine Rolle spielte, es sogar fraglich bleibt, ob sich der Kollege aus London damit überhaupt befasste, gab es ein starkes Band, das diese Freundschaft auch über Harzens Rückzug aus dem beruflichen Alltag hinaus einte und dessen Basis schlichtweg Sympathie gewesen ist.

Auch zwischen Harzen und Smith verlief der Kunsthandel 1847 erst einmal ungeachtet aller Reiseabsichten und anzüglichen Bemerkungen über das süße Nichtstun in Italien weiter. Smith schmiedete Pläne hinsichtlich gemeinsamer Auktionsbesuche in Holland und Paris, auf die der Freund aus Hamburg allerdings nicht einging. Zwar nahm der Austausch über zum Verkauf stehende Sammlungen seinen Fortgang, doch Smith scheint über Harzens Zurückhaltung enttäuscht gewesen zu sein und tat sich schwer damit, das fortgeschrittene Alter als Grund zu respektieren. Warum reden Sie dauernd über ihr Alter, insistierte er im Winter 1847. Sie sind kein alter Mann! Es täte mir leid, sie an ein siebzehnjähriges leichtes Mädchen zu verlieren, das ihnen den Verstand raubt. Glauben Sie mir, Sie haben Kraft genug die nächsten zwanzig oder dreißig Jahre munter weiterzumachen. Dann gestatte ich Ihnen darüber zu reden, dass Sie alt werden.[359]

Die Vehemenz, mit der Smith Harzens Lebensenergie zu beschwören schien, war außergewöhnlich. Ohne Frage ist Harzen für ihn ein wichtiger Handelspartner gewesen, doch weit mehr scheint die freundschaftliche Verbundenheit gewogen zu haben, derer Smith sich nach nunmehr vierzehn Jahren beraubt sah. Harzen lenkte ein und bewahrte auch hier Kontinuität. Er lieferte nach wie vor Blätter nach London und war während seiner Reisen für Smith ein wichtiger Gesprächspartner in allen Fragen auch jenseits der Kunst.

1861 bezog Harzen ein letztes Konvolut von Handzeichnungen aus London. Im Juli diesen Jahres war er noch einmal vor Ort, traf Smith und war mit Charles Lock Eastlake und Otto Mündler unterwegs, um sich in privaten Sammlungen Malerei anzusehen.

In Liebe zur Kunst geeint. Harzen und Hugo Behrens

Mit seiner Kunstbegeisterung war Harzen im Kreise der Seinen ein Außenseiter gewesen. Während das Sammeln und Dilettieren als gelebte Tradition in vielen Familien fest

359 Hamburger Kunsthalle, Kupferstichkabinett, Archiv 268, NH Bb IX: 189, Smith an Harzen, Brief vom 14.12.1847.

verankert war, scheinen weder seine Eltern noch die Brüder diese Neigung geteilt zu haben. Im Kunstverein und unter Sammlern und Kollegen hatte Harzen mit Erfolg nach Gleichgesinnten gesucht, doch die Nachhaltigkeit, mit der er sich für die Kunst engagierte und das Geschäft, vor allem aber seine Sammlung aufgebaut hatte, verlangte mit den fortschreitenden Jahren nach tragfähigen Entscheidungen. Die Regelung seiner Nachfolge und die Suche nach einem Erben waren für Harzen von einer nicht länger zu ignorierenden Dringlichkeit.

Im geschäftlichen Bereich konnten Commeter und er die Frage der Nachfolgerschaft mit Geschick lösen, indem sie die Kunsthandlung in die Hände ihres bewährten Mitarbeiters Becker übergaben. Schwieriger gestaltete sich hingegen die Auswahl eines persönlichen Erben. Das Vermögen unter den nächsten Angehörigen nach karitativen Gesichtspunkten zu verteilen, wäre ein Leichtes gewesen, entsprach aber nicht Harzens Wunsch. Er scheint einen geistigen Nachfolger gesucht zu haben, der vor allem mit Blick auf die Kunstsammlung die notwendige Sorgfalt walten ließ. Da er im Familienkreise kaum auf ein entsprechendes Verständnis zu setzen wagte, traf Harzen 1846 eine klare Entscheidung und benannte Matthias Commeter als seinen Universalerben. Mit dieser präventiven Maßnahme konnte er hoffen, dass sein Lebenswerk im Falle eines unerwarteten Todes Bestand haben würde, doch ein Erbe im eigentlichen Sinne war der gleichaltrige Freund nicht. Beide scheinen sich – im Sinne einer vernünftigen Interimslösung – als gegenseitige Erben eingesetzt zu haben. Die anstehenden Veränderungen in der Lebensplanung und das Alter zwangen Harzen, nach einer zukunftsorientierten Regelung seiner Verhältnisse zu suchen.

Da seine beiden Neffen – Ernst wegen seines desaströsen Lebenswandels und Wilhelm aufgrund seiner vollkommen anders gelagerten Interessen – als Nachfolger ausschieden, wandte Harzen sich Ende der 1840er Jahre Hugo Behrens zu. Der Sohn seiner Cousine Henriette, ein Mediziner, scheint seine Liebe zur Kunst geteilt zu haben und war von Harzen schon in frühen Jahren in diesen Neigungen bestärkt worden. Gemeinsam mit dem Hamburger Maler Martin Gensler hatte er ihn in sein Haus eingeladen, wo man sich im Betrachten der Kunstsammlung erging. Unter dem Einfluss von Harzen wurde Behrens zum passionierten Sammler.

Als Hugo Behrens sich 1847 von Berlin kommend als Bade- und Hüttenarzt bei Quedlinburg niederließ, betrieb er zeitweilig auch einen privaten Kunsthandel. Harzen half ihm nach Kräften und übersandte die gewünschten finanziellen Mittel für die Einrichtung der Praxis und die Anschaffung von Pferd und Wagen.[360] Vor allem aber ließ er ihm regelmäßig Kunstwerke zukommen. Er verkaufte an Hugo, tauschte mit ihm einzelne Blätter und schickte die heiß ersehnten »blinden Passagiere«, Zeichnungen und Graphiken, die unbemerkt von Zoll und Fiskus den Besitzer wechselten. Die Intensität, mit der sich Harzen für Behrens' berufliches Fortkommen engagierte und ihn als Sammler förderte, legt die Vermutung nahe, dass er in ihm einen möglichen Nachfolger sah,

360 Hamburger Kunsthalle, Kupferstichkabinett, Archiv 268, NH Bb IX: 33, Behrens an Harzen, Brief vom 23.5.1847.

ihn vielleicht in einem beruflichen Richtungswechsel bestärkte, wie Harzen ihn selbst vollzogen hatte. Doch das Verhältnis wurde schnell angespannt, da es Behrens nicht gelang, sich angemessen in der einen oder anderen Richtung zu etablieren und der ausbleibende Wohlstand in eine permanente Unzufriedenheit umschlug. Harzen warf ihm Opportunismus vor, sich um etwaiger Begünstigungen willen den »Demagogen« angeschlossen zu haben, was Hugo dementierte.[361] Allen Vorbehalten zum Trotz scheint der Onkel in Hamburg immer wieder eingelenkt zu haben. Er lancierte Verkäufe und vermittelte Ware nach Quedlinburg, um die Begeisterung des Neffen wach zu halten.

»Ich habe eine rechte Sehnsucht Dich einmal wieder zu sehen«, ließ Hugo den Onkel im Sommer 1855 wissen, »und einmal etwas anderes zu hören u. zu sprechen als dies in dieser an Schweinezucht u. Branntweinfabriken reichen Stadt möglich ist [...]. Würde nicht dann u. wann in unserer Nachbarschaft eine Ausstellung gehalten werden, so würde ich gar nicht mehr wissen, dass es noch Malerei gäbe. Wie beneide ich Dich und Alle die ihren Durst in dieser Hinsicht befriedigen können, ein Durst der bei mir von Jahr zu Jahr wächst u. mich leider schon zu Ausgaben verleitet hat, die in meiner Lage leichtsinnig genannt werden können.

Auf der anderen Seite hat dieser Trieb, dem ich in Hamburg so willig nachgab [...] auch sein Gutes gehabt, denn wie ich Dir schon früher andeutete, habe ich [...] einen formlosen Bilderhandel getrieben [...] ohne diese Hülfe wäre es mir sicher schlecht ergangen. Der Handel hat nun zwar aufgehört, denn meine Abnehmer sind nicht mehr hier, desto eifriger handle ich aber mit mir selbst, u warte alle Tage eines kleinen Treffers in der Lotterie, um meine Sammlung ausdehnen zu können.

Voriges Jahr war [Martin, Anm. d. Ver.] Gensler hier, ich fand ihn unter dem Thore meines Hauses sitzen und zeichnen. Es war mir eine große Freude so ein lebendes Blatt meines Albums wiederzusehen. Letzteres darf ich ohne Heimweh gar nicht betrachten, könnte ich doch wieder nach Hamburg.«[362]

Die Sehnsucht nach den Hamburger Gepflogenheiten im Hause des Onkels und vor allem aber nach einer Verbesserung der ökonomischen Verhältnisse mündete in dauerhaftes Klagen, das sich aus einer grundlegenden Enttäuschung über das berufliche und gesellschaftliche Umfeld ebenso speiste wie aus der Unfähigkeit, etwas daran zu ändern.

Zum Jahresanfang 1856 folgte Behrens einer Einladung Harzens in der Hansestadt. Doch die wohlmeinende Geste ließ ihn die Trostlosigkeit der eigenen Situation umso dringlicher empfinden, und das Zusammentreffen in Hamburg endete mit einem Bruch. Die Erbschaftsfrage scheint damit für Harzen geklärt gewesen zu sein: Im Sommer des gleichen Jahres nahm er eine Testamentsänderung vor und vermachte seinen Besitz der städtischen Galerie in Hamburg.

361 Hamburger Kunsthalle, Kupferstichkabinett, Archiv 268, NH Bb XIII: 07, Behrens an Harzen, Brief vom 10.2.1851.
362 Hamburger Kunsthalle, Kupferstichkabinett, Archiv 268, NH Bb XVII: 05, Behrens an Harzen, Brief vom 8.8.1855.

Der Kontakt zu Behrens verblieb vorerst in den vertrauten Bahnen, begann sich aber abzukühlen und zu komplizieren, was nicht zuletzt Hugos schwierigem Naturell zuzuschreiben war. Harzen verlor das Interesse und ließ viele Briefe unbeantwortet. Behrens befürchtete zu Recht, das Unglück zu haben, ihm zu missfallen. »Um von Dir einmal einige Zeilen zu erhalten«, resümierte Behrens 1861 in einem seiner letzten Briefe an Harzen, »bedarf es [stets] kräftiger […] Mittel, die auch nicht immer auf den ersten Angriff wirken […].«[363]

363 Hamburger Kunsthalle, Kupferstichkabinett, Archiv 268, NH Bb XXIII: 05, Behrens an Harzen, Brief vom 17.5.1861.

EIN ÖFFENTLICHES MUSEUM IN HAMBURG

Geordnete Verhältnisse

Bereits im Frühjahr 1855 hatte Harzen damit begonnen, die Regelung seines Erbes in die Hand zu nehmen, und Commeter um die Aufteilung des bis dahin weitgehend gemeinsam verwalteten Besitzes gebeten.

»Ihren Brief [...] habe ich erhalten und daraus entnommen, dass Sie meinen Vorschlag betreffend die Auseinandersetzung unserer Vermögens Verhältnisse genehmigen; ich werde daher in diesen Tagen die Positionen aufrufen lassen, worauf es in der umstehenden [Vereinbarung, Anm. d. Verf.], welche am 23ten dieses [Jahres] eintritt, getrennt werden kann. Unser Freund Mauke wird mich auf den Notar begleiten u bey der [Verfügung] gegenwärtig sein [...].«[364]

Offenbar existierte eine vertragliche Vereinbarung zwischen den Geschäftspartnern, die nun endete, so dass eine Neuregelung möglich wurde. In Harzens Brief sind Geldbeträge aufgeführt, die Commeter zustanden: 4500 Mark, die der Geschäftspartner vermutlich in Ottensen investiert hatte, sowie von ihm gezeichnete weitere 5000 Mark und die bereits erwähnten 40000 Mark am Neuen Wall. Die Gelder waren frei zur Auslieferung, sobald Commeter erklärte, damit befriedigt zu sein.

»Es ist dies nur der Ordnung wegen«, erklärte Harzen dem Freund sein bürokratisches Vorgehen, »um nicht mit Ihren etwaigen Erben ins Gewissen zu kommen – denn wir sind alle stets Menschen. Auch werden Sie mir sagen, wie Sie es mit den kleinen jährlichen Constituten für Kunstverein, Porto [und andere laufende Kosten, Anm. d. Verf.] gehalten haben wollen, welche bisher bei mir oder B[ecker] eingefordert worden sind, [...] welche davon Sie behalten wollen, und welche nicht, u[nd] ob ich dieselben von der halbjährlichen Zuzahlung kürzen soll. Sie werden sich über diesen Gegenstand bald aussprechen [müssen].«[365]

Während die Regelung der Finanzen unproblematisch war, bedeutete die Aufteilung der Kunstsammlung eine erhebliche Herausforderung. Sie bildete im ideellen Sinne das Herzstück des zu trennenden Vermögens, das Harzen und Commeter im Laufe von mehr als dreißig Jahren zusammengetragen hatten. Um die 100 Gemälde und schätzungsweise 30000 graphische Blätter und Handzeichnungen zählten zu dieser Sammlung, ein Extrakt dessen, was im Laufe ihres Berufslebens durch beider Hände gegangen war.

Aus der Zeitspanne, in der Harzen sich mit der Regelung seiner Hinterlassenschaft befasste, stammt das Inventar dieser Kunstsammlung. Auf 850 Seiten sind sämtliche Arbeiten auf Papier handschriftlich erfasst.[366] Knappe Beschreibungen und gelegent-

364 Hamburger Kunsthalle, Kupferstichkabinett, Archiv 268, NH Ba XIV: 02, Harzen an Commeter, Brief vom 13.4.1855.
365 Ebd.
366 Hamburger Kunsthalle, Kupferstichkabinett, Archiv 268, NH Ad: 01: 01–32, Inventar von Harzens graphischer Sammlung.

liche Hinweise auf die Provenienz vervollständigen die Grunddaten. Später ergänzte Harzen die zwischenzeitlich vorgenommene Aufteilung. Die nun Commeter zugewiesenen Sammlungsbestände wurden mit roter Tinte ausgestrichen, blieben aber mit der Kennzeichnung »Commeters Sammlung« Teil des Gesamtverzeichnisses.

Die Aufteilung war nach inhaltlichen Gesichtspunkten vorgenommen worden: Commeter erhielt die gesamte Dürer-Sammlung, einen reichen Bestand an Radierungen deutscher Zeitgenossen, darunter viele Arbeiten Hamburger Künstler, die Radierungen von Johann Adam Klein und Johann Christoph Erhard sowie dessen Zeichnungen. Auch die Kupferstiche Botticellis – heute in der Hamburger Kunsthalle als anonyme Florentiner Meister geführt – und die Druckgraphik von William Hogarth gingen geschlossen an ihn. Hinzu kam ein gemischter Bestand an Kupferstichen und Radierungen des 16. bis 19. Jahrhunderts. Harzen behielt unter anderem die niederländischen, italienischen und deutschen Handzeichnungen sowie die druckgraphischen Bestände dieser Schulen. Das Inventar veranschaulicht, dass hier keine Aufteilung unter kaufmännischen Gesichtspunkten vorgenommen wurde, sondern der kunstgeschichtliche Zusammenhalt das wegweisende Kriterium gewesen ist.

Da der größere Teil der graphischen Sammlung bei Harzen blieb, ist anzunehmen, dass der finanzielle Ausgleich an anderer Stelle, möglicherweise über die Gemälde, vorgenommen wurde. In seinem Besitz blieben auch die wertvollen illustrierten Bücher.[367]

Zum »allgemeinen Besten«. Die Testamentsänderung von 1856

Im Sommer 1856 war die Aufteilung der Besitzstände vollzogen, und Harzen war mit Blick auf seine testamentarischen Verfügungen zu einer Entscheidung gelangt, die es ihm ermöglichte, Commeter aus der Verantwortung zu entlassen. Am 23. Juni 1856 ließ er ein Kodizill zu seinem Testament niederlegen, in dem er seine geänderten Wünsche festhielt.

»An meinem am 11. April 1846 errichteten und vollzogenen letzten Willen finde ich mich gegenwärtig veranlasst folgende Änderungen und Zusätze zu treffen.

[Es] wird hindurch dahin abgeändert, daß nachdem ich mich mit Herrn J. M. Commeter, auf sein ausdrückliches Verlangen, in unserer gemeinsamen Rechnung gänzlich auseinandergesetzt […] ich meine Verfügung seiner Ernennung zu meinem Universal Erbe in ihrem ganzen Umfange hinmittelst zurücknehme und annulliere, wogegen ich an diese Stelle nunmehr die hiesige Städtische Gallerie, indem ich solche als die Grundlage eines zu bildenden allgemeinen Kunstmuseums betrachte, dergestalt ernenne, daß dieselbe in alle und jede meinem bisherigen Universal Erben übertragenen Rechte eintritt, wohingegen sie auch alle demselben auferlegten, nicht in der Zwischenzeit hinfäl-

367 Das Inventar von Harzens Bibliothek hat sich nicht erhalten. Über handschriftliche Bezeichnungen in den Büchern von Harzen selber konnte die Provenienz in vielen Fällen verifiziert werden. Vgl. Kapitel: Bibliothek und illustrierte Bücher.

lig gewordenen Verpflichtungen, nebst den von mir neu hinzugefügten zu erfüllen hat.«[368]

Seit zwanzig Jahren hatten die kunstsinnigen Bürger Hamburgs daran gearbeitet, ein öffentliches Museum auf den Weg zu bringen, als Harzen sich veranlasst sah, das zukünftige Museum mit seinem Erbe zu bedenken. Nachdem der Kunstverein 1836 mit der eigenen Sammlung den ersten Schritt in Richtung Kunstmuseum zu tun bereit gewesen war, wurde die Idee immer wieder thematisiert, allerdings ohne dass konkrete Schritte folgten. August Abendroths Vorschlag, es dem 1829 in Frankfurt eröffneten Städelschen Kunstinstitut gleichzutun und den großen Wurf zu wagen, war 1839 erst einmal ohne Konsequenzen verhallt. Die Saat war jedoch ausgebracht, und die Notwendigkeit einer städtischen Gemäldegalerie blieb ein kontinuierliches Thema.

Es bedurfte noch sieben weiterer Jahre, bis der Architekt Friedrich Stammann – ein jüngerer Bruder von Franz Georg Stammann und seit 1845 ebenfalls Mitglied im Kunstverein[369] – die Idee konkretisierte und den Wunsch nach »Vorberathungen über die demnächst zu errichtende öffentliche Kunstsammlung« äußerte.[370] Zum Zeichen der Ernsthaftigkeit seiner Absichten hatte er im März 1846 das Gemälde *Cromwell am Sarge Karls I.* von Paul Delaroche[371] – eines der sogenannten Stammbilder der Galerie – gestiftet und vom Hamburger Senat die Bereitstellung eines Lokals »zur Ausstellung einer künftigen Städtischen Gemäldesammlung« gefordert.[372] Ihm hatten es weitere Kunstvereinsmitglieder gleichgetan und im Verlaufe dieser Vereinssitzung ebenfalls Spenden zugesagt. Otto Christian Gaedechens schenkte *Freiheit oder Tod* von Jean Baptiste Regnault.[373] Johann Christian Andreas Mestern versprach zwei Gemälde, und auch Willem te Kloot und Commeter sagten je ein Bild zu.[374] Mit dem entsprechenden Nachdruck setzte der Kunstverein eine eigene Kommission ein, der neben Stammann auch Gaedechens und die Vereinsmitglieder Adolph Halle und Christian Petersen angehörten. Weitere drei Jahre verstrichen, ehe der Hamburger Senat eine »Galerie-Kommission« benannte. Ausschlaggebend dafür war das Vermächtnis von Hartwig Hesse, der der zukünftigen Galerie 1849 allein 27 Gemälde vermachte.[375]

Im März 1850 fand im Saal der Börsen-Arcaden am Adolphplatz die erste Ausstellung der »Hamburgischen städtischen, öffentlichen Gemälde Gallerie« statt. Günther Gensler hatte den Sammlungskatalog verfasst und verlieh in seinem Vorwort der Hoffnung nach stetigem Wachstum Ausdruck.

»Ist der Anfang gleich ein bescheidener, so steht zu hoffen, dass die Sammlung durch ferne freundliche Gaben und Vermächtnisse mehr und mehr an Umfange gewinnen

368 Hamburger Kunsthalle, Kupferstichkabinett, Archiv 268, NH Ca: 07: 01, Codicill vom 23.6.1856.
369 Hamburger Kunsthalle, Kupferstichkabinett, Archiv 62a, Protokoll des Kunstvereins, 392. Versammlung.
370 Ebd. 377. Versammlung.
371 Hamburger Kunsthalle, Inv.-Nr. HK-2265.
372 Hamburger Kunsthalle, Kupferstichkabinett, Archiv 62a, Protokoll des Kunstvereins, 399. Versammlung.
373 Hamburger Kunsthalle, Inv.-Nr. HK-510.
374 Hamburger Kunsthalle, Kupferstichkabinett, Archiv 62a, Protokoll des Kunstvereins, 393. Versammlung.
375 Ulrich Luckhardt: »… diese der edlen Kunst gewidmeten Hallen«. Zur Geschichte der Hamburger Kunsthalle, Hamburg 1994, S. 6–7.

werde, um mit der Zeit dem Städel'schen Museum, welches unserer Schwesterstadt Frankfurt zu grosser Zierde gereicht, an die Seite gestellt werden zu können [...].«[376]

Seinem Wunsch schenkten die Hamburger Gehör, und die Sammlung vergrößerte sich beständig. Zu den Mäzenen zählten viele, die an dieser Idee im Kunstverein von langer Hand mitwirkten, darunter Eduard Johns, die Familien Sillem und Mettlerkamp, der Maler und Gensler-Schüler Johann Caspar Coqui, Franz Georg Stammann, der Kunstverein selber, der regelmäßig Bilder zu diesem Zweck erwarb, die Kaufleute Cordes und Schemmann. Commeter und Harzen hatten sich dazu entschieden, ihre Zusage mit den *Badenden Frauen in der Landschaft* von Jacob van Loo einzulösen.[377]

Das kontinuierliche Anwachsen der Sammlung führte zu beengten Verhältnissen in den Börsen-Arcaden, und anlässlich der am 12. April 1856 eröffneten Ausstellung des Kunstvereins wurden erhebliche Kritik und die Forderung nach einem angemessenen Museumsbau laut.

Gut zwei Monate später änderte Harzen sein Testament. Bei aller Großzügigkeit war dieses Legat weit von einem Geschenk, über das man frei verfügen könnte, entfernt, denn es gab strenge Auflagen, ehe die Städtische Galerie in den Genuss des Vermögens kommen sollte. Das Herzstück dieses treuhänderischen Vermächtnisses bildete die Kunstsammlung, die Harzen ohne Frage höher achtete als die beiden Gründstücke und sein Kapital. Danach bemaß er die Vorgaben, die nach seinem Tode an die Realisierung geknüpft waren, und verlangte den Bau eines öffentlichen Museums.

»Bis dahin nun, dass ein solches Local eröffnete werde [...] sollen diese Gegenstände provisorisch, an trockenem, sicheren Orte, sorgfältig beaufsichtigt, bewahrt bleiben, und während der selben Zeit die Zinsen meines übrigen zu realisierenden Nachlasses, dessen Administration meinen Herren Testaments=Executoren übertragen bleibt, zum Capital geschlagen werden, das auf sicherem Legathe zu belegen ist.

Sowie jedoch [die] Bedingung der Localität erfüllt ist, tritt die Städtische Gallerie auch sofort in den vollen Genuß der Erbschaft, sowohl der Sammlung als des Capitals [...].

Sollte nun, wieder Verhoffen, der Plan zur Einrichtung eines Kunst Museums nicht in Erfüllung gehen, und die Städtische Gallerie sich außer Stande gesetzt finden, obige Clausel in Betracht der Localität zu erfüllen, so verordne ich, dass nichts desto weniger, und spätestens im Verlauf von fünf Jahren nach meinem Tode, meine [...] Testaments=Executoren, sowohl meine Sammlungen, als das realisierte Capital, der Städtischen Gallerie übergeben, unter der Bedingung, daß Erstere so lange beruhen bleiben bis Letzteres soweit herangewachsen ist, daß aus dessen Zinsen außer den Kosten der Erhaltung und Beaufsichtigung auch die der Einrichtung einer anständigen Localität bestritten werden können, um die Sammlungen zu gewissen Zeiten dem Kunstliebenden Publi-

376 Günther Gensler: Verzeichnis der Bilder der öffentlichen städtischen Gemälde-Gallerie in Hamburg, Hamburg 1850, S.21.

377 Hamburger Kunsthalle, Archiv, ehemaliger Besitz, 1926 wurde das Gemälde aus der Sammlung der Kunsthalle an Studio Amsterdam verkauft.

kum zugänglich zu machen, und solchergestalt früher oder später ein Institut in das Leben zu rufen, von dem für die Ausbreitung und Läuterung des Kunstgeschmacks nur wohlthätige Folgen zu erwarten sind.«[378]

Harzen ließ in seiner letzten Verfügung keinen Bewegungsspielraum, sondern knüpfte die Übergabe der seinerzeit bedeutendsten graphischen Kunstsammlung in der Hansestadt an Bedingungen, die den Senat vor vollendete Tatsachen stellten. Um in den Nießbrauch dieser Kunstschätze zu gelangen und über das Kapital zumindest eingeschränkt bestimmen zu können, musste man sich Harzen beugen und ein öffentliches Museum errichten. Erfüllte man diese Bedingung nicht innerhalb von fünf Jahren nach seinem Tod, fielen Geldvermögen, Grundbesitz und Kunst in jedem Fall an die Städtische Galerie, jedoch mit der noch strengeren Auflage, aus dem einer Stiftung ähnlichen Vermächtnis ein privates und ausschließlich den graphischen Künsten gewidmetes Museum zu errichten. So blieb dem Hamburger Senat letztendlich keine Wahl, denn ein Museum, das Harzens Vorstellungen berücksichtigte, wäre früher oder später in jedem Fall entstanden.

Von der Galerie zum Museum

Dass Harzens Testamentsänderung im Kreise alter und neuer Weggefährten bekannt war, steht außer Frage, ebenso wie die beabsichtigte Signalwirkung, die von seiner Entscheidung ausging. Er selber trat kaum noch öffentlich in Erscheinung, sondern hatte sich nach diesem letzten Paukenschlag ganz ins Private zurückgezogen. Dennoch verstrichen zwei weitere Jahre, ehe das »Comité für den Bau eines öffentlichen Museums in Hamburg« am 28. Dezember 1858 erstmals tagte. Der Kreis derer, die für den Museumsbau um Spenden warben, allesamt seit Jahren Befürworter dieser Idee, formierte sich überwiegend um den Kunstverein.

»Das Bedürfnis einer Kunsthalle, die Hamburgs würdig sei, ist so dringend und der Wunsch auf Abhilfe so allgemein und laut kundgegeben, dass es wohl einer ernsten Anstrengung bedarf, um ein Werk zur Ausführung zu bringen, welches eine Zierde Hamburgs und ein ehrenvolles Denkmal vaterstädtischen Gemeinsinns sein wird.«[379]

Damit das Museum seine Funktion als Gemäldegalerie angemessen erfüllen konnte, veranschlagte man die zu erwartenden Baukosten großzügig auf 300 000 Mark, ein Betrag, der privat aufgebracht werden musste. Im Dezember 1858 zeichneten die ersten Sponsoren ihre Beiträge, angeführt von Carl Heine, Geo Vorwerk, Nicolaus Hudtwalcker und August Abendroth, die Summen zwischen 6 000 und 25 000 Mark zusicherten. Insgesamt wurden bis zum November 1862 um die 160 000 Mark aufgebracht, und die Stadt sicherte einen Baukostenzuschuss von 100 000 Mark zu. Mit einer weiteren »Aufforderung zum Beitrag« rief man zu einem letzten Kraftakt auf, um die noch fehlenden 40 000 Mark zusammenzutragen.

378 Hamburger Kunsthalle, Kupferstichkabinett, Archiv 268, NH Ca: 07: 01, Codicill vom 23.6.1856.
379 Zitiert nach Luckhardt 1994, S. 10.

»Das Comité, von der Überzeugung durchdrungen, dass der allgemeine Wunsch dahin geht, das so weit geförderte Werk würdig zu vollenden, daß unsere ganze Stadt keine Anstrengung scheuen wird, das bis jetzt gewonnene Capital seiner schönen Bestimmung zu erhalten, wendet sich verstärkt nochmals an seine Mitbürger mit der Bitte, daß jeder nach dem Maaß seiner Kräfte zur Ausführung des Werkes seine Beisteuer gebe. Die Zahl der bisherigen Unterzeichner kann noch die Zahl aller Derer nicht erreicht haben, die für den Bau eines Kunstmuseums ein lebhaftes Interesse haben. Glaube niemand, daß seine Gabe zu gering sein werde, viele Bausteine bilden ein Haus. Der gute Grund ist von Wenigen gelegt, jetzt kommt es darauf an, auf ihm durch die Teilnahme vieler weiter zu bauen, damit das erste Werk der freien Kunst in Hamburg zugleich ein wahres Werk des Gemeinsinns sei.«[380]

Zu den Unterzeichnenden zählten neben Harzen, Hudtwalcker, Susette Sillem und Abendroth auch Martin Gensler, Eduard Behrens, Ernst Vivié sowie weitere Förderer aus den Reihen des Kunstvereins.

»Wo soll die neue Kunsthalle erbaut werden?«

Mit dem Fortgang der Finanzierung stellte sich die Frage nach dem Standort, die von den Initiatoren des Museums schon lange erörtert wurde. Auch Harzen hatte sich diesbezüglich Gedanken gemacht und seine Wünsche im Änderungskodizill festgehalten. Er hatte ein Haus vor Augen, das zwar gut erreichbar sein sollte, von dem aber »zu hoffen [wäre], dass es nicht im Mittelpunkte der Stadt gelegen, wo der stets zunehmende, durch keine Vorkehrungen zu beseitigende Steinkohlerauch den Kunstsachen so verderblich wird« und ein ähnliches Schicksal erleide wie die »National Gallerie in London, [die] binnen Kurzem verlegt werden muß.«[381]

Ein Gremium aus kunstinteressierten Bürgern, Malern, Architekten und Bildhauern stellte den künftigen Standort öffentlich zur Diskussion. Dabei waren zwei Aspekte ausschlaggebend, um über die »Angemessenheit des Platzes [...] einer Kunsthalle« zu befinden: So sollte »die Erhaltung der landschaftlichen Schönheit in den nächsten Umgebungen« auf jeden Fall bewahrt werden, und der Bauplatz musste den musealen Anforderungen auch auf lange Sicht standhalten, wobei es bei der Auswahl des Grundstücks »hauptsächlich auf gutes Licht, trockenen Grund, harmonische Umgebung und nicht zu weite Entfernung vom Mittelpunkt der Stadt [ankomme].«[382]

Mit dieser Vorgabe berücksichtigte man im Wesentlichen Harzens Vorstellungen, doch hinsichtlich der Realisierung differierten die Ansichten. Drei Vorschläge standen zur Diskussion, deren Vor- und Nachteile öffentlich erörtert wurden.

380 Hamburger Kunsthalle, Kupferstichkabinett, Archiv 73, Nachlass Gensler, »Aufforderung zum Beitrag [...]«.
381 Hamburger Kunsthalle, Kupferstichkabinett, Archiv 268, NH Ca: 07: 01, Codicill vom 23.6.1856; Archiv 62a, Protokoll des Kunstvereins, 392. Versammlung.
382 Hamburger Kunsthalle, Kupferstichkabinett, Archiv 73, Nachlass Gensler, »Der Platz der Kunsthalle«.

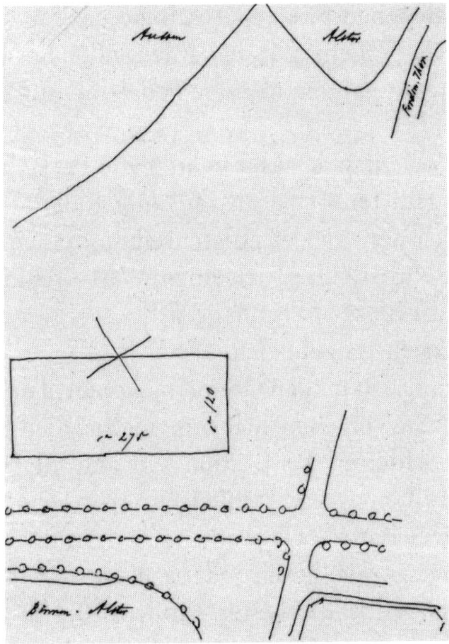

Abb. 25 Entwurfsskizze von Harzen für den Museumsbau, Hamburger Kunsthalle, Kupferstichkabinett

Vom offiziellen Komitee zum Bau einer Kunsthalle wurde der Platz auf der ehemaligen Bastion Diderus am Ende der Esplanade vorgeschlagen,[383] was aber wegen befürchteter massiver Eingriffe in den Charakter der Landschaft und mit Rücksicht auf zukünftige Eisenbahnvorhaben keine Zustimmung fand. Negativ schlug ferner die existierende Bebauung zu Buche, weil das neue Aushängeschild der Stadt zwischen den »hohen Gebäuden […] der Esplanade und den Stamman'schen Häusern […] eine zu große Steinmasse bilden [und] in Mitten dieser Gebäude eine gedrückte Stellung bekommen würde.«[384]

Harzen gab einem Standort am gegenüberliegenden Ende des Alsterdamms den Vorzug, der in einem früheren Beschluss der Bürgerschaft bereits als Bauplatz angedacht worden war. Er schlug vor, die Kunsthalle zwischen Binnenalster und Ferdinandstor zu errichten, und hielt seine Idee in einer kleinen Skizze fest (Abb. 25).[385] Der Museumsbau sollte parallel zum Damm und der dort verlaufenden Allee gebaut werden, mit einer repräsentativen Front nach der Binnenalster und dem Jungfernstieg hin sowie einem

383 Volker Plagemann: Die Anfänge der Hamburger Kunstsammlungen und die erste Kunsthalle, in: Jahrbuch der Hamburger Kunstsammlungen, Bd. 11, Hamburg 1966, S. 73.

384 Hamburger Kunsthalle, Kupferstichkabinett, Archiv 73, Nachlass Gensler, »Der Platz der Kunsthalle«.

385 Hamburger Kunsthalle, Kupferstichkabinett, Archiv 268, NH Da: 06: 03, Museumsangelegenheiten.

rückwärtig zur Straße gelegenen Eingang. Auch dieser Standort stieß auf Ablehnung, weil der Blick zur Außenalster nicht gestört werden sollte. Erschwerend kam hinzu, dass der Baugrund als ungeeignet galt, da massive Probleme mit Feuchtigkeit zu erwarten waren.[386]

Im Vorfeld war der Vorschlag des Architekten von Becker, den abzutragenden Wall zwischen Dammtor und Holstentor zu nutzen, aufgrund der großen Entfernung verworfen worden. Und auch der vor der Ausschreibung eingereichte Plan von Martin Haller, der die zukünftige Kunsthalle gleich einem Wasserschloss an die Stelle der Mühle mitten auf die Lombardsbrücke zu setzen gedachte, war wegen des massiven Eingriffs in das Stadtbild unberücksichtigt geblieben.[387]

Letztendlich kamen die zuständigen Gremien überein, dem »prinzipiellen Vorschlag des Senats« zu folgen.[388] Sie sprachen sich gemeinschaftlich für die Alsterhöhe selber aus, die 1829 durch das Schleifen der Bastion Vincent entstanden war und viele der geforderten Kriterien erfüllte. »Aus verschiedenen triftigen Gründen möchten wir die Bürgerschaft ersuchen die Senats-Vorlage anzunehmen und zwar mit der Modifikation, daß die Alsterhöhe nicht ganz nivelliert, sondern nur soweit abgetragen, daß sie den für den Bau erforderlichen Flächenraum bietet, dann würde die Kunsthalle etwas erhöht über die Chaussee eine imposante ihre ganze Umgebung beherrschende Lage gewinnen.«[389] Der Senatsantrag wurde von der Bürgerschaft am 11. Oktober 1862 genehmigt. Nicht vorhersehbar war, dass rund vierzig Jahre nach Eröffnung des Museums die Luftverschmutzung, die Harzens größte Sorge gewesen war, zum Problem wurde. Nachdem die Zusammenlegung der vier Hamburger Bahnhöfe 1899 beschlossene Sache war, konnte der Hauptbahnhof bereits 1906 eröffnet werden. Sämtlicher Bahnverkehr verlief nun in unmittelbarer Nähe zu den nördlichen Ausstellungsräumen der Kunsthalle. Die von Harzen befürchtete Belastung durch Steinkohlerauch stellte über Jahrzehnte mit der stetig ansteigenden Verkehrsfrequenz ein großes Problem für den konservatorischen Erhalt der Sammlung dar.

Der »Bau einer Kunsthalle in Hamburg«

Im Februar 1859 berichtete August Abendroth dem Komitee von einem Zusammentreffen mit Gustav Friedrich Waagen. Der Direktor der Berliner Museen galt als ein Kenner der Materie. Er befürwortete den Bauplatz und riet zu einem Museumsbau im konventionellen Zuschnitt, der sich über zwei Stockwerke erstrecken sollte. Vorzuziehen sei »der classische Styl, Renaissance nicht gerade auszuschließen, Rococo und gothy-

386 Hamburger Kunsthalle, Kupferstichkabinett, Archiv 73, Nachlass Gensler, »Der Platz der Kunsthalle«.
387 Dazu Wilhelm Hornbostel u. David Klemm (Hrsg.): Martin Haller Leben und Werk, Ausst.-Kat. Museum für Kunst und Gewerbe Hamburg 1997.
388 Plagemann 1966, S. 73.
389 Hamburger Kunsthalle, Kupferstichkabinett, Archiv 73, Nachlass Gensler, »Der Platz der Kunsthalle«.

scher Styl nicht zuzulassen.«[390] Waagen empfahl eine Präsentation der Skulpturen im unteren Geschoss sowie die Einrichtung der Wirtschaftsräume und Werkstätten im Souterrain, so, wie es in Berlin im Alten Museum mit Erfolg realisiert worden war. Er gab Ratschläge für die »Concurrenz«, den anzuberaumenden Architektenwettbewerb, dessen Jury er später angehörte. Waagen war ein kompetenter Fachmann und ein enger Freund Harzens. Da beide sich seit nunmehr zwanzig Jahren nahestanden, ist nicht auszuschließen, dass Bürgermeister Abendroth, selber mit Harzen gut bekannt, letztendlich von ihm die hilfreiche Empfehlung erhalten hatte, sich in Berlin Rat zu holen.

Trotz aller Bemühungen gelang es Abendroth nicht, die Ausarbeitung der Ausschreibung voranzutreiben. Nachdem es mit dem Architekten Franz Gustav Forsmann zu unüberwindbaren Kontroversen gekommen war, beschloss das Komitee, seine Entscheidungsfähigkeit durch die Aufnahme weiterer Mitglieder auf eine unabhängige Basis zu stellen und zu stärken. Zu den Wunschkandidaten zählten Harzen, der Architekt Ernst Georg Vivié, der Präses des Kunstvereins Prof. Christian Petersen, der Kaufmann Theodor Dill, einstiger Retter der Hamburger Börse beim Brand von 1842, der Reeder Ferdinand Laeisz und der Theologe und Schriftsteller Karl Heinrich Schleiden.[391]

Nur knapp ein Jahr, nachdem Abendroth seinen Vorstoß in Berlin gewagt hatte, wurde Harzen vom »Comité für den Bau eines öffentlichen Museums in Hamburg« eingeladen, selbigem beizutreten.[392] Er nahm die Einladung an, und von einem Rückzug in den Ruhestand konnte nun keine Rede mehr sein. Harzen war federführend in das Museumsprojekt involviert, auch wenn er dies kaum öffentlich machte.

Am 25. März 1860 wohnte er der Versammlung zum ersten Mal bei, und bereits in der nächsten Sitzung am 5. April wurden die Erfordernisse einer zukünftigen Kunsthalle anhand von Bauplänen verschiedener Museen erörtert, die Bauinspektor Johann Hermann Maack auf Einladung des Komitees vorlegte. Alle Vorgaben für die Ausschreibung wurden in dieser Sitzung festgelegt.[393]

Dass Harzen auch hier seinen Einfluss geltend machte, veranschaulicht das Konvolut »Museumsangelegenheit« in seinem Nachlass.[394] Neben der erwähnten Skizze befindet sich darin ein undatierter handschriftlicher Entwurf der Wettbewerbsstatuten, der die von Waagen ausgesprochenen Empfehlungen ebenso berücksichtigt wie die vom Komitee gefassten Beschlüsse. Harzen scheint dieses Konzept unmittelbar nach seinem Beitritt verfasst zu haben und leistete damit einen entscheidenden Beitrag in dieser strittigen Angelegenheit.[395] Seine Notizen dienten Bauinspektor Maack als Richtlinie für die im Auftrag von Senat und Komitee erstellte »Abfassung« und die Ausführung der Pläne. Seine Ideen gingen nahezu unverändert in das offizielle Programm ein. Dies schloss die Größe des Museums, die Raumverteilung und den Verwendungszweck der

390 Staatsarchiv Hamburg, B 364-2/1 Hamburger Kunsthalle III 1, Protokollbuch 1858–1868, Sitzung 8.2.1859.
391 Ebd. Sitzung 21.2.1860.
392 Ebd. Sitzung 25.3.1860.
393 Ebd. Sitzung 5.4.1860.
394 Hamburger Kunsthalle, Kupferstichkabinett, Archiv 268, NH Da: 06: 01–04, Museumsangelegenheiten.
395 Ebd.

einzelnen Bauglieder ebenso ein wie die veranschlagten Kosten. Konsens bestand auch über die Verwendung des Ziegels als authentischem Baumaterial für Norddeutschland, das nur im Bedarfsfall durch Importwaren ergänzt werden sollte. Selbst im sprachlichen Modus folgte man Harzen nahezu uneingeschränkt.

Nachdem die Standortfrage zwei Jahre später definitiv zu Gunsten der Alsterhöhe entschieden worden war, brachte das Komitee am 15. Dezember 1862 die öffentliche Ausschreibung auf den Weg. Bei der »Aufforderung zur Einreichung von Entwürfen«[396] beschränkte man sich jenseits von Harzens Vorgaben auf ergänzende Erläuterungen der als Anlagen beigefügten Pläne und Preislisten sowie auf Hinweise zur Beschaffenheit des Baugrundes, das Resultat jüngster Bodenproben. Abweichungen gab es bezüglich der gewünschten Maßstäbe und Erläuterungen der einzureichenden Entwürfe, die im größeren Umfange ergänzt wurden. Entgegen Harzens Vorstellungen sollten die prämierten Entwürfe einheitlich mit je 100 Frd'or bedacht werden.[397]

Weitere Vereinbarungen wurden für den Fall getroffen, dass der Wettbewerb auf zu geringe Resonanz stoßen sollte. Doch diese Sorge war unbegründet, denn es gingen dreißig Entwürfe ein, die – wie von Harzen vorgegeben – öffentlich ausgestellt wurden.

Die Findungskommission setzte sich – Harzens Wunsch folgend – aus sachverständigen Architekten und Museumsleuten aus ganz Deutschland zusammen und deren prominenteste Vertreter sicherlich die Architekten Gottfried Semper, August Stüler und natürlich Waagen waren. Ferner zählte der Architekt Ludwig Lange aus München zum Preisgericht, der sich später jedoch zur Teilnahme am Wettbewerb entschied und durch Johann Heinrich Wolf aus Kassel ersetzt wurde, sowie der Bildhauer Ernst Julius Hähnel aus Dresden und Martin Gensler. Am ersten Februar 1863 bestimmte das Komitee neben Gensler zwei weitere Vertreter aus den eigenen Reihen für das Preisgericht. Es war eine schnelle und einfache Entscheidung, denn Harzen und Abendroth wurden einstimmig gewählt. »Der Schriftführer«, heißt es im Protokoll, »wird ersucht, Herrn Harzen von der auf ihn gefallenen Wahl in Kenntnis zu setzen.«[398] Ihn hatte der ehrenvolle Beschluss in Abwesenheit getroffen. Ob er von den eingereichten Entwürfen überhaupt noch etwas in Augenschein nehmen konnte, ist ungewiss, denn er starb 72-jährig am 6. Februar 1863, vier Monate vor Ablauf des Wettbewerbs. »Der Vorsitzende eröffnet die Sitzung, indem er dem Andenken des am 6. d. Mts. Verstorbenen Mitgliede des Comités, Herrn E. Harzen, einige Worte widmet und dankbar nur im Interesse der Kunst getroffenen testamentarischen Verfügung des Verstorbenen gedenkt. [...] Es wird hierauf zur Wahl eines Preisrichters an die Stelle des verstorbenen Herrn Harzen geschritten.«[399] Seine Nachfolge trat der Baurat Conrad Wilhelm Hase aus Hannover an.

396 Hamburger Kunsthalle, Kupferstichkabinett, Archiv 16, Geschichte der Hamburger Kunsthalle: Aufforderung zur Einreichung von Entwürfen. Programm mit 4 Anlagen. Hamburg 15. December 1862.
397 Hamburger Kunsthalle, Kupferstichkabinett, Archiv 268, NH Da: 06:03, Museumsangelegenheiten.
398 Staatsarchiv Hamburg, B 364-2/1 Hamburger Kunsthalle III 1, Protokollbuch 1858–1868, Sitzung 1.2.1863.
399 Ebd. Sitzung 12.2.1863.

Das Museum wird konkret

Es vergingen fünf Monate, ehe das Preisgericht im Juli 1863 seine Entscheidung für den Entwurf X der Berliner Architekten Hermann von der Hude und Georg Theodor Schirrmacher bekannt gab.[400] Diese Wahl war anhand anonym eingereichter Entwürfe getroffen worden.[401]

Obwohl Harzen kein offizielles Votum mehr aussprechen konnte, entstand in den nachfolgenden Jahren ein Museumsbau nach seinen Vorstellungen. Dies ist insofern bemerkenswert, als die strengen Vorgaben noch im Verlaufe der Ausschreibung gelockert worden waren. Auf Drängen des Architektenvereins galten sie nur noch als wünschenswerte, aber keinesfalls verpflichtende Empfehlungen, die den Bewerbern ans Herz gelegt wurden.[402]

Dass Harzens Vorstellungen trotzdem als bindend empfunden worden waren, veranschaulicht der prämierte Grundrissentwurf von Schirrmacher und von der Hude. Danach war das gesamte Untergeschoss – sowohl in der kleinen Ausführung als auch in der Erweiterung – der Kupferstichsammlung und den plastischen Arbeiten vorbehalten. Eine Ausdehnung der Gemäldegalerie über das obere Geschoss hinaus war nur statthaft, sofern die Säle in ihrer ureigensten Bestimmung nicht beansprucht wurden. Im Falle der für Graphik bestimmten Räumlichkeiten waren – bedingt allein durch die Ausstattung – keinerlei Variationsmöglichkeiten in der Nutzung vorgesehen.

Als Rumpfbau konzipierten die Architekten eine Abfolge von Räumen in unterschiedlicher Größe, die sich um ein Treppenhaus im Zentrum gruppierten (Abb. 26). Der Eingangsbereich mit Garderobe und Entree bildete dazu einen Querriegel, von dem man entweder über die Treppe in die Gemäldegalerie gelangte oder nach links die drei Säle der Skulpturensammlung durchschreiten konnte. Die Raumfolge auf der rechten Gebäudeseite war der Kupferstichsammlung und dem Kunstverein vorbehalten, denen je zwei Räume von unterschiedlicher Größe zur Verfügung standen.

Der ebenfalls einzureichende Grundriss für eine mögliche Erweiterung des Museums veranschaulicht, dass Harzens Ideen auch hier richtungweisend gewesen sind. Schirrmacher und von der Hude sahen den Anbau zweier Seitenflügel vor, die sich aus jeweils fest in den Bau integrierten Eckräumen und einem mit Glas eingefassten Hof dazwischen zusammensetzten, der als Ausstellungsfläche für die Skulpturen konzipiert war (Abb. 27). Im Zuge des Ausbaus wurden dem Kupferstichkabinett und dem Kunstverein auch neue Räume zugewiesen. Die zwei großen Eckräume des rechten Flügels waren für diese beiden Einrichtungen bestimmt. Das Kabinett erhielt zudem den großen Saal, der auf der rechten Bauseite durch Entfernen einer Mauer entstanden war, die diesen Raum ursprünglich für die Nutzung durch Kunstverein und graphische Sammlung unterteilte.

400 Luckhardt 1994, S. 12–13.
401 Plagemann 1966, S. 74.
402 Ebd.

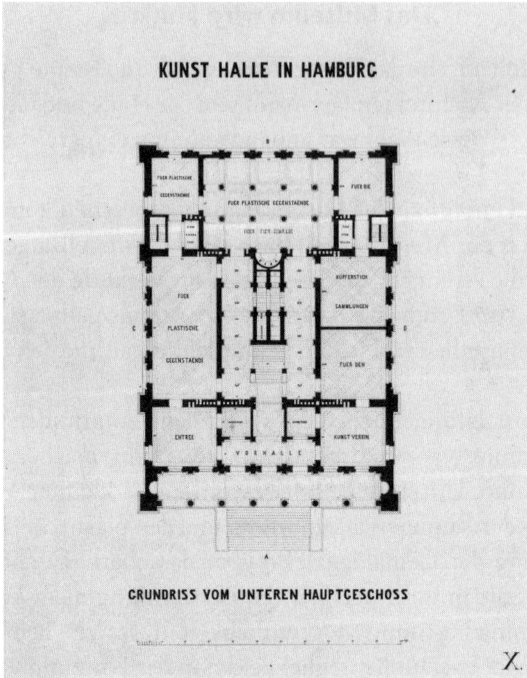

Abb. 26 Grundriss der Hamburger Kunsthalle von Schirrmacher und von der Hude, Hamburger Kunsthalle, Kupferstichkabinett

Da die Kommission abweichend von der ursprünglichen Planung eine Ausrichtung des Gebäudes mit dem Eingangsbereich hin zur Lombardsbrücke und Alster wünschte, musste der konzipierte Bau um neunzig Grad gedreht werden. Dies hatte zur Folge, dass sich die Schauräume des Kupferstichkabinetts nun in südlicher Ausrichtung parallel zum Glockengießerwall befanden. Das hohe Maß an Sonnenlicht und die von der Stadtseite her zu erwartenden Emissionen ließen eine Umverteilung der Raumnutzung wünschenswert erscheinen. Bereits im Grundriss der Architekten wurde diese Änderung von unbekannter Hand mit Bleistift notiert und dem Kupferstichkabinett nun der gen Norden ausgerichtete große Saal auf der gegenüberliegenden Gebäudeseite zugewiesen.

»Wir hatten zuletzt besprochen«, wandte sich von der Hude im Januar 1864 an die Kommission, »daß im Erdgeschoß nach dem Glockengießerwall zu die Sammlung der Kupferstiche, Handzeichnungen ihren Platz haben sollte [...]. Bei näherer Prüfung der Sache vor allem aber, wenn man die eventuelle Vergrößerung in's Auge faßt, so wird wahrscheinlich die Seite nach dem Glockengießerwall zu die erste sein welche beendet wird. [...] D[ieser] Hof [...] eignet sich nun zur Ausstellung plastischer Gegenstände ganz besonders [...]. Ich schlage daher vor, jetzt schon die Sache umzudrehen [...] und

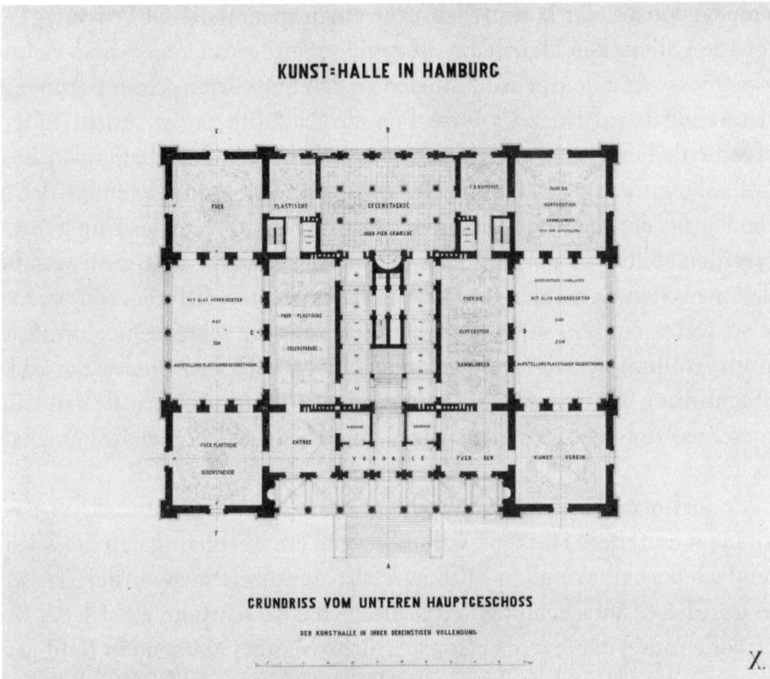

Abb. 27 Grundriss der Hamburger Kunsthalle von Schirrmacher und von der Hude, Hamburger Kunsthalle, Kupferstichkabinett

die Kupferstichsammlung auf den Stadtgraben zu verlegen. Nebenbey bietet letztere durchaus eine bessere Lage, weil es nach N[orden] zu liegen kommt.«[403]
Seinem Schreiben fügte von der Hude eine knappe Skizze bei. In einem weiteren Brief drängte er auf eine baldige Entscheidung und erbat eine »Abschrift der Harzen'schen Vorschriften über die Einrichtung der Kupferstichkabinetts«.[404]

Über Konkurrenz und Kritik

Dass sich seinerzeit auch die anderen Mitbewerber an Harzens Wünschen orientierten, ist anzunehmen, aber kaum zu beurteilen, da sich lediglich die Entwürfe von Martin Haller und Richard Lucae aus Berlin erhalten haben.[405] Nachdem Haller vorab mit sei-

403 Staatsarchiv Hamburg, 364-2/1 Kunsthalle III 22, v. d. Hude an Abendroth, Brief vom 27.1.1864.
404 Ebd. v. d. Hude an Abendroth, Brief vom 16.2.1864.
405 Teilgenommen haben: Albrecht Rosengarten, Hamburg (2. Preis); Ludwig Lange, München (3. Preis); Georg Gottlieb Ungewitter, Kassel; Konstantin Uhde, Braunschweig; Richard Lucae, Berlin; Martin Haller, Hamburg;

ner Museumsvision auf der Lombardsbrücke einen spektakulären Vorstoß gewagt hatte, nahm er 1863 mit neuen Plänen am offiziellen Wettbewerb teil.[406] Sein Grundriss für das Untergeschoss weist deutliche Parallelen zu den Entwürfen seiner Berliner Kollegen auf, was letztendlich auf Harzens Vorgaben zurückzuführen ist. Auch Haller räumte dem Kupferstichkabinett mit einem Eckraum und einem anschließenden Saal an der linken Bauflanke großzügig Platz ein. Unbestimmt blieb er hingegen bei der Nutzung der übrigen Fläche, die abgesehen von dem rechten Saal, in dem der Kunstverein untergebracht werden sollte, für permanente Ausstellungszwecke bestimmt war, ohne dass hier explizit zwischen Gemälden und plastischen Arbeiten differenziert wurde.

Lucae schwebte ein Bau mit Villencharakter im gestreckten Querformat vor, doch in der Raumverteilung schlugen sich Harzens Ideen auch hier nieder. Sowohl der graphischen Sammlung wie dem Kunstverein und den Skulpturen wurde großzügig Platz im Untergeschoss zugewiesen, in dem die Gemäldegalerie lediglich mit einem Saal vertreten war.

Trotz der dürftig dokumentierten Sachlage drängt sich der Eindruck auf, dass Schirrmacher und von der Hude Harzens Vorstellungen am nachhaltigsten berücksichtigten und letztendlich deshalb vor allen Mitbewerbern ausgezeichnet wurden. Trotzdem entzündete sich an dieser Entscheidung Kritik, die auch noch schwelte, als sich der Museumsbau seiner Vollendung näherte, da offensichtliche Mängel billigend in Kauf genommen worden waren. Ohne Umschweife brachte Harzens einstiger Zögling Martin Gensler seinen Unmut in einem Brief an einen unbekannten Empfänger zum Ausdruck:

»Daß unser Kunsthallenbau bei seinem weiteren Fortschreiten den ungetheilten Beifall der Kunstfreunde fände, läßt sich, wie auch Sie erfahren haben werden, nicht behaupten. Momentlich werden jetzt, abgesehen von der äußeren Erscheinung, solche Mängel gerügt die […] immer mehr sichtbar werden. Ueber manche von diesen Punkten konnte man schon bei dem ersten Entwurfe Besorgnisse hegen, während andere Übelstände […] sich erst bei der Ausführung gezeigt haben. […] Bei der Beurtheilung der Concurrenz Pläne […] wurden die einzelnen Pläne welche […] würdig befunden waren, unter den Mitgliedern des Schiedsgerichtes […] zur Beurtheilung vertheilt und fiel mir u.a. der […] mit X bezeichnete Plan zu […] und habe ich damals in meiner Auseinandersetzung […] auf [die] Schwächen […] aufmerksam gemacht […], [die] schon bei der ersten Beurtheilung namhaft gemacht worden sind, als noch niemand wusste von wem dieser Plan sei […].

Einige Tage später, vor der Entscheidung, wusste namentlich Stüler die Beachtung mehr auf denselben zu leiten und zuletzt den ersten Preis für ihn zu gewinnen, während

Eduard Hallier, Hamburg; F. W. Reimer, Kopenhagen; Siber, Berlin; E. Klingenberg, Dresden; A. Rhein, Mainz; Julius Haden, Zürich; J. E. Ilnz, Hamburg; L. Bohnstedt, St. Petersburg. Dazu Madulein Harff, Claudia Hattendorf, Michael Packheiser: Der Altbau der Hamburger Kunsthalle, Kunstgeschichtliches Seminar der Universität Hamburg, 1983, S. 71; Staatsarchiv Hamburg, 364-2/1 Kunsthalle III 26. Bedauerlicherweise sind bedeutende Archivalien zur Konkurrenz aus diesem Bestand »verschwunden«, u. a. das Protokoll des Preisgerichts.

406 Hornbostel 1997, S. 166–175.

die anderen beiden Architekten [Hase und Semper, Anm. d. Verf.] ohne Interesse für irgend einen Plan waren. Waagen stimmte stets mit Stüler und auch Dr. Abendroth, so daß Hähnel und ich als [...] nicht Architekten schon in der Minorität waren [...]. – Nach der Entscheidung über Plan X zeigte sich bei der Eröffnung des Couverts daß er von den Architekten in Berlin [...] sei, also Stüler's u. Waagens Einfluß für Berlin entschieden hatte.«[407]

Bei aller möglicherweise gerechtfertigten Kritik scheint Gensler geirrt zu haben, als er eine Bevorzugung in Richtung Berlin mutmaßte, denn die Anonymität der Konkurrenz stand, wie er selber konstatierte, außer Frage. Naheliegender scheint, dass Waagen hier die Interessen seines Freundes Harzen zu wahren suchte, die auch seinen Vorstellungen von einem optimalen Museumsbau entsprachen, und in Stüler – als Erbauer des Neuen Museums in Berlin – einen wichtigen Unterstützer gefunden hatte. Als der Auftrag nach Berlin ging, sorgte dies bei Gensler verständlicherweise für Verdruss. Ohne Frage wäre es auch in Harzens Sinne gewesen, wenn ein ortsansässiger Architekt für das beste Konzept den Zuschlag erhalten hätte.

Die Einrichtung eines Kupferstichkabinetts

Anders als Harzens Entwurf zum Ausschreibungswettbewerb sind seine Vorschläge zur Gestaltung des zukünftigen Kupferstichkabinetts nur als fragmentarische Notiz überliefert.[408] Dass auch von diesem Schriftstück eine ausformulierte Fassung existierte, deutet die Korrespondenz von der Hudes ebenso an wie die Protokolle der Kunsthallen-Kommission, die zeigen, dass die Realisierung von Harzens Vorgaben immer wieder zur Diskussion stand.

Sämtliche Erfordernisse von der Aufbewahrung, der Sicherung und der Kennzeichnung der Blätter, über ihre systematische Katalogisierung, die eine Zuordnung zu wissenschaftlichen Standardwerken ebenso gewährleistete wie das Auffinden einzelner Objekte, bis zu konservatorischen Fragen wie Staubfreiheit oder Schaden durch Abrieb, die bis heute nicht an Aktualität verloren haben, hatte Harzen im Blick. Dabei war die Benutzbarkeit der Sammlung für das interessierte Publikum seine oberste Prämisse. Genau hier war das zukünftige Museum gefordert, die notwendigen Bedingungen schnellstmöglich herzustellen, denn Harzen hatte den Passus zur Nutzung in seinem Testament festgeschrieben.

»Zu diesem Ende wünsche ich, daß im neuzuerrichtenden Museumsgebäude ein größeres wohlerhelltes, und ein oder zwey Nebenzimmer jenen Sammlungen eingeräumt werden. Ersteres geräumig genug, um in an den Wänden umher vertheilten Schränken, über denen meine Gemälde aufzuhängen sind, (um) den werthvolleren Theil

407 Hamburger Kunsthalle, Kupferstichkabinett, Archiv 73, Nachlass Gensler, Martin Gensler an Unbekannt, Brief vom 25.10.1867.

408 Hamburger Kunsthalle, Kupferstichkabinett, Archiv 268, NH Da: 06: 03, Museumsangelegenheiten. Siehe dazu Dokumentenanhang.

der Kupferstiche und Handzeichnungen in Mappen und Kunstbüchern (darin) aufzubewahren, und zugleich zur Benutzung des Publikums zu dienen: Letzteres oder Letztere sind als Arbeitszimmer für einen Inspektor und als Reserveraum erforderlich.«[409]

Die Unabdingbarkeit von Harzens Vorgaben war augenfällig. Aus diesem Grunde verlangte von der Hude unverzüglich Kenntnis von den »Harzenschen Vorschriften«, um zu ersehen, inwieweit die von ihm konzipierte Aufteilung in einen großen Saal und ein kleines Kabinett »zum Aufstellen der vortrefflichsten Gegenstände, sowie zum Aufenthalt desjenigen eingerichtet, welcher die Aufsicht und Ordnung im Kupferstichkabinett zu besorgen hat«, angemessen war.[410]

409 Hamburger Kunsthalle, Kupferstichkabinett, Archiv 268, NH Ca: 07: 01, Codicill vom 23.6.1856.
410 Staatsarchiv Hamburg, Kupferstichkabinett, 364-2/1 Kunsthalle III 22, v. d. Hude an Abendroth, Brief vom 16.2.1864.

IM KREISE DER MUSEUMSGRÜNDER

Vorbilder und Einflüsse

Harzen konnte eine ganze Reihe bedeutender Museumsinitiatoren und Fachleute zu seinem Bekanntenkreis zählen. Die Besuche in den deutschen Museen, allem voran in Frankfurt am Main, Berlin und Dresden, sowie im Britischen Museum in London und in den königlichen Kunstsammlungen in Kopenhagen bildeten eine Konstante in seinem Leben. Als Kunsthändler belieferte er diese Sammlungen, doch die geschäftlichen Ambitionen spiegeln nur eine Ebene. In einer Zeit, in der sich die Informationen über Kunst auf summarische Bestands- oder Auktionskataloge beschränkten, waren die eigenen Augen so unverzichtbar wie die verlässlichen Beobachtungen versierter Kenner. Harzen war seinen Kollegen und Sammlerfreunden ein begehrter Gesprächspartner. Vieles – und das ist aus der Sicht der heutigen Forschung zu beklagen – wurde im persönlichen Austausch abgehandelt, so dass die Grundlage verifizierbarer Informationen ausgesprochen dürftig ist. Die wenigen Briefe, die sich in Harzens Nachlass und bei seinen Korrespondenzpartnern erhalten haben, spiegeln diesen Eindruck wider. Bedauerlicherweise betrifft dies auch die Gründungsphase der Hamburger Kunsthalle, in der Harzen ohne Frage bei Direktoren von Museen aus anderen Städten Rat eingeholt hat. Als er im Sommer 1857 Johann David Passavant in Frankfurt besuchte, der dem für Hamburg beispielgebenden Städelmuseum seit nunmehr vierzehn Jahren als Inspektor vorstand, werden Harzens Testamentsänderungen Gesprächsthema gewesen sein. Auch Gustav Friedrich Waagen, der mit der Einrichtung einer ersten öffentlichen Gemäldegalerie 1823 in Berlin auf eine reiche Erfahrung blicken konnte, suchte das persönliche Gespräch und kündigte 1861 seinen Besuch bei Harzen an. Auch hier sind die bevorstehenden Ereignisse ohne Frage debattiert worden, zumal Waagen in das Projekt Kunsthalle involviert gewesen ist.

In einem Kreis von Connaisseurs, zu dem Rumohr, Waagen, Passavant und Klugkist ebenso zählten wie die Direktoren der Kupferstichkabinette in Berlin und Dresden, Wilhelm Eduard Schorn und Gottlieb Abraham Frenzel, galten Harzens Kompetenz und gestalterische Kraft, die sich im Mitwirken am Gründungsprozess der Hamburger Kunsthalle offenbarten, als wichtiger Impuls für die deutsche Museumslandschaft. Sein Ruf als Fachmann – der graphischen Künste wie der musealen Belange – war über Hamburgs Grenzen hinaus unangefochten.

Kennerschaft und Dilettantismus. Harzen und Carl Friedrich von Rumohr

Harzens Werdegang als Kenner ist in vieler Hinsicht typisch für das 19. Jahrhundert. Der kunstwissenschaftliche Dilettantismus, der in den ausübenden Künsten, im Sammeln und in einer über Neugier und Forschergeist erworbenen Fachkenntnis kulminierte war charakteristisch für diese Zeit. Aus den Laien wurden auf diese Weise hochgebildete Universalgelehrte, deren Wissen im weitesten Sinne autodidaktisch erworben war. Diese Pioniere haben mit der Bündelung und Darlegung ihrer Beobachtungen die geisteswissenschaftliche Disziplin Kunstgeschichte gemeinschaftlich aus der Taufe gehoben.

Harzen hatte diesen Schulterschluss gesucht, als er Adam von Bartsch und Josef Heller in Wien begegnete. Ihre Publikationen legten gemeinsam mit William Young Ottleys Geschichte der Druckgraphik den Grundstein einer auf Systematik basierenden Fachliteratur.[411] Nahezu ausnahmslos kamen sie als Zeichner oder Stecher aus der Praxis, oftmals hatten sie auch eine kaufmännische Ausbildung oder Berufserfahrung. Zu diesem Kreis der Autoritäten zählte auch der in Rothenhausen bei Lübeck ansässige Kunstgelehrte Carl Friedrich von Rumohr, der mit seinen Schriften wichtige Beiträge zur quellenkritischen Kunstgeschichtsschreibung lieferte.[412] Er vereinte wissenschaftliches Interesse mit künstlerischem Talent und war, wie Wilhelm Waetzold resümierte, »zum Sehen geboren [und] zum Schauen bestellt [...] und durch den schmerzlichen Verzicht, nicht Schaffender sein zu können, zur Wissenschaft gelangt. [...] Ohne die Übung des Blickes und der Hand wäre Rumohr kaum je ein Sammler und Kenner, und ohne seine Kennerschaft nicht der Kunsthistoriker von besonderem Gepräge geworden.«[413]

Auf der Fähigkeit, mit Schärfe zu sehen und im Erkennen stark zu empfinden, um das Geschaute vor einem inneren Auge zu bewahren, beruhte die von ihm gepflegte Methode des Vergleichs. Dieser Forschungsansatz verlangte nach einer unentwegten Auseinandersetzung mit den Kunstschätzen in den Sammlungen Europas. Rumohrs Weg führte von der Kennerschaft zur Wissenschaft, einer auf Sehen, Sammeln und Sichten beruhenden Empirie,[414] die bis heute zu den höchsten Tugenden musealer Arbeit zählt. Vom graphischen Blatt her erschloss er die Welt der Kunst und ihre Geschichte. Seine Forschungen galten den Zeitgenossen als Meilenstein der modernen Kunstgeschichte, weil sie die historische wie die künstlerische Sicht gleichermaßen reflektierten. In klarer Abgrenzung gegen eine ästhetisch-subjektive Kunstbetrachtung erkannte Rumohr, dass eine überprüfbare Wissenschaftlichkeit allein durch einen kritischen Umgang mit den Quellen und der Kunst selber zu erreichen war. Die stilistisch vergleichende Betrachtung war der erste Schritt in eine fundierte Kunstgeschichtsforschung.

Harzen, der Rumohrs kunstwissenschaftlichen Ansatz teilte, zählte zum Kreis der dilettantisch gebildeten Kenner. Beide einte eine freundschaftliche Gewogenheit, die in die frühen Jahre zurückreichte, in denen Harzen sich in Italien für den Wechsel in den Kunsthandel entschieden hatte. Seit 1822 war Rumohr regelmäßiger Gast im Kunstverein, wo der freundschaftliche Disput bis zu seinem Tod 1843 seinen Fortgang nahm.[415]

411 William Young Ottley: An Inquiry into the Origin and Early History of Engraving upon Copper and in Wood, Bd. I–II, London 1816.

412 Carl Friedrich von Rumohr: Italienische Forschungen, Bd. 1–3, Berlin 1827–1831.

413 Wilhelm Waetzold: Deutsche Kunsthistoriker, Bd. 1, Berlin 1986, S. 300–301.

414 Ebd. S. 302.

415 Hamburger Kunsthalle, Kupferstichkabinett, Archiv 268, Protokoll des Kunstvereins, S. 4.

Von Anbeginn kamen beide auch auf geschäftlicher Ebene zusammen. Rumohr erwarb Blätter von Harzen und vermittelte im Gegenzug sogar ganze Sammlungen zum Verkauf nach Hamburg.[416] Von Italien aus belieferte er seinen Freund mit Kunstwerken. Dass sich darunter auch zeitgenössische Kunst befand, ist anzunehmen, denn die Förderung moderner Künstler bildete eine weitere Gemeinsamkeit in ihrem Wirken. Ähnlich wie Harzen sich für Erhard und Klein einsetzte, ließ Rumohr Franz Horny und Friedrich Nerly Unterstützung zukommen. Auch in diesem Engagement herrschte Konsens. Während Harzen vieles über den Kunstverein bewirkte, setzte Rumohr auf eine unmittelbare Einflussnahme und Förderung. Viele angehende Maler, so auch Jacob und Martin Gensler und ihr Kollege Adolph Vollmer, zählten zu seinen Gästen im holsteinischen Rothenhausen. Dort wurden Strategien künstlerischer Ausbildung entworfen oder Motive gesucht, die es den jungen Malern ermöglichen sollten, sich mit einem eigenständigen Profil auf dem Kunstmarkt zu behaupten. Was Rumohr mit seiner individuellen Kunstförderung anregte, wurde schließlich vom Hamburger Kunstverein unter Harzens Ägide durch ein lebendiges Ausstellungswesen nach außen getragen.

Von großer Vorbildlichkeit: das Städel in Frankfurt

Als der Frankfurter Kaufmann und Bankier Johann Friedrich Städel seinen Besitz zum Zweck der Museumsgründung seiner Heimatstadt als öffentliche Stiftung vermachte, war dies ein beispielloser Schritt. Städel, der sich erst im Alter von 42 Jahren für Kunst zu interessieren begann, war schnell zum Sammler internationalen Formats avanciert. Bis zu seinem Tod trug er um die fünfhundert Gemälde, zweitausend Kupferstiche sowie zahlreiche Zeichnungen zusammen, vorwiegend von deutschen und niederländischen Altmeistern, die mit einem Kapitalstock in diese Stiftung eingehen sollten.[417]

Da für Städel die gesellschaftliche Notwendigkeit, Kunstgenuss für eine breite Öffentlichkeit zu gewährleisten, außer Frage stand, hatte er dieses Ziel schon im ersten Entwurf seiner Verfügung von 1793 festgeschrieben. Als das endgültige Testament 1815 hinterlegt wurde, war die erste bürgerliche Museumsgründung in Deutschland auf den Weg gebracht. Kunst und Vermögen waren zum Aufbau eines öffentlichen Hauses und für die Unterstützung und unentgeltliche Ausbildung junger Künstler bestimmt. Die Sammlung galt es mit Hilfe der Zinserträge und durch den Verkauf von Bildwerken minderer Qualität zugunsten hochwertiger Erwerbungen zu vermehren. Zur Verwaltung des zukünftigen Instituts hatte Städel fünf unabhängige Administratoren vorgesehen. Die Realisierung der Stiftung verzögerte sich jedoch, da Verwandte Ansprüche auf das Erbe geltend machten. Diese Streitigkeiten konnten erst 1829 in einem lang-

416 Gerhard Kegel: Carl Friedrich von Rumohr. Briefe an Johann Georg Rist, Buchholz/Nordheide 1993, S. 37, S. 47.

417 Johann Friedrich Städel: Stiftungsbrief des Städel'schen Kunstinstituts, Frankfurt am Main 1817, Faksimile –Neudruck, Frankfurt am Main, 1984.

wierig erzielten Vergleich beigelegt werden. Noch im selben Jahr wurde das Städelsche Kunstinstitut im Vrints-Treuenfels Palais eingerichtet.[418]

Es war ein Ereignis von historischer Bedeutung, denn zum ersten Mal übernahm ein Kaufmann die Rolle, die über Jahrhunderte hinweg den weltlichen und geistlichen Fürstenhöfen vorbehalten war: als Mäzen zu wirken und Kunstbesitz in musealer Präsentation zu stiften. Dahinter verbarg sich auch ein politisches Signal, denn Städels Vermächtnis widerlegte nicht nur das vielerorts gepflegte Vorurteil der kulturresistenten Pfeffersäcke in den Kaufmannsstädten, sondern schuf eine ganz besondere Form der Identität. Die Sammlung war vom Ideal und Weltbild des aufgeschlossenen Bürgertums geprägt und repräsentierte dies nun nach außen.

Die Frankfurter Errungenschaften waren für alle Kunstvereins-Mitglieder in Hamburg wegweisend, die mit dem Aufbau einer Städtischen Gemäldegalerie liebäugelten. Auch Harzens testamentarische Verfügungen machen die Parallelen augenfällig. Selbst seine Entscheidung, Commeter als Interims-Erben einzusetzen, mag auf die einst in Frankfurt tobenden Erbschaftszwistigkeiten zurückgehen, denn so konnte er seiner weitverzweigten Verwandtschaft jeglichen Zugriff auf seinen Besitz unmöglich machen. Harzens Änderungskodizill lehnt sich in seiner grundsätzlichen Idee eng an den Städelschen Wurf an, indem er auch in Hamburg den Anstoß zu geben suchte für das, was dort wie in allen großen Handelsstädten bisher fehlte: eine allgemein zugängliche Kunstsammlung und die Verpflichtung der öffentlichen Hand, sich dem Bildungsgut Kunst und der Förderung der jungen Künstlerschaft verantwortlich zu widmen.

Auf das Städelsche Kunstinstitut folgten 1849 die Kunsthalle Bremen, die Gründung der Kunsthalle Kiel 1856/57 und das Museum der bildenden Künste in Leipzig 1858, das Wallraf-Richartz-Museum 1861 in Köln und die Hamburger Kunsthalle unter Harzens Wirken. Wie Perlenschnüre aufgereiht, ziehen sich die bürgerlichen Museumsgründungen Mitte des 19. Jahrhunderts über Deutschland hinweg. In vielen Fällen waren es Mitglieder von Kunstvereinen, die hierzu den Anstoß gaben. Die betuchten Sammler und Liebhaber der schönen Künste, meist selber bürgerlicher Herkunft, schufen sich durch Vereins- und Museumsgründungen jenen Wirkungsraum, der ihrer Beziehung zur Kunst entsprach. Harzen bewegte sich inmitten dieser Szene. Als Sammler und Kunstvereinsinitiator, aber vor allem als Kunsthändler stand er mit all diesen Kunstförderern in enger Verbindung, die wie er am selben Strang zogen.

Johann David Passavant

Ein freundschaftliches Band einte Harzen und Johann David Passavant. Die Korrespondenz in beider Nachlass bezeugt die beständige Geschäftsverbindung ebenso wie eine tief verwurzelte Zuneigung, die auf die gemeinsame Zeit 1820 in Italien zurückging.

418 http://www.hr-online.de/website/rubriken/nachrichten/index/.jsp?rubrik=standort_dokument_164408: 1. November 1728 – 2. Dezember 1816: Johann Friedrich Städel.

»Mein Weg führte [auf der Heimreise, Anm. d. Verf.] durch Ihre Vaterstadt [Frankfurt, Anm. d. Verf.]«, erinnerte sich Harzen an den Beginn dieses Einvernehmens mit Passavant, »Dr. Hirsch den ich durch ein glückliches Ungefähr in der Boisserischen Gallerie in Stuttgart kennen lernte [...] trug mir auf Ihrem Freund Cornill [Heinrich Cornill d'Orville, Anm. d. Verf.] seine Grüße und Nachrichten von Ihnen zu überbringen und mir dadurch die interessante Bekanntschaft eines sehr wackeren und gefälligen Kunstfreundes verschaffte, dem ich manches zu danken habe. [...] Durch ihn erhielt ich Ihre Schrift[419] mitgeteilt, die kaum die Presse verlassen und mit großer Befriedigung habe ich nun im Zusammenhang gelesen was sie uns früher in Bruchstücken mitgetheilt. Gebe der Himmel den Menschen Ohren um zu hören und gesunden Verstand die einfachen Wahrheiten welche Sie darin lehren zu begreifen. Ich befürchte aber sehr, daß Ihre Stimme noch [...] an vielen Orten die eines Predigers in der Wüste seyn wird.«[420]

Die bewegenden Wort über seinen Abschied aus Rom, die Harzen dem in Altona verfassten Brief an Passavant vorangestellt hatte, nachdem es ihm im Sommer 1820 nicht mehr vergönnt gewesen war, dem Gefährten Lebewohl zu sagen, sind ein nachhaltiger Beweis dieser Freundschaft.[421] Doch jenseits aller Innigkeit der Gefühle lassen vor allem die kulturellen wie künstlerischen Werte, für die sich beide stark machten, erahnen, wie sehr sie sich in ihrem Wirken gegenseitig bestätigten.

Passavant stammte wie Harzen aus einer Kaufmannsfamilie und absolvierte nach dem frühen Tod seines Vaters 1803 eine Lehre im elterlichen Tuchhandel. Seine bis in die Kinderzeit zurückreichende Freundschaft mit dem Maler Franz Pforr hatte die Neigung zur Kunst schon früh bei ihm geweckt. 1813 gelangte Passavant auf seiner Grand Tour nach Paris. Hier zog er die beruflichen Konsequenzen, verabschiedete sich vom ungeliebten Tuchhandel und begann eine künstlerische Ausbildung im Atelier des Malers Jacques Louis David.[422]

Nachdem Städels Vermächtnis 1816 in Frankfurt wirksam geworden war, entwickelte Passavant, der der Idee des Stifters zugetan war, ein eigenständiges Konzept zur Erneuerung der zeitgenössischen Kunst in Frankfurt. Doch am zukünftigen Kunstinstitut wies man seine Vorschläge vorerst als unerwünschte Einmischung zurück.[423] Passavant reiste daraufhin nach Italien, und in den nachfolgenden Jahren vollzog sich eine neuerliche Wende. Er gab das Kunstschaffen auf und widmete sich stattdessen der Kunstforschung. Zu diesem Sinneswandel trugen der Historiker Johann Friedrich Böhmer aus Frankfurt und vor allem Carl Friedrich von Rumohr bei, den Passavant unmittelbar nach seiner Ankunft 1817 in Rom kennen gelernt hatte. Sowohl die Anschauung

419 Johann David Passavant: Ansichten über die bildende Künste und Darstellungen des Ganges derselben in Toscana, von einem deutschen Künstler in Rom, Frankfurt am Main 1821.

420 Frankfurt am Main, Universitätsbibliothek Johann Christian Senckenberg, Ng. Ff. J. D. Passavent AIIe, Harzen an Passavant, Brief vom 9.1.1821,.

421 Vgl. Kapitel: Reise nach Italien 1819–1820.

422 Von Kunst und Kennerschaft. Die Graphische Sammlung im Städelschen Kunstinstitut unter Johann David Passavant 1840 bis 1861, Ausst.-Kat. Städelsches Kunstinstitut, Frankfurt am Main 1994, S. 18.

423 Ebd. S. 19–20.

des Gegenstandes wie das verifizierende Arbeiten mit den Quellen erlernte er bei seinen beiden Lehrmeistern.[424]

Rom, der Treffpunkt von Künstlern, Sammlern und Forschern, wurde um 1820 zur Drehscheibe des internationalen Kunsthandels. Der Austausch war rege, und viele Menschen, die später sowohl zu Harzens wie auch Passavants engen Bekanntschaften zählten, hielten sich dort auf. Charles Lock Eastlake, seinerzeit noch ausschließlich als Maler unterwegs, besuchte Rom um 1820. Samuel Woodburn begleitete den Maler und Sammler Sir Thomas Lawrence auf einer Ankaufsreise, und Carl Gustav Boerner, der sich erst 1826 als Graphikhändler in Leipzig niederließ, lebte ebenfalls noch als Künstler in der italienischen Metropole.[425] Möglichkeiten, einander in Rom zu begegnen, hatte es für Harzen und Passavant viele gegeben. Es ist anzunehmen, dass sie durch Rumohr miteinander bekannt wurden.

Es war das Engagement für zeitgenössische Kunst, das sie einander als Gefährten im Geiste erkennen ließ. Zwischen beiden scheint Konsens geherrscht zu haben, was die Notwendigkeit einer Kunstförderung anbelangte, die nicht bei einer Absicherung materieller Bedürfnisse stagnierte, sondern den Weitblick förderte und mutig Ausstellungsmöglichkeiten schuf. Das deuten Harzens Überlegungen hinsichtlich der eigenen Zukunft ebenso an wie das üppige Lob, mit dem er Passavants »Ansichten über die bildenden Künste und Darstellungen des Ganges derselben in Toscana« 1821 bedacht hatte. Fast brennend scheint Harzen die Veröffentlichung dessen erwartet zu haben, was in Italien den Diskurs zwischen den Freunden bestimmt hatte.

»Es liegt die Blüthe einer Kunst nicht in den Folgen eines tiefen Friedens, nicht in dem Reichtum eines Volkes, nicht in der Freigiebigkeit eines Fürsten oder kostspieligen Kunstanstalten, sondern in der Größe der in einem gebildeten Volke herrschenden Gesinnung«,[426] hatte Passavant seine Schlussfolgerung gezogen, und schien Harzen damit aus der Seele zu sprechen.

1840 wurde Passavant als Inspektor des Kupferstichkabinetts an das Städelsche Kunstinstitut berufen. Federführend war diese Wahl durch den Frankfurter Kaufmann und Kunstsammler Heinrich Cornill d'Orville herbeigeführt worden, einem der Administratoren des Museums, der sich mit dieser Entscheidung für einen wissenschaftlichen Galerieleiter aussprach. Während die Museen in Deutschland überwiegend von sogenannten »Künstler-Direktoren« geleitet wurden, denen wissenschaftlich begründete Vorstellungen zur Geschichte von Kunst und Ästhetik weitestgehend fremd waren, bedeutete die Frankfurter Wahl eine einschneidende Veränderung. Passavant gehörte – wie zuvor Waagen in Berlin – zu einer neuen Generation Museumsinspektoren, die an der fachlich fundierten Erweiterung der anvertrauten Bestände ebenso interessiert waren wie an einer methodisch systematischen Bearbeitung der vorhandenen Sammlungen. Passavants künstlerische Ausbildung befähigte ihn zum sicheren Urteil aus der

424 Ebd. S. 23.
425 Ebd.
426 Passavant 1821, S. 5–6.

praktischen Kenntnis der Materie heraus. Er hatte es verstanden, seine Erfahrungen in eine Art professionellen Dilettantismus zu wandeln, den er in den Dienst der Sache stellte, wie es Harzen auch getan hatte, als er mit dem Eintritt in den aktiven Kunsthandel die Ausübung der Künste aufgab.[427] Passavants Publikationen – die Kataloge der Frankfurter Sammlung und eine 1860 veröffentliche Erweiterungsschrift des *Peintre Graveur* – sowie seine Ankaufspläne lassen die Entwicklung hin zu einem kunstwissenschaftlich orientierten Museumsmann erkennen.

Eine enge Verbindung nach Hamburg ergab sich auch über Passavants Mentor Cornill d'Orville, der seit dem Frankfurter Zusammentreffen zu Harzens Geschäftspartnern zählte. Die im vertrauten Ton geführte Korrespondenz lässt einen lebhaften Austausch erahnen, der sich um die Erweiterung der graphischen Bestände in Frankfurt rankte. Wie sehr Harzen in den Aufbau der Städelschen Kunstsammlung involviert gewesen ist, belegt ein Brief vom Herbst 1842, in dem Cornill d'Orville ihn um gezielte Ankaufsvorschläge ersucht.[428] Da er die Frankfurter Sammlung bestens zu kennen schien und er sich mit Passavant für die gleichen Ziele stark machte, war es ein Leichtes zu eruieren, wofür er die Freunde begeistern konnte. Den Ausgleich zwischen der Kollektion eines Liebhabers und einem öffentlichen Museum zu schaffen, war eine Herausforderung, der sich Passavant mit Bravour gestellt hatte, was Harzen fraglos honorierte. Beide arbeiteten daran, die Frankfurter und Harzens eigene Sammlung unter kunsthistorischen Gesichtspunkten zu erweitern. Ihr vornehmster Zweck sollte es sein, einen Überblick über die Genese der graphischen Künste zu vermitteln. Rumohrs methodische Kunstgeschichtsforschung wurde im Städelschen Kupferstichkabinett und in der späteren Hamburger Kunsthalle durch ihre verantwortlichen Inspektoren und Mäzene zum sichtbaren Beweis einer fortschreitenden wissenschaftlichen Disziplin. Passavant und Harzen trugen mit ihrem kunstgeschichtlich versierten Wissen dazu bei.[429]

Aus dieser Schule der Kenner entstand eine Kunstgeschichtsforschung, die im Sammeln und der vergleichenden Beobachtung Aufschluss über eine geschichtliche Entwicklung erlangte. Harzen, Passavant, Waagen und andere Connaisseurs erwarben ihre Kenntnisse in der lebendigen Beschäftigung mit den Originalen. Die kunsthistoriographische Literatur spiegelt das mühevolle Herantasten an einen Erkenntnisprozess, dessen Grundlage die Zusammenführung vergleichbarer Kunstwerke gewesen ist. Die Akribie, die Passavants *Kunstreise durch England und Belgien* in der Aufführung gesehener Kunstobjekte erkennen lässt, findet sich in den Schriften von Rumohr ebenso wie bei Waagen oder in Harzens Aufsätzen und Reisetagebüchern.[430] So liegt das besondere Verdienst dieser literarisch eher schmucklosen Werke in der Erfassung des für den kritischen Vergleich so bedeutsamen Materials. Dank Passavants Buch wussten Harzen und andere, wohin sie sich in London und Umgebung begeben mussten, um bestimmte

427 Ausst.-Kat. Frankfurt am Main 1994, S. 29.

428 Hamburger Kunsthalle, Kupferstichkabinett, Archiv 268, NH Bb V: 54b, Cornill d'Orville an Harzen, Brief vom 8.9.1843.

429 Waetzold 1986, Bd. 2, S. 14.

430 Johann David Passavant: Kunstreise durch England und Belgien, Frankfurt am Main 1833.

Werke zu sehen. Diese Schriften sind als Speicher von Erinnerungen an Gesehenes – Magazinen des Wissens über Kunst vergleichbar – ein unersetzlicher Baustein kunstgeschichtlicher Forschung und musealer Grundlagenarbeit.[431]

Da Passavant und Harzen nur in geringem Umfange auf Erfahrungen Dritter zurückgreifen konnten, ist es naheliegend, auch hier ein Miteinander zu vermuten. Die Direktive, unter der Passavant sein Amt führte, insbesondere das Kupferstichkabinett organisierte, war nicht nur modern und unter den konservativen Kritikern umstritten, sondern veranschaulicht seine gedankliche Nähe zu Harzen. Wie sein Hamburger Kollege setzte er sich für ein kunsthistorisch ausgerichtetes Museum ein und für eine Sammlungspolitik, die auf Qualitätsanspruch und wirtschaftlichem Pragmatismus beruhte. Bisweilen hielt man Passavant vor, sein Plan bestünde »einzig im Festhalten des Grundsatzes [...], günstige Gelegenheiten abzuwarten und zu benutzen, um aus allen Schulen der Malerei nur ausgezeichnete Werke zu erwerben, welche einstheils [...] einen anschaulichen Begriff der verschiedenen Kunstentwicklungen geben und zugleich je nach der Eigenthümlichkeit der Zeiten und Schulen erhebend auf das Gemüth, belebend auf den Geist, oder erfreulich durch meisterliche Ausführung, auf mannigfachste den Beschauer zu fesseln vermögen.«[432] Zwanzig Jahre später wurde Harzens Wirken wegen exakt dieses Vorgehens als kluge Strategie und große Lebensleistung gewürdigt wurde.

Die Bestände des Kupferstichkabinetts unterzog Passavant einer gründlichen Revision, deren Ziel die Überprüfung der Zuschreibungen und eine Konzentration auf höchste Qualität war. Mit derselben Zielsetzung hatte Harzen in seiner Sammlung gearbeitet. Im Austausch suchten sie nach dringlicher Klärung von Datierungen und Zuschreibungen graphischer Blätter. Ein wichtiger Ort für die Forschung war immer wieder London. So schreibt Passavant 1850 an Cornill d'Orville:

»[Ich bin] täglich [...] im britischen Museum, wo mich Direktor Carpenter aufs zuvorkommenste und hilfreichste für meine Zwecke aufgenommen hat. Auch habe ich bei den altitalienischen Kupferstichen schon die köstlichsten mir beschriebenen Arbeiten gefunden und merkwürdige Entdeckungen gemacht. [...] Auch zollen alle Kupferstichfreunde meinem vorhabenden Unternehmen ihren vollen Beifall [...].«[433]

Mit dem gleichen Vorhaben weilte auch Harzen regelmäßig in der britischen Metropole. Doch der Austausch mit Passavant fand während seiner Besuche in Frankfurt statt. Was vor Ort nicht geklärt werden konnte, erhielt später in der Korrespondenz seinen Platz.

»Ich wünsche und hoffe, dass Sie diese Zeilen wohl und rüstig in Ihrer Vaterstadt treffen«, wandte sich Passavant an Harzen, »und in voller Arbeit mit dem schönen Werke, womit Sie alle Kunstforscher erfreuen werden. Da dieses aber noch einige Zeit

431 Waetzold 1986, Bd. 2, S. 15.

432 Protocolle der Administration des Staedelschen Kunstinstituts, 18.6.1839–26.2.1850, zitiert nach Ausst.-Kat. Frankfurt am Main 1994, S. 30–31.

433 Passavant an Cornill d'Orville, Brief vom 17.5.1850, zitiert nach Ausst.-Kat. Frankfurt am Main 1994, S. 38.

anstehen dürfte, so verzeihen Sie mir wohl die Freiheit wenn ich von Ihnen im voraus Auskunft über einen Gegenstand zu erhalten wünsche, der mich für mein Werk sehr interessiert und zu den vielen Dingen gehört die ich bei Ihrem Hiersein hätte an Sie richten sollen aber [...] zu thun versäumt habe.«[434]

Passavants Anfrage bezog sich auf die Datierung eines ihm bis dahin unbekannten Kupferstichs und auf eine Florentiner Ausgabe von Vasaris *Viten*. Beides hatte Harzen offenbar in Florenz entdeckt. Während der Frankfurter an den Ergänzungen zu Bartschs *Peintre Graveur* arbeitete, war Harzen mit einer Publikation über die Geschichte der Kupferstichkunde befasst, die, allen guten Wünschen und Hoffnungen der Kollegen zum Trotze, leider unvollendet blieb.

»Sollten Sie nun«, so Passavant weiter, »auf einem [...] Kupferstiche [des Maitre au Banderoles] wirklich die frühe Jahreszahl 1459 gefunden haben, so müsste er nach dieser benannt werden. Wollen Sie nun die Gefälligkeit haben mir darüber genaue Auskunft zu geben. Ich würde Ihnen hierfür auch sehr verbunden sein und [falls] Sie mir erlauben Gebrauch davon für mein Werk zu machen, so dürfen Sie sich überzeugt halten daß ich es nur mit dankbarer und öffentlich ausgesprochener Anerkennung Ihrer Mittheilung thun werde.«[435]

Die Anfänge der kunstgeschichtlichen Grundlagenforschung basierten auch auf einem solidarischen Miteinander, das den unverzichtbaren Fluss von Informationen in einer Zeitspanne ohne reproduzierbare Vergleichsabbildungen aufrecht hielt. Harzen und Passavant pflegten diese auf Integrität und gegenseitiger Wertschätzung beruhende Zusammenarbeit.

Gustav Friedrich Waagen in Berlin

Gustav Friedrich Waagen war gebürtiger Hamburger. Da die Familie aber schon 1807 nach Schlesien übergesiedelt war, ist kaum anzunehmen, dass Harzen und er sich noch in jungen Jahren begegnet sind. Waagen studierte in Breslau und später in Heidelberg Philosophie und Philologie. Viel mehr interessierte ihn jedoch die Kunstbetrachtung, die er als eine geisteswissenschaftliche Disziplin begriff, lange ehe sie in den Rang eines Studienfachs erhoben wurde.[436]

Mit großer Wahrscheinlichkeit sind es Waagens Forschungen über die Brüder van Eyck gewesen, die Harzens Aufmerksamkeit erregten, da ihn dieses Thema ebenfalls beschäftigte.[437] Waagen hatte das Vorwort seines 1822 erschienenen Buches dazu ge-

434 Hamburger Kunsthalle, Kupferstichkabinett, Archiv 268, NH Bb XIX: 77, Passavant an Harzen, Brief vom 31.8.1857.

435 Ebd.

436 Dazu Irene Geismeier: Gustav Friedrich Waagen – Museumsdirektor in der preussischen Hauptstadt (Gustav Friedrich Waagen-Symposium 1994), in Jahrbuch der Berliner Museen, Bd. 37, Berlin 1995, S. 7–21.

437 Gustav Friedrich Waagen: Über Hubert und Johann van Eyck, Breslau 1822. Vgl. dazu Hamburger Kunsthalle, Kupferstichkabinett, Archiv 268, NH Eb: 02, S.102. Exzerpt und Kommentar in Harzens undatiertem Notizbuch.

nutzt, seinen wissenschaftlichen Standpunkt grundlegend zu definieren. Im Geiste Rumohrs sprach er sich für eine kritische Analyse der Quellen aus und legte am Beispiel van Eyks seinen Umgang mit den *Viten* Vasaris, Carel van Manders *Leven der Schilderer* und anderen Schriften offen. Der Quellenkritik stellte er eine umfassende Betrachtung der Malerei gegenüber. Gerade an der frühen Van-Eyck-Forschung lässt sich die Entwicklung der kunstgeschichtlichen Disziplin gut nachvollziehen, zu der auch Harzen seinen Beitrag leistete. Waagen folgend, stellte er in seinem Aufsatz von 1851 die wichtige Frage, was die Brüder van Eyck dazu befähigte, die seit über hundert Jahren bekannte Ölmalerei in der besonderen Brillanz auszuführen, die angesichts ihrer Bilder und in Gegenüberstellung mit den Werken der Zeitgenossen augenfällig war. Die stilistischen Ausprägungen und maltechnischen Möglichkeiten wurden am Kunstwerk abgelesen und zu den ermittelten Fakten aus literarischen und historischen Quellen in Beziehung gesetzt.[438]

Dank seiner Leistung erhielt Waagen den Ruf nach Berlin, um am Aufbau des 1825–1828 von Karl Friedrich Schinkel errichteten Königlichen Museums mitzuwirken, in dem die erste öffentliche Gemäldegalerie untergebracht werden sollte, für deren Hängung er verantwortlich zeichnete. In seinem handschriftlichen Konzept zur Gestaltung des Museums vom 21. August 1830 formulierte er die Prämisse seiner Arbeit: »Der erste und höchste Zweck eines Museums ist, die geistige Bildung der Nation durch die Anschauung des Schönen zu fördern.«[439] Mit Waagen begann in Berlin ein Umdenken, denn man hatte von der »hergebrachten törichten Gewohnheit«[440] Abstand genommen, Künstler mit Museumsaufgaben zu betrauen. Stattdessen übertrug man diese Verantwortung den Kunstgelehrten, die bestenfalls als Dilettanten über ausübende Kunsterfahrungen verfügten. Das »naive Vorurtheil, dass der Künstler, der in einer bestimmten Kunst producire, auf diesem Gebiete auch ohne weiteres jene rein wissenschaftlichen Kenntnisse besitzen müsse, zu denen doch nur ein ganzes Leben hingebender, specieller Studien führen kann«, hatte ausgedient.[441] Die Akzeptanz einer wissenschaftlich fundierten Kennerschaft nahm mit Waagen ihren Anfang und schlug sich ohne Frage in der deutschen Museumslandschaft nieder. Auch Harzen kritisierte museale Konzepte, die sich aus einem subjektiv künstlerischen Bauchgefühl entwickelten. Wohl auch aus diesem Grunde wünschte er sich später den versierten Christian Meyer an die Spitze der zukünftigen Hamburger Kunsthalle.

In den 1840er Jahren fand sich unter Waagens Führung in Berlin eine große Anzahl von Fachleuten zusammen, darunter viele prominente Namen der frühen Kunstgeschichtsforschung. Dazu zählten der Leiter des Kupferstichkabinetts Wilhelm Eduard Schorn, der Sammler Ferdinand Sotzmann – mit beiden war Harzen gut bekannt – sowie

438 Georg Ernst Harzen: Über Jan van Eyck's Geheimnis der Oelmalerey, in: Deutsches Kunstblatt Nr. 19, Berlin 1851, S. 147–148.
439 Gustav Friedrich Waagen: Kleine Schriften, Stuttgart 1875, S. 9.
440 Ebd.
441 Ebd. S. 11.

Carl Schnaase, Franz Kugler und Waagens Assistent Heinrich Gustav Hotho.[442] Dass Harzen diesem Kreis nahestand, veranschaulicht die Korrespondenz mit Waagen, in der von anregenden Berlinbesuchen ebenso die Rede ist wie von den guten geschäftlichen Abschlüssen. Ein wichtiges Organ dieser jungen kunstgeschichtlichen Zunft war seinerzeit das von Ludwig Schorn herausgegebene *Kunstblatt*. Als das Fortbestehen dieser kleinen Schrift nach Schorns Tod 1842 ungewiss war, ersuchte Waagen den Hamburger Freund um Unterstützung. »Dringend möchte ich Sie bitten, in dem Kunstblatt, welches vom künftigen Jahr ab von den beiden Weigels herausgegeben wird, gelegentlich von Ihren so reichen Erfahrungen auf dem Kunstgebiete etwas mitzutheilen.«[443] Dieser Bitte nachzukommen, war für Harzen sicher eine gern übernommene Pflicht, insbesondere weil er mit Johann und Rudolph Weigel in Leipzig befreundet war.[444]

1856 zog Waagen den Freund aus Hamburg wegen eines sich in London zuspitzenden Konflikts ins Vertrauen. Differenzen mit dem Londoner Kunsthändler Morris Moore hatten zu einem Skandal geführt, der die Fachwelt in England wie in Deutschland beschäftigte. Moore war ein wenig erfolgreicher Londoner Maler, der sich in den 1850er Jahren im Kunsthandel versuchte. Er gelangte durch seine scharfen Attacken gegen die Londoner National Gallery zu zweifelhafter Publizität. Mit dem Erwerb eines vermeintlichen Jugendwerks von Raffael hatte Moore sich 1850 heftiger Kritik ausgesetzt, auch aus Deutschland. Gemeinhin überwogen die Zweifel an der Originalität des Bildes und an der Kompetenz seines Besitzers. Moore beschimpfte Waagen als »sycophantic empirical Prussian«,[445] und um seine Rufmordkampagne auch nach Deutschland zu tragen und seinen Schmähungen gegen Waagen und Passavant die notwendige Öffentlichkeit zu verleihen, versuchte er, das *Deutsche Kunstblatt* zu gewinnen und schreckte selbst vor Bestechungen nicht zurück. Auf dem Höhepunkt dieser Auseinandersetzung wandte sich Waagen an Harzen, um ihm für die moralische Unterstützung zu danken.

»Hochverehrtester Freund. Indem ich Ihnen [...] Professor Lange [...] bestens empfehle, benutze ich zugleich diese Gelegenheit um Ihnen auszusprechen, wie <u>wohl</u> mir Ihre Theilnahme in dem unwürdigen Skandal mit dem M. Moore gethan hat. An sich würde mich diese Sache nur wenig aufgebracht haben, da, wie Sie richtig bemerken, Beschuldigungen dieser Art zu tief unter meiner Würde sind. Sehr kränkend aber musste es dadurch für mich werden, daß er unter der hiesigen Democratie, etwa daraus ich <u>zuerst</u> ersehe, dass auch er derselben angehört, [...] viele unerwartete Anhänger gefunden [hat], welche ihm jeglichen Beistand geleistet, auch würde keiner meiner hiesigen

442 Geismeier 1995, S. 7–21; dazu Gabriele Bickendorf: Die Berliner Schule Carl Friedrich von Rumohr (1785–1843), Gustav Friedrich Waagen (1794–1868), Karl Schnaase (1798–1875) und Franz Kugler (1808–1858), Universität Heidelberg, Heidelberg 2007.

443 Hamburger Kunsthalle, Kupferstichkabinett, Archiv 268, NH Bb XI: 71, Waagen an Harzen, Brief vom 2.10.1849.

444 Harzens Aufsätze über van Eycks Geheimnis der Ölmalerei und den von Hans Burgkmair gestochenen *Stammbaum Maximilians I.* sind jedoch erst 1851 und 1854 im Nachfolgeorgan, dem *Deutschen Kunstblatt* erschienen. Eine Übernahme der Zeitschrift durch die Weigels ist allem Anschein nach nicht zustande gekommen. Vgl. Kapitel: Die Forschungen.

445 Waagen 1875, S. 28.

Freunde sich meiner mit der Feder angenommen [haben]. [...] In England hat sein Benehmen ganz die von Ihnen bezeichnete [Ablehnung gefunden]. [...] In der nächsten [Ausgabe] des deutschen Kunstblatts werden Sie von mir einen kurzen Aufsatz über diesen Vagabunden finden.«[446]

Waagen machte seine Drohung wahr, und der Harzen avisierte Aufsatz erschien in der 51. Ausgabe des *Deutschen Kunstblatts* im Dezember 1856.[447] Minutiös entlarvte Waagen Moore als jemanden, der bar jeglicher Kennerschaft schon in seiner grundlegenden Herangehensweise Unvermögen demonstriere. Noch mehr als seine Unfähigkeit legte Waagen ihm zur Last, sich in seiner Vermessenheit blindlings über gestandene Kapazitäten zu erheben und um höhere Preise zu erzielen an falschen Urteilen festzuhalten. Gerade mit Blick auf den Kunstmarkt gelte es dagegen, die Forschung und die versierte Kennerschaft im Interesse des Allgemeinwohls zu fördern.

Auch aus diesem Grunde unterstützte Harzen auf Bitten Waagens ein ehrgeiziges Forschungsprojekt des englischen Prinzgemahls Albert, der an einem Werkverzeichnis der Gemälde Raffaels, einschließlich der zugehörigen Zeichnungen, Nachstiche und Reproduktionen, arbeitete.[448] Waagen ersuchte seinen Freund, eine Zeichnung des Meisters, die *Muttergottes und das Kind* darstellend, die Harzen aus der britischen Sammlung William Esdaile erworben hatte, nach London zu senden, damit sie in das Werk aufgenommen und fotografiert werden könne.[449] Diese akribische Arbeit, die um einen Bildband der untersuchten Werke erweitert werden sollte, ist ein Meilenstein in der Raffael-Forschung, zu dem Harzen und Waagen ihren Beitrag leisteten.[450] Allein die Möglichkeit fotografisch reproduzierter Abbildungen machte Hoffnung auf ein vereinfachtes Arbeiten in der Zukunft. Wie sehr man Harzens Hilfe zu schätzen wusste, zeigt das folgende Schreiben:

»Beifolgend erhalten sie mit dem besten Dank Seiner königlichen Hoheit die Raphaelsche Zeichnung zurück [...] Der Prinz glaubt es könnte Sie interessieren einige photographische Copien von Raphaelischen Handzeichnungen, welche sich in Windsor befinden, zu besitzen und ich habe deshalb hier mehrere Derselben beigefügt.«[451]

446 Hamburger Kunsthalle, Kupferstichkabinett, Archiv 268, NH Bb XVIII: 83, Waagen an Harzen, Brief vom 6.12.1856.

447 Deutsches Kunstblatt, Jahrgang VII, Nr. 51, 18.12.1856, S. 452–453.

448 C. Ruland: The Works of Raphael Santi da Urbino as Represented in the Royal Library at Windsor Castle, formed by H.R.H. The Prince Consort, 1855–1861, London 1876, S. VII.

449 Hamburger Kunsthalle, Kupferstichkabinett, Archiv 268, NH Ad: 02: 01, handschriftliches Inventarbuch von Harzens graphischer Sammlung, S. 219. Harzen hat die Übersendung des Blattes nach London dort vermerkt. Einschließlich der ihm zum Dank übermittelten Fotografien. Der Verbleib letzterer ist unbekannt; Klemm 2009, Nr. 456.

450 Ruland 1876, S. 96, Nr. XLIII.

451 Hamburger Kunsthalle, Kupferstichkabinett, Archiv 268, NH Bb XIX: 02, Behrens an Harzen, Brief vom 20.1.1858.

Eine starke Allianz. Harzen, Mündler, Waagen und Eastlake

Über Gustav Friedrich Waagen ist Harzen in den 1840er Jahren auch mit Otto Mündler in Kontakt gekommen, einem ausgewiesenen Kenner Italiens und der altmeisterlichen Malerei. Als Harzen 1849 nach den politisch unruhigen Zeiten eine Reise gen Süden ins Auge fasste, nahm er auf Anraten des Freundes aus Berlin Kontakt mit Mündler auf, der sich bereits in Italien aufhielt.

»Ungemein hat es mich erfreut [...] dass Sie wohl und lebenslustig sind«, wandte sich Waagen an Harzen, »denn Letzteres beweißt Ihr großer Reiseplan, wozu ich Ihnen herzlich Glück wünsche. Inliegend erhalten Sie die gewünschten Zeilen an meinen Freund Mündler, der Ihnen besonders behülflich sein wird um einige werthvolle Privatsammlungen von Bildern und namentlich von Handzeichnungen zu sehen. Sowie Sie nach Italien abreisen bitte ich Sie um einige Zeilen, indem ich Ihnen durch einige Adressen dasselbst nützlich werden dürfte. Mögen Gesundheit, Wetter und politische Verhältnisse Sie auf der Reise begünstigen.«[452]

Mündler war Theologe und nach einem kurzen Zwischenspiel als Hauslehrer zur Kunst gelangt. 1835 hatte er in Paris die Stellung des Haushofmeisters bei Pierre François Guestiere übernommen, der ihm die Betreuung seiner Gemäldesammlung anvertraute.[453] Im Rahmen dieser Arbeit war Mündler dem Arzt und Kunstkenner Giovanni Morelli begegnet, dessen vergleichend-empirische Kunstbetrachtung, die sogenannte Morelli-Methode, einen nachhaltigen Eindruck bei ihm hinterlassen hatte. Morellis Vorgehen beruhte auf der Annahme, dass jeder Künstler gewisse Einzelheiten besonders gekonnt oder nachlässig, in jedem Fall aber in einer für ihn charakteristischen Manier ausführt und an diesen spezifischen malerischen Eigenheiten zu erkennen ist.[454]

»Man weiß es nicht oder man glaubt es nicht, dass die Gemälde-Diagnose in ganz ähnlicher Weise, wie die ärztliche, halb angeboren, halb zu erlernen, eine Kunst und zugleich eine auf festen Grundsätzen beruhende Wissenschaft ist«, resümierte Mündler. »Als Bedingung setzt sie zunächst eine eigenthümliche Begabung, zweitens eine Fülle gesammelter Erfahrungen, die nur durch vieles Sehen zu gewinnen ist, drittens ein Gedächtnis, welches diesen Schatz immer bereit hat voraus.«[455]

Mündler hielt fest, was den Beginn der Kunstgeschichte als wissenschaftliche Disziplin tatsächlich ausmachte und was seine Kennerschaft mit der von Rumohr, Passavant, Harzen und Waagen einte: das schauende Auge als ein der Empirie dienendes Instrument zu nutzen und die Erkenntnisse aus einem übergreifenden werkkritischen

452 Hamburger Kunsthalle, Kupferstichkabinett, Archiv 268, NH Bb XI: 70, Waagen an Harzen, Brief vom 21.3.1849.

453 Rolf Kultzen: Otto Mündler als Freund und Förderer des jungen Bode, in: Jahrbuch der Berliner Museen, Bd. 38, Berlin 1996, Beiheft, S. 50.

454 Ivan Lermlieff: Kunstkritische Studien über italienische Malerei. Die Galerie zu Berlin. Nebst einem Lebensbilde Giovanni Morelli's, Leipzig 1893, S. XI–LXIII.

455 Zitiert nach: Waagen 1875, S. 15.

Vergleich mit den Detailbeobachtungen der malerischen wie zeichnerischen Handschrift zusammenzuführen.

Mündler und Waagen waren einander 1833 in Berlin begegnet, als sich der Theologiestudent in der Gemäldegalerie vorstellte. Doch dort wies man seine kunstwissenschaftlichen Ambitionen als anmaßend zurück.[456] 1846 kam es zu einem erneuten Zusammentreffen, als Mündler sich erbot, den Ankauf von Michelangelos *Maria mit Kind, Johannes und Engeln* aus Privatbesitz zu vermitteln. Obwohl es zu keinem glücklichen Abschluss in Berlin kam und das Gemälde an die National Gallery in London ging, war dies für Mündler eine gute Gelegenheit, seine Kennerschaft und seine mittlerweile ausgezeichneten Verbindungen zu demonstrieren.[457] Auch die Freundschaft mit Charles Lock Eastlake fiel in diese Zeitspanne. Als Eastlake 1855 an die Spitze der Londoner Galerie berufen wurde, verpflichtete er Otto Mündler als seinen Agenten. Drei Jahre lang reiste dieser durch Italien, um Ankäufe für London zu rekrutieren. Seine vorzüglichen Fachkenntnisse sowie seine ausgezeichneten Kontakte zu italienischen Privatsammlern und Kunsthändlern bestätigten das in ihn gesetzte Vertrauen, auch wenn das Publikum bisweilen aus einem gewissen Mangel an Verständnis gegen Eastlakes Erwerbungen opponierte.

Für Harzens gute Beziehungen nach Berlin und London bedeutete die Begegnung mit Otto Mündler zweifelsohne eine Bereicherung. In Mündler hatte er einen weiteren Connaisseur kennengelernt, der ihm nicht nur bei seiner Italienreise hilfreich zur Seite stand, sondern auch im Kreise Gleichgesinnter in den lebendigen Disput über Kunst eingriff. Auch wenn die Korrespondenz nur spärlich erhalten ist, belegen die wenigen Briefe, dass Harzen, Eastlake, Waagen und Mündler einander bis ins hohe Alter verbunden blieben. Als Waagen im Sommer 1861 seinen Besuch in Hamburg ankündigte, stimmte er diesen Termin offenbar mit Harzens Abreise nach London ab. Diese sollte den Hamburger ein letztes Mal mit Eastlake und Mündler zusammenführen und gemeinsam besuchten sie in London die Sammlung von Alexander James Beresford Hope, um sich frühe flämische und deutsche Malerei anzusehen.[458] Offenbar hatte sich Harzen die Empörung, die William Smith über seine ruheständlerischen Ambitionen kundgetan hatte, zu Herzen genommen. Auch im Alter von nunmehr 71 Jahren war er noch in Sachen Kunst unterwegs.

Die Anbindung an London

Harzens Beziehungen nach London, insbesondere zu den Kollegen im Britischen Museum, sind über eine lange Zeitspanne hinweg gewachsen. Dort war die graphische Sammlung seit 1773 systematisch aufgebaut worden, doch die kontinuierlichen Ankäu-

456 Kultzen 1996, S. 50.
457 Tilmann von Stockhausen: Ein Michelangelo für Berlin, in: Kunstchronik 48, 1995, S. 177–182.
458 Hamburger Kunsthalle, Kupferstichkabinett, Archiv 268, NH Bb XXIII: 14, Eastlake an Harzen, Brief vom 7.7.1861.

fe und vielen Schenkungen – 1815 hatte auch Carl Friedrich von Rumohr fünfzehn Blätter eigener Arbeiten gestiftet – brachten das ursprüngliche Kabinett schnell in Platznot. Ab 1828 verfügte der sogenannte Printroom über erweiterte Räumlichkeiten, die den forschenden Gästen nebst angeschlossener Bibliothek offen standen und auch von Harzen immer wieder genutzt wurden.

Seit 1833 war William Young Ottley Leiter dieser Institution.[459] Ihm stand mit Sir Henry Ellis ein kompetenter Bibliothekar zur Seite, mit dem auch Harzen gut bekannt gewesen ist. Harzen schätzte Ottley als erfahrenen Kollegen, der ihm ein wichtiges Vorbild wurde und an dessen wissenschaftliche Systematik der Druckgraphik er die eigenen Forschungen ebenso wie den Aufbau seiner Sammlung anlehnte. Dies lässt sich im Vergleich von Ottleys *Geschichte der Druckgrahik* mit dem von Christian Meyer 1878 publizierten Katalog der Harzen-Commeterschen Sammlung in der Hamburger Kunsthalle zweifelsfrei ablesen.[460]

Ottley begann seine Zeit in London mit der Inventarisierung der Bestände, doch eine Veröffentlichung dieses Sammlungskatalogs scheiterte am Widerstand der Museumsdirektion.[461] Sein beherzter Kampf mit den Verantwortlichen des Britischen Museums um Verbesserung der Arbeitsmöglichkeiten mag Harzen vorgewarnt haben. Die Stringenz, mit der er sich Jahrzehnte später bemühte, das Hamburger Kupferstichkabinett unter optimalen Bedingungen zu realisieren, lässt erkennen, dass er darauf eingestellt war, mit harten Bandagen zu kämpfen.

Nach Ottleys Tod im Mai 1835 wurde Henri Josi zum Leiter des Kabinetts berufen. Wie sich der Kontakt zwischen ihm und Harzen gestaltete, ist nicht überliefert. Unter Josis Leitung wurde die graphische Abteilung 1837 in die Eigenständigkeit entlassen. Ausschlaggebend war der Erwerb von mehr als achttausend Blatt Zeichnungen und Druckgraphik aus der Sammlung von John Sheepshanks,[462] die Harzen schon 1833 auf Einladung des Sammlers ausführlich begutachtet hatte. Dieser bedeutende Ankauf verlieh der Einrichtung das nötige Gewicht und Ansehen, um die Loslösung von der Sammlung der Altertümer zu rechtfertigten.

Josi galt als innovativer Mann, der mit Geschick auf das Museum einwirkte. Er stammte aus einer niederländischen Einwandererfamilie. Sein Vater war Kunstsammler und -händler, und über ihn war die berühmte Kunstsammlung von Cornelis Ploos van Amstel in den Londoner Kunsthandel gekommen. In späteren Jahren gelang es Josi mit Hilfe von William Smith, prominente Teile dieser Sammlung für das Britische Museum zu erwerben. Hier schließt sich der Kreis, denn auch Harzen war über Smith in diese Londoner Geschäfte involviert. Begegnungen zu dritt sind daher nicht auszuschließen.

Nach dem plötzlichen Ableben von Josi 1845 übernahm William H. Carpenter die Leitung der graphischen Abteilung. Ihn und Harzen verband ein freundschaftlicher Kon-

459 Antony Griffith: The Department of Prints and Drawings during the first Century of the British Museum, in: The Burlington Magazin 136, Nr. 2, London 1994, S. 539.
460 Ottley 1816, Bd. I–II.
461 Griffith 1994, S. 540–541.
462 Ebd. S. 541.

takt, der schon in die Zeit vor der Amtsübernahme zurückreichte und auch Carpenters Familie einschloss, die Harzen ebenfalls gut gekannt zu haben scheint. Bereits im Sommer 1844 war Harzen bei Carpenter in London zu Besuch gewesen, damals allerdings um über Ankäufe von Rubens-Gemälden zu verhandeln. Der fachliche Austausch und die geschäftlichen Belange prägten die Beziehung bis in die späten 1850er Jahre. Dass viele prominente Erwerbungen ihren Weg über Harzen nahmen, belegt die Korrespondenz, leider ohne explizite Benennung der Exponate. In dieses enge Miteinander war auch William Smith eingebunden, der ebenfalls in Carpenters Auftrag kaufte. Obwohl Harzens Sachverständigkeit außer Frage stand, machte sich Carpenter bisweilen das Vergnügen, ihm mitzuteilen, wie sehr ihn andere um seinen Rat und seine Gunst beneideten: Ich habe gerade einen Brief von meinem Freund Johnson erhalten, worin er mir mitteilte, wie glücklich ich darüber sein könne, Ihre Bekanntschaft gemacht zu haben.[463]

Auch Harzen schätzte seine guten Verbindungen nach London und brachte dies durch großzügige Geschenke zum Ausdruck. Insgesamt 199 Radierungen aus seiner Sammlung zählen heute zum Bestand des Britischen Museums. Darunter befinden sich einige seiner eigenen Radierungen, Blätter von Johann Adam Klein und der von ihm protegierten Hamburger Künstler sowie von Franz Ludwig Catel, Caspar Scheuren, Johann Heinrich Tischbein und prominenten Vertretern der Düsseldorfer Malerschule. 1851 übergab Harzen eine Kollektion zeitgenössischer Kunst, die den britischen Freund in staunende Bewunderung versetzte

»My dear Sir,

Pray accused my warmest thanks […]. The case arrived on Saturday morning and I was for some hours […] occupied in examining its contents. Would that artists here showed as much talents & skill in etching as it is to be found in the collection you have so kindly elected for the Museum? […] My personal obligation to you […] I shall ever remember with gratefulness the kind interest you have shown in forwarding any views.«[464]

Nach dieser versierten Auswahl erwartete Carpenter voller Spannung die Drucklegung von Harzens *Geschichte der graphischen Künste*, in der er den Kenntnisreichtum seines Freundes stringent gebündelt zu sehen hoffte. »I am looking forward to your publication on engraving in Italy with great anxiety […]. I shall not have pass away from this world since to its appearance.«[465]

463 Hamburger Kunsthalle, Kupferstichkabinett, Archiv 268, NH Bb XI: 12, Carpenter an Harzen, Brief vom 26.5.1849.

464 Hamburger Kunsthalle, Kupferstichkabinett, Archiv 268, NH Bb XIII: 14, Carpenter an Harzen, Brief vom 31.3.1851.

465 Hamburger Kunsthalle, Kupferstichkabinett, Archiv 268, NH Bb XVIII: 13, Carpenter an Harzen, Brief vom 5.2.1851.

BLICK ZURÜCK NACH DEUTSCHLAND

Noch einmal Berlin

In Berlin stand Harzen mit Wilhelm Eduard Schorn und Ignaz Maria von Olfers in Kontakt. Schorn war 1831 zum Direktor des ersten Kupferstichkabinetts im Königlichen Museum berufen worden, und mit ihm hatte der systematische Aufbau der graphischen Sammlung seinen Anfang genommen. Rumohr, der Schorn als Verwalter der Kunstsammlung Friedrich von Naglers schätzen gelernt hatte, hatte sich bei Staatsminister Wilhelm von Humboldt für ihn als Leiter des graphischen Kabinetts ausgesprochen. Anzunehmen ist, dass über Rumohr auch der Kontakt zu Harzen zustande gekommen ist.

Seit 1841 zählte Schorn zu seinen regelmäßigen Kunden. Obwohl beide bis Anfang der 1850er Jahre miteinander korrespondierten, entwickelte sich keine persönliche Beziehung, sondern der Umgang blieb in erster Linie geschäftlich. Harzens ausgezeichnete Verbindungen wusste Schorn zu nutzen und bat um die Vermittlung zu Privatsammlern und Kunsthändlern. Im Gegenzug führte er ihn in Berlin ein. Die Sammlungen Arnd und Liphardt bediente Harzen aufgrund seiner Fürsprache. Das Vertrauen war groß, so dass Schorn es Harzen bisweilen überließ, auf seinen Auslandsreisen eigenständig über Ankäufe für Berlin zu befinden.[466] Diese Freizügigkeit kam einer kleinen Sensation gleich, denn üblicherweise hatte Ignaz Maria von Olfers das letzte Wort. Der seit 1839 amtierende Generaldirektor der Berliner Museen, von Haus aus Naturwissenschaftler, war ebenfalls von Humboldt in sein Amt berufen worden und führte seine Geschäfte mit eiserner Hand. Da Olfers sich der Kunst bis dahin nur als Liebhaberei gewidmet hatte und der »wissenschaftlichen Beschäftigung […] fern stand«,[467] waren Konflikte unausweichlich, die sich insbesondere in der Beziehung zu Waagen niederschlugen, dessen universelle Sicht und Ankaufspolitik der italophile Olfers nicht teilte. Selbst als Direktor der Bildergalerie war Waagen zur Rechtfertigung aufgefordert, denn die letzte Instanz sämtlicher Entscheidungen lag beim Generaldirektor. Dies galt in der Regel auch für Harzens Angebote, wie ein Brief von Schorn verdeutlicht.

»Herrn Geheimrath von Olfers habe ich von Ihren Aussichten auf ein Bild von Claude Lorrain in Kenntnis gesetzt. Sobald Sie im Reinen sind, dürfen Sie sich nun direkt an Herrn von Olfers wenden, an welchen [in] jetziger Zeit alle, die verschiedenen Abtheil[ungen] des Museums betreffenden Anerbietungen gerichtet werden.«[468]

Nicht auszuschließen ist, dass Harzen sich mit Schorn auch über die Optimierung graphischer Sammlungen austauschte. Das Kupferstichkabinett in Berlin gehörte jedenfalls seinen Tagebüchern zufolge zu den regelmäßigen Reisezielen.

466 Hamburger Kunsthalle, Kupferstichkabinett, Archiv 268, NH Bb VIII: 100, Schorn an Harzen, Brief vom 23.4.1846.

467 Waagen 1875, S. 30.

468 Hamburger Kunsthalle, Kupferstichkabinett, Archiv 268, NH Bb VI: 185, Schorn an Harzen, Brief vom 27.2.1844.

»[1849] Nov. 20. Dienstag Abfahrt nach Berlin vor dem Thor von Hamburg beginnt der Ernst. Nov. 21. Mittwoch Olfers, Waagen, Schorn, im [Hotel, Anm. d. Verf.] König von Portugal.«[469] Einen ganzen Tag hatte Harzen mit Schorn im Kupferstichkabinett verbracht und sich mit dem Radierer und Holzschneider Daniel Hopfer befasst, von dem er auch einige Blätter besaß. »Schorn zeigte mir 6 von Hopfer radierte Platten, [sie] sind von gehämmertem Eisen u. Messerrücken Dicke«, notierte er in sein Reisetagebuch.[470] 1850 nutzte Harzen einen längeren Aufenthalt in Berlin zu erneuten Besuchen im Kabinett. Unerwähnt bleibt jedoch, ob er den Umzug in das Neue Museum miterlebte, seine Reise vielleicht sogar diesem Ereignis gegolten hat.

Dresden und Johann Gottfried Abraham Frenzel

Einen vertrauten Umgang pflegte Harzen auch mit dem Direktor des Kupferstichkabinetts in Dresden, Johann Gottfried Abraham Frenzel. Der Kollege hatte seine Kenntnisse wie Harzen aus der praktischen Ausübung gewonnen und sich mit Kopien alter Meister und eigenen Kompositionen in der Druckgraphik als Autodidakt einen Namen gemacht. 1809 nahm er in Dresden seine Tätigkeit als Schreiber des Kupferstichkabinetts auf, wurde 1814 Inspektor der Galerie der Kupferstiche und Handzeichnungen und von 1844 bis zu seinem Tod 1855 Direktor. Frenzel war im Kunsthandel engagiert und betreute Künstler- und Sammlernachlässe mit dem Schwerpunkt auf der Druckgraphik.

Obwohl Frenzel der Ruf eines versierten Kunstkenners vorauseilte, war er keineswegs unumstritten. Heftige beanstandet wurde 1846 der Auktionskatalog der Rumohrschen Sammlung, auf dessen Fertigstellung Frenzel drei Jahre verwandt hatte.[471] Insbesondere an seinen allzu wohlwollenden Begutachtungen schieden sich die Geister. Zudem unterstellte ihm Boerner, den gesamten Katalog an den Wünschen eines unbenannten Sammlers ausgerichtet zu haben.[472] Doch die Kritik an Frenzels Qualitätsbegriff lässt sich kaum mehr nachvollziehen. Ungeklärt ist beispielsweise welche Blätter tatsächlich in die Sammlung Harzen gelangten, so dass sich hieraus heute kein Urteil mehr gewinnen lässt.[473]

Wie Harzen sich zu der Frenzel unterstellten Korrumpierbarkeit verhielt, ist nicht bekannt, zumindest war die harsche Kritik kein Hindernis für die Einvernehmlichkeit der Geschäfte. Harzen war ein wichtiger Lieferant für das Dresdner Kupferstichkabinett. Zwei bis drei jährliche Zusendungen aus seinen Beständen sowie Ankäufe auf Auktio-

469 Hamburger Kunsthalle, Kupferstichkabinett, Archiv 268, NH Ea: 11, Reisetagebuch 1849, S. 16.
470 Ebd. S. 9.
471 Hamburger Kunsthalle, Bibliothek, Die Kunstsammlung des Freiherrn C.F.L.F. von Rumohr, beschreibend dargestellt von J.G.A. Frenzel, Auktion am 19.10.1846 in Dresden, Lübeck 1846.
472 Hamburger Kunsthalle, Kupferstichkabinett, Archiv 268, NH Bb VIII: 24, Boerner an Harzen, Brief vom 12.9.1846.
473 Das Katalog-Exemplar aus Harzens Nachlass ist mit Strichen, Haken und Zahlen versehen, deren Bedeutung aber nicht rekapitulierbar sind. Rückschlüsse über Ankäufe oder die Qualität der Blätter sind daher nicht möglich. Vgl. Kapitel: Tragfähige Allianzen.

nen zählten in den 1840er Jahren zum regelmäßigen Geschäftsvolumen. Erst mit dem zunehmenden Alter und der offensichtlich fortschreitenden Gebrechlichkeit Frenzels ging der Umschlag von Kunstwerken zurück. Auch wenn der Briefwechsel wesentlich auf die Geschäfte bezogen ist, zeigt er immer wieder, dass Frenzel sich Harzen in freundschaftlicher Dankbarkeit verbunden fühlte und bisweilen Partei für ihn ergriff.

»Über die fragliche Sache«, schaltete sich Frenzel 1850 in einen Disput zwischen Passavant und Harzen über die Zuschreibung italienischer Druckgraphik ein, »welche Ihnen von Herrn Passavant als Antwort mitgetheilt worden, die ich aber nicht als Antwort betrachten kann, Folgendes: Es war ungefähr vor 25 Jahren als der liebenswürdige hochgebildete damals um soviel jüngere Großherzog v. Toscana unser Cabinett besuchte und in den mehrfachen wiederholten Besuchen nicht allein seine Freude, sondern sein Wissen über alle Kunstschätze die ich ihm vorlegte zu erkennen gab. Unter anderem gab es das Gespräch bei Vorzeigung der alten Italiener von Marc Anton und besonders bei drei alten Incunabeln, nämlich 1. <u>eine Anbetung des Kindes</u>, 2. <u>eine Kreutzigung</u> und 3. <u>eine Auferstehung</u> daß […] des erst genannten vielleicht auch des zweiten Blattes ein Fra Lippi sei, wenigsten ihm sehr gleiche […]. Bartsch legt diese Bl[ätter] dem Nicol[etto] Rosea ohne irgend einen Grund bei, […] Kleineck eignet jene Blätter S[andro] Botticelli zu und meiner Ansicht auch durchaus mit mehr Recht […].«[474]

Die Nachhaltigkeit der Diskussion ließ die noch junge Forschung in kleinen Schritten voranschreiten. Auch in diesem Kreis wissenschaftlich ambitionierter Connaisseurs blieben viele Zuschreibungen oft nur temporär gültig, dies offenbart Bartschs *Peintre Graveur* ebenso wie Harzens Sammlung, der sich ebenfalls bei Botticelli geirrt hatte.[475]

Eduard Faesch in Kiel

Auch Eduard Faesch aus Kiel zählte zum Kreis um Harzen und Commeter. Der aus der Schweiz stammende Kaufmann war seit 1842 ihr Kunde. Bemerkenswert ist das Geschäftsvolumen, denn die Zusendungen und Abrechnungen erfolgten nahezu im wöchentlichen Turnus. Gehandelt wurde überwiegend mit Druckgraphik, darunter Blätter von Raimondi und Hogarth. Ob Faesch auf eigene Rechnung kaufte oder bereits für den zukünftigen Kieler Kunstverein tätig wurde, zu dessen Gründungsmitgliedern er zählte, ist ungeklärt.

1842 war für Kiel mit Blick auf die Kunst ein ereignisreiches Jahr, denn auf Initiative des Altertumsforschers und Archäologen Peter Wilhelm Forchhammer wurde ein erstes Kunstmuseum im Kieler Schloss eingerichtet. Diese Sammlung von Abgüssen antiker Skulpturen und zeitgenössischen Bildhauerwerken ließ das Interesse wachsen, und um Forchhammer fanden sich kunstliebende Bürger zusammen, die an der Gründung eines Kunstvereins mitwirkten. In diese Zeitspanne fallen Faeschs Ankäufe bei

474 Hamburger Kunsthalle, Kupferstichkabinett, Archiv 268, NH Bb XII: 20, Frenzel an Harzen, Brief vom 1850.
475 Vgl. Klemm 2009; vgl. Kapitel: Geordnete Verhältnisse.

Harzen. Im April kündigte er sein Kommen an, um sich die Ausstellung des Hamburger Kunstvereins anzusehen und sich mit ihm zu beraten.[476] Doch der Hamburger Brand vereitelte diesen Besuch. Ein Jahr später konnte Faesch glücklich verkünden, dass die »Aufforderung zur Errichtung eines Kunstvereins in Kiel« auf den Weg gebracht sei. Die beigefügte »Subcscribtion« legt nahe, dass er Harzen und Commeter als Mitglieder zu werben suchte:

»Ich habe Sie schließlich noch um Entschuldigung zu bitten, dass ich mit den Rücksendungen so lange gezögert habe, Abhaltungen mancherley Art waren daran Schuld, dahin zähle ich [...] meinen dahin ausgegangenen Vorschlag hier einen Kunstverein zu bilden [...]. Vor der Hand beabsichtigen wir am 12. May eine öffentliche Kunstausstellung vorerst nur aus Gemälden bestehend [...] zu veranstalten. Wir dürfen dabey [...] so wohl 80 bis 100 Bilder rechnen in deren Wahl man allerdings so zum Anfang nicht aber allzu streng sein darf. Den Actionairen wird von dem muthmaßlichen Ueberschuß der Intraden [Eintrittsgelder, Anm. d. Verf.] außer einer monatlichen Ausstellung von Gemälden, Kupferstichen etc. in einem eigens zu diesem Zweck gemietheten Locale, wo auch Vorträge über Kunstgeschichte etc. gehalten werden sollen, eine Verlosung von Kunstgegenständen in Aussicht gestellt, deren Ankauf sich allerdings nach unserem Geldbeutel richten muß. Es fragt sich nun, ob Sie und Hr. Commeter geneigt sein sollten zu [einem] Mitwirken monatlicher Ausstellungen [...] Kunstgegenstände wie Sie sie führen [...] hierher einzusenden, wenn Ihnen unter begreiflich genügender Garantie für die [...] Wiederablieferung derselben die Versicherung geben würde jährlich für eine bestimmte Summe von den zur Ansicht gesandten Kunstgegenständen an den Verein abzusetzen.

Ich möchte in dieser Beziehung gerne Ihre gute Meinung vernehmen. Sie können leicht denken dass ich wo es mir nur möglich sein wird Sie und Hr. Commeter nach Kräften empfehlen werde.

Sollte ein solcher Versuch sich auch nicht gleich im ersten Jahr lohnen, so steht doch mit der Zeit zu erwarten, daß das Interesse auch hier sich mehr beleben werde und dass nach und nach mehr Sammler aufstehen werden.«[477]

Faesch fürchtete offenbar einen Mangel an guter Kunst, und um dem Makel der Zweitklassigkeit entgegenzuwirken, konnte er kaum bessere Partner als Harzen und Commeter finden. Auch für die Hamburger hatte ein Zusammenwirken Vorteile. Neben allem Idealismus, den die Erziehung von Kunstliebhabern abverlangte, war vor allem die Werbewirksamkeit einer solchen Allianz nicht außer Acht zu lassen. Die monatlichen Ausstellungen in Kiel verhalfen Harzen und Commeter zu einer breiteren Öffentlichkeit und neuer Kundschaft, ohne mehr Werbung machen zu müssen, als schmucklose Kleinanzeigen in der Tagespresse zu schalten. Monatlich gingen sechs bis zehn »verkäufliche Bilder älterer Meister« von Hamburg auf die Reise nach Kiel. »Es bleibt [...]

476 Hamburger Kunsthalle, Kupferstichkabinett, Archiv 268, NH Bb IV: 110, Faesch an Harzen, Brief vom 21.4.1842.

477 Hamburger Kunsthalle, Kupferstichkabinett, Archiv 268, NH Bb V: 72, Faesch an Harzen, Brief vom 4.1.1843.

Ihrem Ermessen anheim gestellt, die Auswahl an Bildern so zu treffen, wie sie einem ununterrichteten Publicum am meisten zusagen dürfte und dabei [besonders] die Preise zu berücksichtigen.«[478]

Harzen und Commeter wirkten daran mit, das Kunstverständnis des noch unerfahrenen Kieler Publikums zu schärfen und die Ausstellungen auf einen guten Weg zu bringen. Nach der Erfolgsgeschichte des Hamburger Kunstvereins unter beider Vorsitz war es für die Kieler naheliegend, sich bei den befreundeten Kunsthändlern der nahen Hansestadt Unterstützung zu holen. Aufschlussreich ist auch, wie sich Faesch und Harzen auf der rein kaufmännischen Ebene begegneten. Während bevorzugte Sujets oder Künstlerpersönlichkeiten keiner Absprache bedurften, gab es bei den Preisen klare Vorgaben. Für das Konvolut der Gemälde durfte der Preis 100 Mark nicht überschreiten. Da die Vereinsgründer großenteils zur Kaufmannszunft gehörten, war die »Wohlfeilheit« ein wichtiger Entscheidungsfaktor. Dies galt im besonderen Maße für die Anfangszeit, wo noch viel Überzeugungsarbeit zu leisten war.

Der Kieler Kunstverein hatte große Ziele und setzte sich für die Errichtung einer beständigen städischen Gemäldegalerie ein. 1845 existierten bereits Pläne für den Aufbau einer eigenen Sammlung, und nachdem das Museum 1855 endlich beschlossene Sache war, dauerte es nur zwei weitere Jahre, ehe die Kunsthalle zu Kiel eröffnet werden konnte. In Anlehnung an das Städelsche Kunstinstitut war ein weiteres bürgerliches Museum entstanden. Auch wenn nicht bekannt ist, ob Harzen nach Faeschs Tod am Fortgang der Dinge beteiligt gewesen ist, waren die Anfänge aller musealen Bestrebungen von ihm geprägt. Nicht zuletzt war es ihm zu danken, dass die Versuche, ein öffentliches Ausstellungswesen aufzubauen, in einer deutlich kürzeren Zeitspanne als in Hamburg in ein eigenes Haus mündeten. Bei der feierlichen Eröffnung am 30. Juli 1857 war Harzen nicht zugegen. Er war am 21. Juli, aus Manchester kommend, in Paris eingetroffen und nahm erst Anfang August den Weg über Frankfurt nach Hamburg.[479]

478 Hamburger Kunsthalle, Kupferstichkabinett, Archiv 268, NH Bb V: 73, Faesch an Harzen, Brief vom 6.2.1843.
479 Hamburger Kunsthalle, Kupferstichkabinett, Archiv 268, NH Ea: 29, Reisetagebuch 1857, S. 2.

REISEN, FORSCHEN UND SAMMELN

Die Tagebücher

31 Reisetagebücher, 11 wissenschaftliche Notizbücher und 37 Kladden dokumentieren Harzens Reiselust und sein wissenschaftliches Arbeiten. Kunsthistorische Notizen und Sammlungsbeschreibungen wurden hier in einem kaum überschaubaren Umfang zusammengetragen. In knappen Worten skizzierte Harzen bisweilen die Reiseverläufe, notierte landschaftliche und kulturhistorische Sehenswürdigkeiten. Seine größte Aufmerksamkeit galt jedoch den Kunstsammlungen, und das Betrachtete wurde mit kurzen Beschreibungen oder Qualitätsbeurteilungen festgehalten. Die Auflistungen dieser Bestände, gedacht als ein fortlaufender schauender Vergleich, legen nahe, dass Harzen an einer Art Bestandsverzeichnis europäischer Kunstsammlungen arbeitete. Hinzu kamen Literaturnotizen einschließlich Exzerpten relevanter Textpassagen. Über die eigens angelegten Künstlerregister waren diese Informationen wiederum abrufbar und bildeten einschließlich zahlreicher Skizzen die Grundlage für Harzens wissenschaftliche Arbeit.

Trotz ihres beträchtlichen Umfanges sind diese Tagebuchaufzeichnungen nur ein Teil dessen, was Harzen ursprünglich zusammengetragen hatte. Auch wenn es in den 1820er und 1830er Jahren vorwiegend Geschäftstermine waren, die ihn ins Ausland führten, so nutzte er diese Gelegenheiten auch, um in Bibliotheken und Sammlungen zu forschen. Als die frühen Tagebücher und Materialsammlungen in Flammen aufgingen, bedeutete dies einen herben Rückschlag. Trotzdem arbeitete Harzen nahezu ungebremst weiter, um seine Sammlung mit dem in seinen Augen so notwendigen wissenschaftlichen Fundament zu versehen und damit Kunst und Forschung zu einem zusammenhängenden Ganzen werden zu lassen.

Die wissenschaftlichen Notizbücher

Mit »Hamburg Exc[excudid, Anm. d. Verf.].« sind zwei Büchlein betitelt, die Notizen aus Literatur versammeln, die Harzen am heimischen Schreibtisch gelesen hatte. Die Aufzeichnungen stammen sämtlich aus der Zeit unmittelbar nach dem Brand. Ohne Frage hatte er die erzwungene Abstinenz von den Geschäften dazu genutzt, Versäumtes und Verlorenes nachzuholen. Die Vielseitigkeit seiner Interessen ist beeindruckend und rückt ihn in eine gewisse Nähe zu dem Universalgelehrten, wie ihn der Humanismus hervorgebracht hatte. Der Kunst dieser Zeitspanne, die Harzen so sehr schätzte, durchaus vergleichbar, war dieses Ideal für ihn auch aus weltanschaulicher Sicht verpflichtend.

Harzens Kommentare legen dar, dass ihn Hannibals Zug über die Alpen ebenso faszinierte wie die griechische Philosophie oder der Granatapfel als uraltes Symbol der Fruchtbarkeit. Er las Molière und Jean Paul und hegte eine besondere Neigung zu

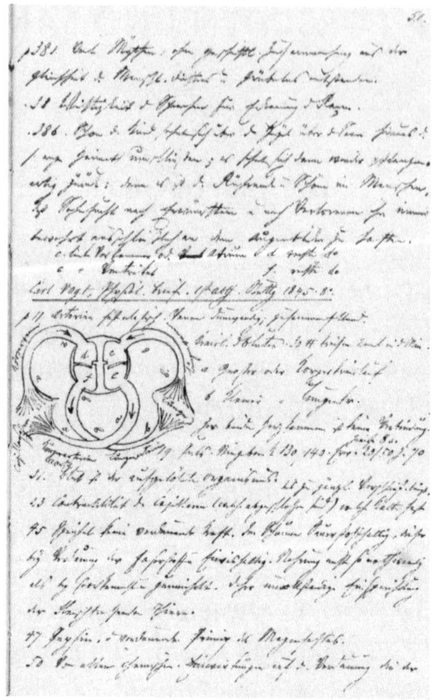

Abb. 28 Notizbuch von Georg Ernst Harzen, um 1852, Hamburger Kunsthalle, Kupferstichkabinett

Shakespeare. »Where words are scarce they are seldom spent in vain, for they breathe truth, that breathe their words in pain«,[480] zitierte er aus *Richard III.* Viele Bücher standen in Beziehung zu seinen beruflichen Ausrichtungen, und da Harzen mit Münzen, Asiatika und Naturhistorika handelte, waren grundlegende Fachkenntnisse auf diesen Gebieten unverzichtbar.

Nachdem Harzen 1819 die Bekanntschaft von Dahl und Friedrich gemacht hatte, beschäftigten ihn die in Dresden sehr unterschiedlich verhandelten künstlerischen Positionen. Die vehemente Ablehnung des Klassizismus durch die Romantiker und der sich manifestierende Naturalismus in der Malerei hatten ihn bestärkt, diese Fragen zu vertiefen. In der Zeitspanne nach dem Hamburger Brand griff Harzen dieses Thema erneut auf. Er las Wilhelm von Schlegels Vorlesungen über Theorie und Geschichte der bildenden Künste und befasste sich mit Winckelmanns Begriff des Schönen, den er bei Platon verwurzelt sah.[481] Durch die Verbundenheit mit den jungen Hamburger Malern hatte die Naturalismusdebatte für ihn nie an Aktualität eingebüßt.

Harzen beschäftigte sich mit Immanuel Kants *Kritik der reinen Vernunft* und las Charles Darwins *Über die Entstehung der Arten im Thier- und Pflanzenreich.*[482] Die Grundfragen der menschlichen Existenz interessierten ihn, weil sie von jeher den The-

480 Hamburger Kunsthalle, Kupferstichkabinett, Archiv 268, NH Eb: 03, Notizbuch o.J., S. 4.
481 Ebd. S. 15
482 Hamburger Kunsthalle, Kupferstichkabinett, Archiv 268, NH Eb: 10, Notizbuch o. J., S. 1, 23.

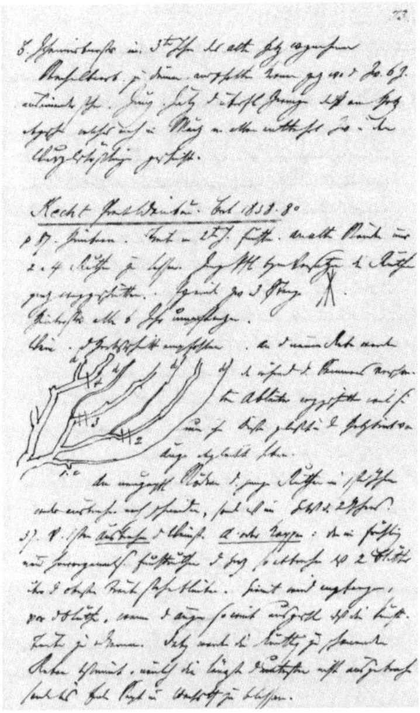

Abb. 29 Notizbuch von Georg Ernst Harzen, um 1852, Hamburger Kunsthalle, Kupferstichkabinett

menkanon der bildenden Kunst bestimmt hatten. Dass er sich dabei auch höchst gegensätzlichen Positionen zuwandte, spricht für seine liberale Haltung. In Hamburg war Kants Forderung nach einer selbstbestimmten Verantwortlichkeit des Menschen kontrovers debattiert worden, wie vermutlich auch Darwins Evolutionstheorie, die einer göttlichen Bestimmung die biologische Selektion entgegenhielt.[483] »I. Kant, Philosophische Anthropologie [...] alle Aufpasser auf sich selbst gerathen in die finsterste Hypochondrie«,[484] zog Harzen das Fazit seiner Lektüre.

Im fortgeschrittenen Alter kamen neue Themen hinzu, und Harzen begann mit sich dem menschlichen Organismus zu beschäftigen, insbesondere mit seinen reibungslosen Funktionsabläufen. In erheblicher Zahl lassen sich medizinische Fachbücher nennen, die mit ausführlichen Exzerpten und Skizzen Eingang in seine Notizen fanden (Abb. 28). Harzen litt unter Gicht und anderen Altersgebrechen. Die Korrespondenz mit Freunden und Kollegen veranschaulicht, dass die Krankheiten, insbesondere Rezepturen zu deren Linderung, einen nicht abreißenden Gesprächsstoff bildeten.

Bei aller Vielseitigkeit seiner Interessen, kam Harzen natürlich immer wieder auf die unterschiedlichsten Kunstthemen zurück. Als beispielsweise das erste fotografische Verfahren Mitte der 1830er Jahre von dem französischen Maler Louis Daguerre ent-

483 Joist Grolle: Kant in Hamburg, Aust.-Kat. Hamburger Kunsthalle, Hamburg 1995, S. 8–16.
484 Hamburger Kunsthalle, Kupferstichkabinett, Archiv 268, NH Eb: 03, Notizbuch o.J., S. 59.

wickelt wurde, faszinierte ihn das ungemein.[485] Auch wenn sich die Möglichkeiten der Fotografie anfänglich auf das Porträt beschränkten, war die Hoffnung groß, diese irgendwann in den Dienst der Kunstwissenschaft zu stellen. 1856, also noch zu Lebzeiten Harzens, wurde diese Hoffnung erfüllt, als Prinz Albert damit begann, seine Monographie über Raffael fotografisch zu bebildern.[486]

Zur Harzens Lektüre zählten damals auch viele Quellenschriften der Kunstgeschichte, aus denen er exzerpierte. Er hatte unter anderem *Il Cortegiano, del Conte B[aldassare] Castilgione, Lyon 1562*[487] zur Hand genommen und das Buch über die Perspektive von dem italienischen Maler und Baumeister Andrea Pozzo gelesen.[488]

Seinen Landsitz in Ottensen umgab ein weitläufiger Garten. Nachdem Harzen dort 1842 Zuflucht gesucht hatte, erwog er die Einrichtung einer Orangerie und korrespondierte mit der Familie Dalgas über den Import von Zitrusbäumen aus Italien. Dass ihn das Veredeln von Hölzern ebenso beschäftigte wie die Möglichkeiten des Weinanbaus in Norddeutschland, dokumentiert die Literatur (Abb. 29). Harzen hatte Reichardts, *Land- u. Gartenholz,* gelesen und sich bei »Knecht, Pract[ischer] Weinbau« Rat geholt.[489] Die Gartenarbeit zählte zu den positiven Auswirkungen der Brandkatastrophe, denn Harzen fand endlich Zeit dazu und begann sein »Tusculum« an der Elbe mit mediterranem Flair auszustatten.

DIE REISETAGEBÜCHER

London 1833

Es grenzt fast an ein Wunder, dass eines der frühen Tagebücher die Feuersbrunst unbeschadet überstanden hat. Sein Überleben dankt es vermutlich Harzens Marotte, kostbares Papier nicht zu verschwenden, sondern die ungenutzten Seiten während späterer Reisen kopfüber zu beschreiben, und so ist anzunehmen, dass er dieses Buch 1842 mit sich führte, ohne jedoch davon Gebrauch zu machen.

»1833 Febr. 25 Montag. Eilige Abfahrt. Hamburg erste Hälfte [der Reise] nach Bremen sehr schlecht.

26. Dienst[ag] Morgens 8 Uhr in Bremen. Lindenhof. […]

27. Mittw[och] bey Albers. Se[nator] Olbers, Dr. Oelrichs, Klugk[ist], Lürmann […]

485 »Daguerre, Deser du Daguerrotype et du Diorama, Paris 1839 […] d[as] Jod wird v[om] Lichte zersetzt, auf d[as] freywerdende Silber schlagen sich die Quecksilberdämpfe nieder u[nd] bilden ein weißl[iches] Amalgam […].« Hamburger Kunsthalle Kupferstichkabinett, Archiv 268, NH Eb: 03, Notizbuch o.J, S. 55.

486 Vgl. Kapitel: Gustav Friedrich Waagen in Berlin.

487 Hamburger Kunsthalle, Kupferstichkabinett, Archiv 268, NH Eb: 03, Notizbuch o.J., S. 68–69; dazu Baldassare Castiglione: Der Hofmann. Lebensart in der Renaissance, mit einem Vorwort von Andreas Beyer, Berlin 1999.

488 Hamburger Kunsthalle, Kupferstichkabinett, Archiv 268, NH Eb: 03, Notizbuch o.J., S. 69; dazu Universität Hamburg, Departmentsbibliothek Kulturgeschichte und Kulturkunde, Andrea Pozzo: Perspectivae pictorum atqúe architectorum, Augsburg 1719.

489 Hamburger Kunsthalle, Kupferstichkabinett, Archiv 268, NH Eb: 03 Notizbuch o.J., S. 71–75.

4. Montg. Ab M[ünster] bequemer Wagen. Halsbrecherischer Weg über die Haide hinter Burg Steinfurt. Nahe am Umwerfen. [...] Abends Holl[ändische] Gränze. Koffer diesmal nicht visitiert. Enschede

5. Dienstg. Morgens früh in Deventer über Amersfort [...] Noorden stark befestigt. Amsterdam [...]

9 Sonnabend Mittags bey Roos 2 Aeltern und Cousine. [...] Mod[erne] Zeichn[ungen] [...].«[490]

Harzen nutzte die Reisen zur Pflege geschäftlicher Kontakte. Auf dem Weg nach London traf er mit Cornelis Francois Roos zusammen, der die väterliche Kunsthandlung C. F. Roos & Co in Amsterdam übernommen hatte. Er war eine wichtige Kontaktperson auf dem holländischen Kunstmarkt. Über ihn lernte Harzen Arie Johannes Lamme kennen, als sie gemeinsam der spektakulären Restaurierung eines übermalten Gemäldes von Jacob van Ruisdael beiwohnten.[491] Aus dieser Begegnung entwickelte sich eine langjährige Geschäftsverbindung. Lamme hatte sich ursprünglich als Maler in Rotterdam niedergelassen und war über seinen Onkel, den Maler Ary Scheffer, in den Kunsthandel und in die museale Arbeit gelangt.[492]

»18. Montag. Morgens 8 Uhr ab nach Leyden, [...] Buchhändler Müller in Amersford hatte mir eine Intrad[uktion, Einladung, Anm. d. Verf.] an Prof. Siebold gegeben, ein Deutscher der schlecht Holländisch redet. Seine in Japan gesammelten Naturalien sind für das Museum bestimmt, seine übrige Sammlung jedoch i[n] s[einem] H[aus] aufgestellt: Elf [Räume] über d[ie] Oceanier [...] [und] Japanesen, in sehr vollständiger u. interessanter Auffassung [...]. Unten [...] Zeichnungen, in seltsame, mit Drachenköpfen [...] verzierte Goldrahmen gestellt [...]. Gegenüber ein Zimmer m[it] Münzen v[on] 200 v. Chr. bis heute vollständig. [...] Im anderen Zimmer große Holzmodelle v. ganzen Strassen mit Häusern u. Tempeln vollständig eingerichtet den chinesischen ähnlich u. auch den Schnitzersachen mit Türmen auf den Dächern [...] Zimmer mit allem Hausrath, Kleidern [...]. Die Besichtigung währte übrigens nur kurz, denn die Zimmer waren sehr kalt u[nd] der Dr. befand sich nicht wohl, er lud mich ein, auf der Rückreise wieder einzusprechen.«[493]

Harzen hatte die Sammlung des in niederländischen Diensten stehenden Mediziners und Naturforschers Philipp Franz Balthasar von Siebold gesehen, der die außergewöhnlichen Exponate während seiner Japanaufenthalte von 1823–1829 zusammengetragen hatte.[494] Allein aus kaufmännischer Sicht war der Besuch für ihn ein Muss.[495]

490 Hamburger Kunsthalle, Kupferstichkabinett, Archiv 268, NH Ea: 01, Reisetagebuch 1833, S. 1–2.
491 Ebd. S. 2.
492 1845 kuratierte er eine Scheffer gewidmete Ausstellung mit großem Erfolg in Paris, und als das Museum Boymans vier Jahre später in Rotterdam eröffnet wurde, betraute man ihn mit der ersten Hängung. 1870 wurde Lamme Direktor. Lugt 1821, S. 25.
493 Hamburger Kunsthalle, Kupferstichkabinett, Archiv 268, NH Ea: 01, Reisetagebuch 1833, S. 3.
494 1995 wurde in der Direktionsvilla der Bürgerbräu AG in Würzburg das Siebold-Museum eingerichtet.
495 Heute befinden sich die Exponate als Schausammlung auf Burg Brandenstein. Das wissenschaftliche Material wurde 1966 der Universität Bochum überantwortet und ist im Siebold-Archiv zugänglich.

»27 Mittwoch […] Abfahrt nach London. Fracht in d. Kajüte £ 4. […] Dampfboot »The Atwood« […] Kaj[üte] sehr schmutzig. Gesellschaft v. Holländern […] Rauhes, kaltes, stürmisches Wetter. Abfahrt 3 Uhr. Contraire Winde. Allgem[eine] Übelkeit. Ich legte mich in die Koje u. stand nicht eher wieder auf nach widerlichem Erbrechen als bis wir in die Themse eingelaufen waren. Doch war es vor Kälte kaum auszuhalten auf dem Deck. Zum Glück roch das Kielwasser nicht. […] 1 Bild im Koffer u. etliche Kupferstiche zu verzollen. 11 Titel gingen frey.«[496]

Mit wenigen Hinweisen bedachte Harzen seine Ankäufe in Holland, es sind die einzigen Angaben zu Erwerbungen in seinen Tagebüchern. Warum es ihn nicht interessierte, seine Geschäfte zu dokumentieren, mag in der Sache selber begründet sein. Die Kunstwerke gingen früher oder später nach Hamburg und fanden Eingang in die Geschäftsbücher. Zeit und Papier in Erwerbungsberichte zu investieren, erschien Harzen verzichtbar.

»Montag bis Sonnabend. Auction bey Sothebys über Doubletten d Herz[ogs] v Buckingham. Hoch verschuldet wie viele Nobleman. […] Duke of Marlboroghs Gale[rie] wurde v[on] d[en] Conductoren administer[iert] […] Tiffin, Palser, Smith, Evans, Adamson, Moltena. Händler. Mr. Clanheim v. Paris ein großer M[ann] m 1 rothem ungeschlachten Gesicht ála Rembrant.

Sonntag 31. März. […] Westminster Abbey. Kutsche nach Greenwich. Charing Cross. Hintersitz Droschke. […] Spazierg[ang] in Gr[eenwich] Pub »Zum Elizabeth Tree« m[it] treffl[icher] Aussicht auf d. Themse. Rehe. Blühende Landmädchen. […] Reizende hügelige Landschaft. Mittags en famille. Einfaches Roastbeef. Hierauf ein Glas Wein. […] Spritzige Themen. Alles einfach u. natürlich. Späte Heimkehr.«[497]

Enttäuschend beiläufig ging Harzen auf die fünf Tage währende Auktion aus den Druckgraphikbeständen der königlichen Sammlungen ein.[498] Diese Veranstaltung – fraglos ein wichtiger Anlass seiner Reise – war ein Zusammentreffen der Kenner und Kunsthändler, mit denen Harzen Geschäfte machte. Doch diese blieben bedauerlicherweise ebenso unerwähnt wie die zu mutmaßenden Ankäufe auf der Auktion, von denen einzig bekannt ist, dass sie zum Teil im Auftrage von Hieronymus Klugkist erfolgten.[499]

»Montag 1. April umgezogen nach 397 Strand neben dem Adelphi Theater […]. Im 2th floor hinselbst Zimmer nach vorne, Schlafz[immer] nach hinten, vorne bathroom jedes m 1 Closet. […] Aufwartung u. Kleiderputzen für £ 1 pro Woche. Auch hier April fools. […]

Sonnabend den 23. März erhielt ich durch einen Brief von Commeter, den ich bey Tiffin erbrach, die Nachricht von der unerwarteten und plötzlichen Hinkunft meiner guten alten Mutter. Gesegnet sey ihr Andenken […].«[500]

496 Hamburger Kunsthalle, Kupferstichkabinett, Archiv 268, NH Ea: 01, Reisetagebuch 1833, S. 7.
497 Ebd. S. 7–8.
498 Lugt 1953, Nr. 13250.
499 Vgl. Kapitel: Entwicklung der Geschäfte. London.
500 Hamburger Kunsthalle, Kupferstichkabinett, Archiv 268, NH Ea: 01, Reisetagebuch 1833, S. 8.

Harzens Mutter war um die achtzig Jahre alt, als sie starb. Trotz dieses schmerzlichen Verlustes setzte er seinen Aufenthalt in gewohnter Manier fort.

»Dienstag d. 2. April speiste ich bey Sheepshank in Bourbonstreet allein, [und bei] treffl[ichem] Besehen seiner Mappen, worüber die Zeit hinging bis nach Mitternacht. Ich erläuterte ihm einige Bl[ätter] [...]. Sammelt Handzeichnungen vornämlich solche welche radiert worden [...].«[501]

John Sheepshank war der Sohn eines vermögenden Tuchhändlers in Leeds. Seine beeindruckende Sammlung hatte er während mehrerer Ankaufsreisen auf dem Kontinent zusammengetragen. »Die an radierten Blättern ausgesuchteste und vollständigste Sammlung ist die des Herrn John Sheepshank in London, der sie mit Leidenschaft gesammelt«, lobte Passavant in seinem Kunstreiseführer. »Er besitzt mehrere fast unbekannte Blätter, durch deren Angabe der Peintre Graveur von Bartsch mannigfach bereichert werden könnte.«[502]

Harzen nutzte während seines ausgedehnten Londonaufenthalts die Gelegenheit, auch etwas aus dem eigenen Kunstlager auf den Markt zu bringen. Aus seinen Inventarbüchern wird ersichtlich, dass er 1833 achtzehn Gemälde auf dem Londoner Kunstmarkt angeboten hatte, fraglos der Inhalt jener Kisten, die vermutlich von Commeter auf den Weg gebracht worden waren.

»Sonnabend d. 13. Apr. abends mit Rud[olph] Besser im Haymarket Th[eater] [...] höchst vortrefflich. [...] Erkältung. Schmerzh[after] Husten. Brustschmerzen.

Sonntag d. 14. Sehr unwohl. Mittags bey Tiffin. Kalbsb[raten], Kartoff[eln] u. Kohl, Plumpudding u. Fruchtorte [...] gut u. schmackhaft. Kaltes Wetter.

Montag u. Dienst[ag] Zimmer gehütet u. Wasserbrey Diät gehalten [...].

Mittw. 17. April. Besuch m[it] Tiffin d[er] Gemäldesammlung d[es] [...] Königs in Pallmall 105, wofür mir Smith die Erlaubnis verschaffte, hatte aber in Folge der Unpässlichkeit wenig Freude daran. [...] besonders viel Teniers. Dagegen nur 1 v. d. Neer, 1 Ruysdael, [kein] Dusart [kein] Everdingen.

1stes Z[immer] Rembrandt Anbetung d. Weisen. Kühn u. meisterlich [...].

De Hooch Eine Binnenfuge m[it] Gesellschaft farbig u. schön.

Rub[en]s Kl[eine] Himmelf[ahrt]

Wilkie The Blind M[an]'s Buff, etwas verlaufen u. unbestimmt in Ton u. Lichtwirkung. Dessen Scotch Wedding später u[mso] besser. Viel Akribie in d Köpfen.«[503]

Auf der öffentlichen Kunstausstellung im Hause der Shakespeare-Gallery wurden von Sommer bis Herbst Gemälde alter Meister gezeigt. Eine Schau im Frühjahr war den Arbeiten zeitgenössischer Künstler gewidmet. »Diese Anstalt«, lobte Passavant, »hat das besondere Verdienst, dass durch sie nach und nach die Kunstschätze im Besitze des Königs, des Adels oder anderer Privatpersonen dem Publicum bekannt werden. Auch

501 Ebd. S. 9.
502 Passavant 1833, S. 109.
503 Hamburger Kunsthalle, Kupferstichkabinett, Archiv 268, NH Ea: 01, Reisetagebuch 1833, S. 11–12.

dient sie den Künstlern nicht wenig, das Studium nach alten Meistern zu erleichtern.«[504] Von den Kunstwerken, die Harzen damals zu sehen bekam, ist lediglich die *Himmelfahrt Mariens* von Rubens zu identifizieren. Das 1611 datierte Gemälde befindet sich noch heute in der königlichen Sammlung.[505] Der schottische Maler David Wilkie begeisterte Harzen mit Genrebildern, die ihm als eine gelungene Synthese von Tradition und Moderne erschienen und in ähnlicher Manier von den Hamburger Malern gepflegt wurden. Bei der von ihm erwähnten Hochzeitsszene handelt es sich vermutlich um das Gemälde *The Penny Wedding* von 1818. Auch Passavant schätzte diesen modernen Maler: »Wilkie ist eine wahre Künstlernatur und ein Mann von liebenswürdigem Charakter.«[506]

»Mittw[och] 24. Apr. Mit Tiffin nach Coventgarden […].

Sonntag d. [28. April] […] Wir gingen nach Greenwich u. besahen die Gemäldesamml[ung] […] nur Portraits u. Landschaft enthaltend, ohne sonderliches Interesse […] Schwerfällige u. geschmacklose Malerey von Kornelius [gemeint ist mutmaßlich Peter von Cornelius, Anm. d. Verf.]

Dienstag d. [30] Apr. Bey Solly Curzonstreet […] Mrs. S[olly] geb[orene] Berlinerin. Hübsche Frau. Alte Italiener in S[ollys] Wohnzimmer.«[507]

Edward Solly war ein englischer Holz- und Getreidehändler. Er wurde in Deutschland zum leidenschaftlichen Kunstsammler und hatte eine Kollektion alter Meister zusammengetragen, die sich ursprünglich in Sollys Berliner Stadtpalais in der Wilhelmstraße befand. Lediglich ein kleiner Teil der Bilder gelangte später in sein Haus im Londoner Stadtteil Mayfair, das Harzen – vermutlich auf Empfehlung Waagens – aufsuchte. Bei Passavant blieb diese Sammlung unerwähnt, weil sich der wesentliche Teil seit jeher in Berlin befunden hatte und 1821 an den preußischen Staat verkauft worden war.[508] 677 Bilder wechselten damals den Besitzer.[509] Solly kehrte nach London zurück und richtete sich in der Curzon Street ein. Als sein Kunstbesitz 1847 zur Auktion kam, zeigte sich, dass er mit 42 italienischen Altmeistern den wohl wertvollsten Teil für sich behalten hatte.[510] Diese hochkarätigen Gemälde – darunter Werke von Botticelli, Correggio, Parmigianino und Leonardo – konnte Harzen 1833 in Augenschein nehmen.

»Sonntag d. 5. May bey Woodburns […]. Fuhren in einem Wagen bis H[am]pst[ead] u[nd] v[on] d[a] zu Fuß in reizender Landsch[aft]. […] Mr. Constable der Landschaft[er] begleitete uns […]. Royal Academian. […] Hübsches Landhaus W's wo d[ie] 4 Brüder u[nd] d[ie] Mutter […] beisammen wohnen. Die Brüder sind sämtl[ich] Junggesellen.

504 Passavant 1833, S. 25.

505 Michael Jaffé: Rubens catalogo completo, Mailand 1989, Nr. 148, S. 176.

506 Passavant 1833, S. 91.

507 Hamburger Kunsthalle, Kupferstichkabinett, Archiv 268, NH Ea: 01, Reisetagebuch 1833, S. 13–14.

508 Dazu Tilmann von Stockhausen: Gemäldegalerie Berlin. Die Geschichte ihrer Erwerbungspolitik 1830–1904, Berlin 2000.

509 Frank Hermann: Edward Solly. Geschäftsmann, Kunstsammler, Kunsthändler, in: Jahrbuch Preussischer Kulturbesitz, 1969, Berlin 1970, S. 149–159. 176 Gemälde mit der Provenienz Solly zählen noch heute zur Berliner Gemäldegalerie, 73 weitere Bilder befinden sich in anderen Sammlungen oder gelten als verschollen, wahrscheinlich sind sie 1945 in Berlin verbrannt.

510 Hermann 1970, S. 158.

Ein Fluß läuft durch den Garten. [...] Ruisdael, Waterloo Nobleman Parthien. Schöner Rasen. Woodb[urns] Por[trait] v[on] Lawrence in d[er] braunen freundl[ichen] Landluft, 1 Zeichn[ung] [...] haltend. Profil. Meisterlich[e] treffl[iche] Hände.« [511]

Die freundschaftliche Beziehung zu Samuel Woodburn verschaffte Harzen den Genuss einer privaten Einladung. Woodburn betrieb seinen Kunsthandel gemeinsam mit seinen Brüdern William, Allan und Henry in der Londoner St. Martins Lane in Charing Cross.[512] Samuel galt als der Kopf des Familienunternehmens. Wegweisend für das internationale Ansehen waren seine Kennerschaft und seine enge Beziehung zu Thomas Lawrence, dessen Porträt Harzen erwähnte. Auch Passavant berichtete mit großer Ausführlichkeit über diese vorzügliche Sammlung.[513]

Vermutlich kam auch der Kontakt zu John Constable über Woodburn zustande. Als Maler scheint er Harzen jedoch wenig interessiert zu haben, denn Erwerbungen lassen sich weder für die Privatsammlung noch für den Kunsthandel nachweisen. Erstaunlich ist, dass der gemeinsame Spaziergang durch genau jene Gegend führte, die zu Constables bevorzugten Motiven zählte, Hampstead mit Blick auf London. Das Durchbrechen heroischer oder idealer landschaftlicher Vorwürfe mag angesichts der erlebten Natur Gegenstand ihres Gespräches gewesen sein, denn für die jungen Hamburger war gerade diese Leistung in Constables Malerei ein wichtiger Impuls für das eigene Kunstschaffen.

»19. May. Mit Tiffin hinaus ins Freye. Regentspark. Pimrosehill mit weiter Aussicht über London. St. Pauls kaum sichtbar dann über schlammige Wiesen nach Hampstead [...]. Regen [...] dauernder Regen.«[514]

Mit dieser Beschreibung einer verregneten Landpartie enden Harzens Aufzeichnungen. Bei aller Kürze veranschaulichen sie, dass dem geselligen Leben ein nicht unerheblicher Raum zugemessen wurde. Theaterbesuche, Wanderungen in der freien Natur stärkten den Zusammenhalt.

Italienische Reisen

Als Harzen sich im Sommer 1846 zu einer Reise nach Italien entschloss, begann er seine Vorbereitungen mit dem Erwerb des *Handbuchs für Reisende in Italien* von Ernst Förster, 1845 in dritter Auflage aktualisiert.[515] Das Buch gab Rat in kaum zu überbietendem Umfange, beginnend mit Passangelegenheiten und Gepäck bis hin zu Warnungen vor Räubern und Bekanntschaften. Es enthielt Informationen über die Reiserouten nebst aktuellen Karten und Kurzbeschreibungen der zu passierenden Ortschaften und ihrer Sehenswürdigkeiten. Den großen Städten hatte Förster eine Auflistung der Kunstsammlungen und Bibliotheken beigefügt. Harzens handschriftliche Einträge veranschau-

511 Hamburger Kunsthalle, Kupferstichkabinett, Archiv 268, NH Ea: 01, Reisetagebuch 1833, S. 13.
512 Lugt 1921, Nr. 2584, S. 483–485.
513 Passavant 1833, S. 105–109, 111–114.
514 Hamburger Kunsthalle, Kupferstichkabinett, Archiv 268, NH Ea: 01, Reisetagebuch 1833, S. 13–14.
515 Hamburger Kunsthalle, Bibliothek, Ernst Förster: Handbuch für Reisende in Italien, 3. Auflage, München 1846, Exemplar aus Harzens Nachlass.

lichen, dass es ihm ein unverzichtbarer Begleiter gewesen ist und auch als Vorbild für die eigenen Notizen diente.[516]

Seine Aufzeichnungen bergen eine kaum verifizierbare Menge an Informationen über Kunstbestände, die eine tiefer gehende Bearbeitung wünschenswert erscheinen lassen, jedoch den Rahmen einer Biographie sprengen. Allein mit Blick auf die Erforschung der europäischen Sammlungsgeschichte versprechen sie einen reichen Ertrag, den in Berlin verwahrten Reisetagebüchern Otto Mündlers durchaus ebenbürtig.[517]

1846 von Hamburg nach Rom

Mehr als 25 Jahre waren seit Harzens erstem Romaufenthalt vergangen, als er 1846 erneut dorthin aufbrach. Abermals wählte er den Weg über Berlin, Dresden, Prag und Wien, und die einzelnen Reisestationen waren angefüllt mit Besichtigungen und gesellschaftlichen Verpflichtungen.[518] Die Besonderheit dieser Aufzeichnungen liegt wiederum in ihrer persönlichen Färbung, denn die Kunstnotizen brechen mittendrin ab, weil Harzen das Tagebuch umdrehte und für seine privaten Anmerkungen in nun umgekehrter Lesrichtung verwendete. Auf keiner seiner späteren Reisen zollte er den persönlichen Eindrücken je wieder so viel Aufmerksamkeit.

»1846 April 14. Dienst[ag] Nachm[ittag] 6 Uhr Dampfs[chiff] n[ach] Magdeburg. Wittenberge Preuß[ischer] Zoll […] Berlin Mittags […] Abends Soireé b[ei] v[on] Olfers, Stüler, Reumont, Steinkämpfer. Plan u[nd] Prog[ramm] d[es] Neuen Museums […].«[519]

Harzen nahm in Berlin wieder in dem von ihm bevorzugten Hotel König von Portugal Quartier und traf mit Wilhelm Besser, Wilhelm Eduard Schorn und Alfred von Reumont, dem Sekretär der deutschen Gesandtschaft in Florenz und Rom, zusammen. Er nutzte die Gelegenheit, um sich bei dem verantwortlichen Architekten Friedrich August Stüler über den Fortgang des Neuen Museums zu informieren.

Von Berlin aus ging es weiter nach Dresden, wo Harzen mit dem Architekten Gottfried Semper[520] über ein Denkmal für Carl Friedrich von Rumohr verhandelte.[521] Sei-

516 Ungewissheit besteht darüber, wie Harzen seine Tagebücher führte. Lückenhafte Angaben zu Reiseverläufen, bei denen vorgeschriebene Datierungen unausgefüllt blieben, machen deutlich, dass eine vollständige Dokumentation nicht sein Ziel war. Parallel verwendete er Kladden, die Notizen und Skizzen versammelten. Ihr fragmentarischer Zustand legt nahe, dass sie in den eigentlichen Reisetagebüchern aufgegangen sind und Harzen abschrieb, vervollständigte oder herausschnitt, was an anderer Stelle Verwendung fand. In einem abschließenden Arbeitsgang fügte er dann die Register ein. Hamburger Kunsthalle, Kupferstichkabinett, Archiv 268, NH Ed: 01–37.

517 Carol Togneri Dowd: The Travel Diaries of Otto Mündler. 1855–1858, The fifty-first Volume of Walpole Society, Leeds 1985.

518 Hamburger Kunsthalle, Kupferstichkabinett, Archiv 268, NH Ea: 05, Reisetagebuch 1846, S. 23–76.

519 Ebd. S. 115.

520 Dazu Winfried Nerdinger, Werner Oechslin: Gottfried Semper 1803–1879. Architektur und Wissenschaft, Ausst.-Kat. Architekturmuseum der Technischen Universität München, München 2003.

521 Hamburger Kunsthalle, Kupferstichkabinett, Archiv 268. NH Ea: 05, Reisetagebuch 1846, S. 116. Die Erwähnung in Harzens Tagebuch ist der einzige Hinweis auf ein solches Denkmal. Erste Entwurfszeichnungen gab es gemäß Harzen bereits vom Semper.

nen Besuch bei Dahl krönte eine erneute Ausfahrt in den Plauischen Grund. Nach einer angefüllten Woche reiste er durch das Elbsandsteingebirge nach Prag und traf dort am 29. April früh morgens bei empfindlicher Kälte ein. Harzen besuchte die sogenannte Kleine Seite mit dem Veitsdom und der Bildergalerie im Hradschin.[522] Am 1. Mai ging es per Zug nach Wien und von dort über Graz in die Alpen. Der prächtige Anblick des Gebirges machte die Querung mit Pferd und Wagen zur Vergnügungsfahrt, ein Genuss, der sich auf der italienischen Seite noch erhöhte.

»Entzückende Aussicht auf das Meer u[nd] Triest in der Tiefe. Plötzlich fürchterliche Serpentinen die Straße im Zickzack hinabführend. Triest Hotel Martinez. Kirche auf der Höhe u[nd] Winkelmanns Kapelle m[it] Marmor Denkmal v[on] Bosa. Antike Fragmente in einem Garten. Altstadt sehr enge Gassen am Abhange. Garten Campo Marzo Abends im Freien.«[523]

Möglicherweise hatte Harzen auf Sempers Anregung hin das für Johann Joachim Winckelmann errichtete Grabmal in der Kathedrale San Giusto in Augenschein genommen. Der prominente Altertumsforscher war 1768 auf mysteriöse Weise in Triest ums Leben gekommen. Obwohl ein Tatverdächtiger wegen Raubmordes zum Tode verurteilt worden war, blieben die genauen Umstände ungeklärt.[524] Dies hatte den Kunstliebhaber Domenico Rossetti veranlasst, 1808 eine erneute Untersuchung des Falls anzustrengen.[525] Um das Andenken Winckelmanns zu bewahren, beauftragte er den Bildhauer Antonio Canova und dessen ehemaligen Schüler Antonio Bosa mit der Gestaltung eines Grabmals, dessen Aufstellung sich jedoch über mehr als zehn Jahre hingezogen hatte. Im Frühjahr 1846 holte Harzen sich hier Anregungen für ein Denkmal, mit dem man Rumohr zu ehren gedachte.[526]

»Mitt[woch] Abend Dampfschiff Venedig. Betten ohne Überzug. [...] Überfahrt bey steilen Wellen [...] Venedig im Morgenglanze. Piazza S[an] Marco [...] Nerly. Pal[azzo] Pisano neben S[an] Stefano. Gall[erie] Manchini. Accademia Zeichnungen. Lion[ardo] u[nd] Raff[ael]. Abbate Valentini in d[er] Marciana. [...] San Giov[anni] e Paolo. [...] San Rocco v[on] Palladio [...] Bibl[iothek] Benetto [...] auf Kosten der Stadt unterhalten. [...] Herrliche Paläste [...] Theils nur zu Wasser zugänglich über Brücken. [...]

Sonntags Dampf nach Padua. Abends retour. Neue Brücke über die Lagune.«[527]

In Venedig zog es Harzen zu den bekannten Sehenswürdigkeiten. So besuchte er den 1614 von Bortolo Manopola erbauten Palazzo Pisani am Campo San Stefano. Er traf mit dem Maler und einstigen Rumohr-Zögling Friedrich Nerly zusammen und ließ sich in der Bibliothek von San Marco, der berühmten Marciana, italienische Zeichnungen

522 Hamburger Kunsthalle, Kupferstichkabinett, Archiv 268, NH Ea: 05, Reisetagebuch 1846, S. 119.
523 Ebd. S. 122.
524 Dazu Esther Sophia Sünderhauf: Griechensehnsucht und Kulturkritik. Die deutsche Rezeption von Winckelmanns Antikenideal 1840–1945, Berlin 2004.
525 Dazu Domenico Rossetti: Johann Winckelmann's letzte Lebenswoche. Ein Beitrag zu dessen Biographie. Aus den gerichtlichen Originalacten des Kriminalprozesses seines Mörders, Arcangeli, Dresden 1818.
526 Hinweise auf eine Realisierung oder Konkretisierung dieser Überlegungen gibt es nicht.
527 Hamburger Kunsthalle, Kupferstichkabinett, Archiv 268, NH Ea: 05, Reisetagebuch 1846, S. 122–123.

vorlegen. Einen Ausflug nach Padua nutzte Harzen zu einem Besuch der Eremitani, der 1276 vollendeten Augustinerkirche, in der zwei Kapellen von Mantegna und seinen Schülern ausgemalt worden waren. Auf seinem Programm standen außerdem die Capella del Santo mit den Silberarbeiten von Andrea Riccio und die Scrovegni-Kapelle mit den Fresken Giottos.[528] Die ergänzenden Einträge im Reiseführer belegen, dass Harzen in Padua auf den Spuren Försters unterwegs war. Auch den Hinweis auf das berühmte Caffé Pedrocchi hatte er dort gefunden. 1831 war es in der Buchhandlung Zambeccari eröffnet worden war und schnell zum Treffpunkt von Künstlern und Kunstreisenden avanciert, dem Harzen einen Besuch abstattete.

Seine nächste Station war Ferrara, wo Harzen sich in einer nicht benannten Kunstbibliothek Kupferstiche und Bücher vorlegen ließ. In Bologna besuchte er Francesco Ermenegildo Cocchi, einen weiteren guten Freund aus Hamburg. Der Dekorationsmaler und Lithograph hatte zwischen 1820 und 1842 in der Hansestadt gelebt. Nach dem Großbrand war Cocchi nach Bologna zurückgekehrt und hatte eine Professur an der Akademie übernommen.[529]

»Sonntag […] nach Florenz. […] Hinter B[ologna] beginnt d[as] Gebirge u. währt bis Florenz. Übernachtet in Corigliano […] Keine Milch z[um] Kaffee. […] Montag Mittag in Florenz. Porta Rossa gutes Haus dicht bey Trinitate bis Sonnabend […].

Kunsthändler Metzger [und] Sohn. […] Garten Boboli. Galleria delgi Uffizi […] Gall[eria] Pitti. Accademie m[it] alten Bildern. Nicht öffentlich. Giard[ino] botanico. Kartoffeln u[nd] Haferfelder. Le Casino. S[an] Miniato abends. Raffael Abendmahl 1505. Via da Faenze.«[530]

Harzen legte in Florenz einen kurzen Zwischenstopp ein. Die meisten der von ihm besuchten Sehenswürdigkeiten befanden sich in bequemer Entfernung von der unweit der Piazza della Signoria gelegenen Unterkunft. Das Porta Rossa zählt zu den ältesten Hotels in Florenz und lässt sich bis in das Jahr 1386 zurückverfolgen. Im Laufe der Jahrhunderte wurde aus der kleinen Gaststätte eine renommierte Herberge, die Förster Reisenden ans Herz legte. Bis heute zählt das geschichtsträchtige Haus zu den gehobenen Adressen in Florenz.

»Sonnabend Abends 8 Uhr Diligence (unbequem) Livorno. Leuchttürme. Luciole. Ankunft früh Morgens. Aquila Nera [Hotel Schwarzer Adler, eine weitere Empfehlung Försters, Anm. d. Verf.]. Dalgas begegnet auf dem Weg zu ihm. […]

Montag […] Pisa. Dom. Trümmerstr[aße]. Campo Santo. Accademia. Botan[ischer] Garten große Magnolien. […]

528 »Erimitani. F[resken] d[es] Mantegna geborsten u. abfallend. Copiert von St. Giustino. Kloster Kapitel […] überweißt. San Antonio (Il Sante) Candelaber des Rizzio. […] Capp. Scrovegni Arena Giotto noch wohl erhalten.« Hamburger Kunsthalle, Kupferstichkabinett, Archiv 268, NH Ea: 05, Reisetagebuch 1846, S. 123.
529 Ebd. S. 124.
530 Ebd. S. 124–125.

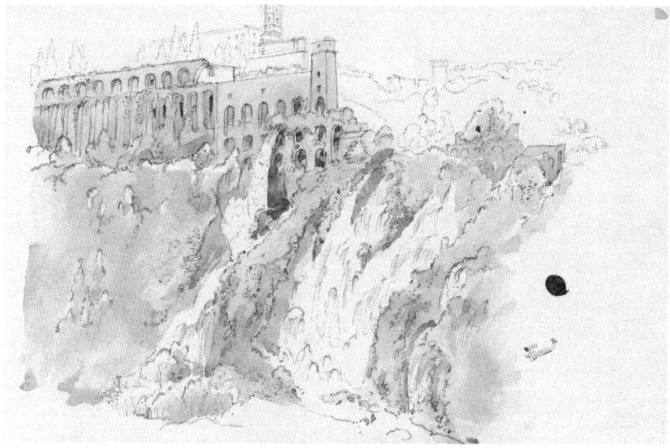

Abb. 30 Skizze aus Tivoli aus dem Skizzenbuch von Georg Ernst Harzen, 1846, Hamburger Kunsthalle, Kupferstichkabinett

Dienstags Dampfschiff n[ach] Civitavecchia [...] Abf[ahrt] 5 Uhr. 56 Fr m[it] Mahlz[eiten]. Gewitter. Maria Antonietta gutes schönes Schiff [...] Post nach Rom [...] Hotel Minerva neben dem Pantheon.«[531]

Das dichte Programm und die bisweilen sklavische Orientierung an Försters Empfehlungen legen nahe, dass Harzen sich nach langer Italienabstinenz erst einmal umsah, ehe er konkrete Pläne für den Ruhestand schmiedete. Zwei Tage nach seiner Ankunft in Rom machte er sich wieder auf den Weg und unternahm Ausflüge in die Bergdörfer der Campagna.

»Montag [...] nach Tivoli [...] Hotel der Sybillen ohne Ungeziefer. Keine Kinder [...]. Mittwoch 5 Uhr nach Subiaco d[ie] kürzere Bergstrecke zu Pferde. [...] Prächtige Ebene zw[ischen] Gebirg[e] u[nd] Rom. Aquäd[ukt]. Felder m[it] ginestra [Ginster, Anm. d. Verf.]. [...] Bis Gerano hoch auf den Felsen ebener guter Weg. Von da an steil u[nd] halsbrechend. [...] Gefährliche Felsenstrasse. Subiaco 2½ Uhr im Thale. Hitze. [...] Donnerstags morgens nach San Ben[edetto] hinauf. [...] Nachm[ittags] 3 Uhr nach Olevano [...]. Wagenreise. Romantische Felsenstrasse auf u[nd] ab, doch sehr beschwerlich. Rocca San Stefano. [...] Civitella klebt auf der Höhe eines öden Felsens. [...]

Freitag Maler Ernst Meier [Meyer, Anm. d. Verf.][532] aus Altona. Borgo Malefitto. [...] Köstl[iche] Auss[icht] v[on] dem Felsen neben d[em] Castelle. Rumohrs Casino in gänzl[ichem] Verfall.«[533]

Von Dorf zu Dorf zog sich Harzens Weg an den malerischen Bergketten der Campagna entlang, und in zahlreichen Skizzen hielt er seine Eindrücke fest (Abb. 30). Schockierend

531 Ebd. S. 125.

532 Dazu Kay Rump (Hrsg.): Der neue Rump Lexikon der bildenden Künstler Hamburgs, Altonas und der näheren Umgebung, Neumünster 2005, S. 297.

533 Hamburger Kunsthalle, Kupferstichkabinett, Archiv 268, NH Ea: 05, Reisetagebuch 1846, S. 126–127.

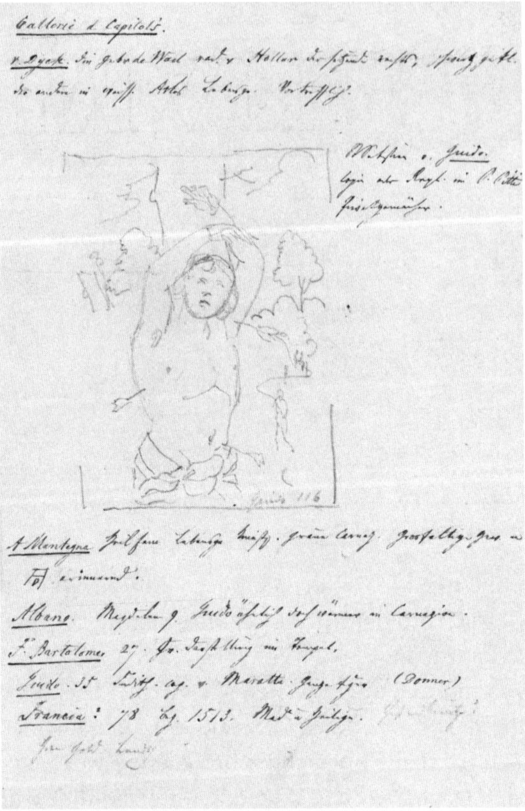

Abb. 31 Skizze »Der Heilige Sebastian« nach Guido Reni aus dem Skizzenbuch von Georg Ernst Harzen, 1846, Hamburger Kunsthalle, Kupferstichkabinett

war für ihn der Anblick des Rumohrschen Anwesens, das er drei Jahre nach dem Tod des Freundes in einem traurigen Zustand vorfand. Während die Kunstsammlung 1846 in Dresden zum Verkauf gekommen war, schien dessen italienische Bleibe für die Erben von geringem Interesse gewesen zu sein.

Über die Via Appia kehrte Harzen in die Stadt zurück. Er besuchte die Bibliotheken Corsini und Barberini, ließ sich Kupferstiche aus der Sammlung des Vatikans vorlegen und nutzte das großzügige Angebot der dänischen Künstlerschaft, die eine zweitausend Bände umfassende Fachbibliothek zur allgemeinen Benutzung eingerichtet hatte. Einen ungefähren Eindruck davon, womit Harzen sich als Kunstforscher beschäftigte, vermittelt sein Skizzenbuch, das im ersten Teil Nachzeichnungen gesehener Gemälde, Fresken und Kupferstiche enthält (Abb. 31). Einen letzten Ausflug unternahm Harzen an den Nemisee, ehe er die Heimreise nach Deutschland über Florenz antrat.

MIT SCHAUENDEN AUGEN

Den Handschriften und illuminierten Büchern gewidmet

Den wesentlichen Teil der Harzenschen Reisetagebücher machen die Kunstnotizen aus. Sie bilden kein inhaltliches Kontinuum, sondern sind der Art des Reisens geschuldet. Harzen bevorzugte die traditionellen Routen durch Europa, wie sie die Reiseführer empfahlen und bei denen es jede Gelegenheit zur Besichtigung wahrzunehmen galt. Art und Umfang der Forschung vermitteln den Eindruck einer gewissen Willkür, denn sie hingen von der zur Verfügung stehenden Zeit und vor allem der Gunst der großenteils privaten Sammler ab. Nur die Besuche der öffentlichen Sammlungen und Bibliotheken waren letztlich planbar, hier konnte Harzen die Bestände – wie im Britischen Museum – methodisch durcharbeiten. Der sprunghafte Themenwechsel seiner Aufzeichnungen veranschaulicht, wie schwierig das systematische Forschen war. Der Blick auf seine empirische Kunstforschung folgt daher keiner Chronologie, sondern den inhaltlichen Zusammenhängen.

Im Verlauf des 19. Jahrhunderts gelangte die Buchmalerei vermehrt in den Blick der Kunstgeschichtsforschung. Während man die Illustrationen zuvor als Kuriositäten betrachtet hatte, erfuhren sie nun als ältestes Zeugnis der Tafelmalerei eine ganz neue Aufmerksamkeit.[534] Harzen folgte dieser modernen Sicht in seiner wissenschaftlichen Arbeit und setzte die illuminierten Handschriften und Inkunabeln an den Beginn von Malerei und Druckgraphik. Möglicherweise war er durch Ottley darauf aufmerksam geworden, der in den 1820er Jahren bereits als Fachmann auf diesem Gebiet galt.[535]

Ende der 1830er Jahre leistete auch Gustav Friedrich Waagen einen wichtigen Beitrag zu der noch überschaubaren Fachliteratur, als er die Illuminationen in seine kunstgeschichtliche Forschung einschloss. Mit Blick auf Großbritannien hatte er sich zum Ziel gesetzt, Passavants Kunstreiseführer in seinen *Briefen über Kunstwerke und Künstler in England und Paris* zu ergänzen, wozu auch Ottleys Kunstbesitz zählte.[536] »[Er, gemeint ist hier Ottley, Anm. d. Verf.] gehört zu den Wenigen«, lobte Waagen den englischen Sammler und Forscher, »welche den edlen und reichen geistigen Gehalt [alter] Kunstwerke zu einer Zeit erkannten, in welcher sie im Allgemeinen noch verachtet und vergessen waren. [...] Ottley holte seine Portefeuilles mit alten Miniaturen hervor, deren er gewiß an die Tausend vom 11ten bis 17ten Jahrhundert aus allen Schulen besitzt.«[537]

534 Frauke Steenbock: Handschriften und Miniaturen, in: Alexander Dückers (Hrsg.): Das Berliner Kupferstichkabinett. Ein Handbuch zur Sammlung, Berlin 1994, S. 44.

535 Als bei Christie's in London 1825 Buchmalereien in größerem Umfange zur Auktion kamen, zeichnete er für den Katalog verantwortlich. Dreizehn Jahre später stand sein Nachlass bei Sotheby's zum Verkauf. London, British Library, »Catalogue of a highly valuable and extremly curios collection of illumned miniature paintings«,Christie's Auktion vom 26. 5. 1825, London 1825, Annotationen.

536 Gustav Friedrich Waagen: Kunstwerke und Künstler in England, Teil 1, Berlin 1837, S. V.

537 Waagen 1837, S. 399–400.

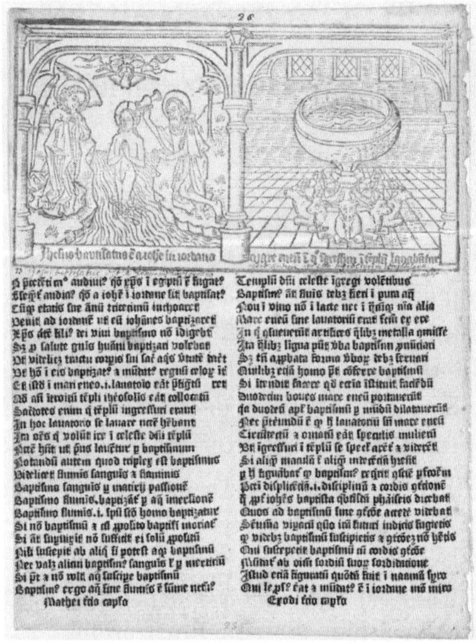

Abb. 32 Taufe aus »Der Heilsspiegel«, Holzschnitt, Hamburger Kunsthalle, Kupferstichkabinett

Den Anfang diese r chronologisch aufgebauten Sammlung bildeten die Buchmalereien, die jedoch sämtlich aus den Handschriften herausgelöst worden waren. Dass Bilder und Texte sowohl aus kommerziellen Gründen als auch um einer falsch verstandenen Autonomie willen getrennt wurden, bedauerte Waagen, denn die Zuschreibung oder Datierung von Darstellungen, die ihrer ursprünglichen Einbindung beraubt waren, konnte kaum über ein Ungefähr hinausgehen.[538]

Als Harzen 1848 über die Niederlande nach London reiste, ließ er sich im Stadthaus von Haarlem »2 holl[ändische] Ausg[aben] d[es] Speculum« vorlegen, »m[it] bewegl[ichen] L[ettern] gedr[uckt] wie aus Vergleichung einiger kl[einer] Beschr[eibungen] [...] erhellet«.[539]

Das *Speculum humanae salvationis* ist ein mittelalterliches Erbauungsbuch, das auf illuminierte und handschriftliche Exemplare des 14. Jahrhunderts zurückgeht. Der sogenannte *Heilsspiegel* veranschaulicht in reicher Bebilderung eine religiöse Weltordnung, indem den Berichten des Alten und Neuen Testaments Ereignisse der Weltgeschichte zugeordnet wurden.[540]

Harzen besaß selber eine Ausgabe des *Heilsspiegels* (Abb. 32). Das aus dem 15. Jahrhundert stammende Exemplar seiner Sammlung – heute aufgelöst und in Einzel-

538 Steenbock 1994, S. 44–45.
539 Hamburger Kunsthalle, Kupferstichkabinett, Archiv 268, NH Ea: 07, Reisetagebuch 1848–1849, S. 54.
540 Dazu Horst Appuhn: Heilsspiegel, Dortmund 1981.

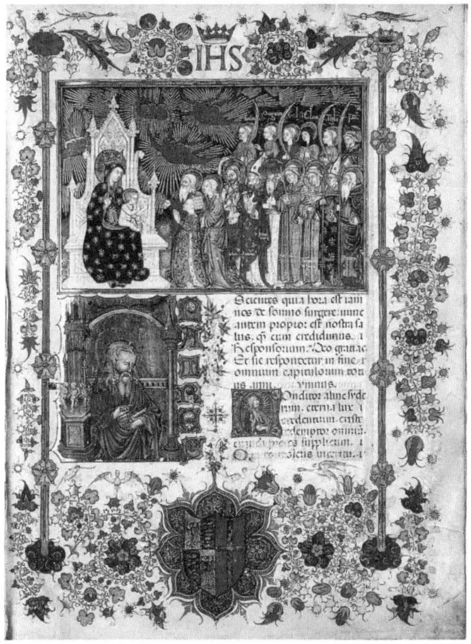

Abb. 33 Brevier der Maria von Savoyen, Madonna in trono, 1428

blättern aufgelegt – zeigt erhebliche Gebrauchsspuren und war unvollständig.[541] Drei Blätter scheinen als Vollholzschnitte zu einer anderen Ausgabe zu gehören, denn sie zeichnen sich durch ein einheitliches Braun im Druck aus, während die übrigen Bildmotive zwar braun, die Texte jedoch schwarz wiedergegeben sind. Am Relief im Papier und am Druckbild ist erkennbar, dass die anderen Blätter mit einem Textteil versehen sind, der separat und wohl mit beweglichen Lettern gedruckt worden ist. Da Harzen diesen technischen Feinheiten in seinen Recherchen nachging, ist anzunehmen, dass er 1848 bereits im Besitz dieses Buches war.

Im Winter 1849 machte er sich erneut auf den Weg nach Italien. In der Bibliothek des Rath Museums in Genf studierte Harzen Handschriften, doch seine Notizen lassen sich keinen Werken zuordnen. Die Weiterreise in das französische Chambéry galt dem berühmten *Brevier der Maria von Savoyen*. Das reich bebilderte Buch hatte die junge Herzogin in Mailand ausführen lassen, nachdem durch ihre Eheschließung mit Philippe-Marie Visconti 1428 der Friedensschluss zwischen beiden Familien besiegelt worden war (Abb. 33).

»Titel L[inks] Mar[ia] in tro[no] weiß goth[isch] blau[er] sternenbesetzter Mantel vor ihr kniend d[er] Papst jung! Golddamast Gew[and] m[it] Hermelin hinter ihnen

541 Im Buchdeckel wird in englischer Sprache auf die fehlenden Seiten aus der Schöpfung und dem Leben Jesu hingewiesen, ein Indiz, dass der *Heilspiegel* in London erworben wurde. Hamburger Kunsthalle, Kupferstichkabinett, Archiv 268, Nachlass Harzen ohne Inv. Nr.

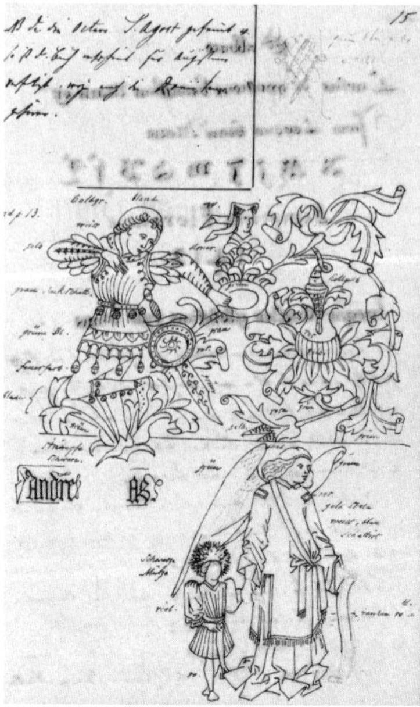

Abb. 34 Skizze nach illuminierter Handschrift aus dem Reisetagebuch von Georg Ernst Harzen, 1849, Hamburger Kunsthalle, Kupferstichkabinett

stehen Joh[annes] Ev[angelist] u[nd] Magd[alena] u[nd] 13 Heilige alle im Namen halber bez[eichnet] in runder Minuskel wie auch der Text. Kopfp[utz] Gold aus[sen] Schwarz berandet m[it] Punkt[en]. Grüner Rasen. Blauer Himmel m[it] roth[em] Serafim ebenfalls eine solch[e] Aura [...].1 Apostel im Zinnober Gew[and] dunk[el] schattiert u[nd] grünem Mantel. Buch in der Hand auf Goldgrund.«[542]

Harzen legte besonderes Augenmerk auf die virtuose Gestaltung der Illustrationen und die prachtvolle Malerei. Er bewunderte die mit Geschick gesetzten komplementären Kontraste ebenso wie die Intensivierung der Farbigkeit durch die Verwendung eines Goldgrundes.

Den Frühsommer 1850 verbrachte Harzen in Rom, wo er die Kunstsammlung im Palazzo Corsini besichtigte. Bei Förster fand er den Hinweis, dass die zugehörige Biblioteca Corsiniana großartige Handschriften beherberge sowie an »gedruckten Büchern die reichste, und in Hinsicht der ältesten Ausgaben nach der Erfindung der Buchdruckerei die bedeutendste in Rom« sei.[543] Er ließ sich ein nicht näher bezeichnetes, bebildertes

542 Hamburger Kunsthalle, Kupferstichkabinett, Archiv 268, NH Ea: 12, Reisetagebuch 1849, S. 33.
543 Hamburger Kunsthalle, Bibliothek, Ernst Platner, Ludwig Urlichs: Beschreibung Rom, Stuttgart 1845, S. 593. Mit zahlreichen handschriftlichen Bemerkungen Harzens.

Offizium vorlegen. Seine Beschreibungen einschließlich einer sorgfältig ausgeführten Skizze nebst Farbangaben (Abb. 34) belegen, dass seine Aufmerksamkeit vornehmlich der Malerei galt.[544]

In der Biblioteca Vaticana studierte Harzen die *Bibel von Urbino*. Die zweibändige Handschrift des Federico da Montefeltro, die zwischen 1477 und 1478 in Florenz illuminiert worden war und sich seit 1675 im Besitz der vatikanischen Bibliothek befindet, galt schon im 15. Jahrhundert als unangefochtenes Meisterwerk. Das Dekor der Texte stammt von der Hand Francesco di Antonio del Chiericos. Jedes einzelne Blatt schmücken eine mit Gold verzierte Detaildarstellung sowie farbige und mit Gold gehöhte Dekorbänder, Initialen und Kapitalbuchstaben. Für die insgesamt 42 Großbilder wurden prominente Künstler in Anspruch genommen: Attavante, Cosimo Rosselli und Davide Ghirlandaio. Eine Mitarbeit von Antonio del Pollaiuolo, Andrea del Verrocchio, Domenico Veneziano und Sandro Botticelli ist ebenfalls erörtert worden. Obwohl diese Handschrift die Florentiner Malerei des 15. Jahrhunderts auf höchstem Niveau zu bündeln scheint, beurteilte Harzen ihre Qualität eher als enttäuschend.

»[…] Candelab[er] fein Gold gestrichelt m Wappen. Goldbuchts[aben] in saftgr[ünem] Felde. Knaben (?) sehr weiß m[it] Farbe gehöht. Tupfen. Große Bilder etwa im Styl des Cos[imo] Roselli doch m[it] gewisser Trockenh[eit] u. Peinlich[keit] ausgeführt. Fein m[it] Gold gestr[ichelte] Schlacht mit vielen Pferden. D[ie] Landsch[aft] schwächlich (?).«[545]

Harzens Neugier galt dem Können der Maler, ihrem Umgang mit den Farben und der illusionistischen Darstellung der sichtbaren Welt. Obwohl er der lateinischen Sprache mächtig war, interessierte er sich weder für die Texte noch für die Beziehung von Wort und Bild. Mit seinem auf die Darstellungen konzentrierten Augenmerk verfolgte einen neuen Forschungsansatz. Die Identifikation der ausführenden Hände und die Benennung dieser einzigartigen Leistungen bedeuteten mit Blick auf die Genese europäischer Tafelmalerei eine Spurensuche nach deren Anfängen und Verwurzelungen, die nach Harzens Anschauung in den frühen Illuminationen zu finden waren.

Am 18. Juni 1850 verließ Harzen Rom. Er wählte für die Rückreise den Weg über Florenz und besuchte die Biblioteca Laurenziana. Die aus der Privatbibliothek der Medici hervorgegangene Institution war bereits 1571 von Cosimo I. der interessierten Öffentlichkeit zugänglich gemacht worden. Sie beherbergt eine reiche Sammlung illustrierter Bücher und ist durch das Hinzukommen privater Sammlungen und Bibliotheken stetig erweitert worden. Obwohl Förster viele Kostbarkeiten lobte, ließ Harzen sich einzig Choralbücher aus dem Dom zu Florenz vorlegen.[546]

544 Hamburger Kunsthalle, Kupferstichkabinett, Archiv 268, NH Ea: 17, Reisetagebuch 1850, S. 13, 16–32. Hinzu kamen ein *Stundenbuch der Katherine de Senis*, eine Ausgabe der *Legenda Aurea* und Choralbücher in größerer Anzahl. Sämtliche Notizen und die detaillierten Nachzeichnungen vermitteln einen Eindruck von den hochwertigen Illustrationen, ohne dass sich die Manuskripte nachweisen lassen.

545 Ebd. S. 103.

546 Hamburger Kunsthalle, Kupferstichkabinett, Archiv 268, NH Ea: 18, Reisetagebuch 1850, S. 109.

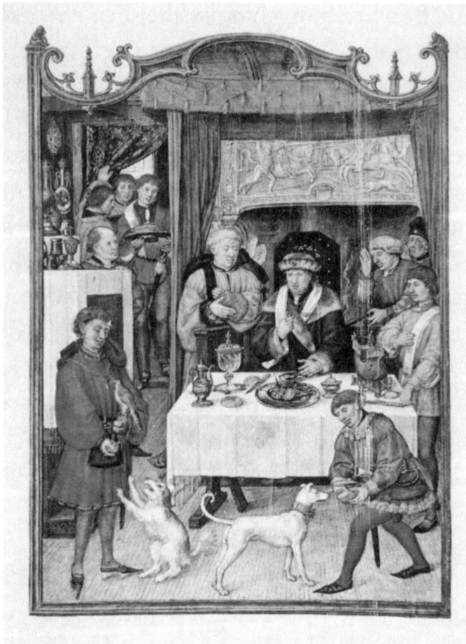

Abb. 35 Breviarium Grimani, Januar. Das Mahl des fürstlichen Herren, Venedig, Bibliothek San Marco

In Venedig studierte er wenig später das berühmte *Breviarium Grimani*. Auf die Existenz dieses Juwels flämischer Miniaturenmalerei hatte Förster ebenfalls hingewiesen.[547]

»Cod. Grimani Fol[io] in roth[en] Sammet geb[unden] mit Ornam[enten] von vergold[etem] Silber reich verziert m[it] Wappen u. Portrait Grimanis.

Erstes Blatt l[inks] vor dem Kalender ein Fürst beym Mahle unter einem grünen Baldachin hinter ihm 1 Kamin m[it] verschloss[ener] Thür oben d[ie] Flammen durchschlagend über dems[elben] Relief in grauem Stein kämpfende Ritter oder Tunier. Vorn l[inks] steht ein Cna[ppe] in zinnober[rotem] Pelzr[ock] Falken auf d[er] Hand mit spitzen Holzcloques [...] zu dem 1 Hund aufspringt, r[echts] steht ein anderer der für einen Hund Brod schneidet. Hinten l[inks] ein Schanktisch wo durch eine Thür ein Diener eine Schüssel getragen bringt. [...] Vortrefflich (Abb. 35).

Die folg[enden] 12 Monate haben alle reiche Ränder u[nd] unten eine größere Darstellung. Im [Februar] steht l[inks] 1 Kind in Schnee pissend. Im [März] pflügt ein

547 1520 wurde die Handschrift unbekannter Provenienz von Kardinal Domenico Grimani für 500 Dukaten von Antonio Siciliano, einem Kammerherrn des Herzogs von Mailand, erworben. Gemäß testamentarischer Verfügung wurde das Buch 1593 von seinen Nachfahren an die Bibliothek von San Marco übergeben. Mario Salmi: Das Brevarium Grimani und seine Miniaturen, in: Andreas Grote (Hrsg.): Brevarium Grimani, Berlin 1973, S. 9.

Bauer m[it] 1 Gespann Ochsen [...]. Rechts sind die Kalender u[nd] l[inks] große Vorstellungen auf d[ie] Monate bezüglich. Der August ist besonders treffl[ich] u[nd] interessant, mir sehr bekannt u[nd] ich habe etwa eine Nachbildung oder Kopiedruck davon irgendwo gesehen?

Jagdgesellschaft welche [sich] nach einer prächtigen Burg v[on] weissem Stein v[on] Wasser umgeben zurückzieht [...].«[548]

Der knappen Beschreibung der Malerei schloss sich eine kurze Erörterung der malerischen Qualität der Kalenderblätter an. Harzen schätzte die Gestaltung der gotischen Architektureinfassungen, insbesondere die kenntnisreiche Verwendung verschiedener Goldtöne und deren sorgfältige Schattierungen. Auch der Autorschaft einzelner Blätter ging er nach.

»Ob dieses der Meister der Amsterdamer Blätter in gereizter Manier o[der] folgen Bl[ätter] einem anderen Meister in größeren Fig[uren] u. zuerst angelegten Drapp[erien] in kleinen kurzen krummen Strichlein ausgearbeitet (d. Gewänder). Viele Ornamente Gold in Gold u. helle Ränder mit Blumen. Andere mattgold m[it] [...] Blumen. Rosen, Erdbeerblüthen, Schmetterlinge u. dgl. höchst vortrefflich. Eigens hinaus im Styl des Hemelink erstellt.«[549]

Hinter dem Namen »Hemelink« verbirgt sich der Maler Hans Memling, der von der Forschung in den Kreis derer gerechnet wird, die den Illuminatoren dieser Handschrift als Vorbild gereichte,[550] dessen unmittelbare Beteiligung heute jedoch ausgeschlossen wird.[551] Als Harzen 1851 nach Italien zurückkehrte, nutze er die Gelegenheit, sich noch einmal in diese Malerei zu vertiefen.

Die Stundenbücher, insbesondere die der letzten Entwicklungsstufe, zu der auch das *Brevarium Grimani* zählt, markierten den Beginn der neuzeitlichen Malerei, die nach der Darstellung der dritten Dimension in die Fläche strebte. Die Bindung von Text und Bild begann sich zu lösen, und die Illustrationen dienten vermehrt der reinen Schaulust.[552] Höfisches und ländliches Leben wurde in den Bildern mit viel Liebe zum Detail ausgeschmückt. Auch das spiegelt sich in Harzens Beschäftigung mit den Manuskripten, die größtenteils dieser letzten Kategorie zuzurechnen sind. Gerade die sorgfältige Ausführung der Kleidung fesselte seine Aufmerksamkeit. Die suggestive Wirkung der wie Fensteröffnungen erscheinenden Rahmungen im *Brevarium Grimani* hatte Harzen beschrieben. Über mattem Gold wurden dort botanische Kenntnisse demonstriert oder malerische Kühnheiten erprobt.

Die illustrierten Bücher, die heute der Sammlung Harzen-Commeter zuzuordnen sind, belegen, dass Forschen und Sammeln Hand in Hand gingen. Entgegen den im 19. Jahrhundert üblichen Gepflogenheiten befand sich nur ein Pergament mit einem aus-

548 Hamburger Kunsthalle, Kupferstichkabinett, Archiv 268, NH Ea: 20, Reisetagebuch 1850, S. 56.
549 Ebd. S. 57.
550 Salmi 1973, S. 15–32.
551 Ebd. S. 27.
552 Hermann Köstler: Stundenbücher. Zur Geschichte und Bibliographie, in: Philobiblon 28, Heft 2, Juni 1984, S. 99–102.

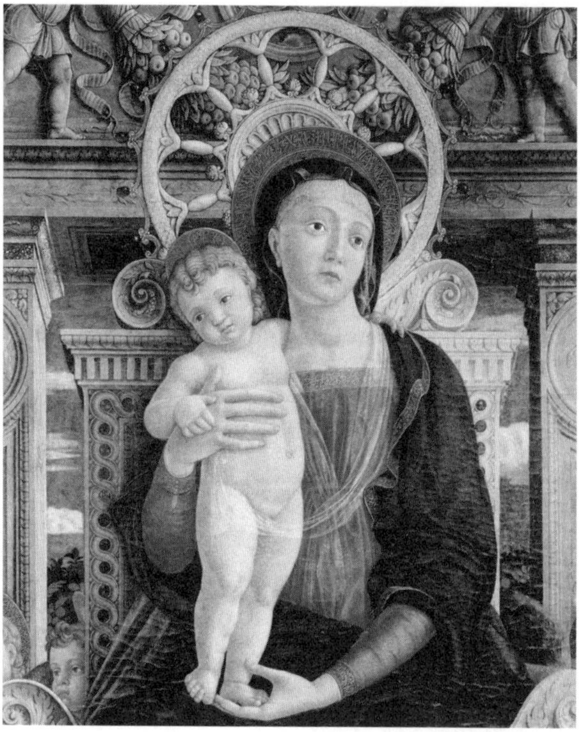

Abb. 36 Andrea Mantegna, Madonna San Zeno (Detail), Verona, San Zeno Maggiore

geschnittenen Motiv darunter. Harzen sammelte vollständige Bücher, um den Kontext zu bewahren, und gerade das ermöglicht es, die Emanzipation der Malerei nachzuvollziehen.

Malerei

1846 war Harzen einer weiteren Empfehlung Försters gefolgt und hatte den Weg nach Verona über Mantua genommen. Den Notizen im Reiseführer ist zu entnehmen, dass sein Augenmerk ganz auf die beiden großen Hofmaler der Gonzaga, Andrea Mantegna und seinen Nachfolger Giulio Romano, gerichtet war.[553] Bei Förster ist nachzulesen, dass sich »eines der besten und erhaltensten Gemälde dieses Meisters«[554] in der Kirche San Zeno Maggiore in Verona befände, Harzens nächster Reiseetappe (Abb. 36).

»S[an] Zeno. Mantegna Mad[onna] in trono. D[as] Kind stehend v[on] musiz[ierenden] Englein umg[eben] die Aureolen m[it] arab[ischen] Zeich[en] tragen. Pers[ischer]

553 Hamburger Kunsthalle, Kupferstichkabinett, Archiv 268, NH Ea: 04, Reisetagebuch 1846, S. 8.
554 Förster 1846, S. 557.

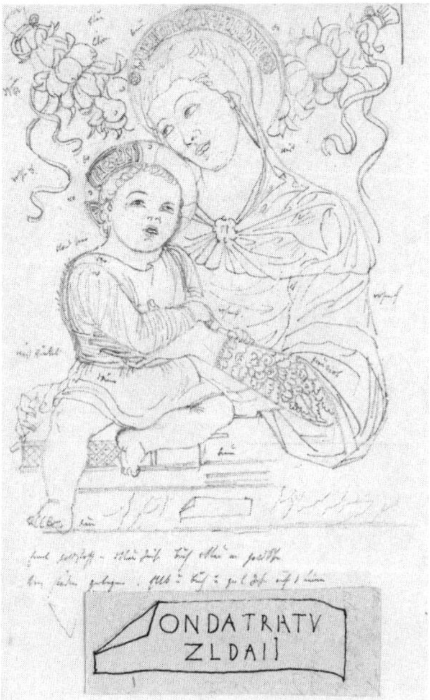

Abb. 37 Skizze »Madonna mit Kind« nach Lazzaro Bastiano aus dem Reisetagebuch von Georg Ernst Harzen, 1850/51, Hamburger Kunsthalle, Kupferstichkabinett

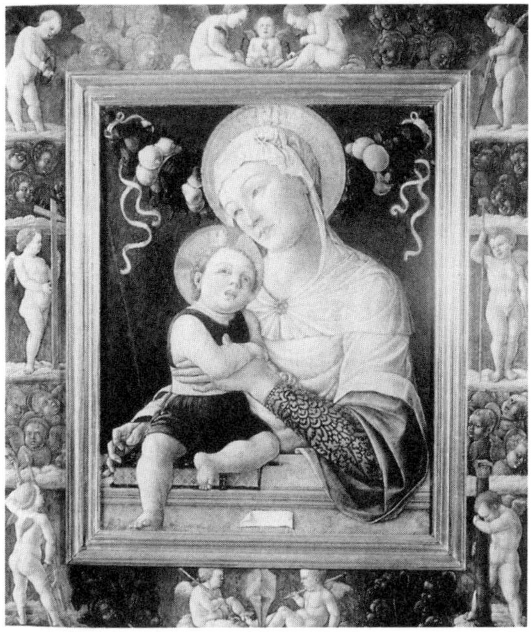

Abb. 38 Lazarro Bastiano, Madonna mit Kind und sechs Engeln, Gemäldegalerie Berlin

Teppich zu ihren Füssen. Oben Gehänge von Citronen u. dgl. Laubwerk m[it] zinnoberroth[em] Band abgebunden, wo zwischen [eine] Glaslampe herabhängt. […] Treffl[ich] vollendet d[ie] Seitenb[ilder] hab[en] dieselb[en] Gehänge s[iehe] d[as] B[ild] in Berlin.«[555]

In Harzens Skizzenbuch von 1842–1844 gibt es eine Reihe zum Teil sehr ausführlicher Nachzeichnungen nebst Farbangaben zu der *Madonna mit Kind und sechs Engeln*, die heute als Werk von Lazzaro Bastiano gilt und sich in der Berliner Gemäldegalerie befindet.[556] Augenfällig ist die Übereinstimmung der erwähnten Fruchtgirlanden, die fraglos auf die Madonna in San Zeno zurückgehen. Dass die ehemalige Zuschreibung des Berliner Bildes an Mantegna schon im 19. Jahrhundert angezweifelt wurde, deuten Harzens Skizzen an. Ihre Ausführlichkeit legt nahe, dass er sich mit Hilfe seines gut recherchierten Materials auf seine Forschungen in Italien vorbereitet hatte (Abb. 37, 38).

555 Hamburger Kunsthalle, Kupferstichkabinett, Archiv 268, NH Ea: 04, Reisetagebuch 1846, S. 23.
556 Hamburger Kunsthalle, Kupferstichkabinett, Archiv 268, NH Ea: 03, Reisetagebuch 1842–44; Gemäldegalerie Berlin, Gesamtverzeichnis, Staatliche Museen zu Berlin – Preußischer Kulturbesitz, Berlin 1996, Nr. 1775, S. 413.

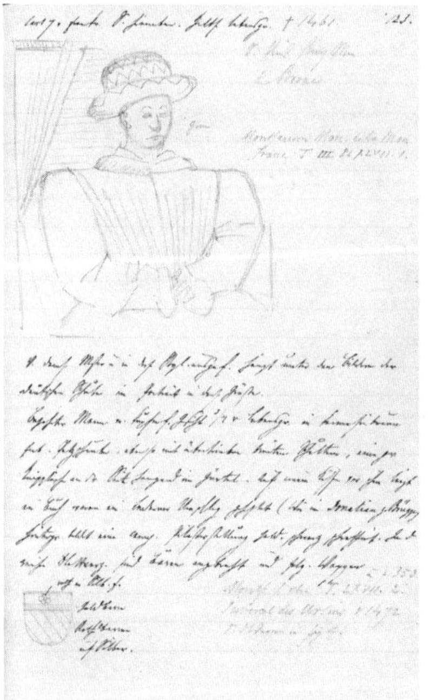

Abb. 39 Skizze »Karl VII.« nach Fouquet aus dem Reisetagebuch von Georg Ernst Harzen, 1849, Hamburger Kunsthalle, Kupferstichkabinett

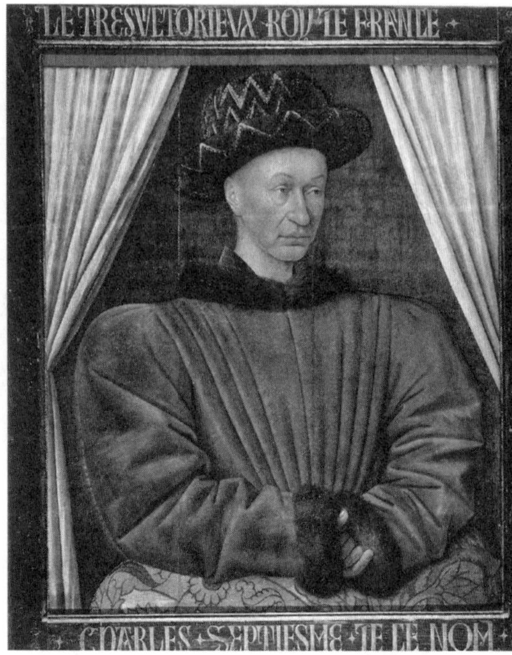

Abb. 40 Jean Fouquet, Karl VII., Paris, Louvre

Im Mai 1849 hielt sich Harzen in London auf und wählte für die Heimreise die Route über Belgien und Paris. Den Besuch in der französischen Hauptstadt nutzte er zu einem Gang durch die Gemäldegalerie des Louvre, wobei ihm ein Bildnis des französischen Königs Karl VII. von Jean Fouquet besonders auffiel.[557]

»Hut Hellblau m[it] Silber Besatz. Dunkel karmes[inroter] Rock m[it] braunem Pelz besetzt, d[ie] Schultern unverhältnismäßig breit. Der Tisch vorne mit Gold Broc[at]-Decken belegt. Grund grün horizontal gestreift als wie Jalousien. Weiße Vorhänge. Schon alt. Von schläfrigem stupiden Ges[icht], wie angetrunken. […] Sehr wacker ausgeführt, erinnert an Holbein.«[558]

An der Beschreibung neben der von Harzen angelegten Skizze (Abb. 39, 40) irritiert vor allem die Wortwahl. Das Erscheinungsbild des Monarchen mit dem eines Angetrunkenen zu vergleichen, ist fraglos nachvollziehbar, in jedem Fall aber ein ausschließlich für den persönlichen Gebrauch bestimmter Hinweis.

»V[on] dems[elben] Meister«, so Harzen weiter, »u[nd] in dessen Styl ausgeführt hängt unter den Bildern der deutschen Schule ein Portrait in ders[elben] Größe. Bejahr-

557 Lawrence Gowing: Louvre, Bd. 1, Köln 1988, Nr. 9106, S. 78.
558 Hamburger Kunsthalle, Kupferstichkabinett, Archiv 268, NH Ea: 10, Reisetagebuch 1849, S. 122–123.

ter Mann m[it] kupferf[arbenem] Gesicht ¾ v[on] Lebensgr[öße] in karmesinf[arbener] Pelzschube, ebenso mit übertriebenen breiten Schultern, eine gr[oße] Kniptasche an der Seite tragend im Gürtel. Auf einem Kissen vor ihm liegt ein Buch vorne in einen ledernen Umschlag geheftet. [...] Hinterg[rund] bildet eine comp[onierte] Pilasterstellung Gold. Schwarz schraffiert. In der reich[en] Blattverz[ierung] sind Löwen angebracht und [...] [ein] Wappen.«[559]

Das Gemälde, das im Louvre seiner Zeit noch der deutschen Schule zugeordnet wurde, gilt heute als eigenhändiges Werk Fouquets, Guillaume Jouvenel des Ursins darstellend.[560] Dies hatte Harzen bereits 1849 erkannt.

In Italien begann Harzen sich mit der Malerei Pinturicchios zu befassen. Er besuchte den Dom in Siena und beschrieb die monumentalen Fresken mit Architekturmotiven in der zugehörigen Biblioteca Piccolomini.[561] Ein Apsisfresko dieses Malers aus der Helenakapelle in Santa Croce in Gerusalemme in Rom zog er zum Vergleich hinzu. Laut Förster galt es als »von neueren Händen übermalt«.[562] Die Originalität von Kunstwerken zu verifizieren und Veränderungen auszumachen, die auf Eingriffe in die Malerei zurückgingen, war der damaligen Kunstforschung ein besonderes Anliegen. Stilistische Vergleiche und sich daraus ableitende Zuschreibungen waren nur haltbar, sofern Übermalungen oder Spuren eventueller Restaurierungen klar von der Hand eines Meisters geschieden wurden. Auch dieser Fragestellung war Harzen in Siena und Rom nachgegangen.

»Großer Fresco in d[er] Wölbung d[er] Apsis. Die Kreutzfindung. In d. M[itte] St. Helena stehend das + triumph[ierend] haltend zu deren Füssen Card[inal] Carvajal kniend. L[inks] Gruppe von Männern welche 3 [Kreuze] ausgraben. [...] Ganz l[inks] junger Mann in ledernem Wams [...] heiter u. unbefangen aus dem Bild bl[ickend]. Wahrscheinlich der Maler selber, höchstens 28 Jahre alt. [...] Oben Jesus in Mand[orla] kolossal v[on] unzähl[igen] Cherub[im] umg[eben]. Umher ein Halbk[reis] m[it] [...] Gir[landen] darin auf Blau Sternen Himmel [...] Übermalt. Farbgebung hart.«[563] In seinem Reiseführer korrigierte Harzen diesen Eindruck: »Bezweifle das übermalt. Farben heute, namentlich d[as] Grün d[er] Landsch[aft] schoen. Der Ultram[arin] Grund m[it] Sternen [...] l[inks] unter der Engelgruppe ist in gr[oßen] Flecken mit schlechtem, grün geworden Schimmelblau [zerstört]. Sonst nicht bedenklich d[ie], Schatten sind m[it] d[em] Laufe [der Zeit] fast schwarz [geworden].«[564]

Was Harzen beobachtet hatte, waren Veränderungen der Malerei, die auf klimatische Faktoren oder Alterungsprozesse zurückgingen und keinen Einfluss auf die Originalität hatten. Die Gründlichkeit, die er aufwandte, veranschaulicht, wie wichtig es ihm war, die im Falle Pinturicchios versammelten Fakten zu überprüfen. Ein Werk dieses

559 Ebd. S. 123.
560 Gowing 1988, Nr. 9619, S. 79.
561 Hamburger Kunsthalle, Kupferstichkabinett, Archiv 268, NH Ea: 16, Reisetagebuch 1850, S. 17, S. 36–40.
562 Platner 1845, S. 329.
563 Hamburger Kunsthalle, Kupferstichkabinett, Archiv 268, NH Ea: 16, Reisetagebuch 1850, S. 17, S. 83.
564 Notizen in Platner 1845, S. 329.

bedeutenden Meisters der italienischen Frührenaissance als unzweifelhaft zu verifizieren, hieß, die Grundlage für die vergleichende Einordnung sowohl seines Œuvres wie das der Zeitgenossen und Nachfolger um eine Facette zu erweitern.

Als Harzen 1852 aus Neapel kommend in Rom eintraf, gab es für ihn zwei zentrale Programmpunkte: die Stanzen Raffaels im Vatikan und den Petersdom. Den Kirchenbesuch dokumentiert eine Beschreibung nebst Zeichnung vom Grabmal Papst Sixtus IV., mit einem Relief von Antonio Pollaiuolo die Astronomie darstellend.[565] Die Beschäftigung mit der Malerei Raffaels – konzentriert auf die *Disputa del Sacramento* in der Stanza della Segnatura – legt nahe, dass Harzen eine bestimmte Fragestellung vor Augen hatte, denn die berühmte *Schule von Athen*, die sich ebenfalls in dem 1508–1511 ausgeführten und ehemals als Studierzimmer genutzten Saal befand, streifte er nur am Rande.

»Disp[uta] Unten kl[eine] Engelein d[ie] oberste Glorie im Luftton gemalt ins violette, während d[ie] gr[oßen] be[sonders] kl[ar] in Farben. Kaum ins Grünliche wie s[eine] Perugin[er] Arbeiten. Savonarola kann höchstens d[er] letzte Geistliche v[orn] gegen d[ie] helle Mauer stehend, hinter dem m[it] beiden Händen auf d[ie] Brüst[ung] gestützt[en] Manne [sein]. Man sieht s[einen] Kopf nur halb und kann daraus erahnen was man will. [...] Papst [Gregor IX., Anm. d. Verf.] reicht d[ie] Decretalen. Treffl[ich] Kopf u[nd] Gew[and] auch wohl erhalten. Greg[or] ins röthl[iche] [...] d[ie] gelbe Stufe u[nd] d[er] weiß u[nd] grün gewürfelte Estrich stehen sehr harmonisch. R[affael] selbst. [...] 2 Füße von unten gesehen (M[ichelangelos, Anm. d. Verf.] Carton ?) [...]

Sala d Elidoro Jac[o]b u[nd] Mos[e]s u[nd] Petr[us] im G[iebel]f[eld] sind viel kräft[iger] gehalten als d[er] Saal der Disp[uta] [...] 2 der Deckenf[resken] sind Gold gehöht u[nd] ähnlich d[er] Taufe Konstantins [...] Julio Rom[ano] frühe Arb[eit] wo zu sehen?«[566]

Die Komposition und die Beziehungen der Farben fesselten Harzens Aufmerksamkeit, denn hier offenbarte sich die schöpferische Genialität des Meisters. Da die Ausführungen der Malerei üblicherweise der Werkstatt oblagen, konnte er die Frage nach dem individuellen Duktus vernachlässigen. Seine Kritik an Raffaels *Disputa* galt der indifferenten Darstellung des Bußpredigers Girolamo Savonarola, dem er mehr kompositorische Präsenz und ein größeres farbliches Gewicht gewünscht hätte.

Fast bis zur Unkenntlichkeit verkürzt, bedeuteten Harzens punktuelle Bemerkungen einzig eine Gedächtnisstütze für ihn selber. Im Vergleich war er darum bemüht, das Herausragende zu verifizieren und die Ursachen qualitativer Unterschiede zu benennen. Verblasste Malerei infolge von Alterungsprozessen wusste er von einer zu schlichten Farbwahl zu unterscheiden. Auch die Frage möglicher Zusammenarbeiten beschäftigte ihn, und er versuchte potenziellen Beeinflussungen oder möglichen Lehrer-Schüler-Verhältnissen anhand der Kunstwerke auf den Grund zu gehen. Bei Vasari konnte Harzen beispielsweise nachlesen, dass Pinturicchio ein Freund Raffaels gewesen sei und

565 Hamburger Kunsthalle, Kupferstichkabinett, Archiv 268, NH Ea: 25, Reisetagebuch 1852, S. 129.
566 Ebd. S. 131.

dieser für die Fresken in Siena Zeichnungen und Kartons zur Verfügung gestellt habe.[567] Dass Harzen sich im Anschluss an seine Forschungen dort Raffael zuwandte, mag dieser hypothetischen Verbindung geschuldet sein.

Raffael und Michelangelo waren beide von Papst Julius II. mit Raumprogrammen für den Vatikan beauftragt worden. Zwischen 1508 und 1512 malte Michelangelo in der Sixtinischen Kapelle, und zur derselben Zeit arbeitete Raffael in der Stanza della Segnatura. Als Michelangelo Rom wegen eines Konfliktes mit dem Papstnachfolger Leo X. verließ, holte sich Raffael – gemäß Vasaris Überlieferungen – Anregungen in der Sixtina.[568] Harzens Einschub »M. Carton?« deutet an, dass er in den von unten sichtbaren Füßen wohl eine entsprechende Rezeption vermutete. Gerade der atemberaubende Blickwinkel auf die menschliche Figur zeichnet Michelangelos Werk aus. Dass Harzen damit in eine aktuelle kunsthistorische Debatte eingriff, wird angesichts der von Rumohr schon 1831 verfassten Schrift über Raffael und seine Zeitgenossen augenfällig.[569] Aus guten Gründen war Rumohr bereit, »den anatomischen Forschungen des Michelangelo auf Raphaels Zeichnungen den entschiedensten Einfluß einzuräumen«,[570] allerdings ohne ihm den anekdotisch besetzten Blick auf das Werk des Kollegen zu unterstellen, sondern einzig auf der Grundlage des schauenden Vergleichs.

Förster hatte darauf hingewiesen, dass die letzte der Stanzen, die Sala di Constantino, wegen der »sichtbaren Obergewalt der Kirche« nicht mehr vom Meister selber, sondern von Giulio Romano nach den Zeichnungen Raffaels ausgeführt worden war.[571] Auch dieser ungesicherten Behauptung ging Harzen nach. Die klare Unterscheidung zwischen der Hand des Meisters und seines prominenten Nachfolgers war für ihn jedoch ebenso wenig nachvollziehbar wie für Rumohr. »Indeß kann der Styl«, so Rumohr, »als etwas dem Handwerk der Kunst Gehörendes, erlernt, durch reflectierende Beobachtung und practische Nachahmung erworben werden; […] Giulio Romano und andere sind dem von Urbino in diesem Kunstvortheile oft sehr nahe gekommen.«[572]

DIE GRAPHISCHEN KÜNSTE

Niello und Schrotschnitt

Während sämtlicher Reisen ließ sich Harzen in großer Anzahl Druckgraphiken vorlegen. Er notierte Künstlernamen, Titel, Technik und – so vorhanden – die Nummerierungen nach Bartschs *Peintre Graveur* und anderen Œuvreverzeichnissen. Seine Reise-

567 Giorgio Vasari: Die Lebensbeschreibungen der berühmten Architekten, Bildhauer und Maler, Bd. IV, S. 200, hrsg. v. A. Gottschweski, G. Gronau, Straßburg 1910.
568 Vasari 1910, S. 220–221.
569 Carl Friedrich von Rumohr: Über Raphael und sein Verhältnis zu den Zeitgenossen, Berlin 1831.
570 Ebd. S. 87, 92–95.
571 Förster 1846, S. 472.
572 Rumohr 1831, S. 21.

tagebücher wurden zu Kompendien europäischer Sammlungsbestände, ohne Schnörkel, aber informativ. Die Register ermöglichten es, die erhobenen Daten miteinander zu verknüpfen, doch die Verschlagwortung war auf die Künstlerpersönlichkeiten und wenige technische Begriffe beschränkt.

Zu den stets wiederkehrenden Themen zählte das Goldschmiedehandwerk, denn die Ziselierkunst in der Niello-Technik galt der Kunstgeschichtsforschung seit jeher als Ursprung des Kupferstichs. Die in kleine Metallplatten geritzten Darstellungen wurden von den Goldschmieden und Medailleuren geschwärzt, um die Motive zu betonen. Man bewahrte die Muster, indem sie auf Papier gedruckt wurden. Inwieweit dieses Verfahren tatsächlich als Vorläufer des Tiefdrucks anzusehen ist, bleibt ungewiss.[573] Harzen konnte bei Vasari nachlesen, ein Niello habe per Zufall den Abdruck seines Motivs auf einem Bogen Papier hinterlassen, als es zu Boden fiel, und damit den Anstoß für die Entwicklung des Kupferstichs gegeben.[574] Diesen Spuren ging er nach und ließ sich 1849 im Britischen Museum und in der Bibliothèque Nationale in Paris die umfangreichen Nielli-Sammlungen vorlegen. Seine Aufzeichnungen beschränken sich auf knappe Notizen zu Qualität und Technik.[575] Dass sie trotzdem nachvollziehbar sind, ist dem Nielli-Verzeichnis von Duchesne zu danken, das Harzens Recherchen zugrunde lag.[576]

Ein weiteres frühes druckgraphisches Verfahren ist die Schrotschnitt-Technik. Dabei werden ornamentale oder bildliche Darstellungen mittels Punzen auf eine Metallfläche gebracht. Im Abdruck hinterlassen diese Vertiefungen weiße Punkte. Die geschrotete Manier, auch als *Manièr criblée* bezeichnet, lässt sich seit Mitte des 15. Jahrhunderts nachweisen.[577] Bis in das 16. Jahrhundert hinein wurden Buchillustrationen in diesem Hochdruckverfahren ausgeführt und waren insbesondere in französischen Gebetsbüchern verbreitet. Als ältester Schrotschnitt gilt eine Darstellung des *Heiligen Bernhard*, 1454 in Paris ausgeführt, von der Harzen vermutlich 1850 in der Biblioteca Corsini in Rom einen Abdruck gesehen hatte. Im Jahr zuvor war er dieser Technik im Berliner Kupferstichkabinett nachgegangen und hatte sich eine Reihe Heiligendarstellungen vorlegen lassen, von denen er Abzüge aus anderen Sammlungen kannte.

»St. Anna sitzt auf m[it] goth[ischen] Säulchen verz[ierten] Bank. Auf dem Schooß sitzt l[inks] Jesus, Vogel auf d[er] H[and] tragend. L[inks] d[ie] kl[eine] Mar[ia] ein Buch in den Händen. Hinten [...] blühender Rosenst[rauch] auf dunkel cribl[iertem] Gr[und] [...] Im Namen d[er] Anna Stern m 6 Spitz[en] ☼ [...] etwas klarer als auf dem hier im B[ritischen] M[useum] [...].«[578]

Im akribischen Vergleich versuchte Harzen sich einen Überblick über die Qualität einzelner Blätter zu verschaffen, denn sowohl die Arbeit des Druckers als auch der Zu-

573 Gerhard Birkhofer: Tiefdruck, Ravensburg 1996, S. 8–9.
574 Vasari 1910, S. 544–546.
575 Hamburger Kunsthalle, Kupferstichkabinett, Archiv 268, NH Ea: 10, Reisetagebuch 1849, S. 1–6, 70–73.
576 Jean Duchesne: Essai sur les nielles gravures des orféres florentins de 15° siecle, Paris 1826.
577 Walter Koschatzky: Die Kunst der Graphik. Technik, Geschichte, Meisterwerke, Salzburg 1972, S. 47.
578 Hamburger Kunsthalle, Kupferstichkabinett, Archiv 268, NH Ea:14 Reisetagebuch 1849 u. 1850, S. 1.

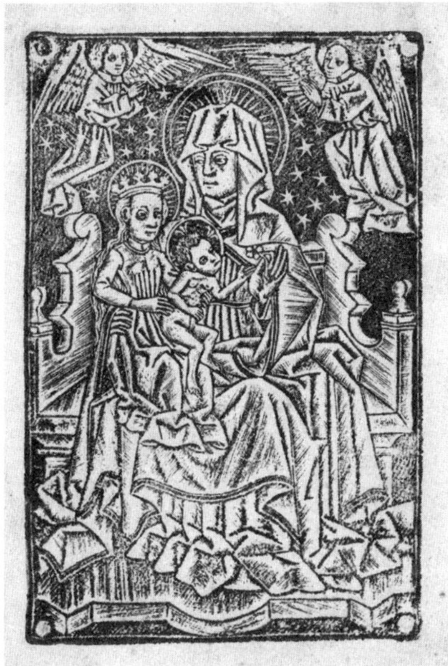

Abb. 41 Anonym, Anna selbdritt, Schrotschnitt, Hamburger Kunsthalle, Kupferstichkabinett

stand von Druckstock oder Platte schlugen sich im Abdruck nieder.[579] Erst das in großer Menge Geschaute ermöglichte ein sicheres Urteil. Unterdessen war es ihm gelungen, eine ähnliche Darstellung der Anna Selbdritt in geschroteter Manier für die eigene Sammlung zu erwerben (Abb. 41).

Seiner Ansicht nach waren die verschiedenen Gravur-, Stich- und Ätztechniken »eine Erfindung, die von den Waffenschmieden ausgegangen [ist] und die die Kunstmaler von ihnen entlehnt« hatten.[580] Ausgehend von dieser These suchte er in den Rüstkammern Europas nach den etwaigen Wurzeln.[581] Die Erkenntnisse über die Arbeit der Waffen- und Goldschmiede veröffentlichte er 1859 in seinem Aufsatz über die frühe Ätzkunst.[582]

579 Insbesondere die Platten waren im Tiefdruckverfahren durch die auf sie wirkenden Kräfte einer stetigen Veränderung ausgesetzt. Nach bis zu 30 Abzügen waren sie verpresst, so dass der Abdruck nur noch blass und schwach wirkte.

580 Georg Ernst Harzen: Über die Erfindung der Aetzkunst, in: Archiv für die zeichnenden Künste, Jg. 5, Leipzig 1859, S. 121–122.

581 Hamburger Kunsthalle, Kupferstichkabinett, Archiv 268, NH Ea: 05, Reisetagebuch 1846, S. 27.

582 Harzen 1859, S. 119–136.

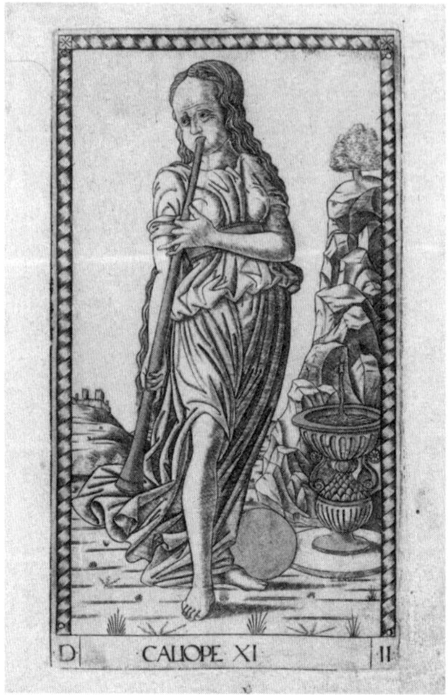

Abb. 42 Meister der E-Serie, Calliope, Kupferstich, Hamburger Kunsthalle, Kupferstichkabinett

Tarockkarten und Baccio Baldini

Zur frühen Druckgraphik zählen auch die sogenannten Tarockkarten. Harzen besaß eine vorzügliche Ausgabe der *Tarockkarten des Mantegna,* hatte sie aber dem Œuvre des Goldschmieds und Kupferstechers Marco Zoppo zugeordnet.[583] Heute gelten die hochkarätigen, um 1465 datierten und mit Goldbronze kolorierten Kupferstiche als Arbeiten des Meisters der E-Serie, eines unbekannten Stechers aus Ferrara (Abb. 42). Die auf dünnem Papier gedruckten Darstellungen waren vermutlich als Mappenwerk zusammengefügt und scheinen die Funktion eines Erbauungsbuches gehabt zu haben, das die weltliche und himmlische Ordnung veranschaulichte.[584] Um Tarockkarten im herkömmlichen Sinne handelt es sich nicht, denn es ist keine einzige spielfähige Auflage auf Karton bekannt.

Der Mantegna-Tarock reflektierte in seiner strengen Hierarchie die Interessen der höfischen Welt und vermittelte eine Vorstellung humanistischen Denkens. Gerade daraus resultierten seine Popularität und die Faszination, die er auf Harzen ausübte.[585]

583 Hamburger Kunsthalle, Kupferstichkabinett, Archiv 268, NH Ad: 01: 07, handschriftliches Inventar von Harzens graphischer Sammlung, S. 167.

584 »Tarocchi« Menschenwelt und Kosmos, Ausst.-Kat. Wallraf-Richartz-Museum, Köln 1988, S. 6, 39–40.

585 Harzen hatte zudem eine zweite Ausgabe erworben, die um 1485 datiert wird und sich heute ebenfalls im Kupferstichkabinett der Hamburger Kunsthalle befindet.

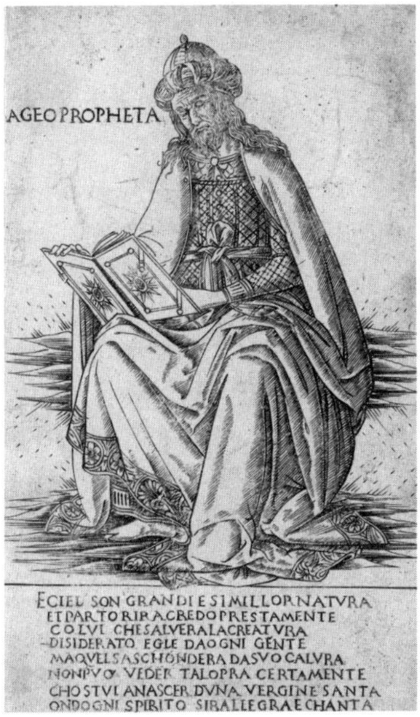

Abb. 43 Baccio Baldini, Ageo Profeta. Haggagi, Kupferstich, Hamburger Kunsthalle, Kupferstichkabinett

Der Erwerb dieser zu den Höhepunkten des italienischen Kupferstiches zählenden Blätter war in der Chronologie seiner Sammlung nur konsequent. Der bis heute nicht erschöpfend geklärten Geschichte und Bedeutung des Tarock versuchte Harzen sich in Italien anzunähern. In der Universitätsbibliothek von Turin ließ er sich ein nicht näher benanntes Kartenspiel zeigen, welches »gezeichnet. Pins[el] u[nd] Wasserf[arbe] Gold Verzierungen. Grund erhaben vergoldet und m[it] eingetupften Ornamenten (aus Punkten)«[586] verziert gewesen ist.

In dem von Christian Meyer verfassten Verzeichnis der Harzen-Commeterschen-Sammlung werden die Tarockkarten dem Florentiner Goldschmied und Kupferstecher Baccio Baldini zugeschrieben. Sie sind dort auch nicht als Spielkarten, sondern als Lehrbilderbuch aufgeführt, mit dem Zusatz »Giuoco di Tarocchi«.[587] Nachvollziehbar sind die Übereinstimmungen mit der gleichfalls an Baldini gegebenen Folge der Propheten, von denen Harzen zahlreiche besaß, einige sogar in verschiedenen Drucken (Abb. 43). Die Konturierung der Figuren, die Modellierung der Gesichter und die malerisch ge-

586 Hamburger Kunsthalle, Kupferstichkabinett, Archiv 268, NH Ea: 12, Reisetagebuch 1849, S. 42.
587 [Meyer] 1878, S. 3. Hinweise auf eigenständige Umschreibungen Meyers gibt es nicht. Siehe Hamburger Kunsthalle, Kupferstichkabinett, Archiv 13, handschriftliches Manuskript Christian Meyer.

setzten Schraffierungen in den Schattenzonen der Gewänder lassen die Zuschreibung an eine Hand plausibel erscheinen.

Eine inhaltliche Verbindung bestand darüber hinaus zu den von Baldini entworfenen Illustrationen zum Heiligen Berg, denen ein vergleichbar hierarchisches Weltsystem zugrunde liegt wie den Tarocchi. Eine Ausgabe von Antonio Bettinis *El monte sancto di Dio* von 1477 mit drei originalen Radierungen Baldinis konnte Harzen sein Eigen nennen, heute das einzige Exemplar in Deutschland.[588] Allein dieser Erwerb legt nahe, dass er von der Zuschreibung an Zoppo Abstand genommen hatte und stattdessen Ottley gefolgt war, der schon 1816 einen Zusammenhang zwischen diesen Illustrationen und den Tarocchi hergestellt und sich für Baldini als Autor ausgesprochen hatte.[589]

Den Stichen Baldinis ging Harzen 1849 in der Bibliothèque Nationale in Paris nach und überprüfte deren Originalität anhand von Blättern, die ihm über jeden Zweifel erhaben schienen. »Bald[ini] nach Bottic[elli]«, urteilte Harzen über eine Satyrdarstellung. »Gleich im Style w[ie] Dante u. Monte Santo«.[590] Auch die Stiche nach Dantes *Inferno* waren ihm vertraut, da er ebenfalls einige Blätter besaß.[591] In London widmete er sich im selben Jahr den Sibyllen und Propheten[592] und ließ sich 1850 in Rom die kompletten Folgen in der Biblioteca Corsini vorlegen. 1851 setzte er seine Recherchen im Cabinett Otto in Leipzig fort, der namhaften Baldini-Sammlung des Kaufmanns Ernst Peter Otto, auf die Ottley schon verwiesen hatte.[593] Heute gelten die Tarocchi als Werke eines Kupferstechers, der höchstwahrscheinlich in Ferrara gearbeitet hat und dem Umkreis des Francesco Cossa zuzurechnen ist.[594]

Druckgraphik späterer Schulen

Ähnlich ausführlich gestalteten sich Harzens Forschungen zu den graphischen Künsten der nachfolgenden Schulen. Obwohl sein Hauptinteresse zweifelsohne Italien galt, haben sich die geschauten Blätter immer an der eigenen Sammlung orientiert. Wenn die Reisetagebücher den Eindruck einer gewissen »Italienlastigkeit« hinterlassen, ist das den 1842 erlittenen Verlusten zuzuschreiben und der Tatsache, dass es Harzen im Alter in den Süden zog.

Die Aufzeichnungen aus der aktiven Zeit des Kunsthandels konzentrierten sich zwangsläufig auf das nördliche Europa. Dass sich Harzens wissenschaftliche Auseinandersetzung mit der niederländischen Schule von den anonymen Holzschneidern über Lucas van Leyden und Hendrick Goltzius bis hin zu den großen Malerradierern, namentlich Rembrandt und Anthonie Waterloo, erstreckte, ist unbezweifelt, und auch die

588 Hamburger Kunsthalle, Bibliothek, Antonio Bettini: El monte sancto di Dio, Florenz 1477.
589 Ottley 1816, S. 352–352.
590 Hamburger Kunsthalle, Kupferstichkabinett, Archiv 268, NH Ea: 10, Reisetagebuch 1849, S. 38.
591 Hamburger Kunsthalle, Kupferstichkabinett Inv.-Nr. 34e, 34f.
592 Hamburger Kunsthalle, Kupferstichkabinett, Archiv 268, NH Ea: 08, Reisetagebuch 1849, S. 49–83.
593 Lugt 1921, Nr. 895, S. 157.
594 Ausst.-Kat Köln 1988, S. 13.

deutsche Schule wurde von ihm mit gleicher Nachhaltigkeit behandelt. Wie viel Material einst versammelt gewesen war, lassen die Korrespondenz und der wissenschaftliche Nachlass von Hieronymus Klugkist erahnen, denn Harzen unterstützte den Freund in seiner Dürer-Forschung und hatte ihm Abschriften von Sammlungsinventaren und Literaturexzerpte zukommen lassen.[595] Auch im Falle der deutschen Kunst lässt sich eine Chronologie vermuten, die mit dem Schrot- und Metallschnitt begann und ihren Fortgang über Dürer, Burgkmair, Wenzel Hollar und Christian Wilhelm Ernst Dietrich gen. Dietricy genommen hatte. Auch hier spiegeln die Sammlungsschwerpunkte Harzens Interessen als Kunstforscher.

Ganz besonders schätzte er den aus Bologna stammenden Kupferstecher Marc Antonio Raimondi, der zu Lebzeiten durch seine Stiche nach den Werken Raffaels und nicht autorisierten Nachstichen Dürers zu Prominenz gelangt war. Über die Jahrhunderte hinweg wurde er entweder als bedeutender Meister des Bilddrucks gefeiert oder als ein Kopist ohne künstlerische Phantasie und zeichnerisches Talent diskreditiert. Diese widersprüchliche Rezeption mag Harzen gereizt haben, seinem Schaffen nachzugehen und eine umfangreiche Anzahl Arbeiten von Raimondis Hand zu erwerben, die größtenteils aus der 1857 verauktionierten Sammlung von Giovanni Antonio Armano[596] stammten; eine gewaltige Investition, die von Harzen durch eine sorgfältige Recherche vorbereitet worden war.[597]

In Amsterdam ließ er sich 1848 den gesamten Raimondi-Bestand vorlegen, der das druckgraphische Œuvre nahezu vollständig umfasste. Den Bartsch-Nummern folgend, konzentrierte er sich auf die Qualität von Stich und Druckbild, die er mit den Blättern im Britischen Museum verglich. In aller Kürze wurde empirisches Material versammelt, das die Grundlage weiterer Forschungen bildete.

»[B]1 Ad[am] u. Eva treffl[iche] Strohhütte oder Häuser. Dies[elbe] Seite fein gestochen. Bez[eichnet]

Die Bemerkungen mit I [bezeichnet, Anm. d. Verf.] beziehen sich auf d[ie] Werk[e] im Br[itischen] Museum. […]

[B] 2 [Adam und Eva fliehend, Anm. d. Verf.] schlecht gehalten, I schön […]

[B] 159 Lazarus mit der Klapper. Schönes Bl[att] schwaerzl[icher] Dr[uck] Hände u. Füße schlecht. […]

[B] 167 [Heiliger Sebastian] Ohne Zweifel M. Anton nach Raphael u. ein sehr schönes Bl[att]. Radiert, ein treffl[icher] Dr[uck].« [598]

Die besondere Qualität der Amsterdamer Kollektion resultierte daher, dass sie von einem Kenner dieses Fachs zusammengetragen worden war und – wie Harzen richtig

595 Kunsthalle Bremen, Kupferstichkabinett, Nachlass Klugkist.

596 GianLuca Tormen: Lettre artistichi des Seicento veneziano. L'epistolario Giovanni Antonio Armano – Giovanni Maria Sasso. Die Dissertation steht kurz vor dem Abschluss.

597 Florenz, Kunsthistorische Institut, Auktionskatalog Sammlung Armano, 1857, Annotation, freundliche Mitteilung von David Klemm.

598 Hamburger Kunsthalle, Kupferstichkabinett, Archiv 268, NH Ea: 06, Reisetagebuch 1848, S. 114–127.

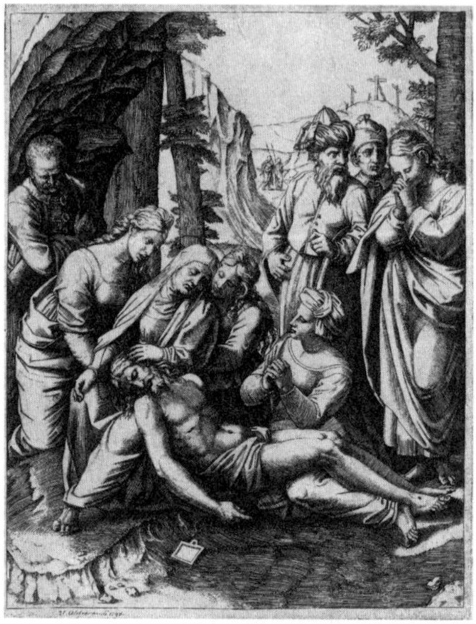

Abb. 44 Marc Antonio Raimondi, Pieta, Kupferstich, Hamburger Kunsthalle, Kupferstichkabinett

mutmaßte – aus dem einstigen Besitz des niederländischen Sammlers Pieter Cornelis van Leyden stammte, der die Blätter zwischen 1740 und 1786 erworben hatte.[599]

Im darauf folgenden Jahr setzte Harzen seine Arbeit in London fort und ließ sich noch einmal Blätter vorlegen, die ihn besonders interessierten. Dazu zählten die *Pietà* (Abb. 44), das *Urteil des Paris* und der *Bethlehemische Kindermord* in zwei Ausführungen. Akribisch verglich er die mit dem Grabstichel modellierten Schattierungen am Unterarm der um das Leben ihres Kindes kämpfenden Frau (Abb. 45, 46). »Verbesserung, da d[er] Arm im 1sten glatt erscheint. Im 2ten ist der Druck wieder kräftig wodurch bessere Haltung erreicht.«[600] Sowohl *Pietà* und *Parisurteil* als auch die zweite Fassung des *Kindermords* zählten zu Harzens Sammlung. Dem innovativen Talent Raimondis, der den bis dato an die Linie gebundenen Kupferstich mittels technischer Experimente um eine malerische Facette erweiterte, spürte er in London nach.

»[...] Paris Urtheil. M. A. Platte m[it] Sandstein franz. rauhgeschliffen welches einen schönen getuschten Ton hervorbr[ingt] namentli[ich] im Hügel l[inks] w[o] Männer u d 3 Nymphen deren umsteh[en] allein ein reines Licht auf d[er] Oberfl[äche] d[er] Körp[er] empf[angen]. Die Luft ist sorgfältig gereinigt so dass d[er] rau gebl[ieben]. Vortreffliches Exemplar.«[601]

599 Lothar Lang: Der Graphiksammler, Berlin 1979, S. 10.
600 Hamburger Kunsthalle, Kupferstichkabinett, Archiv 268, NH Ea: 09, Reisetagebuch 1849, S. 59.
601 Ebd. S. 59.

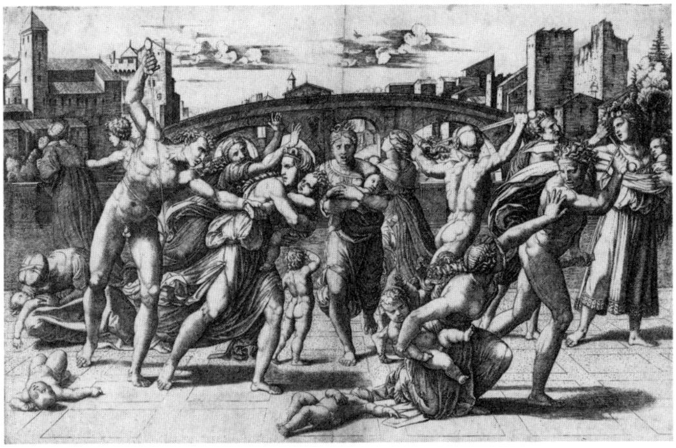

Abb. 45 Marc Antonio Raimondi, Kindermord, Kupferstich, Hamburger Kunsthalle, Kupferstichkabinett

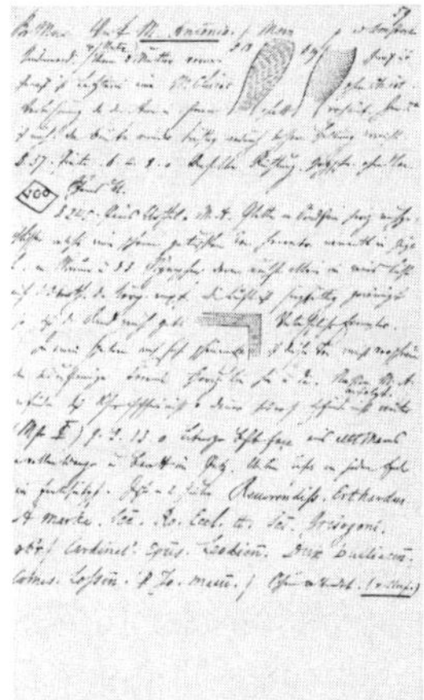

Abb. 46 Detailstudie nach Raimondi aus dem Reisetagebuch von Georg Ernst Harzen, 1849, Hamburger Kunsthalle, Kupferstichkabinett

Einen nicht minder hochkarätigen Abdruck hatte Harzen ebenfalls besessen:

»Parisurtheil. M. Anton nach Rafael. Bez. Raph. Urbi. Inven. Nebst Monogr[amm] [...] M[it] Randstr[eifen] Hauptblatt in trefflichem Drucke mit einem ausgebesserten Risse.«[602]

In Rom setzte er seine Recherchen 1850 in der Biblioteca Corsini fort. Dort sah er unter anderem die umstrittenen Dürer-Nachstiche, um derentwillen es 1506 in Venedig zum ersten urheberrechtlichen Prozess in der Kunstgeschichte kam, als Dürer sich persönlich dafür einsetzte, Raimondi den Gebrauch seiner Signatur zu untersagen.[603] Harzen besaß einige dieser Motive und hielt in seinem Sammlungsinventar fest, auf welche Darstellungen sich die Nachstiche bezogen und ob Original und Reproduktion in der Fachliteratur aufgeführt waren.[604] Ausgehend von diesem prominenten Zankapfel war Harzen darum bemüht, zu einer grundlegenden Klärung von Raimondis Bedeutung zu gelangen, indem er dessen Œuvre auf seine Eigenständigkeit hin überprüfte.

602 Hamburger Kunsthalle, Kupferstichkabinett, Archiv 268, NH Ad: 01: 07, handschriftliches Inventar von Harzens graphischer Sammlung, S. 191.

603 Hamburger Kunsthalle, Kupferstichkabinett, Archiv 268, NH Ea: 17, Reisetagebuch 1850, S. 1–7.

604 Hamburger Kunsthalle, Kupferstichkabinett, Archiv 268, NH Ad: 01: 07, handschriftliches Inventar von Harzens graphischer Sammlung, S. 205–210.

Handzeichnungen

Auf den Rang und die Wichtigkeit der Zeichnung hatte der Florentiner Maler Cennino Cennini bereits 1390 in seinem *Libro dell'arte o trattato della pintura* hingewiesen. Für ihn war die Zeichnung die vollkommenste Führerin aller Künste,[605] und wohlüberlegt hatte er das tägliche Studium der Natur – die »Triumphforte des Zeichnens« – an den Anfang seines Traktats gestellt. 1850 nutzte Harzen während eines Besuchs im Berliner Kupferstichkabinett die Gelegenheit, diese Schrift zu lesen.[606]

Auch Harzen begriff die Zeichnung – Cennini folgend – als eine autonome Disziplin innerhalb der bildenden Künste. Als erste Ideenfindung bedeutete sie für ihn Unabhängigkeit und Privatheit, die auf einem abgeschirmten Dialog fußte, den der Künstler mit seinem in Feder, Kohle oder Stift manifestierten Entwurf führte. Darin sah er die nahezu uneingeschränkte Freiheit, sich auch in kühnen Bildfindungen zu erproben.

»Handzeichnungen haben dadurch höchstes Interesse«, resümierte Hegel in seinen Vorlesungen zur Ästhetik, »indem man das Wunder sieht, dass der ganze Geist in die Fertigkeit der Hand übergeht, die nun mit der größten Leichtigkeit [...] alles was im Geiste des Künstler liegt hinstellt.«[607] In diesem Sinne bergen sie in ihrer vorbereitenden Konzeption nicht nur den Kern künftiger Kunstwerke, sondern das Talent des Künstlers kann sich hier, vor dem öffentlichen Blick geschützt, in ganzer Kraft und Unbefangenheit entfalten. Dass Harzen auch Hegels Schriften gelesen hatte, ist angesichts seines regen Interesses für Philosophie und Ästhetik anzunehmen. Der Spontaneität der Zeichnung und ihrer Genese vom ersten Entwurf bis hin zur gültigen Motivfindung hatte Harzen in seinen Forschung nachgespürt und für seine Sammlung Entsprechendes erworben, wie zum Beispiel das Selbstbildnis von Philipp Uffenbach, wo ein drittes Auge als Pentimenti die zeichnerische Annäherung offenbart (Abb. 47).

Sowohl die den zeichnenden Künsten unterstellte Freiheit wie auch die ihnen eigene Verfremdung, mit der sie die sinnlich-haptische Welt an die Linie binden, bestimmen ihren Reiz. Und obgleich die Zeichnung Gefahr läuft, wegen ihrer oftmals ausgesetzten Vollendung als Arbeitsmittel verkannt zu werden, schätzten Kenner sie schon vor Harzen als die größtmögliche Erprobung des Geistes. Das Schöpferische und die Abstraktion machen sie zum universellen Ursprung aller Kunst.[608] Dass Harzen großartige Ankäufe gelungen waren, zeigt seine Sammlung. Von Rembrandts *Heiligem Hieronymus* erwarb er die ausgeführte Radierung und einen kühnen Entwurf (Abb. 48, 49). Giovanni Benedetto Castigliones Radierung vom »Genius Castigliones« konnte er eine technisch raffinierte Pinselzeichnung gleicher Autorenschaft hinzufügen, die mehrere Kompo-

605 Cennino Cennini: Das Buch von der Kunst, in: Quellenschriften der Kunstgeschichte, Bd. I, hrsg. v. R. Eitelberger von Edelberg, Wien 1888, S. 18.

606 Hamburger Kunsthalle, Kupferstichkabinett, Archiv 268, NH Ea: 21, Reisetagebuch 1850, S. 48, 57, 61. Die Bibliothek der Hamburger Kunsthalle besitzt eine Ausgabe Cenninis von 1821 mit Notizen von Harzen, eine Erwerbung, die Harzen aber erst in den späteren 1850er Jahren gelungen ist.

607 Georg Wilhelm Friedrich Hegel: Ästhetik, hrsg. v. Friedrich Bassenge, 2 Bde., Frankfurt am Main, 1955, Bd. II, S. 213.

608 Jean Leymarie, Geneviève Monnier, Bernice Rose: Die Zeichnung, Genf 1980, S. VII.

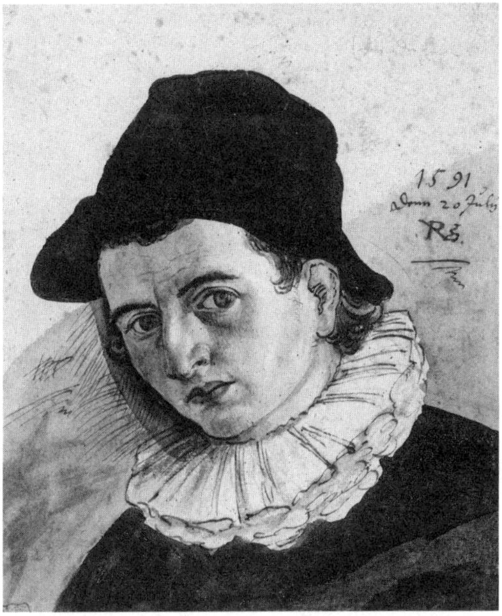

Abb. 47 Philipp Uffenbach, Selbstbildnis, 1591, Feder aquarelliert, Hamburger Kunsthalle, Kupferstichkabinett

sitionselemente der druckgraphischen Umsetzung enthielt, heute aber als Vorstudie für ein Gemälde angesehen wird.[609]

Harzen interessierten vor allem die Zeichnungen der frühen Neuzeit bis zum 17. Jahrhundert. 1846 hatte er sich im Dresdner Kupferstichkabinett Handzeichnungen von Albrecht Dürer vorlegen lassen und seine Recherchen im Verlauf seiner Reise in der Albertina fortgesetzt. Eine Kostümstudie erregte in Wien seine Aufmerksamkeit, so dass er sie nachzeichnete und beschrieb (Abb. 50).

»Stehende Dame in reich[em] Costüme greift m[it] d[er] r[echten] H[and] unter d[as] Oberkleid v[on] schweren Seidenstoffen. Geschmeide u. Ketten. Federz[eichnung], sehr geistr[eich] vollendet, etwas m[it] Tusche angelegt. Unterkleid m[it] Blumen faconiert.

1500 ›Also geht man zu Noumerck in die Kirche‹.«[610]

Vermutlich wusste Harzen um eine sehr ähnliche Variante dieser aquarellierten Federzeichnung im Britischen Museum, und seine Aufzeichnungen legen nahe, dass er sich auf den späteren Vergleich vorbereitete (Abb. 51).

In Wien dehnte Harzen seine Recherchen aus und betrachtete Weiteres von Dürer sowie Zeichnungen von Piero della Francesca, Perugino, Raffael und Michelangelo, zu denen er überraschende Bezüge herstellte.

609 Klemm 2009, Nr. 147, S. 138–139.
610 Hamburger Kunsthalle, Kupferstichkabinett, Archiv 268, NH Ea: 05, Reisetagebuch 1846, S. 23.

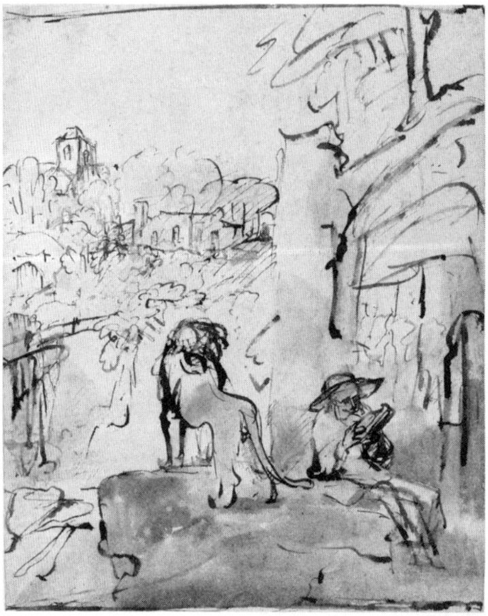

Abb. 48 Rembrandt Harmensz. van Rijn, Der heilige Hieronymus in einer Landschaft, Feder, Pinsel, Hamburger Kunsthalle, Kupferstichkabinett

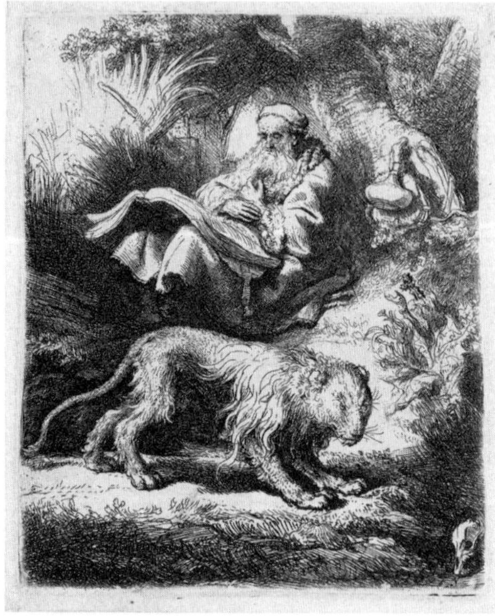

Abb. 49 Rembrandt Harmensz. van Rijn, Der heilige Hieronymus in einer Landschaft, Radierung, Hamburger Kunsthalle, Kupferstichkabinett

»M. Angelo Steh[ende] weibl[iche] Fig[ur] 1 Schaffell (?) haltend u. zwei männl[iche] Fig[uren] im Hinterg[rund]. Röthel Fol[io]. Richardson 146/162

Stehender nackter Mann Röthel Anl[age] m[it] Feder vollend[et] [...] höchst geistreich.

Sitzender [nackter Mann] Röthel Fol.[io] Samml[ung] Mariette u. Rubens 129/155 Vortr[efflich] Maria verschränkte Mad[onna] Federz[eichnung] Motiv v[on] M[ichel] Angelo. 136/152

M. Angelo drey Fig[uren] Feder schraff[iert] sehr ausführlich Fol[io] Motiv des Apostels v[on] AD [Albrecht Dürer, Anm. d. Verf] Samml[ung] Rubens u[nd] Mariette. Kehrseite kniender Geistlicher.

D[as] Grabmal in S[an] Lorenzo Cap[elle]. [...] 129/145

Kreuzabnahme Gruppe. Röthel. Fol. 120/136«.[611]

Die aufgeführten Blätter lassen sich alle identifizieren, und nur in einem Fall wurde die Zuschreibung geändert.[612] Bei der Frau mit dem bereits von Harzen in Zweifel

611 Hamburger Kunsthalle, Kupferstichkabinett, Archiv 268, NH Ea: 05, Reisetagebuch 1846, S. 26.

612 In Anbetracht der knappen Beschreibung bleibt die Identifizierung der Kreuzabnahme ungesichert, da eine rückseitige Beinstudie auf der Zeichnung Michelangelos bei Harzen unerwähnt blieb. Wien, Albertina, Inv.-Nr. 102, Umkreis des Michelangelo Buonarotti: Kreuzabnahme, verso: Beinstudie eines nach re. schreitenden Mannes; Draperie. Der *Aufriß eines projektierten Doppelgrabes für die Magnifici in der Medici-Kapelle* zählt heute in den näheren Umkreis. Wien, Albertina, Inv.-Nr. 112, Umkreis des Michelangelo Buonarotti: Aufriss des projektierten

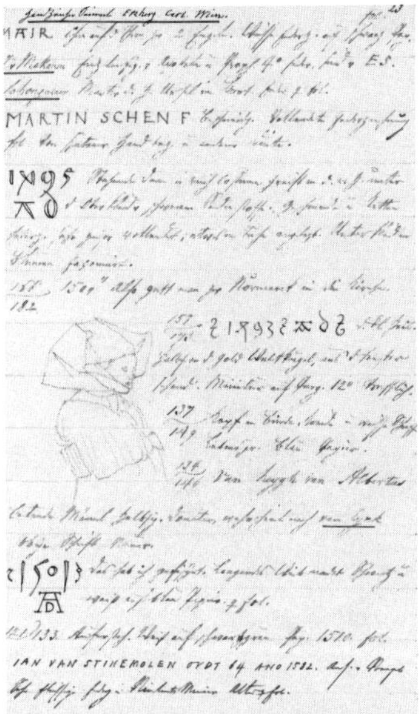

Abb. 50 Studie nach Dürer aus dem Reisetagebuch von Georg Ernst Harzen, 1846, Hamburger Kunsthalle, Kupferstichkabinett

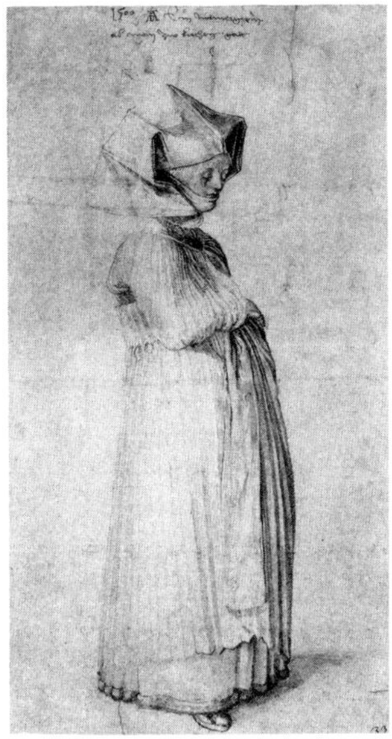

Abb. 51 Albrecht Dürer, Frau beim Kirchgang, Feder, Tusche, London, Britisches Museum

gezogenen Schaffell handelt es sich vermutlich um die *Enthauptung des Johannes*. Zu sehen ist Herodias in Rückenansicht mit zwei männlichen Protagonisten. Dieses Blatt wird heute einem Nachahmer des Polidorio Caldara da Caravaggio zugeschrieben.[613]

Für das gesicherte Frühwerk Michelangelos, zu dem auch die von Harzen aufgeführte Federzeichnung *Drei stehende Männer in weiten Mänteln* zählt (Abb. 52), wird bis heute die Beeinflussung durch Domenico Ghirlandaio oder eine Orientierung an den Fresken Masaccios in der Brancacci-Kapelle in Santa Maria del Carmine in Florenz in Erwägung gezogen.[614] Während die Forschung nach Bezügen innerhalb Italiens suchte, stellte Harzen eine andere Parallele her und zog eine Verbindung zu den Aposteldarstellungen von Albrecht Dürer. Obwohl sich weder im druckgraphischen Œuvre noch unter den Nachstichen ein entsprechendes Vorbild ausmachen lässt,[615] gibt es ein Blatt

Doppelgrabes. Als unzweifelhafte Zeichnungen von der Hand des Meisters gelten die beiden von Harzen aufgeführten Akte. Wien, Albertina, Inv.-Nr. 118, Michelangelo Buonarotti: Stehender männl. Akt, verso: Madonna; Inv.-Nr. 120 Michelangelo Buonarotti: Sitzender Jünglingsakt und zwei Armstudien. Harzen verwechselte die Darstellungen auf der Rückseite und ordnete die Federzeichnung einer Madonna verso dem sitzenden Jüngling zu.

613 Wien, Albertina, Inv.-Nr. 127, zwei männliche Figuren für eine *Enthauptung Johannes des Täufers*, die in Rückenansicht sitzende Herodias hält ihnen das Becken.

614 Veronika Birke, Janine Kertèsz: Die italienischen Zeichnungen der Albertina, Bd.1, Wien 1992, S. 63.

615 Christine Vogt: Das druckgraphische Bild nach Vorlagen Albrecht Dürers (1471–1528), Phil.-Diss., München 2008.

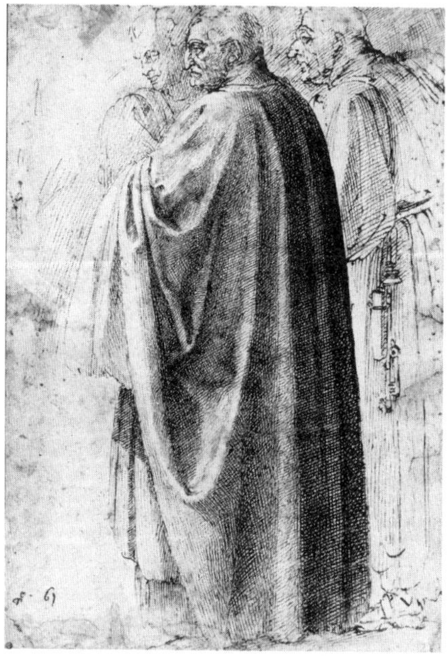

Abb. 52 Michelangelo Buonarotti, Drei stehende Männer, Feder, Wien, Albertina

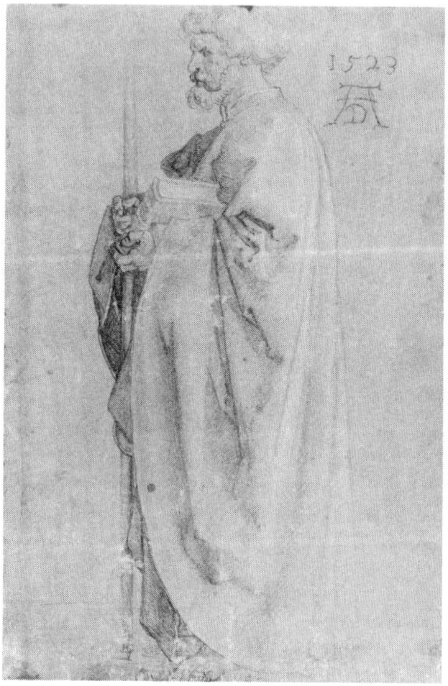

Abb. 53 Albrecht Dürer, Apostel, Blei-Zinn-Griffel, Wien, Albertina

aus dem Altbestand der Albertina, das diesem Vergleich zugrunde liegen könnte und das Harzen offenbar kannte. Die mit Blei-Zinn-Griffel auf grün grundiertem Papier entworfene Apostelstudie Dürers von 1523 weist im Habitus und in der monumentalen Gewandgestaltung durchaus verwandte Züge auf (Abb. 53). Dies bemerkte Harzen, ohne dass er sich Gedanken darüber gemacht zu haben scheint, wie ein solcher Austausch je hätte stattfinden sollen. Im Reisetagebuch kommt seiner Anmerkung einzig der Stellenwert einer spontan formulierten Assoziation zu, der er vielleicht an anderer Stelle nachzugehen gedachte.[616]

»Zeichnungen der Accademia Venedig
Leonardo nach Mantegna Grabeleg[ung]. Federz[eichnung] Kopf Kinder Gesichter.
Raph[ael] […] [stimmt] vielfach überein in der gelegten Schraffierung
d[ie] Halbf[igur] Federz[eichnung] höchst vollendet u[nd] vortrefflich
d[ie] 2 Reiter z[u] Pferde. Feder. Seppia
d[ie] Gr[oße] Studie zu Moses vor d[em] brenn[enden] Busch. Röthel Fol[io] beend[et] und meisterlich.

616 Ungeklärt bleiben die Nummerierungen in seinen Notizen, die sich weder den Sammlungsbeständen noch der Literatur zuordnen ließen.

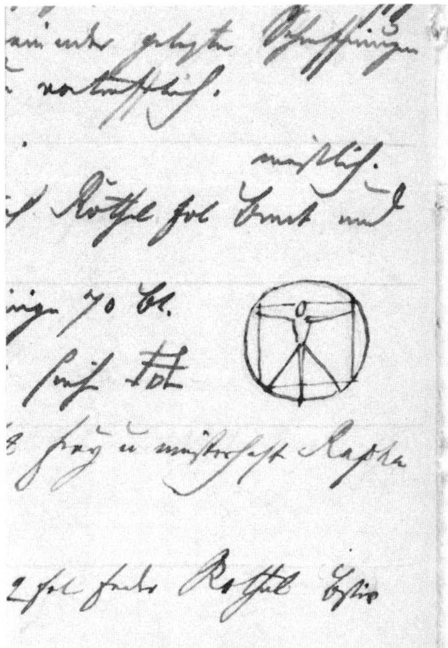

Abb. 54 Skizze nach Vitruv aus dem Reisetagebuch von Georg Ernst Harzen, 1846, Hamburger Kunsthalle, Kupferstichkabinett

Folioband Da Vinci selbst. Röthel Fol[io] einige 70 Bl[att]

Mann mit ausgebreit[eten] Armen im Circel siehe AD [Albrecht Dürer, Anm.d.Verf.]

Madonna Kind auf Beinen St. Anna. Röthel frey u meisterhaft Raphaelischer Vortrag.

Heil[ige] Fam[ilie] u[nd] Engel der d[en] Joh[annes] präsentiert qfol[io] Feder Röthel Bister

Studie v[on] Blumen Feder schraffiert

Kopf in Röthel 8°. Mit Jos[hua] Reynolds Zeichen […]

Alle diese Blätter rühren meistens auf [ein] 4° Band, Studienbuch her, werden nun neu aufgelegt. Ob AD durch da Vincis Zeichnungen (s. oben) auf s[eine] Figuren der Menschl[ichen] Prop[ortionen] gebracht wurde?«[617]

Insgesamt vier Blätter lassen sich unter den von Harzen erwähnten Zeichnungen nachweisen, die er sich 1846 in Venedig angesehen hatte. Die *Proportionszeichnung nach Vitruv*, um 1490, die er eigens in einer kleinen Skizze wiederholte (Abb. 54), die *Blütenstudien von grasartigen Pflanzen* um 1481–1483, die *Zeichnung eines Mannes im Profil* um 1506–1508 und die *Studie zur Anna Selbdritt* um 1501–1510.[618]

617 Hamburger Kunsthalle, Kupferstichkabinett, Archiv 268, NH Ea: 05, Reisetagebuch 1846, S. 76.

618 Venedig, Galleria dell'Accademia: Inv.-Nr. 228, 237, 264, 230.

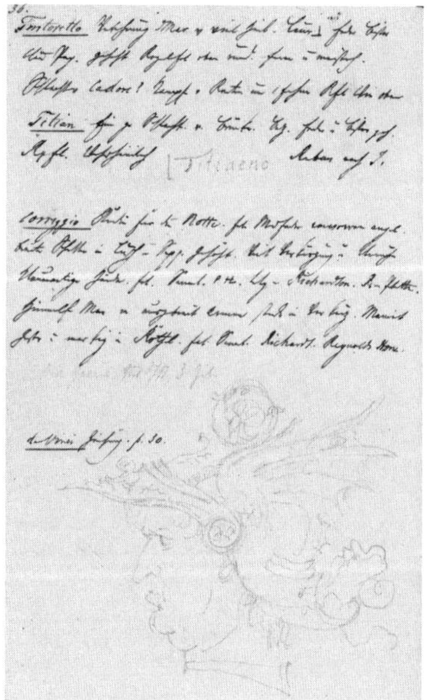

Abb. 55 Skizze nach Michelangelo aus dem Reisetagebuch von Georg Ernst Harzen, 1848/49, Hamburger Kunsthalle, Kupferstichkabinett

Mit Blick auf die Körperdarstellungen Dürers zog Harzen den richtigen Schluss, als er in Leonardo ein mögliches Vorbild erkannte. Heute gilt diese Beeinflussung als unstrittig, auch wenn der Beweis nicht zu erbringen ist, dass Dürer diese Zeichnung während seiner Italienreisen 1494 und 1506 gesehen hatte.[619] Harzen kannte wiederum Dürers Proportionsstudien aus dem Britischen Museum und der Albertina, so dass ihm das Verbindende sofort auffiel. Obwohl er auch hier ein spektakuläres Thema angerissen hatte, blieb es bei dieser Anmerkung, auf die er bedauerlicherweise nie wieder Bezug nahm.

In Amsterdam nutze Harzen zwei Jahre später die Gelegenheit zu einem Besuch in der privaten Kunstsammlung König Wilhelms III. Auf elf Seiten ist im Reisetagebuch aufgelistet, was er an Gemälden und Zeichnungen gesehen hatte. Doch die Notizen bewegen sich an der Grenze des Nachvollziehbaren.

»Raphael Grablegung 8 Fig[uren] Feder [...] M. Anton in dies[elbe] Richtung gest[ochen] [...]

L da Vinci [...] Led[a] m[it] d[em] Schwan wie unten bez[eichnet] Feder auf bläul[ichem] Pap[ier] geh[öht] kl. 4° [...]

619 Anne-Marie Bonnet: »Akt« bei Dürer, Köln 2001, S. 13.

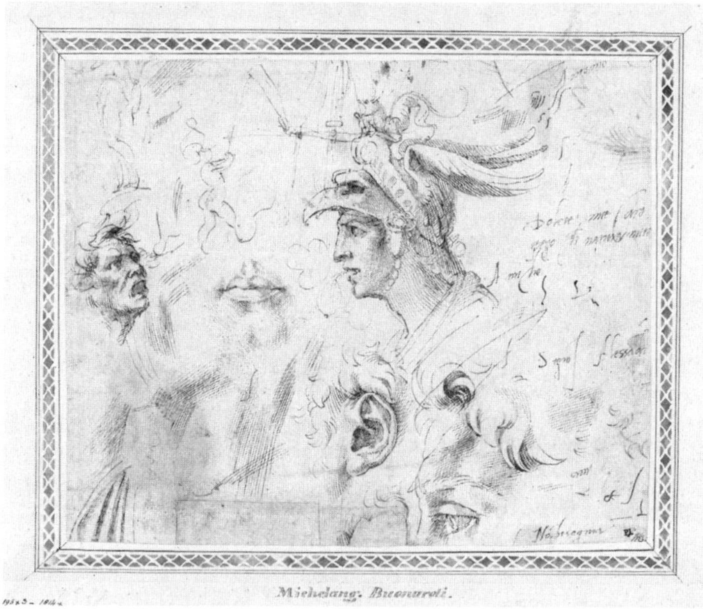

Abb. 56 Michelangelo Buonarotti, Studienblatt, m 1504, Feder, Kreide, Hamburger Kunsthalle, Kupferstichkabinett

Brustb[ild] 1 Kriegers Prof[il] l[inks] Helm m[it] Drachenflügeln (wie Mantegna) […].«[620]

Trotz dieser spärlichen Angaben lassen sich die beiden Blätter von Leonardo identifizieren.[621] Beim behelmten Kopf des Kriegers machte Harzen eine Ausnahme und fügte sogar eine kleine Skizze hinzu (Abb. 55). Diese Aufmerksamkeit war der eigenen Sammlung geschuldet, denn er besaß ein Studienblatt von Michelangelo mit einem ähnlichen Kopf (Abb. 56). Als die königliche Sammlung 1850 zur Auktion kam, beteiligte sich Harzen nicht daran, weil er mittlerweile darum bemüht war, den eigenen Kunstbestand zu reduzieren und zu konzentrieren, wie aus Mitteilungen an seinen Freund Klugkist hervorgeht.[622]

1850 war Harzen wieder in Italien unterwegs. Durch Freunde wie Otto Mündler wurde er in private Sammlungen eingeführt, deren Bestandsverzeichnisse bis heute eine wichtige Quelle für die Kunstgeschichtsforschung darstellen. So besichtigte Harzen in

620 Hamburger Kunsthalle, Kupferstichkabinett, Archiv 268, NH Ea: 07 Reisetagebuch 1848–49, S. 25–36.
621 Die *Profilansicht eines Kriegers*, um 1472, befindet sich heute im Britischen Museum, Inv.-Nr. 1895-9-5-474. Die *Studie zu einer Leda mit dem Schwan* um 1505–1510 zählt zum Bestand des Museums Boijmans van Beuningen, Inv.-Nr. 446.
622 Reuther 2000, S. 20.

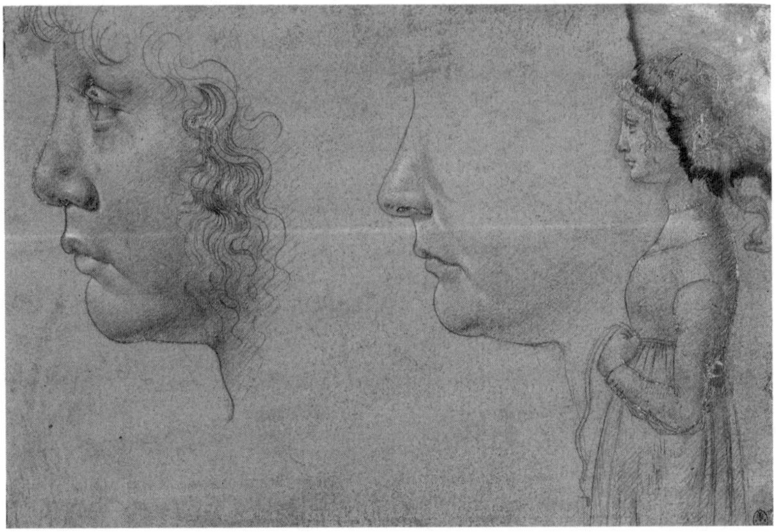

Abb. 57 Giovanni Ambrogio de Predis, Studienblatt mit Profilstudien weiblicher Figuren, um 1500, Silberstift gehöht, Hamburger Kunsthalle, Kupferstichkabinett

Florenz die Sammlung Martelli,[623] die Arbeiten von Botticelli, Pollaiuolo und Dürer versammelte. In der Biblioteca Marucelliana, in der sich seit 1783 die Sammlung Francesco Ruberto befand, widmete er sich den Handzeichnungen, ebenso wie in den Uffizien. Besonderen Gefallen fand Harzen an den Blättern Verrocchios.

»A[ndrea] Verrocchio Stud[ie] v[on] Fig[uren] Feder frey u[nd] geistr[eich] flüchtig ähnl[ich] da Vinci Feder Fol[io]

Ein liebl[icher] Engelskopf m[it] lang[em] Haar [en] face ½ Lebensgr[öße] Stift auf blaugr[auem] Pap[ier] So schön wie da Vinci. Wie mein Blatt. Vasari sagt seine Z[eichnungen] würden m[it] da V[inci] verwechselt.«[624]

Bei Harzens eigener Zeichnung handelt es sich um die *Profilstudien einer weiblichen Figur*, die er 1826 oder 1827 aus dem Nachlass Baron Dominique Vivant-Denons erworben hatte (Abb. 57).[625] »Halbprofil einer jungen Florentinerin deren Hand auf der Brust ruht [...] nebst Profil des Kopfes im vergrößerten Maßstabe und dessen ausgeführter Wiederholung. Ausgezeichnet schön m. Silberstift auf lichtblau grundiertem Papier ausgeführt und gehöht an Trefflichkeit Lionardo nicht nachstehend«,[626] beschrieb er das Blatt in seinem Inventar. Abermals scheint es die eigene Sammlung gewesen zu sein,

623 Hamburger Kunsthalle, Kupferstichkabinett, Archiv 268, NH Ea: 13, Reisetagebuch 1850, S. 13.

624 Ebd. S. 114.

625 Klemm 2009, Nr.444, S. 304–305.

626 Hamburger Kunsthalle, Kupferstichkabinett, Archiv 268, NH Ad: 01: 03, Inventar der italienischen Zeichnungen, S. 116.

die die entscheidende Direktive für die Forschung vorgegeben hatte, auch wenn offen bleibt, inwieweit es zufällige Funde gewesen sind, denen Harzen unverhofft begegnete.

Seine Verrocchio-Zeichnung galt nach der Zuschreibung durch Woldemar von Seidlitz 1906 als eine Arbeit von Ambrogio de Predis, einem Künstler aus dem Umkreis Leonardos. Auch wenn diese Attribution heute von der Forschung als hypothetisch angesehen wird, bleibt eine gewisse stilistische Nähe zum Umfeld Leonardos bestehen.[627] Damit schließt sich der Kreis, denn diesen Bezug hatte auch Harzen hergestellt. Die von Harzen geschätzten Künstler verband eine Gemeinsamkeit, nämlich sich Cennini folgend der Natur als Lehrmeisterin der zeichnenden Hand hinzugeben. Sowohl Leonardo als auch Michelangelo trafen dementsprechend ihre künstlerischen Entscheidungen. Die Frage nach der Darstellung von antikem Ideal oder realem Menschen findet in den anatomischen Zeichnungen und den Proportionsstudien ihre Antwort. »Die Kunst«, so Dürer, »ist wahrlich in der Natur, und wer sie ihr entreißt, der besitzt sie.«[628]

DIE FORSCHUNGEN

Die großen musealen Tugenden des Sammelns, Forschens und Bewahrens sind für Harzen zeitlebens vorbildlich gewesen. Gekrönt werden sollte dieses Lebenswerk von einer wissenschaftlichen Publikation über die Geschichte der graphischen Künste. Ganz in der Manier der prominenten Kollegen Ottley, Rumohr, Passavant und Waagen trachtete Harzen danach, seine Erkenntnisse zu veröffentlichen und in den Dienst der Kunstwissenschaft zu stellen. Die Ereignisse von 1842 ließen dieses Vorhaben jedoch scheitern. Als Harzen seine Recherchen später wieder aufnahm, war eine inhaltliche Beschränkung notwendig. Doch auch die reduzierte Fassung des Buchprojektes, die *Geschichte der italienischen Druckgraphik*, ging nicht über das Stadium einer Materialsammlung hinaus, die im Wesentlichen auf den Reisetagebüchern basierte. Einzig zu ausgewählten Künstlern – darunter Botticelli, Raffael und Raimondi sowie Mantegna, Andrea Zoan und Marco Zoppo – existieren Aufzeichnungen, in denen Textpassagen veranschaulichen, dass Harzen damit begonnen hatte, in Buchkapiteln zu denken.

In den 1850er Jahren erschien eine Reihe von Aufsätzen, in denen dieses Material Verwendung fand oder Harzen Fragen nachging, die ihn aus anderen Gesichtspunkten heraus beschäftigten. 1851 machte der Aufsatz »Über Jan van Eyck's Geheimnis der Ölmalerey« den Anfang.[629] 1854 erfüllte er sich einen besonderen Wunsch und schrieb über »Maximilian des Ersten Stammbaum, und dessen ›Zotende Mendel‹«.[630] Nachdem ihm der Erwerb von Burgkmairs Holzschnittfolge nicht gelungen war, hatte Harzen sein Interesse an der umstrittenen Genealogie und ihrem befremdlichen Untertitel auf die

627 Klemm 2009, S. 305.
628 Zitiert nach Leymarie, Monnier, Rose 1980, S. XII.
629 Harzen 1851, S. 147–148.
630 Harzen 1854, S. 237–240.

wissenschaftliche Ebene verlagert. Er wertete Quellenschriften aus und zog Holzschnitte anderer Künstler, darunter auch Dürers *Ehrenpforte*, zum Vergleich heran. Dezidiert dokumentierte er seine Kompetenz im Umgang mit historiographischer Literatur sowie in der Analyse sprachlicher Verwurzelungen.

»Gezotete Mendel«, resümierte Harzen, »sind also eine Paraphrase für Bildnisse von Personen, welche bevorzugt sind, gezotete Kleidung zu tragen, kurz gesagt: Standespersonen, wie man heutzutage fürstliche Personen ›gekrönte Häupter‹ nennt [...]. Da der Ausdruck so selten vorkommt, war er vermuthlich local und verschwand mit der Mode selbst zu Anfang des 16. Jahrhunderts.«[631]

Wie dicht Harzens Publikationen mit der eigenen Sammlung verknüpft waren, veranschaulichen die Aufsätze aus dem Jahr 1855. Im *Archiv für zeichnende Künste* erschienen *Jacobo de Barbari. Der Maler mit dem Schlangenstabe*[632] und zwei Artikel *Über Alter und Ursprung der frühesten Ausgabe des Heilsspiegels.*[633] Obwohl Harzen nur wenige Blätter von Barbari (bis vor 1516) sein Eigen nennen konnte, nahmen die Exponate einen wichtigen Platz in seiner Sammlung ein, denn das Schaffen dieses – nach heutigem Kenntnisstand italienischen – Malers und Stechers, der mit Dürer Umgang pflegte, galt ihm als ein weiteres Indiz für eine sich aus gegenseitiger Einflussnahme speisende Entwicklungsgeschichte der graphischen Künste.

Mit großer Aufmerksamkeit wandte er sich verschiedenen Ausgaben des *Heilsspiegels* zu, die er mit einem 1483 datierten Exemplar von Jan Veldener verglich. In präziser Manier analysierte Harzen die Besonderheiten der Druckstöcke, ihrer Darstellungen und die Qualität der Abzüge.

»Man gewahrt nämlich, dass beim Druck des Heilsspiegels eine zwiefache Manipulation stattgefunden hat; die Holzstöcke sind offenbar von einem Briefdrucker mittels des damals gebräuchlichen Reibers abgezogen; hätte aber ein solcher das Werk herausgegeben, würde er in gewohnter Weise auch den Text im Holzschnitt hinzugefügt haben, indem nur die Buchdrucker sich beweglicher Lettern bedienten.«[634]

Ausgehend vom Erbauungsbuch der eigenen Sammlung schuf Harzen mit seinem Aufsatz die Grundlage für die vergleichende Forschung. Als wie dringend notwendig eine solche präzise Einzelbetrachtung empfunden wurde, veranschaulicht die Vielzahl der Reaktionen. Sie veranlassten ihn 1856 wiederum zu einem Nachtrag, in welchem er die Standpunkte von Sammlern und Kollegen zusammentrug, mit kommentierten Quellentexten ergänzte und damit die Plattform für eine internationale kunsthistorische Debatte schuf.

631 Ebd. S. 240.
632 Georg Ernst Harzen: Jacobo de Barberi. Der Maler mit dem Schlangenstab, in: Archiv für zeichnende Künste, Jg. 1, Leipzig 1855, S. 210–220.
633 Georg Ernst Harzen: Über Alter und Ursprung der frühesten Ausgabe des Heilspiegels oder des Speculum humanae salvationis, in: Archiv für zeichnende Künste, Jg. 1, Leipzig 1855, S. 3–15 mit einem Nachtrag in Jg. 2, Leipzig 1856, S. 1–12.
634 Ebd. S. 5.

Auch in den nachfolgenden Jahren gab Harzen der Kunstgeschichtsforschung mit seinen Aufsätzen wichtige Impulse. 1856 erschien seine Schrift *Über den Maler Pietro degli Franceschi und seinen vermeintlichen Plagiarius [...]*[635] und drei Jahre später »Einige Worte über den sogenannten *Meister von 1466*«.[636] In seinem Artikel *Ueber die Erfindung der Aetzkunst*[637] zeigte Harzen 1859 die Verbindung zwischen den Verzierungen der Rüstungen und der Erfindung der Stufenätzung auf, die insbesondere im 17. Jahrhundert zu einem erweiterten Darstellungsrepertoire des Tiefdrucks geführt hatte. Er beschrieb, was er in den Rüstkammern und Kupferstichkabinetten der europäischen Metropolen gesehen hatte und welche Erkenntnisse aus den Beobachtungen zu ziehen waren. Den fragmentarischen Notizen seiner Reisetagebücher hatte Harzen nun Struktur und Gewicht verliehen, indem er die Fülle verifizierter Daten stringent zu einer Argumentation bündelte, in der die Erfahrung des sehenden Auges mit angelesenem Wissen Hand in Hand ging.

»Wenn [...] schon in den achtziger Jahren des fünfzehnten Jahrhunderts geätzte Rüstungen entstanden, während bisher kein geätztes Blatt, dessen Alter über Dürer's hinausginge, entdeckt wurde, so liegt der Gedanke nahe, dass die Erfindung von den Waffenschmieden ausgegangen sei, und das die Kunstmaler sie von ihnen entlehnt [...]. Dass aber dies der muthmassliche Verlauf gewesen, lässt sich aus den frühesten Anweisungen zum Aetzen folgern [...]. In einer Zeit wo jeder streitbare Ritter [...] von Kopf bis zu Fuß in Eisen gekleidet erschien, musste einer Erfindung [...] die Schönheit der Rüstungen durch reichen Schmuck von Ornamenten erhöhen, von grosser Wichtigkeit sein. [...] Vieles ist der Fürsorge der Klostergeistlichen zu verdanken [...]. In solcher Absicht legten einst die Minoritenbrüder zu Venedig in einem [...] Sekretbuch Recepte zum Eisenätzen nieder.«[638]

Ausgehend von einer frühen Mustersammlung, die laut Harzen von Charles Lock Eastlake für das Britische Museum erworben worden war, spann er den Faden der Entwicklungsgeschichte weiter und stellte die Verbindung von Daniel Hopfer über Dürer und Albrecht Altdorfer bis zu Raimondi her. Wie in einem großen Puzzle fügen sich die in den Sammlungen betrachteten Blätter mit den in der Literaturrecherche erfassten Daten zu einem komplexen Ganzen zusammen, einer Geschichte über die Erfindung der Ätzkunst, deren logische Stringenz in der Analyse der Fakten ebenso brilliert wie in der Beweisführung durch die aus der Kunst gewonnenen Erkenntnisse. Die Fundiertheit dieses Artikels veranschaulicht, warum das Erscheinen von Harzens Buch so sehnsüchtig erwartet wurde.

635 Georg Ernst Harzen: Über den Maler Pietro degli Franceschi und seinen vermeintlichen Plagiarius, den Franziskanermönch Luca Pacioli, in: Archiv für zeichnende Künste, Jg. 2, Leipzig 1856, S. 231–244.

636 Georg Ernst Harzen: Einige Worte über den sogenannten ›Meister von 1466‹, in: Archiv für zeichnende Künste, Jg. 5, Leipzig 1859, S. 1–8.

637 Georg Ernst Harzen: Über die Erfindung der Aetzkunst, in: Archiv für zeichnende Künste, Jg. 5, Leipzig 1859, S. 119–136.

638 Ebd. S. 122–125.

1860 endete Harzens wissenschaftliche Arbeit mit einem zweiteiligen Aufsatz *Über Bartholomäus Zeitblom, Maler von Ulm, als Kupferstecher.*[639] Zurück blieben 27 unveröffentlichte Werkmanuskripte und Materialsammlungen, unter anderem über Baccio Baldini und Sandro Botticelli, Maso Finiguerra, Albrecht Dürer und Hans Memling, die Druckgraphik und den Metallschnitt, zur europäischen Kunstgeschichte und zu den Motivfindungen der biblischen Geschichte, die erahnen lassen, dass er noch vieles vorgehabt hatte, was sich angesichts des fortgeschrittenen Alters und seines Engagements für den Bau der Hamburger Kunsthalle nicht mehr realisieren ließ.[640]

639 Georg Ernst Harzen: Ueber Bartholomeo Zeitblom, Maler von Ulm, als Kupferstecher, in: Archiv für zeichnende Künste, Jg. 6, 1860, S. 1–30, 97–123.
640 Hamburger Kunsthalle, Kupferstichkabinett, Archiv 268, NH Ab: 01: 01-NH Ab: 19: 04, NH Ac: 01:01-NH Ac: 08: 01.

DIE SAMMLUNG

Herzstück des Besitzes

Das Herzstück des Besitzes von Harzen und Commeter war die gemeinsam aufgebaute Kunstsammlung, zu der Gemälde, Zeichnungen, Druckgraphiken und illustrierte Bücher sowie einige wenige Skulpturen und Münzen zählten.

Seine Kunstsammlungen, schreibt Harzen 1856, bestünden »in 51 älteren Ölgemälden (unbedeutende nicht mitzählend), theils erster Güte, in 60 bis 70 Mappen mit Kupferstichen und Handzeichnungen, einer Sammlung Kupferwerke und gebundener Bücher, großentheils bildende Kunst betreffend, nebst zwey Mappen mit Durchzeichnungen seltener und merkwürdiger Kupferstiche einer Anzahl von Collectaneen und Studienbüchern, Kunst betreffend von meiner Hand, endlich einige Werke der Plastik und Curiositäten.

Verzeichnisse sind vorhanden, über die Kupferstiche in zwey Folio Bänden, welchen eines über die Gemälde und plastischen Werke beiliegt, und über die Bücher und Werke in fliegenden Blättern. Diese sämtlichen angeführten Kunstgegenstände, Bücher [...] von mir während eines Zeitraums von 45 Jahren mit Eifer und Glück gesammelt, unter denen die Kupferstiche und Zeichnungen vornämlich während der späteren Jahre meines Lebens planmäßig für diesen bestimmten Zweck ergänzt worden sind, welche wenn auch nicht an Zahl, doch an Auswahl, Seltenheit und innerem Werthe, denen der vorzüglichtsen öffentlichen Sammlungen an die Seite gesetzt werden dürfen, welche einen zusammenhängenden geschichtlichen Überblick dieses Zweiges der Kunst gewähren, denen eine kleine Zahl Gemälden sich würdig anreiht, diese sind hierdurch von mir bestimmt ein unzertrennliches, unveräußerliches Fidei Commiß zum allgemeinen Besten zu bilden.«[641]

Harzens Kunstsammlung hatte eine spannende Entwicklung hinter sich. Aus der privaten Kollektion früherer Jahre war mit seinem Wechsel in den Kunsthandel ein großer kommerzieller Lagerbestand geworden. Die Stiftungsidee verlangte wiederum nach einer konzeptionellen Veränderung, einer Konzentration auf inhaltliche Werte und technische Qualität. Dabei lag sein Fokus auf der Handzeichnung und der Druckgraphik.[642]

Um die 30 000 Blätter hat Harzen hinterlassen, dokumentiert in einem 850 Seiten umfassenden handschriftlichen Inventar. Wann diese Aufzeichnungen genau entstanden

641 Hamburger Kunsthalle, Kupferstichkabinett, Archiv 268, NH Ca:07: 01, Codicill vom 23.6.1856.

642 In Anbetracht fehlender Geschäftsbücher ist diese Entwicklung nur eingeschränkt rekapitulierbar, weder die Foliobände über die Gemälde und Plastiken noch die der Bücher haben sich erhalten. Mit welcher Akribie sie aller Wahrscheinlichkeit nach geführt worden sind, lässt der *Catalog d'une Collection de Portraits* vermuten, in dem Harzens fast 4000 Blatt umfassende druckgraphische Porträtsammlung aufgeführt ist. Obwohl die Kollektion aufgelöst und mit anderen Bildnissen zusammengeführt wurde, bleibt der Harzensche Bestand über das nach Persönlichkeiten geordnete Inventar letztlich rekonstruierbar. Hamburger Kunsthalle, Kupferstichkabinett, Archiv 268, NH Ad: 04: 01.

sind, ist ungeklärt. Vermutlich hat er mit der Bestandsaufnahme begonnen, nachdem er sich für die Stiftung entschieden hatte. In einem 1877 von der Kunsthalle angelegten Verzeichnis werden 42 Mappen benannt, in denen die graphischen Werke, nach Schulen und Technik geordnet, versammelt gewesen sind.[643] Die Bezeichnung der Mappen in Harzens Manuskript wie auch die im Testament benannte Anzahl weicht von der der protokollierten Übernahme ab, so dass eine Neuordnung der Bestände in der Zeit zwischen Harzens Tod und der Eröffnung des Museums anzunehmen ist. Was an Druckgraphiken tatsächlich in Museumsbesitz übergegangen ist, kann man dem Katalog von Christian Meyer entnehmen.[644] Spätere Umschreibungen wären jedoch zu überprüfen, ebenso wie die Veräußerungen, die entgegen Harzens Willen stattgefunden haben. Allein die sorgfältige Bearbeitung der Bestände kann ein Bild der heute noch existierenden Sammlung Harzen vermitteln. Im Falle der Handzeichnungen geben die aktuellen Bestandskataloge in fundierter Weise über jene Blätter Auskunft, die die Provenienz Harzen tragen.[645]

Das *Inventarium der Oelbilder der Kunsthalle*, das mit der offiziellen Eröffnung angelegt worden ist, verzeichnet die Vermächtnisse der Gründungszeit. Schon 1869 waren zwei des 51 Gemälde umfassenden Harzen-Legats verlustig. Zwischen 1919 und 1947 wurden 13 weitere Bilder von Kunsthallendirektor Gustav Pauli und seinen kommissarischen Amtsnachfolgern[646] verkauft oder gegen andere Exponate getauscht. Bei 22 Gemälden ist der Verbleib gänzlich unbekannt, so dass sich nur 14 Bilder aus dem der Kunsthalle als unveräußerliches Ganzes überantworteten Legat erhalten haben.

Zu Harzens Vermächtnis zählten auch einige plastische Werke und Asiatika, lieb gewonnene Erinnerungsstücke, die er in seinem Haushalt versammelt hatte. Darunter befanden sich ein Donatello zugeschriebenes Basrelief, das 1919 an die Hamburger Kunsthandlung Louis Bock & Sohn verkauft wurde, ein Bronzerelief, Orpheus darstellend, von Peter Vischer und der Bronzeguss eines Stieres von gleicher Hand. Von François Duquesnoy besaß Harzen sechs Elfenbeinschnitzereien, mehrere Pokale mit und ohne Deckel sowie eine »Gruppe von 3 Knäblein« und einen Apostel, hinzu kamen Dosen aus Halbedelstein und Holz, »eine chinesische gedrechselte Kugel, ein Kirschkern, geschnitzt in Form eines Kopfes« und in Karneol und Bernstein geschnitzte Gemmen und Medaillen, Gipse nach Medaillen sowie Münzen unterschiedlicher Provenienz und Alters, Zink- und Kupferplatten, antike Silberlöffel, Terrakotten und den »Gipsabdruck eines gothischen Kaiserfingers«.[647] Der Verbleib vieler Gegenstände ist weitgehend unklar. Die Münzen und Medaillen sind fraglos in den Bestand der Kunsthalle übergegangen, aber aufgrund fehlender Beschreibungen nicht identifizierbar. Ein Teil der kunstgewerblichen Arbeiten wurde um 1875 an das Gewerbe Museum – das heutige Museum

643 Hamburger Kunsthalle, Archiv, alte Inventare.

644 [Meyer] 1878.

645 Prange 2007; Klemm 2009; Stefes 2011.

646 Hans Werner Schmidt: Die Hamburger Kunsthalle in den Jahren 1933–1945, in: Verfolgt und Verführt, Ausst.-Kat. Hamburger Kunsthalle, 1983, S. 50–67.

647 Hamburger Kunsthalle, Archiv, Inventar der Kunsthalle, 1877, Vermächtnisse.

für Kunst und Gewerbe in Hamburg – abgegeben. Doch auch darüber herrschte nur zwei Jahre später Ungewissheit, wie eine Anfrage der Kunsthallen-Kommission dokumentiert.[648]

Laut Kunsthallen-Inventar wurden zwei Arbeiten des »Böttgerschen-Thontöpfers« – dem Erfinder des europäischen Porzellans Johann Friedrich Böttger – am 21. Dezember 1875 dorthin übermittelt sowie »diverse Antiquitäten in Bernstein, Glas, Bronze in einem Kistchen«. Das Inventarbuch des Museums für Kunst und Gewerbe verzeichnet 37 Zugänge aus der Sammlung Harzen, die im Sommer 1877 aufgenommen wurden. Darunter befand sich auch das Wachsmodell für einen Pokal von Georg Petel aus dem frühen 17. Jahrhundert, das der Hamburger Maler Hermann Steinfurt dem Bildnis Harzens hinzufügte, als er ihn 1871 im Auftrage der Kommission für die Verwaltung der Kunsthalle posthum nach einer Fotografie malte.[649] Auch im Museum für Kunst und Gewerbe kam es damals zu Verkäufen, insgesamt sechs Objekte wurden zwischen 1882 und 1896 auf Kunstauktionen gegeben. Die aktuellen Inventare verzeichnen nur noch sechs Exponate aus dem Harzen-Legat, so dass eine größere Zahl von Veräußerungen anzunehmen ist. Erhalten haben sich unter anderem das erwähnte Wachsmodel, Bronzearbeiten Vischers, ein Bersteinmedaillon und ein bemaltes Fenster.

Bibliothek und illustrierte Bücher

Von Harzens Bibliothek und den illustrierten Büchern liegen weder die erwähnten Bestandsverzeichnisse vor, noch ist ihr Eingang in den Museumsbesitz an irgendeiner Stelle dokumentiert. Zufallsfunde ergeben jedoch ein ungefähres Bild, denn viele Bücher lassen sich über handschriftliche Notizen und Bezeichnungen ausfindig machen.[650] Insgesamt 79 illustrierte Bücher aus dem alten Bestand der Hamburger Kunsthalle können so der Sammlung Harzen-Commeter zugeordnet werden.

Herausragende Höhepunkte dieser Kollektion waren eine *Biblia sacra* aus dem 13. Jahrhundert, mit ornamentalen und figürlichen Darstellungen geschmückt, ein reich illustriertes *Brevarium*, das Anfang auf den des 15. Jahrhunderts datiert wird und die *Bible historiale* des Guyart des Moulins, ein illuminiertes Manuskript auf Pergament, das in Paris um 1375–1380 gefertigt wurde. Die Handschrift bildet den Schlussband einer zweiteiligen Bibelabschrift, die im Auftrag des französischen Königs Karl V. angefertigt wurde, und enthält die Schriften des Alten und Neuen Testaments. Die Illustrationen nehmen als Folge unterschiedlich großer Einzelbilder weit mehr als die Hälfte der Buchseiten ein (Abb. 58). Szenisch Figürliches steht im Wechselspiel mit den

648 Ebd.
649 Inventarbuch Museum für Kunst und Gewerbe, Inv.-Nrn. 265–301 bezeichnen die Gegenstände, die von der Kunsthalle dorthin abgegeben wurden. Freundliche Mitteilung von Christine Kitzlinger; zu Petel: Bildhauer im Dreißigjährigen Krieg, Ausst.-Kat. Haus der Kunst, München 2007.
650 Harzen hatte seine illustrierten Bücher eigenhändig in ein Inventar aufgenommen, auf das sein Testament verweist, und die inventarisierten Werke mit jenem signifikanten Haken abgezeichnet, wie er sich in seinen Reiseführern oder Abrechungen durchgängig findet.

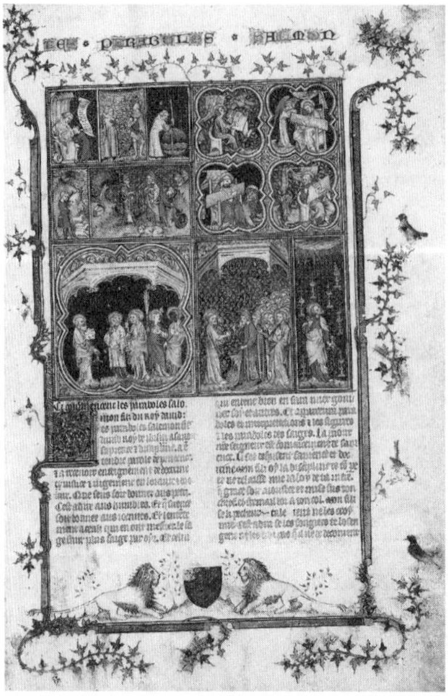

Abb. 58 Bible historial des Guyart des Moulins, 1375–1380, Widmungsblatt, Hamburger Kunsthalle, Bibliothek

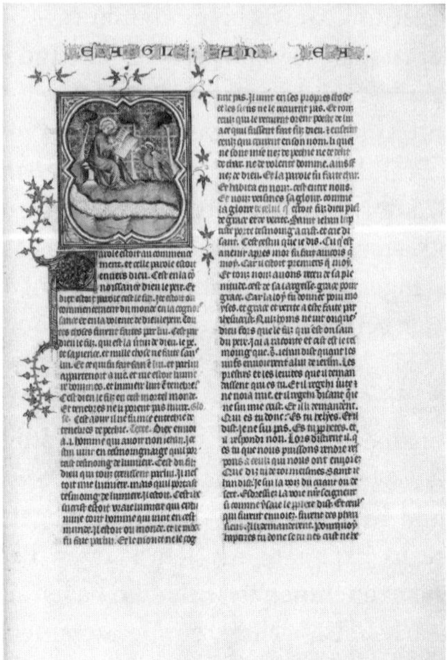

Abb. 59 Bible historial des Guyart des Moulins, 1375–1380, Beginn des Johannesevangeliums, Hamburger Kunsthalle, Bibliothek

ornamental gestalteten Hintergründen. In einzelnen Bildsequenzen lässt sich eine landschaftlich-räumliche Ausdehnung der Motive erkennen, in der sich die Entwicklung hin zum Tafelbild abzeichnet. Dies gilt insbesondere für die als autonome Einzelbilder angelegten Kompositionen der Bibelszenen (Abb. 59). Auch das florale Schmuckband tendiert in diese Richtung. Inmitten der schwarz-goldenen Efeuranken sitzen Vögel, die sich als Eichelhäher, Amsel oder Meise identifizieren lassen.[651]

Aus Florenz stammt ein fragmentarisches Blatt, das ursprünglich in ein Antiphonar, ein liturgisches Buch für Stundengebete, gehörte. Es ist die einzige Illumination in Harzens Sammlung, bei der der Text herausgeschnitten wurde (Abb. 60). Zurück blieb ein farbenprächtig gestaltetes florales Schmuckband, in das Medaillons mit Prophetendarstellungen integriert sind. Die reich geschmückte Initiale ziert vier Rauten, in denen Gottvater, der Verkündigungsengel, die Taube des Heiligen Geistes und Maria zu sehen sind. Das Blatt gehörte zu einem Choralbuch aus der Florentiner Domkirche. Die Biblioteca Laurenziana in Florenz bewahrt heute neunzehn dieser großformatigen Choralbücher, die zwischen 1382 und 1399 angefertigt wurden und von denen Harzen sich im Zuge seiner Studien einige hatte vorlegen lassen. Aus diesen Büchern sind einzelne

651 Blicke in verborgene Schatzkammern. Mittelalterliche Handschriften und Miniaturen aus Hamburger Sammlungen, Ausst.-Kat. Museum für Kunst und Gewerbe, Hamburg 1998, S. 68–69.

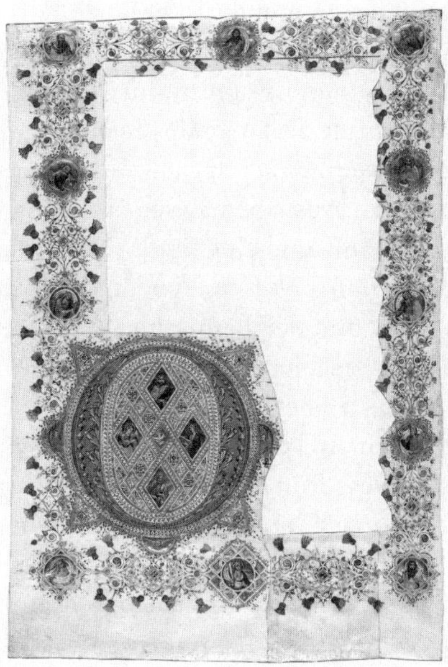

Abb. 60 Verkündigungsszene aus einem Antiphonar, um 1397, Deckfarbe auf Pergament, Hamburger Kunsthalle, Kupferstichkabinett

Seiten herausgeschnitten worden, die in den Kunsthandel gelangten.[652] Als Harzen dieses Blatt entdeckte, das mit großer Wahrscheinlichkeit dem zwölften Choralbuch zugehörig ist, wusste er die Verbindung herzustellen. Die geringe Hoffnung auf den Erwerb eines vollständigen Exemplars mag ihn bewogen haben, wenigstens eine Seite in seine Sammlung aufzunehmen.

Tatsächlich lässt sich für die illustrierten Bücher ein kunsthistorisches Sammlungsinteresse belegen. Harzen erwarb das 1473 in Augsburg veröffentlichte reich illustrierte *Plenarium* von Günther Zainer, Antonio Bettinis *El Monte sancto di Dio* von 1477 mit Baccio Baldinis Radierungen und ein Missale aus Ferrara von 1503. Er besaß Dürers *Kleine Passion* von 1510 und das *Marienleben* in der Nürnberger Ausgabe von 1511. Aus Antwerpen stammten die *Imagine et figurae Bibliorum* von Peter van der Borch in einer unvollständigen Ausgabe von 1580 und einer vollständigen von 1581. Dantes *Göttliche Komödie* konnte Harzen in der Florentiner Ausgabe von 1481 und der venezianischen von 1491 sein Eigen nennen. Dass er nach einer Steigerung der Qualität strebte, veranschaulichen solche Doppelerwerbungen, und mit großer Wahrscheinlichkeit war das weniger wertvolle Exemplar für den Wiederverkauf bestimmt, wie er es im Falle der Druckgraphik testamentarisch sogar verfügt hatte. Commeter und er besaßen

652 Klemm 2009, Nr. 322, S. 233.

aus verschiedenen Zeitspannen stammende Totentänze, darunter die 1554 in Basel erschienene *Iconis mortis* von Hans Holbein. Religiöse Erbauungsbücher machten den größeren Teil dieser Sammlung aus, die um naturwissenschaftliche, literarische und künstlerische Werke ergänzt wurde. Dazu gehörten eine *Schedelsche Weltchronik* von 1493, Francesco Berlinghieris *Geographia* unbekannten Jahrgangs aus Florenz, Sebastian Münsters *Cosmographie* in den Ausgaben Basel 1552 und 1553, die *Descrittione di tutti i Paesi bassi*, Antwerpen 1567, und eine Stadtgeschichte Venedigs von 1503. Weiterhin besaß Harzen Ovids *Metamorphosen*, Venedig 1501, die Fabeln des Aesop in der Florentiner Ausgabe von 1516 und der flämischen Ausgabe, Brügge 1567, sowie die Geschichte von *Reynecke Vosz*, erschienen 1592 in Rostock. Harzen konnte ein 1546 in Frankfurt publiziertes Handbuch über Perspektive, eine Ausgabe von Vasaris *Viten*, Florenz 1568, sein Eigen nennen, und ihm gehörten zahlreiche ikonographische Handbücher, darunter Anton van Dycks *Icones principum*, Antwerpen ohne Jahr, *Le Imprese illustri*, Venedig 1572, das *Theatro d'Imprese*, 1623 erschienen, sowie Macccius Paulus' *Emblemata moralis* von 1628. Hinzu kamen das 1579 in Frankfurt veröffentlichte *Thierbuch* von Jost Amann und ein Handbuch für Conchiliensammler, Martini Listers 1685 in London publiziertes *De cochleis*,.

Vielen Büchern der Sammlung Harzen und Commeter ist die reiche Bebilderung gemeinsam, bis hin zu reinen Bildbänden oder Klebebänden, die nur noch aus ausgeschnittenen Abbildungen bestanden. Auch anhand der druckgraphischen Illustrationen lässt sich eine ähnlich voranschreitende künstlerische Unabhängigkeit ablesen wie in der Buchmalerei, an deren Ende die Illustration des Textes nicht länger bedarf.

Aus heutiger Sicht ist diese Kollektion von vorzüglichem Wert, weil sich Exponate von außerordentlicher Seltenheit darunter befinden. Dies gilt nicht nur für die illuminierten Handschriften, sondern auch für die frühen Wiegendrucke. Allein sieben der Inkunabeln sind deutschlandweit die einzigen Exemplare, und zehn weitere Ausgaben sind allenfalls ein- oder zweimal in Deutschland nachweisbar.[653] Die Existenz des 1493 erschienenen *Christenspiegels* von Dederich van Ossenbrucks ist nur durch Harzens Sammlung bekannt, zu der das heute weltweit einzig bekannte Exemplar dieser Erbauungsschrift gehört. Diese Sammlung in ihrer Vollständigkeit zu bewahren, gebietet schon allein der dem Stifter gebührende Respekt, umso mehr, da Erwerbungen in dieser Qualität und Ausrichtung, selbst unter Aufwand größter finanzieller Mittel, heute kaum noch möglich wären.

Gemälde

Harzens Gemäldesammlung war eine klassische Altmeistersammlung bürgerlichen Zuschnitts, wie sie mehrmals über Vermächtnisse der Hamburger Kunsthalle in ihrer Gründungsphase gestiftet wurden. Der Schwerpunkt seiner Kollektion lag auf der nie-

653 Freundliche Mitteilung von Gertrud Friedel, Bayerische Staatsbibliothek, München.

derländischen Malerei, namentlich den holländischen Meistern des 17. Jahrhunderts. Diese Ausrichtung ist beispielhaft für den Geschmack der Hamburger Sammler im 19. Jahrhundert, der sich vor allem in den Inventarbüchern der Harzenschen Kunsthandlung spiegelt. Während ihrer geschäftlich aktiven Zeit handelten Harzen und Commeter bevorzugt mit Gemälden dieser Kategorie, die unter den bürgerlichen Sammlern Hamburgs wie auch im nördlichen Europa gemeinhin als »gute Kunst« galten.

»Wenn die Zahl der Sammler von Kunstwerken, der richtige Maasstab für die Kultur der Künste, und den gebildeten Geschmack in einer Stadt wäre, so würde das Resultat dieser Berechnung für Hamburg ziemlich günstig ausfallen«, resümierte Domherr Lorenz Meyer 1802 in seinen Skizzen zu einem Gemälde von Hamburg. Gleichwohl fiel sein Urteil nicht unkritisch aus: »Ungeordnete Sammlersucht [...] sind hier, wie in allen grossen und wohlhabenden Städten [...] Luxus und Mode. Die mit Geschmack und Kenntnis sammelnden Liebhaber sind hier, wie allenthalben, nur sparsam. Der wohlfeile Preis, der in zahlloser Menge seit einigen Jahren in öffentlichen Versteigerungen bei uns feil gebotenen [...] Gemälde, hat manchen zum Kunstliebhaber gestempelt, der gestern auch den entferntesten Gedanken dazu noch nicht fasste [...]. Aber wir haben doch auch einige Sammlungen von Kunstwerken, welche mehr bedeuten [...].«[654]

Harzens Gemäldeinventare sind eine Versammlung illustrer Namen, denn sie verzeichnen allerhöchste Prominenz.[655] Auch wenn heute außer Frage steht, dass sicher nicht alle Bilder den anspruchsvollen Zuschreibungen standhielten, so dokumentieren sie doch das hohe Niveau, um das Harzen bemüht war.[656]

Die 51 Bilder, die Harzen hinterlassen hat, waren großenteils alter Bestand und gehörten zum kommerziell genutzten Kunstlager. Da die Qualität der vierzehn in der Hamburger Kunsthalle verbliebenen Gemälde sehr unterschiedlich ist, liegt es nahe,

654 Friedrich Lorenz Meyer: Skizzen zu einem Gemälde von Hamburg, Bd. 2, hrsg. v. Friedrich Hermann Nestler, Hamburg 1802, S. 289–290.

655 Durch seine Hände gingen Gemälde von Rembrandt, Willem van de Velde, Anthon van Dyck, Philipp Wouverman, Emanuel de Witte und Ludolph Backhuysen. Er handelte Rubens, Jacob van Ruisdael, Aert van der Neer, Pieter de Laar, Simon de Vlieger und die Malerfamilie van Mieris, Jan Miense Molenaer, Caspar Netscher sowie Gabriel Metsu, Pieter de Hooch und Jan Weenix. Mit Adam Elsheimer und Lucas Cranach, Gherade de Lairesse, Antoine Watteau und Claude Lorrain sowie Jacopo Palma Il Giovane und Giotto waren zwar auch die anderen Schulen vertreten, jedoch in deutlicher Minderzahl.

656 Dass Harzen auf dem Gebiet der niederländischen Malerei über ein erhebliches Fachwissen verfügte und sich sicheren Auges für Qualität entschied, zeigt die in der Kunsthalle verbliebene Sammlung, auch wenn sich viele Zuschreibungen nicht halten ließen. Jacob van Ruisdaels *Landschaft mit Landhaus* gilt heute als das Werk eines unbekannten Nachfolgers. Anton van Dycks *Der Antwerpener Senator Paul Halmal* ist den Werkstattarbeiten zuzurechnen, und die *Südliche Landschaft mit Viehherde* gilt wiederum als Gemälde aus dem Umkreis von Frédéric de Moucheron. Eine *Flucht nach Ägypten*, die Harzen als Arbeit von Joachim Patinir erworben hatte, wurde 1905 aufgrund ihrer malerischen Ausprägung Adriaen Isenbrant zugeschrieben. Die *Gefangenen vor einem Hauptmann*, von Harzen als Jacques Le Ducq 1841 aus der Münsteraner Sammlung Duesberg erworben, schrieb Hofsteede de Groot Willem Duyster zu. Nach jüngsten Erkenntnissen gilt das Bild nur noch als eine zeitgenössische Wiederholung nach einem Werk Duysters im Louvre. Als Frans Porbus hatte er das *Porträt des Kaisers Ferdinand II.* angekauft. Nach einer Interimszuschreibung an Alexander Key gilt das Gemälde heute als Kopie nach einem *Porträt Philippe II. de Montmorencys, Graf Hoorn darstellend*, die von Anthonis Mor gemalt wurde. Dazu Uwe M. Schneede (Hrsg.): Die Hamburger Kunstsammlungen, Bd. II, Thomas Ketelsen: Die niederländischen Gemälde 1500–1800, Hamburg 2001.

dass dieser gemischte Bestand beides enthielt, sowohl Bilder, die Wilhelm Becker 1847 nicht übernehmen wollte, als auch solche, die ihm nicht zugedacht waren.

Die *Italienische Landschaft* von Jean François Millet[657] zählt zu Harzens allerersten Erwerbungen. 1822 hatte er das Bild aus der Kieler Sammlung Schmidt übernommen, die bei ihm zur Auktion stand. Da er 1832 nur einen einzigen Versuch unternommen hat, es wieder zu veräußern, ist anzunehmen, dass das Gemälde irgendwann in den privaten Gebrauch überging.[658] Ein Teil der zum Handel bestimmten Kunstwerke befand sich in Harzens und Commeters Wohnung. Dies belegt die 1923 an die Kunsthandlung van Dieren verkaufte *Landschaft mit Einsiedler* von Dietrich. In Harzens Inventarbuch trägt sie den Vermerk »Wohnstube«.[659] Der kommerzielle Gemäldebestand war nicht von den privaten Bildern getrennt, und zum Dekor der Wohnung bediente man sich aus dem Kunstlager. Auch der *Waldsee* von Jacob van Ruisdael[660] zählt dazu, denn er ist im Inventar mit dem Hinweis »Commeter« versehen. Das Bild hing mutmaßlich in dessen Räumen und ging später in seinen Besitz über. 1863 machte es Johann Matthias Commeter der Kunsthalle zum Geschenk. Laut Inventar hatte es 1831 nur ein einziges Mal zum Verkauf gestanden, und da der Freund offensichtlich Gefallen an diesem Bild gefunden hatte, zog Harzen es 1832 von der »Augustauktion« wieder zurück.

Die Bauern am Kamin von David Teniers d. J.[661] hatte Harzen schon vor 1829 erworben. Es gehört zu jenen Bildern, die er sich 1833 hatte nach London schicken lassen. Nachdem der Verkauf über Thomas Emmerson gescheitert war und das Gemälde weder 1835 in Paris noch 1842 in Hamburg umgeschlagen werden konnte, verblieb es in seiner Sammlung.

Nahezu unverkäuflich dürfte die heute an Adriaen Isenbrant gegebene *Heilige Familie auf der Flucht nach Ägypten*[662] gewesen sein, denn die Malerei ist bis zur Unkenntlichkeit zerstört. Wie Harzen in den Besitz dieses Bildes gelangte, ist ebenso wenig überliefert wie die Bedeutung, die er diesem Fragment zumaß. Das Gemälde geht auf Dürers gleichnamigen Holzschnitt von 1503–1505 aus dem Marienleben zurück.[663] Da sich dieses Blatt ebenfalls in der Sammlung Harzen-Commeter befand, könnte sein Wert für Harzen darin gelegen haben, die Vorbildlichkeit von Holzschnitten für Gemälde anschaulich zu machen.

Zu den qualitativ hochwertigen Arbeiten zählen ein Porträtentwurf des Antwerpener Senators Paul Halmal[664] aus der Werkstatt van Dycks und die Studie zweier Köpfe

657 Hamburger Kunsthalle, Inv. Nr. KH-104.

658 Hamburger Kunsthalle, Kupferstichkabinett, Archiv 268, NH Ad: 05: 02, Nr. 287, Inventar von Harzens Gemäldesammlung

659 Hamburger Kunsthalle, Kupferstichkabinett, Archiv 268, NH Ad: 05: 03, Nr. 345, Inventar von Harzens Gemäldesammlung.

660 Hamburger Kunsthalle, Inv.-Nr. KH-165.

661 Hamburger Kunsthalle, Inv.-Nr. KH-175.

662 Hamburger Kunsthalle, Inv.-Nr. KH-128.

663 Ketelsen 2001, S. 136–137.

664 Hamburger Kunsthalle, Inv.-Nr. KH-52.

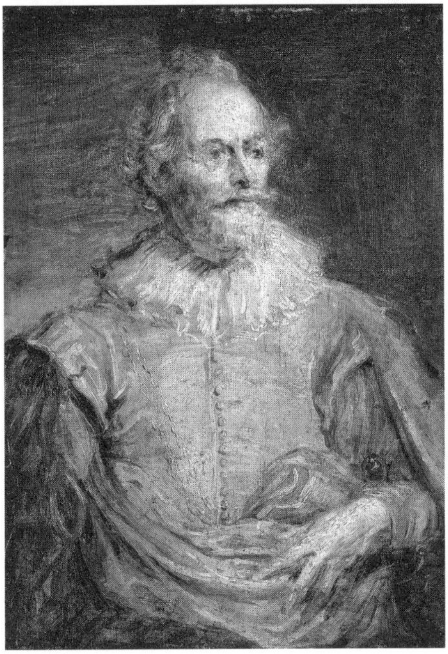

Abb. 61 Anton van Dyck, Bildnis des Senators Paulus Halmalius, Hamburger Kunsthalle

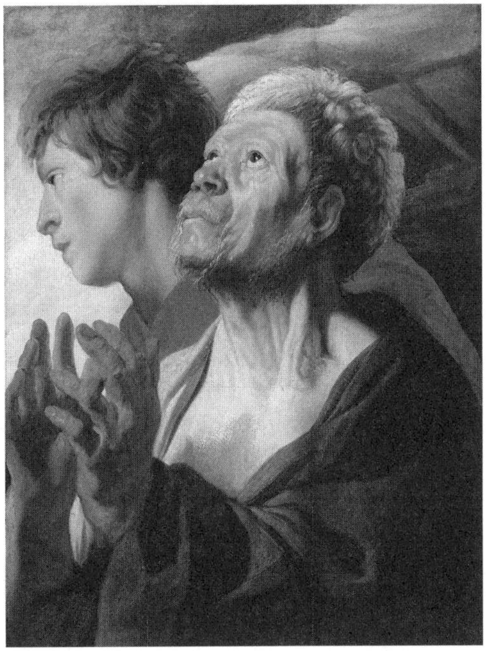

Abb. 62 Jacob Jordaens, Zwei Studienköpfe, Hamburger Kunsthalle

von Jacob Jordaens[665] (Abb. 61, 62) Das skizzenhafte Brustbild wie auch die Detailkomposition im Modello-Charakter, die unter anderem in Jordaens *Anbetung der Hirten* Verwendung gefunden hatte, offenbaren jeweils einen freizügig gestalteten Entwurf.[666] Die Spontaneität im Duktus und die unter den Studienköpfen liegenden Pentimenti veranschaulichen einen allmählichen Annäherungsprozess in der Motivfindung, der in die Nähe des von Harzen auch in der Zeichnung so sehr geschätzten experimentellen Charakters rückt. Auch hier bilden Malerei und Zeichnungen in seiner Sammlung einen sinnvollen Zusammenhang. Außerdem war es Harzen gelungen, auch den Stich von Pieter de Jode nach dem Gemälde von Jordaens zu erwerben.[667]

Hochkarätig sind die Nachtstücke von Aert van der Neer, von denen Harzen insgesamt drei besessen hat.[668] Gemäß Inventar ging eines der Gemälde an Commeter. *Ein städtischer Platz am Abend* machte er der Hamburger Kunsthalle zum Geschenk. Auch hier deutet die Bleistiftnotiz in Harzens Inventarbuch an, dass Commeter das Gemälde bei sich hängen hatte, nachdem es 1837 aus der »Bega'schen Auktion« angekauft worden

665 Hamburger Kunsthalle, Inv.-Nr. KH-82.
666 Ketelsen 2001, S. 87–88, S. 147–148.
667 Hamburger Kunsthalle, Kupferstichkabinett, Inv.-Nr. 2/4920.
668 Hamburger Kunsthalle, Inv.-Nr. KH-112, KH-113, KH-114.

war. Gemäß Inventar wurde kein Wiederverkauf versucht, sondern Harzen hat es dem Freund irgendwann nach 1842 überlassen. In seinem Besitz verblieben die *Flusslandschaft im Mondschein* und der *Fluss bei aufgehendem Mond.* Die nächtlichen Panoramalandschaften brillieren im diffus durch die Wolken brechenden Mondlicht und seinen reizvollen Spiegelungen auf den Wasserflächen. Eine Sinfonie des Lichts in zugleich reduzierter Palette bestimmt hier den ästhetischen Genuss.

Druckgraphik

Harzen hat der Hamburger Kunsthalle eine imposante druckgraphische Sammlung hinterlassen, deren Vortrefflichkeit bis heute beeindruckt. Außer Frage steht, dass er erhebliche Summen in den Umfang, aber vor allem in die Qualität seiner Kollektion investiert hatte.[669] »Ungeordnete Sammlersucht« und »geistlose Nachahmung«, wie sie Domherr Lorenz Meyer angeprangert hatte, die »als bloße Eitelkeit« der Mode und dem Luxusstreben folgten, waren Harzen fremd.[670] Wirkliche Sammlungen begannen, dem Urteil Meyers zufolge, erst durch den Geist des Sammlers zu leben, der eine Idee verfolgt und jenen notwendigen roten Faden zu spinnen beginnt, der die Auswahl der Künstlerpersönlichkeiten ebenso bestimmt wie die Sujets. Aber auch das sichere Urteil über den Zustand oder den Erhalt einzelner Stücke, zeichnet einen Sammler aus. Diese von Meyer proklamierte Direktive ist auch für Harzen bindend gewesen. Als er in den späten 1840er Jahren damit begonnen hatte, vermehrt Verkäufe aus seiner Sammlung vorzunehmen, war er von der Idee getragen, die Spreu vom Weizen zu trennen. Selbst über seinen Tod hinaus wollte Harzen daran festgehalten wissen, wie eine Auswahl von Blättern zeigt, die er testamentarisch zum Verkauf bestimmt hatte.

Harzens druckgraphische Sammlung war historiographisch geprägt und auf Vollständigkeit im weitesten Sinne ausgerichtet. Er hatte die drei Hauptschulen der bildenden Künste Europas zusammengetragen und sich darum bemüht, innerhalb der italienischen, niederländischen und deutschen Schule wiederum die Werke stilbildender Künstlerpersönlichkeiten zu erwerben. Sein Schwerpunkt lag auf der Zeitspanne vom

669 Den damaligen finanziellen Wert einer Sammlung zu bemessen fällt aus heutiger Sicht schwer. Sucht man nach prominenten Vergleichen, so wird man in der Zeit der Hamburger Museumsgründung fündig. Im Mai 1871 stand die Graphiksammlung des Schaffhausener Kaufmanns und Kunstsammlers Bernhard Keller in Stuttgart zum Verkauf. Das 15 000 Blatt umfassende Konvolut wurde für über 100 000 Schweizer Franken versteigert. Rund 41 000 Franken kostete die Graphiksammlung des Landschaftsmalers Rudolf Bühlmann, die 11 000 Kupferstiche und Radierungen europäischer Meister vom 16. bis 18. Jahrhundert und gebundene Stichwerke nebst einer Handbibliothek versammelte. Eine der wertvollsten Sammlungen, die im ausgehenden 19. Jahrhundert taxiert und gestiftet wurde, gehörte dem Schweizer Bankier Heinrich Schulthess-von Meiss. Im Laufe seines Sammlerlebens hatte er 12 000 Blätter nordeuropäischer Großmeister zusammengetragen, die unter anderem Werke von Martin Schongauer, Dürer, Lucas van Leyden und Aldegrever bis hin zu Rembrandt versammelt. Das Versicherungstaxat belief sich damals auf 600 000 Franken und überstieg sogar den Wert der familieneigenen Villa am Zuger See. Dazu Von Dürer bis Warhol. Meisterwerke aus der graphischen Sammlung der ETH Zürich, Ausst.-Kat. ETH Zürich, Zürich 1994, S. 5–6.

670 Lorenz Meyer 1802, S. 289.

15. bis 17. Jahrhundert, wobei er darauf setzte, dass sich für die späteren Epochen Sammler und Liebhaber der ihm nachfolgenden Generationen engagieren würden. Obwohl Harzen die Konzentration als sinnvolle Notwendigkeit betrachtete, leistete er sich gelegentliche Inkonsequenzen, denn seine Sammlung enthielt auch Blätter englischer und französischer Künstler, angesichts der Hauptschulen allerdings in einem deutlich bescheideneren Umfange. Die wenige spanische Druckgraphik, darunter ein Konvolut mit Blättern von Giuseppe Ribera, Goyas Selbstbildnis und ein Porträt des spanischen Königs Baltasar Carlos nach Velasquez darstellend, ordnete er der italienischen Schule zu.[671]

Eine umfassende Beurteilung der Sammlung ist an dieser Stelle kaum zu leisten. Deshalb sollen ausgewählte Beispiele dazu verhelfen, sowohl einen Eindruck dieses Kunstbestandes als auch der Intentionen ihres Begründers zu vermitteln.

Druckgraphik aus England und Frankreich

Unter der englischen Druckgraphik machten die Blätter von William Hogarth den wesentlichen Anteil aus. Harzen scheint diese sozialkritischen Seitenhiebe besonders geschätzt zu haben, weil sich viele der Kupferstiche an den altmeisterlichen Sujets der niederländischen Druckgraphik und Malerei orientierten. Interieurs und Genreszenen, wie sie von Jan Steen, Pieter de Hoogh oder Jan Miense Molenaer in reicher Vielfalt ausgeführt worden waren, hatte Hogarth in spöttischer Auslegung aufgegriffen und mittels zeitgenössischer Kostümierung aktualisiert. Einem Zitat vergleichbar blieben die motivischen Anleihen gegenwärtig, die in ihrer Drastik zum Spiegel einer maroden Gesellschaft wurden (Abb. 63). Gerade diese historischen Bezüge scheinen für den Sammler den besonderen Reiz ausgemacht zu haben. Harzens handschriftliches Inventar beschränkt sich bedauerlicherweise auf die Beurteilung technischer Qualitäten, die verschiedenen Zustände der Druckplatten und die Ausdruckskraft der Abdrücke.[672]

Für die Aufnahme der Radierungen und Holzschnitte der französischen Schule zog Harzen entsprechende Kompendien heran, die dazu beitragen sollten, die Bestände zu verifizieren und den schauenden Vergleich zu gewährleisten. Das Sammeln französischer wie englischer Graphik bedeutete ein wissentliches Hinausgehen über jene Schwerpunkte, die Bartsch und nach ihm Ottley oder Passavant gesetzt hatten. Harzen, so scheint es, orientierte sich an Charles Le Blanc, der 1854 einen ersten Versuch unternommen hatte, die drei traditionellen europäischen Schulen mit den französischen und englischen Künstlern zu verbinden.[673] Diesen Gedanken führte er in seiner Sammlung weiter.

Bei den französischen Blättern bemühte Harzen sich zudem um eine größere Vollständigkeit als bei der englischen Druckgraphik und setzte auf eine Sammlung in chro-

671 [Meyer] 1878, S. 54, 93.

672 Hamburger Kunsthalle, Kupferstichkabinett, Archiv 268, NH Ad: 01: 31 handschriftliches Inventar von Harzens graphischer Sammlung, S. 815–823.

673 Manuel Charles Le Blanc: Manuel de l'amateur d'estampes, Bd. 1–4, Paris 1854–1856.

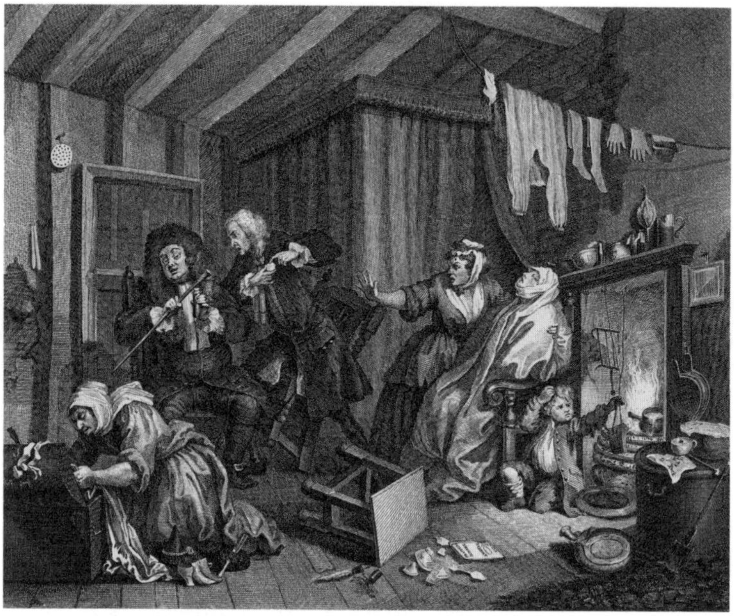

Abb. 63 William Hogarth, Der Arztbesuch, Radierung, Hamburger Kunsthalle, Kupferstichkabinett

nologischer Folge, beginnend mit Arbeiten von Jean Duvet und Jacques Prevost. Doch sowohl im Umfang wie auch in seiner Qualität stand dieses Konvolut hinter den drei Hauptschulen zurück. Es drängt sich der Eindruck auf, dass Harzen sich erst spät dazu entschlossen hatte, auch auf diesem Gebiet sammlerisch tätig zu werden, so dass die notwendige Zeit für das sorgfältige Zusammentragen erlesener Stücke knapp bemessen gewesen ist. Zu den Höhepunkten dieses Sammlungsteils zählten die Arbeiten von Jacques Callot. Insbesondere die Blätter der Passion und des Marienlebens bildeten ein reizvolles Gegenüber zu den Werken Dürers, Lucas van Leydens und Raimondis. Schulenübergreifend war anhand eines Sujets der unmittelbare Vergleich möglich, was für Harzen ein wichtiges Kriterium gewesen sein mag.

Er besaß eine hervorragende Kollektion von Radierungen Claude Lorrains, dessen druckgraphisches Werk er zu wesentlichen Teilen erworben hatte. Die pittoreske Campagna und mediterranen Hafen- und Küstenmotive fanden sein Gefallen, weil sie in ihrer freien Ausführung dicht an die Zeichnung heranrückten. Die malerische Qualität bildete das einigende Band zwischen den lavierten Federzeichnungen und den Radierungen (Abb. 64, 65). Unter Harzens Lorrain-Erwerbungen befinden sich mehrere Motive mit Hirten und Ziegen, die sich durch das Erproben der Stufenätzung auszeichnen. Er schätzte neben der Perfektion in Stich und Abdruck vor allem Blätter, an denen das suchende Arbeiten der Künstlerhand ablesbar war.

Dass Harzen darum bemüht war, zumindest in eingeschränktem Maße einen Überblick über die französische Druckgraphik zu vermitteln, offenbaren Sammlungsbestän-

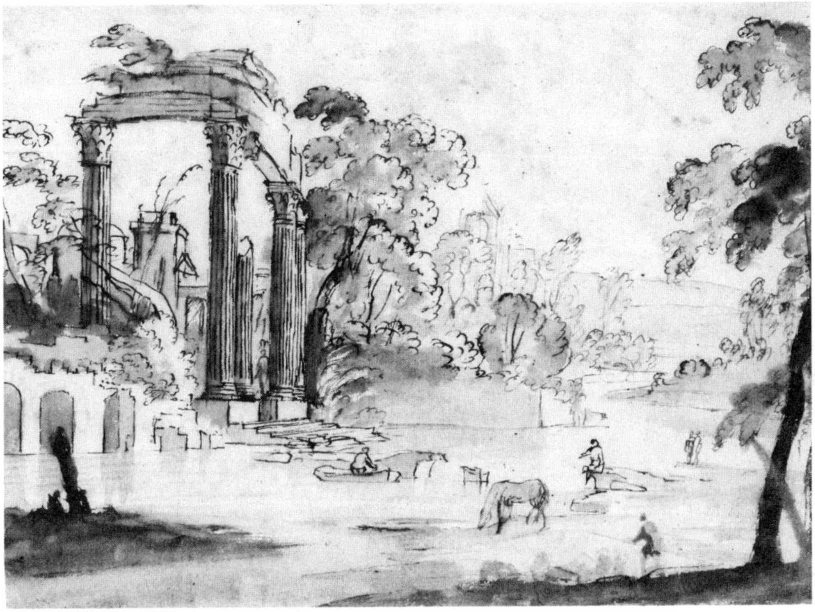

Abb. 64 Claude Lorrain, Flusslandschaft, Feder, laviert, Hamburger Kunsthalle, Kupferstichkabinett

de wie das Konvolut von Kupferstichen Gerard Edelinks. Der in Paris tätige Antwerpener zeichnete sich besonders in der Porträtkunst aus. Harzen hatte auch einige seiner biblischen Historien erworben, sich im Wesentlichen aber auf die Bildnisse konzentriert. Obwohl seine Stiche sich eher durch eine trockene Präzision als durch künstlerische Verve auszeichnen, galt Edelink als Neuerer der französischen Druckgraphik, was ihn für Harzens Sammlung wertvoll machte.

Harzens handschriftliches Inventar – das Rückgrat seiner Kollektion – enthielt neben den klassischen Bartsch-Nummern, nach denen auch Passavant seinen *Peintre-Graveur* aufgebaut hatte, die Nummerierungen von Le Blancs und Robert-Dumesnils *Le Peintre-Graveur Français*, dessen erster Band 1853 erschienen war.[674] Einschließlich der Niello-Nummerierung von Duchesne hatte Harzen sämtliche damalige Möglichkeiten der wissenschaftlichen Katalogisierung angewandt. Die einzelnen Blätter wurden anhand der Kompendien identifiziert und zugeordnet. Harzens profunde Kenntnis offenbarte sich hierin ebenso wie der rote Faden, der seine Sammlung durchzog, nämlich einen Überblick über die Geschichte dieses Faches zu liefern. Die Katalogisierung scheint für ihn ein Klärungsprozess gewesen zu sein, in dessen Folge er sich offenbar für komplexe Erwerbungen entschied, um wichtige Lücken in der Chronologie zu schließen, wie zum Beispiel mit dem Kauf des gewaltigen Konvoluts von Blättern Marc Antonio Raimondis. Der Großteil stammte aus dem Besitz des venezianischen Sammlers Giovanni

674 A. P. F. Robert-Dumesnil: Le Peintre-Graveur Francais, Bd. 1–11, Paris 1853–1871.

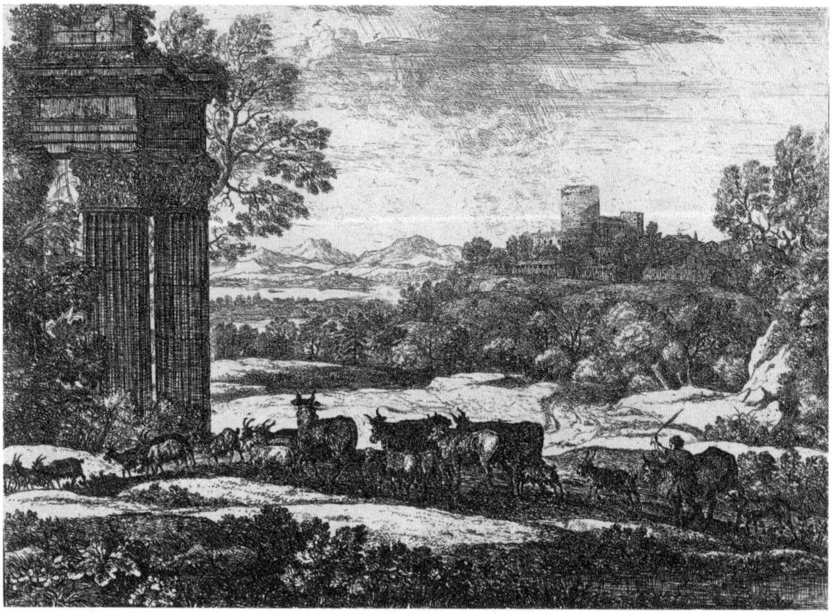

Abb. 65 Claude Lorrain, Waldlandschaft, Radierung, Hamburger Kunsthalle, Kupferstichkabinett

Antonio Armano. Als dessen Kunstsammlung 1857 zur Auktion kam, konnte Harzen seinen Wunschbestand nahezu geschlossen erwerben. In seinem handschriftlichen Sammlungsinventar findet man diese Provenienz für die meisten Blätter festgehalten.[675] Einer weiteren Auflistung in Harzens Nachlass ist zu entnehmen, dass er die vergleichsweise hohe Summe von insgesamt 1739 Pfund in diesen Ankauf investiert, sich aber schon nach kurzer Zeit von schwächeren Blättern wieder getrennt hatte.[676]

Die Druckgraphik der italienischen Schule

Harzens Bestand der italienischen Druckgraphik zeichnet sich durch ein breites kunsthistorisches Spektrum aus. Die von ihm erworbenen Niellen zählen gemeinsam mit den Baccio Baldini zugeschriebenen Blättern und dem so genannten Mantegna-Tarock zu den bedeutenden Kunstschöpfungen, die die Anfänge der italienischen Druckgraphik prägnant umreißen. Von diesen Werken ausgehend versuchte er den Bogen über Künstlerpersönlichkeiten, wie beispielsweise Salvator Rosa, Giovanni Benedetto Castilgione

675 Hamburger Kunsthalle, Kupferstichkabinett, Archiv 268, NH Ad: 01: 07, handschriftliches Inventar von Harzens graphischer Sammlung, S. 189–204.

676 Hamburger Kunsthalle, Kupferstichkabinett, Archiv 268, NH Ab: 16: 03, Materialsammlung Raimondi, Verzeichnis der Blätter nebst Preisangabe.

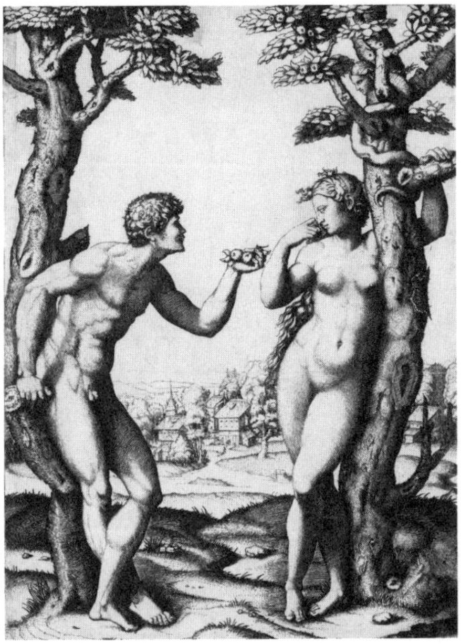

Abb. 66 Marc Antonio Raimondi, Adam und Eva, Kupferstich, Hamburger Kunsthalle, Kupferstichkabinett

oder Pietro Testa, bis hin zu den frei und malerisch entwickelten Arbeiten von Giovanni Dominico Tiepolo zu spannen. Die zahlreichen herausragenden Künstlerpersönlichkeiten galt es dabei unter qualitativen Gesichtspunkten sowie in einem adäquaten Umfang zusammenzutragen, die ihre stilbildende Bedeutung anschaulich machten. Ohne Frage waren Harzens Erwebungen aber auch von persönlichen Vorlieben geprägt.

Die große Bedeutung von Marc Antonio Raimondi stand für Harzen außer Frage. Er achtete ihn nicht nur als großen Reproduktionsstecher, sondern auch als eigenständig schaffende Künstlerpersönlichkeit. Die Relevanz, die Harzen seinem Œuvre zumaß, legt das nahe, denn neben den prominenten Stichen nach Raffaels Zeichnungsvorlagen und Gemälden sowie den nicht autorisierten Nachstichen Dürers finden sich zahlreiche Blätter in seiner Sammlung, für die keine unmittelbaren Vorbilder zu benennen sind, so dass man annehmen kann, dass es sich um autonome Bildschöpfungen handelt. Doch auch viele Blätter, die dem Vorbild Raffaels folgen, offenbaren eine selbstständige Interpretation durch ihren Stecher. Dazu zählt die Darstellung von *Adam und Eva*, 1512–1514 (Abb. 66), die auf eine Studie Raffaels zurückgeht, in der ein junger Mann im Gestus des Gebens dargestellt ist, ohne dass sich ein expliziter Kontext ausmachen lässt.[677] Raimondi verwendete diesen Protagonisten für den Sündenfall, wobei er offen-

677 Griffelzeichnung, verso *Tod des Adonis*, Ashmolean Museum, Oxford, PII 539; Eckhart Knab, Erwin Mitch, Konrad Oberhuber: Raphael. Die Zeichnungen, Stuttgart 1983, Nr. 211.

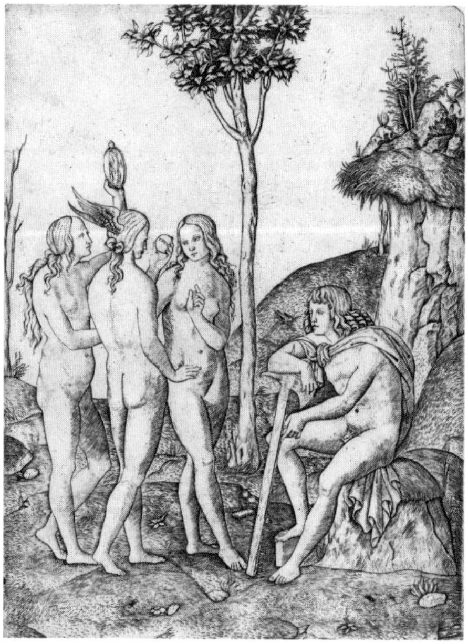

Abb. 67 Marc Antonio Raimondi, Parisurteil, Kupferstich, Hamburger Kunsthalle, Kupferstichkabinett

bar eine eigenwillige Interpretation einfließen ließ, denn es ist der Darstellung nicht zu entnehmen, wer hier wem etwas überreicht. So bleibt ungewiss, ob Adam die Früchte vom Baum der Erkenntnis von Eva erhält – vielleicht begierig danach verlangte – oder ob er es ist, der ihr die verbotene Frucht andient und Eva ebenso verschämt wie unschlüssig ob des Fortgangs der Geschichte zögernd ausharrt. Das Eindeutige vielschichtig zu machen und den Sündenfall von der Frage nach der Erbschuld auf ein modernes Maß zu bringen und als eine zwischenmenschliche Tragödie zu begreifen, war Raimondis eigenständige Leistung. Dass Harzen diese Interpretation schätzte, legt die Intensität nahe, mit der er dieser Sicht des Themas auch im Œuvre anderer Künstler nachgegangen ist.

Das *Urteil des Paris* hatte Harzen in zwei verschiedenen Fassungen erworben: Zunächst die vielfigurige Szene nach Raffael, die er wegen der reizvollen technischen Behandlung der Platte gelobt hatte. Im zeitlich späteren Blatt (Abb. 67) scheinen die drei Göttinnen den Wettbewerb eigenständig auszutragen. Paris sitzt träge daneben, während die Protagonistinnen gestenreich Sieg oder Niederlage aushandeln. Fast scheint es, als hätten sie im Eifer des Gefechts eine Besonderheit übersehen, nämlich die Inschrift auf der goldenen Kugel. Spiegelverkehrt und winzig ist dort »turp« zu lesen. Die beschworene Hässlichkeit oder Schande lässt sich auf das selbstverliebte, eitle Treiben der Göttinnen ebenso beziehen wie auf den Paris doch noch abgerungenen Schiedsspruch. Seine Entscheidung, um der Liebe willen auf Macht und Klugheit zu verzichten, nahm mit dem Trojanischen Krieg einen verhängnisvollen Ausgang. Die geistvolle wie kritische Auseinandersetzung mit der im Humanismus hochgeschätzten Antike, die Raimondi in kühnen Bildfindungen formulierte, hatte es Harzen angetan.

Dass er bei wichtigen Darstellungen auch kompromissbereit war, dokumentiert ein Kupferstich Raimondis mit dem irreführenden Titel *Traum des Raffael*,[678] von dem nicht gesichert ist, ob er sich überhaupt auf eine Zeichnung mit dieser Autorschaft bezieht. Dargestellt sind zwei schlafende Nymphen, die von phallusähnlichen Monstern bedroht werden, aber weder diese Attacke noch den am gegenüberliegenden Flussufer ausgebrochenen Weltenbrand wahrzunehmen scheinen. Die Bezüge, die Raimondi herstellt, sind mehrdeutig und lassen sich mit Blick auf die Feuersbrunst auf die Legende des heiligen Antonius ebenso beziehen wie auf die populären Bildschöpfungen von Hieronymus Bosch im Lissaboner Altar zu diesem Thema. Das Motiv der schlafenden Nymphe wird zugleich als eine dem Blick des Voyeurs geschuldete Erotisierung der Antike entlarvt, in der die Protagonistinnen zu ahnungslosen Opfern einer sexualisierten Welt werden. Wie wichtig es Harzen war, dieses spektakuläre und offenkundig seltene Blatt zu besitzen, veranschaulicht der verhältnismäßig schwache Abdruck, der für seine Sammlung ungewöhnlich ist.[679]

Obwohl sich Harzen bei Raimondis erotischen Stichen vergleichsweise zurückhaltend zeigte und sie, einige Satyrdarstellungen ausgenommen, nicht erwarb, übte die vom Künstler zum Thema erhobene latente Erotik auch auf ihn einen nicht unerheblichen Reiz aus. Das Spiel mit dem Androgynen, bei dem Weibliches wie Männliches fast zum Vexierbild werden, kennzeichnet weite Teile von dessen Werk und auch Harzens Erwerbungen.

Raimondis Werke zählen zweifelsohne zu den Höhepunkten in Harzens Sammlung. Um seine herausragende Bedeutung zu unterstreichen, bemühte er sich um graphische Blätter derjenigen Künstlerpersönlichkeiten, die dazu in einem kunstgeschichtlichen Zusammenhang standen. Im Vergleich mit dem gestochenen Werk von Andrea Mantegna wird augenfällig welche Entwicklung Raimondi als Künstler der nächsten Generation sowohl in der technischen Handhabung des Kupferstichs als auch in der Darstellung haptischer Phänomene vollzogen hatte. Der Vergleich von Mantegnas *Herkules und Antaeus*[680] mit den *Kletterern*[681] von Raimondi veranschaulicht, in welchem Maße die lebensnahe Körperdarstellung vorangeschritten war.

Ausgehend von den Frühdrucken, den Niellen und den Tarocchi, folgte Harzen in seinen Erwerbungen der Entwicklungsgeschichte der italienischen Druckgraphik. Dazu zählte auch eine Sammlung von über einhundert Clair Obscurs Holzschnitten, Szenen

678 Hamburger Kunsthalle, Kupferstichkabinett, Inv.- Nr. 299.

679 Der mangelnde Kontrast im Druckbild, eine Folge der im Druckverfahren stetig flacher werdenden Platte, ist für späte Abzüge charakteristisch. Offenbar war es Harzen nicht mehr gelungen, dieses Exemplar durch ein höherwertiges zu ersetzen.

680 Hamburger Kunsthalle, Kupferstichkabinett, Inv.-Nr. 17/a.

681 Hamburger Kunsthalle, Kupferstichkabinett, Inv.-Nr. 358.

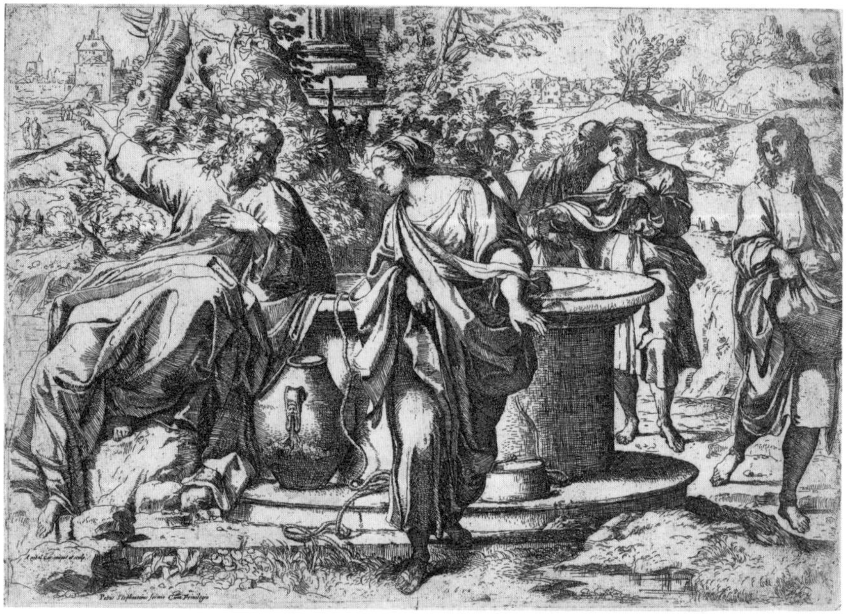

Abb. 68 Guido Reni, Christus und die Samariterin, Kupferstich, Hamburger Kunsthalle, Kupferstichkabinett

des alten und neuen Testaments, Heilige und mythologische Figuren darstellend.[682] Die zwei- und mehrfarbigen Drucke waren von den Holzschneidern nach prominenten Vorlagen, beispielsweise den Reproduktionsstichen Raimondis nach Raffael sowie Kupferstichen von Andrea Mantegna, Federico Barocci, Guido Reni, Tizian und anderen ausgeführt worden.[683]

Nahezu alle wichtigen Graphiker der italienischen Schule sind in Harzens Sammlung vertreten gewesen, oftmals allerdings nur mit wenigen Blättern, wie Tizian oder Jacopo Palma Il Giovane. Deutlich umfangreicher war das Konvolut der Carraccis. Harzen besaß viele Blätter der beiden Brüder Agostino und Annibale und von deren Cousin Lodovico. Alle drei waren Meister der Kupferstichtechniken, zu deren Repertoire die traditionellen Themen der Mythologie und der biblischen Historie zählten. Mit Hilfe sich wiederholender Motive strebte Harzen nach einer Vergleichsgrundlage.

Auch von Guido Reni besaß Harzen Heiligendarstellungen und Kopfstudien, die sich in den werkübergreifenden Vergleich einreihen. Der Schüler Lodovico Carraccis verstand es, mit seiner lebendigen Radiertechnik das Ausdrucksrepertoire der Druckgraphik zu bereichern. Seine Führung der Radiernadel ist der Arbeit mit der Feder oder

682 [Meyer] 1878, S. 35–38.

683 Während Harzen und nach ihm Meyer nur die Autoren der Darstellungen benennen, ist es der Forschung gelungen auch die Holzschneider größtenteils zu identifizieren. Dazu Caroline Karpinsky (Hrsg.): The illustrated Bartsch, Vol. 48, Italian Chiascuro Woodcuts, New York 1983.

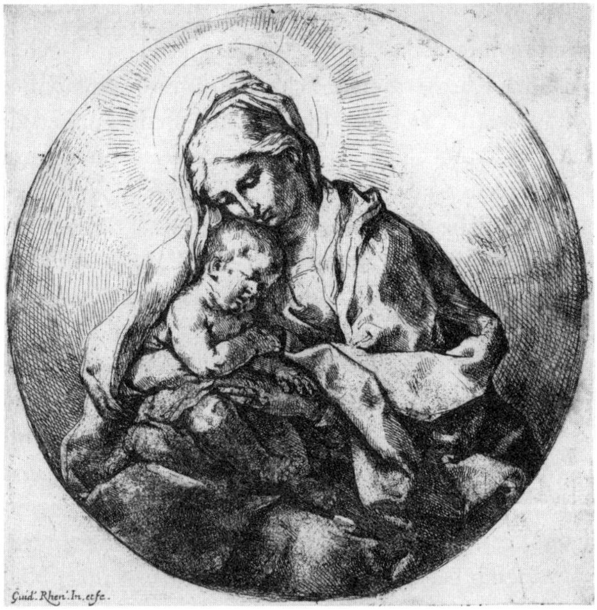

Abb. 69 Guido Reni, Madonna, Kupferstich, Hamburger Kunsthalle, Kupferstichkabinett

dem Stift vergleichbar, und auch in der Lebendigkeit der sich ergebenden linearen Strukturen folgt das Druckbild der gezeichneten Linie. Die Modulation im Ausdruck brachte Reni zur Perfektion, indem er seine Platten in der Stufenätzung mehrfach überarbeitete. Der schöpferische Prozess war nachvollziehbar, und die wiederholten Eingriffe vermittelten einen Einblick in Intention und Arbeitsweise. Viele Blätter Renis in Harzens Sammlung weisen solche Merkmale auf. *Christus und die Samariterin* (Abb. 68), nach einem Gemälde von Annibale Carracci gestochen, wird zum lebendigen Bewegungsmotiv, indem die Faltenwürfe der Gewänder mehrfach überarbeitet wurden. In gleicher Manier behandelte Reni eine *Madonna mit Kind,* in dem er mittels wiederholt gesetzter Schattierungen um das Mehr oder Weniger in der Innigkeit ihrer Beziehung rang (Abb. 69). Das Überarbeiten der Effekte und das Setzen starker Retuschen in malerischer Manier galt Renis Kritikern als Zeichen mangelnden Talents oder der Unsicherheit.[684] Für Harzen bedeutete es, an der Ideenfindung zumindest im eingeschränkten Maß teilhaben zu können. Das Unvollendete wie die Meisterschaft der Perfektion wurden von ihm zu gleichen Maßen geschätzt, wohl wissend, dass das Urteil über die Qualität eines Kunstwerks nicht zuletzt auf den Fragen beruht, die man ihm stellt. Harzen war für beides offen, sowohl für die präzisen Schnitt- und Stichtechniken der Renaissancekünstler als auch für die virtuosen Bildschöpfungen der Malerradierer.

684 Paul Kristeller: Kupferstiche und Holzschnitte in vier Jahrhunderten, Berlin 1905, S. 395.

Harzen legte den Hauptakzent bei der italienischen Druckgraphik auf das 15. und 16. Jahrhundert, weil er hierin ihre epochale wie stilbildende Bedeutung sah. Ob die starke Präsenz einzelner Künstlerpersönlichkeiten immer eine willentliche Entscheidung des Sammlers gewesen ist oder zuweilen den Bedingungen des Kunstmarktes oblag, bleibt ungeklärt. Dennoch erweist sich die Stärke seiner Sammlung letztendlich darin. Die akribischen Recherchen, mit denen Harzen seine Ankäufe bisweilen vorbereitet hatte, waren, so im Falle Raimondi, von Qualität gekrönt. Hervorhebenswert ist auch eine Zeichnung von Maso Finiguerra mit der Sindflut als Motiv, zu der er den Nachstich erwerben konnte, der heute Francesco Rosselli zugeschrieben wird.[685]

Die italienischen Sammlungsbestände des 17. Jahrhunderts sind breiter gestreut, doch die Anzahl von Werken, mit denen die jeweiligen Künstlerpersönlichkeiten vertreten sind, ist deutlich geringer. Dennoch ist es Harzen auch hier gelungen, einige hervorragende Konvolute zusammenzustellen. Bemerkenswert sind die Blätter von Stefano della Bella, Salvator Rosa, Giovanni Benedetto Castiglione und Pietro Testa, die sich durch lebendiges Linienspiel auszeichnen. Dass er gerade diese Künstler zu bevorzugen schien, verwundert nicht, denn ihre Stiche und Radierungen sind von einem Höchstmaß an Spontaneität bestimmt, die Harzen aufgrund ihrer Nähe zur Zeichnung so sehr schätzte.

Die Druckgraphik der niederländischen Schule

Sowohl im Umfang als auch in der Vollständigkeit ist Harzens Sammlung der niederländischen Schule der der Italiener vergleichbar. Auch hier setzte er auf die ganz großen Namen. Er besaß eine Reihe von Holzschnitten von Jacob Cornelisz. van Oostsanen. Die Folge mit Szenen aus dem Leben Christi ist aufgrund ihres kleinen Formats den Buchillustrationen zuzurechnen, wie sie in den Erbauungsbüchern oder moraltheologischen Leitfäden gebräuchlich waren.

Harzen besaß das druckgraphische Werk von Lucas van Leyden nahezu vollständig. Gerade die Serie der Apostel, von ihm mit einer Ausnahme ehemals komplett erworben, heute aber nur noch mit acht Blättern in der Hamburger Kunsthalle vertreten, veranschaulicht, wie wichtig es ihm gewesen ist, die technischen Errungenschaften in diesem Metier offenzulegen. Leyden war ein brillanter Stecher, der mit feinteiliger und sensibler Strichführung die Physiognomie seines Bildpersonals mit Leben zu erfüllen wusste und die haptische Qualität sich bauschender Stoffe darstellen konnte.

Das Œuvre van Leydens stellte einen wichtigen Bezugspunkt her zwischen zwei weiteren Protagonisten der nordeuropäischen graphischen Künste: Albrecht Dürer und Rembrandt van Rijn. Beide Künstler waren in Harzens Sammlung prominent vertreten. Vasari hatte schon auf die Idee des Künstlerwettstreits verwiesen und Leyden als einen »Nebenbuhler« des Nürnberger Meisters bezeichnet. Harzen bewahrte zu solcherart

685 Klemm 2008, Nr. 1, S. 14; Hamburger Kunsthalle Kupferstichkabinett Inv.-Nr. 21080, Inv.-Nr. 25a–c.

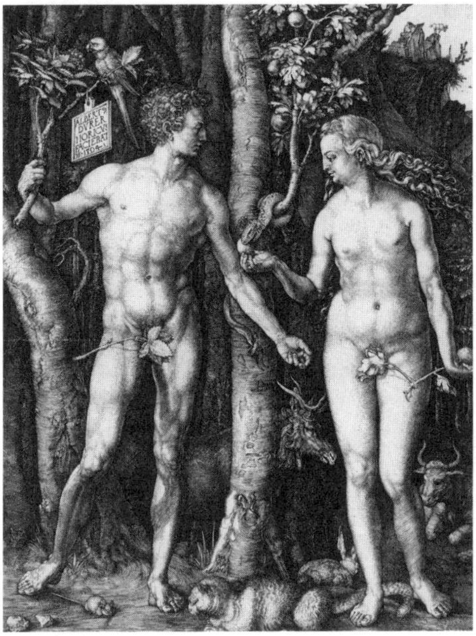

Abb. 70 Albrecht Dürer, Adam und Eva, 1504, Kupferstich, Hamburger Kunsthalle, Kupferstichkabinett

anekdotischen Bezügen die Distanz, ihn scheint die Frage nach der Differenz der Großmeister weit mehr beschäftigt zu haben.

Dürers Vorbildlichkeit war in Europa unbestritten, und fraglos hatte Leyden sich an ihm gerieben, was eine Vielzahl von Blättern belegt, die auch zur Sammlung Harzen zählen.[686]

Deutlich wird die sich abzeichnende Entwicklung in der Gegenüberstellung beider Stiche vom *Sündenfall* (Abb. 70, 71). Dürers idealschönes Paar lässt die Annäherung an die Antike ebenso erkennen wie sein Ringen um den vollkommenen Aufbau der menschlichen Figur, das er am biblischen Sujet vorführte. Die Statuenhaftigkeit der Figuren wird durch den dunklen Grund betont, der sich gleichsam an den vorderen Bühnenrand zu schieben scheint. Haltung, Symmetrie und Körperaufbau dienten van Leyden als Ausgangspunkt für seine menschlich-vitale Interpretation. Die Rhythmik der Bäume greift zwar die Ausgewogenheit der Dürer-Komposition auf, doch die mit lichten Ausblicken versehene Landschaft wird zum Lebensraum, durch den sich seine Protagonisten in tänzerischer Eleganz bewegen. Der Griff nach dem Apfel ist Teil einer ausgefeilten Choreographie, in der Bewegung für die Bewegtheit des Moments steht. Anstelle von Dürers tierischen Symbolträgern – Katz und Maus im Vordergrund – sprechen die

686 Karin Orchard: Albrecht Dürer und Lucas van Leyden. Ein Vergleich, Bilderhefte der Hamburger Kunsthalle, H 12, Hamburg 1990, S. 6.

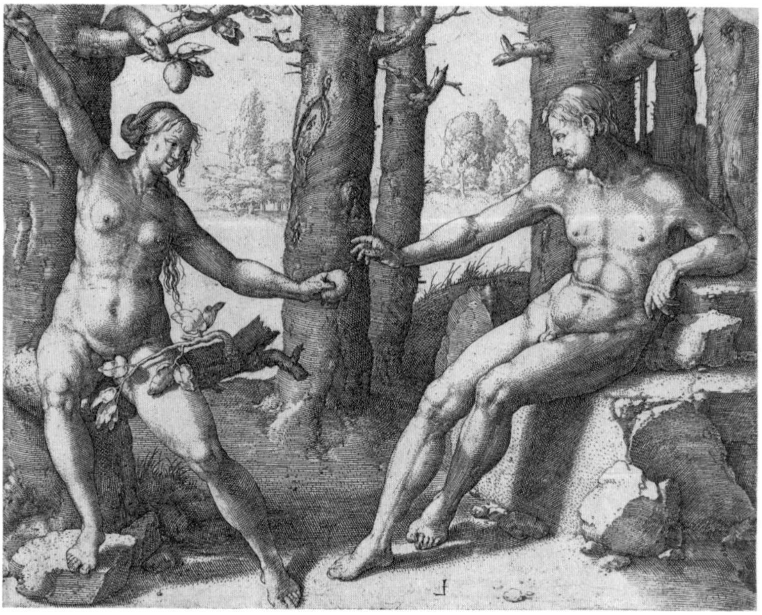

Abb. 71 Lucas van Leyden, Adam und Eva, 1530, Kupferstich, Hamburger Kunsthalle, Kupferstichkabinett

Körper nun für sich. Leyden hatte die Vollendung der Proportionen verinnerlicht und vermochte spielerisch in die Bewegung überzugehen. Auch der Einfluss Raimondis, der das Bewegungsmotiv schon zu einer frühen Meisterschaft gebracht hatte und auf den sich Leyden ebenfalls bezogen zu haben scheint, ist nicht von der Hand zu weisen.[687] Leydens *Sündenfall* von 1529 zeigt noch mehr emotionale Regung. Ein zugewandter Adam nimmt den Apfel von der mit sich hadernden Eva in Empfang. Der Sündenfall ist zur menschlichen Tragödie geworden, und dieser verweltlichten Sicht trägt auch die landschaftliche Umgebung Rechnung, deren zerklüftetes Terrain das Paar von den sanften Wiesen in der Ferne trennt.

Gut hundert Jahre später nahm sich auch Rembrandt dieses Themas an. Unter einem Drachen, der sich an einem Baum festkrallt, steht eine jugendliche Eva, die im Begriff ist, den entscheidenden Biss in den Apfel zu tun (Abb. 72). Mit väterlich mahnender Geste hebt ein ältlicher Adam den Zeigefinger und schiebt seine andere Hand vor Evas Mund, um Schlimmeres zu verhindern. Dem Leichtsinn und der Verführbarkeit der Jugend stellt sich die Weisheit des Alters schützend entgegen. Auch Rembrandt legt den Akzent auf das Menschliche der Szene, begreift den Sündenfall nicht als biblisches Stigma der Menschheit, sondern als Begegnung zweier Personen unterschiedlichen Geschlechts und Alters. Mimik und Gebärdensprache bringt er ohne Pathos zum Einsatz

687 Hamburger Kunsthalle, Kupferstichkabinett Inv.-Nr. 358 u. 359.

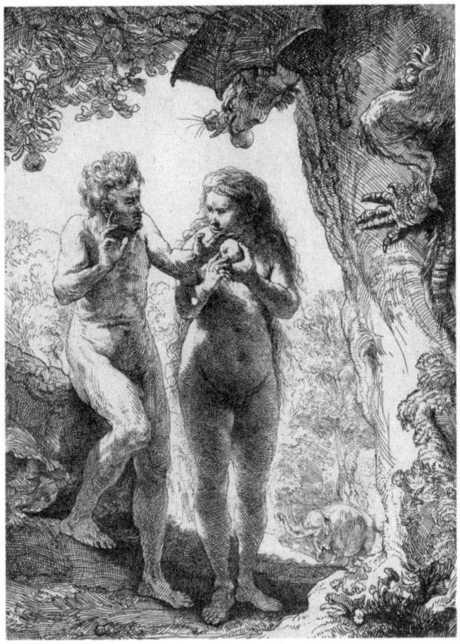

Abb. 72 Rembrandt Harmensz. van Rijn, Adam und Eva, 1638, Radierung, Hamburger Kunsthalle, Kupferstichkabinett

und verleiht der Szene Lebensnähe und Leichtigkeit, die den Betrachter beinahe glauben lässt, es sei eben noch gut gegangen.

Solche Brücken lassen sich in der Sammlung Harzen-Commeter mehrfach aufzeigen. Dass Leyden seinem *Triumph des Mardochai* Dürers *Ritter Tod und Teufel* zugrunde legte, ist in der Gestaltung des Pferdes augenfällig. Auch Rembrandt hatte sich an diesem Sujet gerieben, es aber auf eine psychologisch-menschliche Betrachtung von Willkür und Unbehagen zugespitzt. Als Sammler war Harzen daran gelegen, die Entwicklung einzelner Motive in einen großen, historisch wie regional übergeordneten Zusammenhang zu stellen. Leydens Spiel mit der menschlichen Figur ist ohne den langsamen Ablösungsprozess von dem von Dürer entwickelten Idealtypus ebenso wenig denkbar wie Rembrandts kühner Blick auf die menschliche Fehlbarkeit. Eine solche Genese sichtbar zu machen, war Harzens Anliegen.

Zudem schätzte er die technischen Errungenschaften, die sich im Werk von Lucas van Leyden manifestieren, außerordentlich. Er war wie Dürer ein begnadeter Stecher, aber auch ein Künstler, der die Lust am innovativen Experiment in sich trug. Seine Technik wurde von den Zeitgenossen bewundert, weil er Strichstärke und Binnenzeichnung so variierte, dass eine perspektivische Wirkung erzielt wurde.[688] Aber auch in der Radier-

688 Orchard 1990, S. 6.

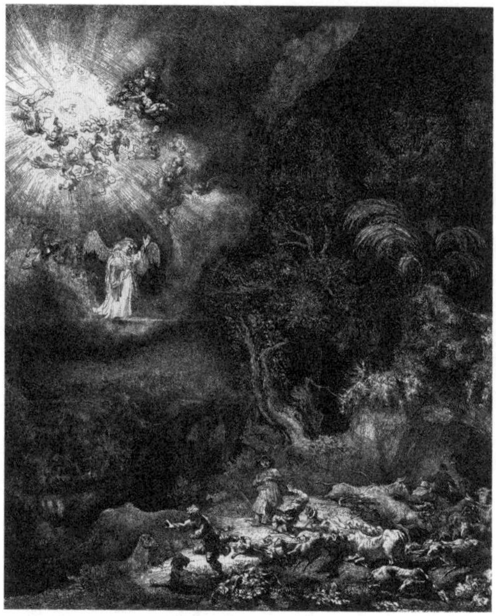

Abb. 73 Rembrandt Harmensz. van Rijn, Verkündigung an die Hirten, 1634, Radierung, Hamburger Kunsthalle, Kupferstichkabinett

technik vollbrachte er große Leistungen, indem er die Schraffierungen des Grabstichels mit der fast zeichnerischen Modulationsfähigkeit der Radiernadel kombinierte.[689]

Harzens Fokus war bei den Niederländern auf die Malerradierer gerichtet. Allein um die 320 Blatt Rembrandt-Radierungen waren sein Eigen, darunter viele Motive in verschiedenen Zuständen. Harzen schätzte die freie Herangehensweise des Holländers, das skizzenhafte Arbeiten mit der Radiernadel auf der Platte, das selbst den ausgeführten Blättern noch anzusehen ist. Augenfällig ist dies bei der *Verkündigung an die Hirten*, von der Harzen den zweiten Zustand besessen hatte (Abb. 73). Der am nächtlichen Himmel erscheinende Chor der Engel war vom Künstler ursprünglich deutlich größer gedacht. Am oberen Rand des sich wie eine Aureole ausbreitenden Lichtfeldes liegen skizzenhafte Kreisformen unter den Schraffierungen, verworfene Köpfe, über deren Neigung und Haltung jeweils ein Kreuz Auskunft gibt. Rembrandt hatte sich während der Arbeit für eine Öffnung des Himmelschores entschieden, ohne seinen ersten Entwurf von der Platte zu eliminieren. Das Für und Wider und der künstlerische Prozess der Entscheidung bleiben so für den Betrachter nachvollziehbar. Zum ängstlichen Durcheinander, das unter Mensch und Tier auf der Lichtung herrscht, bilden die zur Parabel geordneten himmlischen Protagonisten ein Gegengewicht, das Ruhe verströmt und im Erleben des Lichts vom Reich Gottes kündet.

689 Gedankt sei Gerlinde Römer, die mit versiertem Blick zur Klärung beitrug.

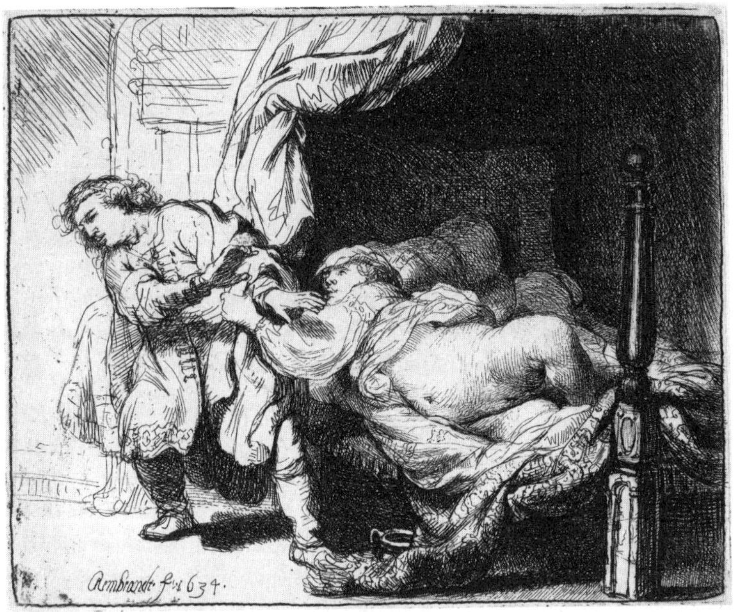

Abb. 74 Rembrandt Harmensz. van Rijn, Joseph und Potiphars Weib, 1634, Radierung, Hamburger Kunsthalle, Kupferstichkabinett

Harzen schätzte Rembrandts mutige Bildfindungen, an denen sein Bestreben ablesbar ist, den Höhepunkt der Spannung exakt zu umreißen, wie im Blatt *Der Engel verschwindet vor der Familie des Tobias*. Kaum treffender ist die Flüchtigkeit des Moments darstellbar, die Tobias und seine Eltern erleben, als sie begreifen, dass es ein von Gott gesandter Engel war, der den Weg des Knaben schützend begleitete. Diesen vermeintlichen Wandergefährten nun mit den Fußsohlen von unten zu zeigen, wie er gleichsam der Situation und dem Bild entschwebt, war eine kühne und kunstvolle Entscheidung.

In *Joseph und Potiphars Weib* liegen Skizzenhaftigkeit und durchgearbeitete Partien in geradezu aufreizender Weise nebeneinander (Abb. 74). Ein Netzwerk dichter Schraffuren hüllt die Bettstatt, auf der sich die Frau mit entblößtem Unterleib räkelt, ins Dunkel. Mit wenigen Strichen ist der Körper gestaltet, der üppige weiche Bauch und die dargebotene Scham. Skizzenhaftigkeit zeichnet auch die Gestaltung des weiteren Raums aus, der im hellen Licht zum Sinnbild der ersehnten Freiheit wird, um die Joseph ringt. Das linke Bein erscheint als Doppelung. Dieses Pentiment veranschaulicht, das Rembrandt daran gelegen war, die verhängnisvolle Verknüpfung des ungleichen Paares augenfällig zu machen, auch wenn sich die Zurschaustellung des weiblichen Geschlechts an den Betrachter als Voyeur richtet. Mit seiner provozierend erotischen Lesart ist dieses Blatt ungewöhnlich für Harzen, der zu solchen Motiven eher Distanz wahrte. Die technische Raffinesse wie auch der Wunsch nach Vollständigkeit haben ihn hier offenbar anders als im Fall Raimondi entscheiden lassen.

Harzen fand Gefallen an den frivolen wie unterhaltsamen Genreszenen von Adrian van Ostade und hatte die Landschaftsmotive von Allaert van Everdingen und Anthonie Waterloo gesammelt. Ähnlich wie bei der italienischen Schule setzte er auf repräsentative Vollständigkeit, indem er nahezu alle bedeutenden Künstler in seiner Sammlung zu zeigen suchte, einzelnen Persönlichkeiten jedoch ein deutliches Mehr an Aufmerksamkeit zollte, wobei persönliche Neigungen nicht unerheblich gewesen zu sein scheinen.

Auch das Œuvre von Hendrick Goltzius hatte Harzens Interesse geweckt. Der große Stecher des niederländischen Manierismus hatte im Laufe der Jahrhunderte wie Raimondi eine sehr unterschiedliche Wertschätzung erfahren. Er galt als einer der besten Kupferstecher seiner Zeit mit einem weitgefassten Repertoire vom ausgezeichneten Reproduktionsstich bis hin zu eigenen Entwürfen, die er ab 1582 in seinem Verlag in Haarlem publizierte. Harzen entschied sich für eine retrospektive Kollektion mit Stichen nach Bartholomäus Spranger und Cornelis Cornelisz. Ihn interessierten Goltzius' eigene Entwürfe der Musen, die sich hervorragend in sein Konzept integrierten, weil sie in Bezug zu anderen Sammlungsbereichen standen, wie beispielsweise den italienischen Tarocchi. Harzen erwarb unvollendete Motive, die die künstlerische Herangehensweise im Kupferstich anschaulich machen, und er besaß eine Kollektion der farbigen Clair-obscur-Holzschnitte, die zu den herausragenden Leistungen von Goltzius zählen. Mit Blick auf die technischen Fertigkeiten dieses Meisters lässt sich auch eine Beziehung zu Dürer herstellen, der fraglos auch für Goltzius vorbildlich gewesen ist.

Die Druckgraphik der deutschen Schule

Harzen stellte die Schrotschnitte an den Beginn der deutschen Schule, gefolgt vom Meister E. S. und Blättern von Martin Schongauer. In einer knappen Auswahl versammelte er Motive aus dem Neuen Testament, beginnend mit der Verkündigung bis hin zum Tod Marias und einer Folge von Heiligendarstellungen. Ähnlich verfuhr er mit dem Œuvre von Israel von Meckenem, Lucas Cranach und Hans Burgkmair, Hans Baldung Grien und Daniel Hopfer.

Das Werk von Albrecht Dürer hatte Harzen nahezu vollständig zusammengetragen. Innerhalb der deutschen Schule bildeten diese Blätter den größten geschlossenen Bestand. Von Albrecht Altdorfer konnte er den überwiegenden Teil der Kupferstiche und eine kleine Auswahl von Holzschnitten erwerben, und auch das gestochene Werk von Hans Sebald Beham war nahezu vollständig in seiner Sammlung vertreten, die Holzschnitte dieses Meisters jedoch nur mit neun Blatt. Ohne Frage legte Harzen den Schwerpunkt auf Kupferstiche und Radierungen, während den Holzschnitten eher eine ergänzende Bedeutung zukam. Einzig die Dürer-Sammlung bildet hier eine Ausnahme, was auf die Bedeutung und Wertschätzung zurückzuführen ist, die Harzen diesem Künstler beigemessen hat. Mit Dürer gewannen die graphischen Künste ein eigenständiges Profil. Als Maler, aber vor allem als Graphiker hatte er sich als einer der bedeutendsten Künstler des Humanismus einen Namen gemacht.

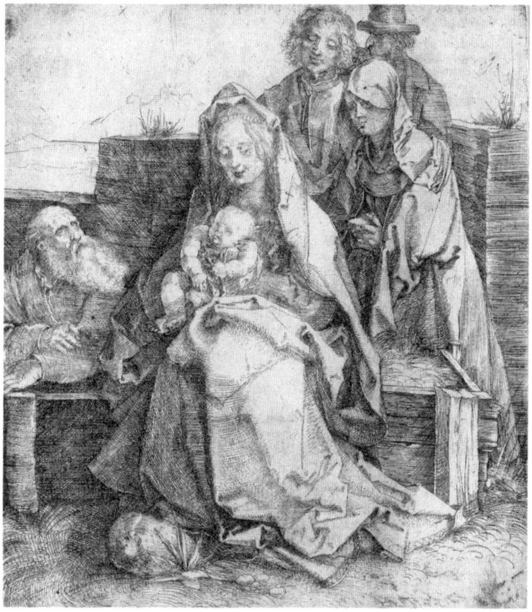

Abb. 75 Albrecht Dürer, Die Heilige Familie, um 1512, Radierung, Hamburger Kunsthalle, Kupferstichkabinett

Dürer hatte, wie Joachim von Sandrart in seiner *Teutschen Accademie* 1675 zu berichten wusste, über das Goldschmiedehandwerk »mithin das Kupferstechen begriffen«.[690] In der Werkstatt von Michael Wohlgemut setzte er seine künstlerische Ausbildung fort, und hatte dort an den Entwurfszeichungen für die 1493 publizierte *Schedelsche Weltchronik* mitgearbeitet, von der auch Harzen ein Exemplar besaß. Dass Dürer die Ausübung der graphischen Techniken von Schongauer erlernt hatte, war vermutlich der Hauptgrund, warum dieser Künstler in Harzens Sammlung repräsentativ vertreten ist. Harzen gehörten viele Werke Dürers aus der Zeitspanne von 1509 bis 1511, mit denen der Nürnberger Meister die Emanzipation des Holzschnitts von der reinen Buchillustration hin zum eigenständigen Kunstwerk vorangetrieben hatte. Er hatte sich für Dürers Versuche, mit der Kaltnadel zu arbeiten, interessiert und seine Eisenradierungen erworben (Abb. 75). Harzen stellte damit den Bezug zu den radiertechnischen Experimenten der Dürer nachfolgenden Künstler her. Sowohl in den technischen Realisierungen als auch in den inhaltlichen Bildschöpfungen ging von Dürer eine ebenso innovative wie stilbildende Kraft aus, die die Entwicklung der graphischen Künste in Europa beeinflusste und Harzen dazu veranlasste, dieses Œuvre als Ganzes zusammenzutragen.

690 Joachim von Sandrart: Accademie der Bau-, Bild- und Mahlerey-Künste von 1675, hrsg. v. A. R. Peltzer, München 1925, S. 63.

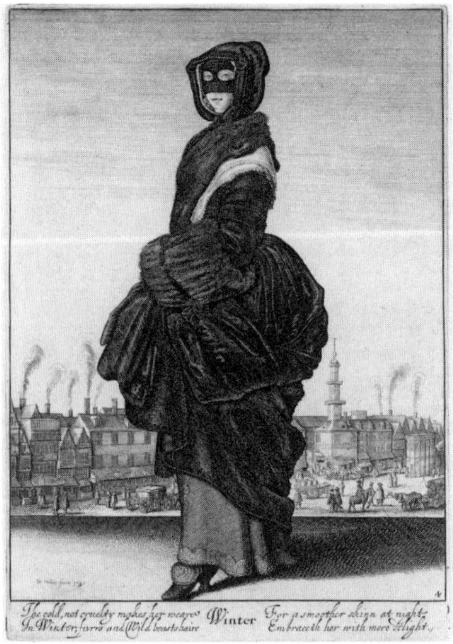

Abb. 76 Wenzel Hollar, Winter, Radierung, Hamburger Kunsthalle, Kupferstichkabinett

Die Vielseitigkeit, die Wenzel Hollars graphisches Werk auszeichnet, scheint Harzen sehr begeistert zu haben, so dass er im Laufe der Zeit um die 240 Blatt von ihm zusammengetragen hatte. Hollars Jugend am Hof Rudolphs II. in Prag war vom Umgang mit Kunst geprägt, ehe er sich 1627 in Frankfurt bei Matthäus Merian zum Stecher ausbilden ließ. Topographische Werke, insbesondere Stadtpanoramen, standen am Anfang seiner künstlerischen Laufbahn. Ab 1636 widmete er sich landschaftlichen Motiven und Jahreszeitenzyklen, in denen die atmosphärische Schilderung heimatlicher Natur den Mittelpunkt bildete. Hollar arbeitete für den Herzog von Arundel und lebte mehrere Jahre in England. Während dieser Zeit entstanden Blätter von rein dokumentarischem Charakter, wie das der Hinrichtung des königlichen Ratgebers Thomas Stafford. In zeichnerischer Präzision hielt Hollar die Begebenheit fest, die als Auslöser des englischen Bürgerkriegs 1642 gilt. Nach seiner Rückkehr nach Deutschland machte er sich als Chronist gesellschaftlicher wie historischer Ereignisse einen Namen. Hollars große Leidenschaft galt der haptischen Qualität verschiedener Materialien, wie er sie in den modischen Bekleidungen der als Jahreszeitendarstellungen dienenden britischen Damen wiedergab (Abb. 76). Seine Begabung, weichen Pelz in der Radierung von der filigranen Spitze zu unterscheiden und nahezu sinnlich erlebbar zu machen, faszinierte Harzen.

In ähnlichem Umfang sammelte Harzen die Radierungen von Jonas Umbach. Die kleinformatigen Entwürfe zeichnen sich durch einen frischen Duktus aus, der anschaulich macht, wie nahe sich Zeichnung und Radierung bisweilen kommen können. Umbach hat die Radierung in vergleichbar authentischer Manier wie Rembrandt genutzt, indem er seine Kompositionen auf der Platte entwickelte. Die sieben in Harzens Sammlung befindlichen Darstellungen zu Christus am Ölberg dokumentieren das Ringen des Künstlers um die emotionale Aufladung und Gewichtung der Szene. Gerade dieser Blick auf das Für und Wider reizte Harzen.

Während die italienische Schule in Harzens Sammlung mit dem 17. Jahrhundert endete und er die niederländischen Künstler in einem geringen Umfang bis in das 19. Jahrhundert weiter gesammelt hatte, machte die zeitgenössische deutsche Kunst im Vergleich dazu einen erheblichen Teil seiner Sammlung aus. Neben Christian Wilhelm Ernst Dietrich, Jakob Philipp Hackert und Angelika Kauffmann, die Harzen auch als Zeichner sehr schätzte, waren neben Johann Christoph Erhard und Johann Adam Klein viele dilettierende Kollegen und Künstlerfreunde darunter.[691] Harzen war ganz offenkundig daran gelegen, im Falle der deutschen Druckgraphik den Bogen bis in die unmittelbare Gegenwart zu spannen, seine Person eingeschlossen. Angesichts seines Engagements für die moderne Kunst in Hamburg war dies nur konsequent.

Nachdem Georg Ernst Harzen im Februar 1863 gestorben war, ging sein Vermächtnis an die Stadt, während Commeters Kunstbesitz, wozu unter anderem der geschlossene Bestand der Werke Albrecht Dürers gehörte, zunächst in dessen Besitz verblieb. Anlässlich des letzten Termins von Harzens Testamentsvollstreckung tat Commeter es dem Freund jedoch gleich und stiftete auch seinen Anteil der Sammlung dem zukünftigen Museum.[692] So kam ganz offiziell zusammen, was nie wirklich getrennt gewesen war, die Kunstsammlung Harzen-Commeter, das in Hamburg bedeutendste Zeugnis eines leidenschaftlichen Engagements für die Kunst.

691 Zu Harzens Sammlung zählten Blätter von Ernst Meyer, Gottfried Menken, Ludwig Grunder, André Paul de Beurs Stiermans, Heinrich Stuhlmann, Adolph Frierich Vollmer, Friedrich Nerly, Otto Speckter, Jacob Gensler, Hermann Kauffmann. Dazu [Meyer 1878], S. 388–430.

692 Hamburger Kunsthalle, Kupferstichkabinett, Archiv 268, NH Ca: 08: 01, Protokoll der Schenkung Commeter.

David Klemm

HARZENS SAMMLUNG ITALIENISCHER ZEICHNUNGEN*

Georg Ernst Harzen vermachte der »Städtischen Gallerie« etwa 320 italienische Zeichnungen.[693] Wenn diese Sammlung auch nicht übermäßig umfangreich ist, so zählt sie dennoch zu den bedeutendsten von einem Privatmann zusammengetragenen Kollektionen ihrer Art. Sie hat maßgeblich zum weltweit hohen Ansehen des Kupferstichkabinetts und damit auch der Kunsthalle beigetragen.

Spätestens seit 1820 erwarb Harzen italienische Zeichnungen. Damals gelang ihm in Rom der Ankauf einer offensichtlich umfangreichen und qualitätvollen Sammlung.[694] In den folgenden Jahrzehnten ergänzte er diesen Grundstock konsequent durch Auktionskäufe und Erwerbungen aus Privathand. Viele dieser Blätter verkaufte er an Sammler und bedeutende Museen – etwa an das Kupferstichkabinett Berlin oder die Wiener Albertina.

Vor diesem Hintergrund ist schwer zu entscheiden, wann Harzen mit dem Aufbau einer eigenen Sammlung mit italienischen Zeichnungen begonnen hat. Da er offensichtlich finanziell gut gestellt war, konnte er es sich schon früh leisten, Blätter, die ihm besonders wichtig waren, zurückzuhalten zu lassen. Dies gilt etwa für drei Zeichnungen Leonardo da Vincis, die er 1838 auf der Auktion der Sammlung Robert-Dumesnil in London erwerben konnte (Abb. 77).[695] Auch die Michelangelo-Zeichnung befand sich bereits seit 1840 in Harzens Besitz[696] (siehe Abb. 56).

Viele der später ins Kupferstichkabinett gelangten Zeichnungen kaufte er in den 1850er Jahren, so dass dieses Jahrzehnt für die eigentliche Formung der Sammlung wohl entscheidend gewesen ist. Den Höhepunkt seiner damaligen Ankaufstätigkeit bildete die 1854 in London durchgeführte Nachlassauktion des Händlers Samuel Woodburn, auf der Harzen eine Vielzahl großartiger Werke, etwa den *Polyphem* von Pellegrino Tibaldi,[697] ersteigern konnte.

Anders als bei der von ihm mit Akribie und in jahrzehntelangem Einsatz aufgebauten Sammlung zur italienischen Druckgraphik dachte Harzen sicherlich nicht daran, mit seiner Zeichnungssammlung einen kompletten Überblick über die Geschichte dieser Gattung liefern zu können. Ein solches Unterfangen war bereits damals kaum noch

* Dieser Beitrag geht zurück auf David Klemm, Italienische Zeichnungen 1450–1800, Köln 2009

693 Die Zahl 320 beruht auf den heute noch im Kupferstichkabinett nachweisbaren Blättern Harzens. Ursprünglich dürfte der Bestand jedoch höher gewesen sein. Hierauf deuten Harzens Inventare hin, die mehrere Zeichnungen aufführen, die nicht ins Kupferstichkabinett gelangt sind. Mehrere Zeichnungen aus Harzens Besitz wurden von der Kunsthalle in der Zeit zwischen 1869 und 1886 offensichtlich durch Tausch oder Verkauf abgegeben. In wenigen Fällen gelangten sie über spätere Stiftungen Hamburger Sammler in das Kupferstichkabinett zurück.

694 Harzen weist in seinen Inventaren wiederholt auf die Ankäufe in Rom hin, ohne aber die genaueren Umstände und den Namen des Vorbesitzers anzugeben. Vgl. z. B. Hamburger Kunsthalle, Kupferstichkabinett, Archiv 268, NH Ad: 02: 01, S. 220.

695 Klemm 2009, Kat.-Nr. 286–288, S. 211–214.

696 Ebd. Kat.-Nr. 329, S. 237–242.

697 Ebd. Kat.-Nr. 517, S. 341–342.

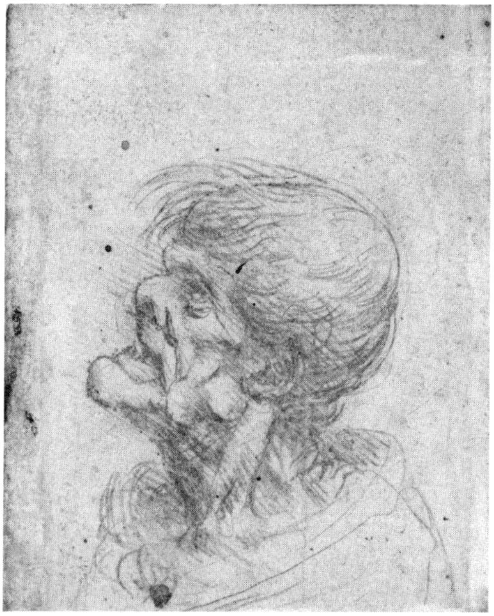

Abb. 77 Leonardo da Vinci, Kopf eines alten Mannes oder einer alten Frau im Profil, um 1495–1505, Rötel, Hamburger Kunsthalle, Kupferstichkabinett

zu leisten, und dies nicht nur aufgrund der zum Teil schon hohen Marktpreise. Der Bestand spiegelt daher unverkennbar persönliche Vorlieben und Eigenarten des Sammlers wider.

Georg Ernst Harzen verfügte über ein ausgeprägtes Gespür für Qualität. Zahlreiche der von ihm erworbenen Blätter sind von herausragender Bedeutung und stellen Hauptwerke der jeweiligen Zeichner dar. Seine Kennerschaft dokumentieren auch seine beiden bereits vorgestellten Inventare; relativ häufig haben sich Harzens Zuschreibungen der zumeist nicht signierten Blätter als richtig erwiesen.

Charakteristisch für ihn als Sammler ist, dass es so gut wie keine größeren Werkkomplexe gibt. Zumeist befinden sich lediglich eine oder zwei Zeichnungen eines Künstlers in der Sammlung. Nur bei herausragenden Meistern wie etwa Raffael, Leonardo und Tizian[698] bemühte sich Harzen um größere Bestände. Auffallend ist sein starkes Interesse für die Kunst der Renaissance. Dabei ist bemerkenswert, dass es ihm gelang, eine größere Anzahl von Zeichnungen der Zeit vor 1500 zu erwerben. Zu dieser Gruppe zählen die bedeutendsten Werke des gesamten Bestandes: die vier Blätter Leonardo da Vincis.[699] Von großem Gewicht sind beispielsweise auch Zeichnungen Maso Fini-

698 Sämtliche von Harzen unter dem Namen Tizian erworbenen bzw. diesem zugeschriebenen Zeichnungen werden nach heutigem Kenntnistand anderen Künstlern, etwa Domenico Campagnola, zugewiesen.
699 Klemm 2009, Kat.-Nr. 286–289, S. 211–215.

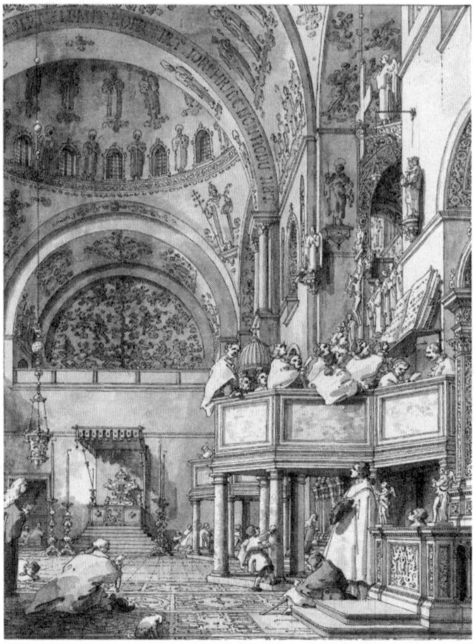

Abb. 78 Canaletto, Blick in das nördliche Querschiff von San Marco in Venedig, Feder, laviert, Hamburger Kunsthalle, Kupferstichkabinett

guerras,[700] Andrea Mantegnas[701] und Francesco di Giorgio Martinis.[702] Derartige Werke zählen heute zu den Rarissima und wären – wenn sie in dieser Qualität auf den Markt gelängen – gleichsam unerschwinglich.

Von faszinierender Vielfalt ist der von Harzen zusammengetragene Bestand an Werken des Cinquecento. Er bildet quantitativ und qualitätsmäßig ein Zentrum seiner Sammlung. Neben den Meistern der Hochrenaissance wie Michelangelo,[703] Raffael[704] und Andrea del Sarto[705] sind zahlreiche sogenannte Manieristen wie Pontormo,[706] Parmigianino,[707] Pellegrino Tibaldi[708] oder die Brüder Taddeo und Federico Zuccari[709] mit Spitzenwerken vertreten.

700 Ebd. Kat.-Nr. 223, S. 177.
701 Ebd. Kat.-Nr. 309, S. 227.
702 Ebd. Kat.-Nr. 230, S. 180–181.
703 Ebd. Kat.-Nr. 329, S. 237–242.
704 Ebd. Kat.-Nr. 450–456, S. 309–313.
705 Ebd. Kat.-Nr. 12, S. 72.
706 Ebd. Kat.-Nr. 440, 441, S. 300–303.
707 Ebd. Kat.-Nr. 365–368, S. 258–261.
708 Ebd. Kat.-Nr. 517, S. 341–342.
709 Ebd. Kat.-Nr. 569–573, S. 372–377; Kat.-Nr. 575–576, S. 378–379.

Deutlich weniger Aufmerksamkeit schenkte Harzen der Kunst des 17. Jahrhunderts, doch weist auch diese Gruppe zahlreiche Meisterwerke auf. Erstaunlich ist, dass sein Kunstverstand, offensichtlich besonders von Raffaels Werken geprägt, auch an »unklassischen« Bildentwürfen – wie etwa den grandiosen Studien eines Pietro Testa[710] oder Giovanni Benedetto Castiglione[711] – Gefallen fand.

Angesichts der Modernität dieser Blätter überrascht, dass Harzen kein Interesse an Werken Giovanni Battista Tiepolos hatte. Generell erwarb er nur vereinzelt Werke des 18. Jahrhunderts. Herausragend ist dabei sicherlich Canalettos Innenansicht der San Marco-Kirche, die zu den wichtigsten Zeichnungen des Künstlers zählt (Abb. 78).[712]

710 Ebd. Kat.-Nr. 513, S. 339.
711 Ebd. Kat.-Nr. 147, S. 138–140, Kat.-Nr. 149, S. 140.
712 Ebd. Kat.-Nr. 109, S. 120–121.

Annemarie Stefes

HARZEN UND DIE HOLLÄNDER

Neue Erkenntnisse aus der Erforschung des Bestands niederländischer Zeichnungen in der Hamburger Kunsthalle

Mit knapp 1370 Blatt bilden die niederländischen Handzeichnungen einen Schwerpunkt im Kupferstichkabinett der Hamburger Kunsthalle. Dieser Bestand kommt zu seinem größten Teil – mit über 800 Zeichnungen – aus dem Vermächtnis Georg Ernst Harzens. Davon können knapp 780 »Niederländer« in seinem handschriftlichen Sammlungsinventar nachgewiesen werden.[713] Sie sind dort an erster Stelle aufgeführt und bilden auch der Anzahl nach den größten Werkkomplex unter den Altmeisterzeichnungen.[714] Innerhalb der reichhaltigen und vielseitig profilierten Sammlung Harzens nahm die Niederländische Schule also eine herausragende Stellung ein. Diese Wertschätzung spiegelt sich auch in der Tatsache, dass Harzen bei der Teilung seines Besitzes diese Zeichnungen und Stiche für sich behielt.[715]

Die Vorliebe für niederländische Kunst teilte Harzen mit Zeitgenossen, die wie er dem protestantischen Bürgertum entstammten.[716] Auch das kulturelle Klima im dänischen Altona mit seinem hohen Anteil niederländischer Migranten wird diesen Schwerpunkt gefördert haben.[717] Harzens Korrespondenz aus dem Jahre 1823 mit Hieronymus Klugkist, dem er das Studium der Werke von Rembrandt, Rubens und Jordaens empfahl, belegt ebenfalls ein früh entwickeltes Interesse an diesem Sammelgebiet.[718] Auch bei seinen eigenen künstlerischen Bemühungen orientierte sich Harzen am holländischen Vorbild. Einige seiner Radierungen sind in Stil und Motiv eindeutig von Arbeiten Anthonie Waterloos abzuleiten, der mit einem Konvolut von mehr als 40 Zeichnungen – darunter zahlreichen Ansichten aus Hamburg und Umgebung, deren korrekte Bestim-

713 Im Bestandskatalog der niederländischen Zeichnungen werden derzeit 805 Blätter Harzenscher Provenienz aufgeführt. Die Differenz zu den im Inventar verzeichneten Blättern erklärt sich u. a. daraus, dass nicht alle niederländischen Zeichnungen des Harzen-Vermächtnisses im handschriftlichen Inventar erfasst sind, wie beispielsweise die 17 in seinem *Catalogue d'une Collection de Portraits* aufgeführten Blätter.

714 Hamburger Kunsthalle, Kupferstichkabinett, Archiv 268, NH Ad: 01: 02 fol. 1–88 sowie NH Ad: 01: 06, fol. 151–157 (Nachträge). Einige der heute als »niederländisch« geführten Werke des Harzen-Vermächtnisses waren in seinem Inventar anderen Schulen zugeordnet, z. B. der Vittore Carpaccio zugewiesene *Weibliche Kopf* des Gerard David (Inv.-Nr. 21575, NH Ad: 01: 03, fol. 120) oder der unter den deutschen Zeichnungen inventarisierte *Sündenfall* des Lucas van Leyden (Inv.-Nr. 22108, NH Ad: 01: 06, fol. 136).

715 Gemeinsam mit den Werken der italienischen Schule, siehe Kapitel: Geordnete Verhältnisse.

716 In Deutschland waren dies beispielsweise der Bremer Senator Hieronymus Klugkist, vgl. Reuther 2000, S. 18, oder die Frankfurter Sammler Johann Friedrich Städel, Johann Gottfried Grambs und Johann David Passavant, vgl. »Nach dem Leben und aus der Phantasie«. Niederländische Zeichnungen aus dem Städelschen Kunstinstitut, Ausst.-Kat. Frankfurt am Main 2000, S. 9–10.

717 Der Zuzug niederländischer Flüchtlinge setzte bereits im ausgehenden 16. Jahrhundert ein; die 1602 garantierte Handels- und Glaubensfreiheit, die noch heute durch die Straßennamen *Große* und *Kleine Freiheit* bezeugt wird, unterstützte diese Entwicklung. Knapp 200 Jahre später hatte sich im Zuge der Französischen Revolution ein Großteil des niederländischen Handels nach Hamburg verlagert, und es ist anzunehmen, dass Harzen von entsprechenden Kontakten geschäftlich profitieren konnte.

718 Reuther 2000, S. 18.

mung in vielen Fällen auf Harzen zurückgeht – einer der am besten vertretenen Künstler in Harzens Sammlung war.[719]

Wann genau Harzen mit dem systematischen Erwerb niederländischer Zeichnungen begann und aus welchen Quellen er dabei schöpfte, ist heute nur noch in Bruchstücken zu rekonstruieren, da 1842 die gesamte geschäftliche Korrespondenz zerstört wurde. Jedoch muss er schon in den 1820er Jahren enge Kontakte zur holländischen Kunstszene unterhalten haben. Dies wird beispielsweise belegt durch eine Zeichnung, die ihm der Amsterdamer Kunsthändler Gerrit Lamberts im Jahre 1828 mit freundschaftlicher Widmung übereignete.[720] Zu Harzens Verbindungsleuten in Amsterdam gehörten auch die Auktionatoren Engelbert M. Engelberts, Albertus Brondgeest und Willem Gruyter. Mit Brondgeest hat sich ein Briefwechsel aus den 1840er Jahren erhalten,[721] die Namen von Gruyter und Engelberts finden sich in Harzens handschriftlichem Inventar stellenweise in abgekürzter Form am Rande notiert. So lässt sich nachweisen, dass Harzen über Gruyter die bedeutendste Ruisdael-Zeichnung der Hamburger Kunsthalle erwarb (Abb. 79)[722] und dass ihm von Engelberts eine Landschaftszeichnung des Jan Jansz. den Uyl vermittelt wurde.

Diese Kontakte und Verbindungen nutzte Harzen vermutlich schon in den 1820er und 1830er Jahren. Auf den meisten großen holländischen Zeichnungsauktionen dieser Zeit ist er nicht als direkter Käufer nachzuweisen; gleichwohl kann er dort über seine Mittelsmänner Zeichnungen ersteigert haben.[723]

Eine Ausnahme bildet seine Anwesenheit auf der Auktion der Sammlung W.A. Verbrugge in Den Haag (1831), wo er 25 niederländische Zeichnungen erwarb; 15 dieser Blätter gehören heute zum Bestand der Hamburger Kunsthalle. Zwei Jahre später war Harzen als Käufer an der ebenfalls mehrtägigen Auktion der Sammlung Goll van Franckenstein in Amsterdam beteiligt (1833). Dies jedoch wohl nicht von Anfang an: Seine

719 Für die Bestimmung der in seinem Inventar als »älteste registrierende Ansicht Altonas« hervorgehobenen Skizze des *hohen Elbufers* (Inv.-Nr. 22681) konsultierte er 1837 den dänischen Etatsrat Falck in Kiel, die Zeichnung befand sich also spätestens in diesem Jahr in seinem Besitz.

720 *Kanallandschaft im Winter*, Inv.-Nr. 22105, Stefes 2011 Nr.587, verso bezeichnet: »den Heere E Harzen van z.[..] vriend Lamberts«. Eine andere Lamberts-Zeichnung der Hamburger Kunsthalle wurde 1817 dem englischen Händler Samuel Woodburn gewidmet und gelangte wohl über dessen Auktion (London 1854) in Harzens Hand (Inv.-Nr. 22103, Stefes 2011 Nr.583). Die beiden 1818 auf einer anonymen Auktion von Lamberts erworbenen Van-Goyen-Zeichnungen Inv.-Nrn. 21989 und 21990, Stefes 2011 Nr. 373, 374, können von diesem direkt an Harzen verkauft worden sein.

721 Allerdings wurden in den Briefen vom 29.10.1842 und 8.11.1845 (Hamburger Kunsthalle, Kupferstichkabinett, Archiv 268, NH Bb IV: 59, NH Bb VII: 53) vorwiegend druckgraphische Themen behandelt, was vermutlich der stärker auf Kupferstiche fokussierten Sicht des mittleren 19. Jahrhunderts geschuldet war.

722 Auch der ehemals van Goyen, heute Waterloo zugeschriebene *Befestigungsturm am Wasser* (Inv.-Nr. 21994, Stefes 2011 Nr 1150) und eine *Südliche Landschaft* Frederick de Moucherons (Inv.-Nr. 22207, Stefes 2011 Nr. 691) sind im Harzen-Inventar mit dem Zusatz »Gruy[ter]« versehen.

723 So fehlt Harzens Name beispielsweise in den annotierten Katalogen der Auktionen von Dirk Versteegh (Amsterdam, 3.11.1823 und folgende Tage, 6329 Zeichnungen), Jacob Roelofs (Amsterdam, 8.3.1824 und folgende Tage, 1926 Zeichnungen) und Johannes Hermanus Molkenboer (Amsterdam, 17.10.1825 und folgende Tage, 813 Zeichnungen). – Auch auf englischen Auktionen nutzte er entsprechende Kontakte. So wurde die Pynacker-Zeichnung Inv.-Nr. 22388, Stefes 2011 Nr. 829 und das ehemals Dujardin zugeschriebene Ruinencapriccio Inv.-Nr. 21861, Stefes 2011 Nr. 60, in seinem Namen auf der Auktion Woodburn von William Benjamin Tiffin erworben.

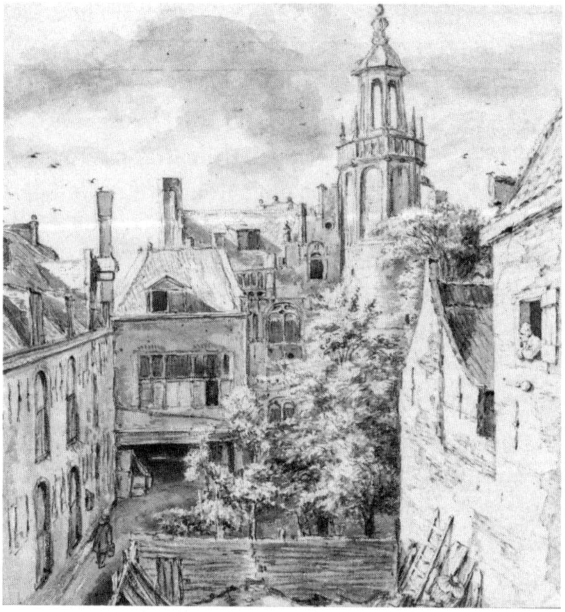

Abb. 79 Jacob van Ruisdael, Bogenschützenhaus, Kreide, Hamburger Kunsthalle, Kupferstichkabinett

direkten Ankäufe sind erst ab Seite 79 im Kunstboek »T« verzeichnet.[724] Dann jedoch agierte er im großen Stil: Für insgesamt 39 Zeichnungen erhielt er den Zuschlag; 13 dieser Blätter sind noch heute im Bestand der Kunsthalle nachzuweisen. Zu diesen Zeichnungen gehören Meisterblätter wie der *Sommer* von Pieter Bruegel (Abb. 80), der im Auktionskatalog an wenig prominenter Stelle platziert worden war (Seite 91, Kunstboek X) und von Harzen gemeinsam mit zwei Zeichnungen Jan Bruegels für nur 13,50 Gulden erworben wurde. Zum Vergleich: Ein Bauerninterieur Adriaen van Ostades (Kunstboek A) wurde von Brondgeest für 400 Gulden gekauft, und ein aquarelliertes Blumenstück des Jan van Huysum (Kunstboek B) ging für 1000 Gulden an Samuel Woodburn.

Aus besagtem Kunstboek X, einem Album »seltener Zeichnungen alter deutscher und niederländischer Meister, größtenteils aus dem 16. und 17. Jahrhundert«, erwarb Harzen neun weitere namentlich gekennzeichnete Blätter sowie ein Konvolut von 18

724 Vielleicht war Harzen, der noch am 19. Mai des Jahres in England weilte, zu Beginn der Auktion am 1. Juni 1833 verhindert und ließ in dieser Zeit seine Vertrauensleute in seinem Namen agieren. So gingen zwei der Zeichnungen, die später über sein Vermächtnis in die Kunsthalle gelangten, zunächst an Gruyter bzw. Engelberts (Pieter Fransz. Isaacsz.' *Bildnis Hans van Aachen*, Inv.-Nr. 22066, Stefes 2011 Nr. 427,; Isaac de Moucherons *Hirschjagd*, Inv.-Nr. 22213, Stefes 2011 Nr. 695). Diese Blätter sind im ersten Viertel des Auktionskataloges aufgeführt, wurden also an einem der ersten Auktionstage versteigert.

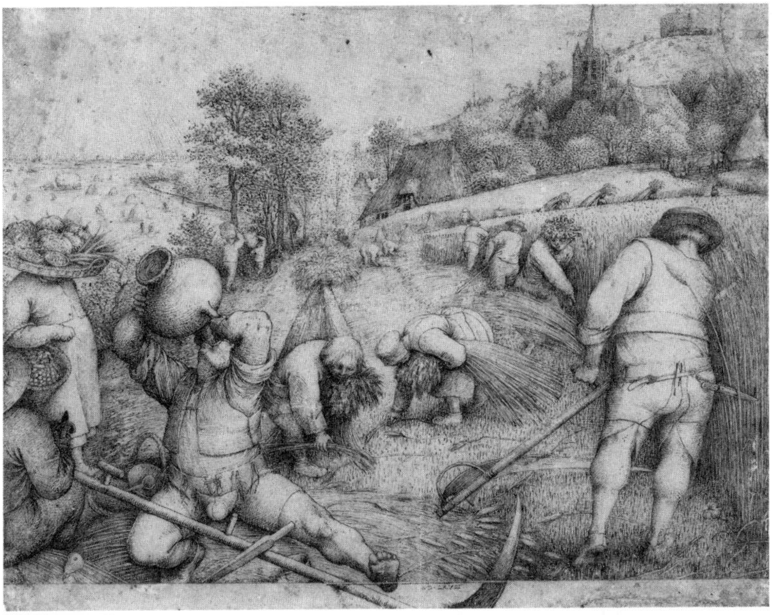

Abb. 80 Pieter Bruegel d.Ä, Der Sommer, Feder, Hamburger Kunsthalle, Kupferstichkabinett

nicht näher bezeichneten Arbeiten.[725] Solche aus Sicht des frühen 19. Jahrhunderts »abseitige« Sammelgebiete kennzeichnen den kennerschaftlichen Weitblick Georg Ernst Harzens. Grundsätzlich aber folgte er dem Geschmack seiner Zeit, wie etwa an seinem Interesse an druckgraphischen Arbeiten zu sehen ist: Radierungen und Stiche waren im 19. Jahrhundert höher angesehen als gezeichnete Werke.[726] Die Tatsache, dass viele der von Harzen erworbenen altniederländischen Zeichnungen in direktem Bezug zu gestochenen Fassungen stehen, könnte auch sein Interesse an diesen frühen Werken erklären.[727]

725 »Inhoudende hoogstzeldzame Teekeningen, door oude Duitsche en Nederlandsche Meesters, ineerendeels uit de 16de en 17de eeuw«: Nr. 3 (Martin Schongauer), Nr. 6 (Lucas Cranach), Nr. 8 (Hans Sebald Beham), Nr. 16 (Lucas van Leyden), Nr. 17 (Dirk Vellert), Nr. 18 (Hans Sebald Beham), Nr. 20 (Marten de Vos), Nr. 21 (Pieter Aertszen), Nr. 22 (Hans Speeckaert). Von diesen Zeichnungen können nur die Vellert-Zeichnung (Inv.-Nr. 22567) und das Familienbild Behams (Inv.-Nr. 22909, Prange 2007 Nr. 25) im Bestand der Hamburger Kunsthalle nachgewiesen werden, die restlichen Blätter wurden offensichtlich von Harzen weiterverkauft.
726 Vgl. Michiel Plomp: Collectionner, passionément. Les collectionneurs hollandaise de dessins au siècle, Paris 2001, S. 6. Auch in den Nachbarländern wurden die Sammlungen von Kunst auf Papier entsprechend bezeichnet: Cabinet d'Estampes, Printroom, Prentenkabinet, und auf den Titelseiten zahlreicher Auktionskataloge dieser Zeit waren die »Prenten« den »Teekeningen« vorangestellt.
727 Von den knapp über 50 Zeichnungen aus dem 16. Jahrhundert Harzenscher Provenienz, die sich heute in der Kunsthalle befinden, stehen 17 als Vorlagen, Entwürfe oder Kopien in direktem Bezug zu gestochenen Fassungen. Hinzu kommen 7 stilistisch vergleichbare Scheibenrisse. Vgl. auch Prange 2007, S. 4, der Ähnliches für die deut-

Dem bürgerlich-protestantischen Kunstverständnis folgte auch Harzens Fokussierung auf das holländische 17. Jahrhundert:[728] Das »goldene Zeitalter« bildete mit etwa 720 Blättern den Schwerpunkt seiner Sammlung. Nur etwas mehr als 80 Zeichnungen dieser Zeit sind der flämischen Schule zuzuordnen, und die »moderne« niederländische Kunst des 18. Jahrhunderts war mit lediglich 40 Arbeiten vertreten.

In thematischer Sicht galt Harzens Vorliebe eindeutig den Landschaften. Sie bildeten mit über 250 Blatt den größten Werkkomplex seines Vermächtnisses. Bemerkenswert ist der auffallend hohe Anteil des »italianisierenden« Genres: Dieser Stilrichtung ist etwa die Hälfte seiner Landschaftszeichnungen zuzuordnen. In einer Zeit, in der die Wertschätzung für Zeichner wie Jan Asselijn oder Nicolaes Berchem ihren Zenit bereits deutlich überschritten hatte,[729] zeugt diese Vorliebe für eine gewisse Eigenständigkeit des Geschmackes, die ihre Ursprünge vielleicht in der Italiensehnsucht des Sammlers hatte.[730]

Grundsätzlich reflektieren die holländischen Zeichnungen des Harzen-Vermächtnisses das weit gefächerte Themenspektrum des 17. Jahrhunderts. Nach den Landschaften bilden die Genrezeichnungen den zweiten Schwerpunkt, darunter ein Konvolut von knapp 50 Zeichnungen der Brüder Ostade. An dritter Stelle stehen die Historiendarstellungen, gefolgt von Porträts, Studienblättern und Seestücken. Rembrandt und seine Schüler sind mit 38 Arbeiten vertreten, wobei von den zwölf bei Harzen aufgeführten Rembrandt-Zeichnungen nur noch fünf als authentische Werke des Meisters gelten. Zu diesen zählen gleichwohl herausragende Werke wie der *Heilige Hieronymus in einer Landschaft* (siehe Abb. 48) oder die sperrig skizzierte *Hagar in der Wüste* (Abb. 81).

Auch andere Meisterblätter des Hamburger Kupferstichkabinetts stammen aus Harzens Vermächtnis, beispielsweise die *Gefangennahme Christi* von Anton van Dyck, die heute zu den bedeutendsten Blättern der Kunsthalle gerechnet wird.

Harzen muss über ein sicheres Auge und ein ausgefeiltes kennerschaftliches »Instrumentarium« verfügt haben. Als verlässliche Quelle dienten ihm dabei nicht zuletzt eigenhändige Bezeichnungen von Künstlerhand. Über 200 niederländische Zeichnungen aus dem Harzen-Nachlass sind entweder signiert oder monogrammiert, und der Großteil dieser Beischriften kann bis heute der kritischen Prüfung standhalten.[731] So besitzt die Kunsthalle dank des Harzen-Vermächtnisses die einzige signierte und datierte Zeich-

schen Zeichnungen beobachten konnte. Auch unter den Werken des 17. Jahrhunderts ist der Anteil der Radierungsentwürfe vergleichsweise hoch.

728 Vgl. Strech, Ausst.-Kat. Frankfurt 2000, S. 9–10.

729 Vgl. Wuestman: De Hollandse schilderschool in prent. Studies naar reproduktiegrafik in de tweede helft van de zeventiende eeuw, Diss. Univ.Utrecht, 1998, S. 98–99.

730 Zwei Zeichnungen niederländischer Italienfahrer aus dem Harzen-Vermächtnis wurden bereits 1820 in Rom erworben: Joos de Mompers *Segelschiffe im Hafen*, bei Harzen noch Abraham Casembrot zugeschrieben (Inv.-Nr. 21797, Stefes 2011 Nr.679) und Jan Miels *Joseph verkauft Getreide in Ägypten* (Inv.-Nr. 22164, Stefes 2011 Nr. 649).

731 Eine Ausnahme bilden die bildmäßigen Fälschungen des 18. Jahrhunderts, die allerdings erst in den letzten Jahrzehnten systematisch erforscht wurden. Noch 1994 wurden Imitationen Karel la Fargues in Übereinstimmung mit dem Harzen-Inventar unter den Namen ihrer vermeintlichen Urheber Wouverman oder Verelst publiziert, vgl. Ausst.-Kat. Hamburg 1994, Nr. 129 und 116; vgl. Dumas/Plomp 1998, Nr. 169 und 152.

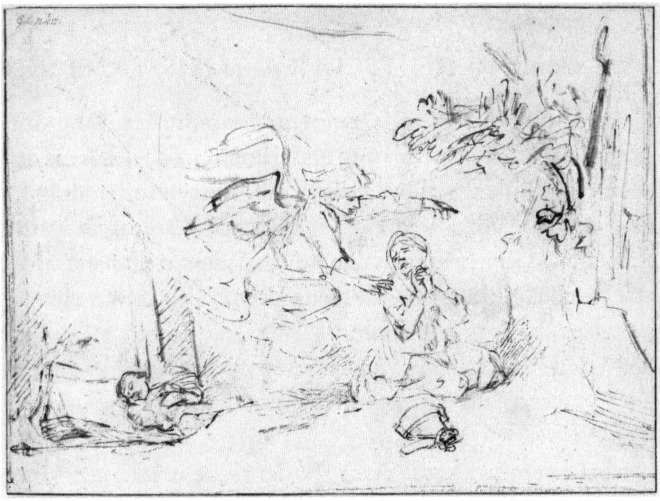

Abb. 81 Rembrandt Harmensz. van Rijn, Hagar, Feder, Hamburger Kunsthalle, Kupferstichkabinett

nung des Lütticher Kupferstechers Lambert Suavius, und auch seltene Kleinmeister wie Emanuel Murant sind mit authentischen Zeichnungen vertreten. In anderen Fällen sichern funktionelle Zusammenhänge mit Stichen oder Gemälden die Echtheit der Zeichnungen. Zu diesen in der Literatur oft zitierten Referenzwerken gehört der bereits erwähnte *Heilige Hieronymus*, einer der seltenen Radierungsentwürfe Rembrandts.

Generell sind Harzens Zuweisungen und Qualitätsurteile unbedingt ernst zu nehmen. Durch die Dokumentierung der zu seiner Zeit aktuellen Zuschreibungen liefert sein Inventar wichtige Anhalts- und Orientierungspunkte für die heutige Forschung.[732] Seiner Kennerschaft verdankt die Hamburger Kunsthalle einen Kernbestand, an dem sich die niederländische Handzeichnung in ihren unterschiedlichen Formen und Funktionen exemplarisch studieren lässt. Von Einzelstudien über Entwurfsskizzen, Gemäldeentwürfe und Radierungsvorlagen bis hin zu Zeichnungen als autonome Kunstwerke entfaltet sich das gesamte Spektrum der Gattung und lässt das Kupferstichkabinett zu einem Ort werden, in dem gleichermaßen ästhetische Erbauung und Erkenntnisgewinn zu finden sind: Und dies entspricht sicherlich ganz dem Sinne des Stifters.

732 Nicht selten wurden die alten Zuschreibungen in der Kunsthalle verworfen oder ignoriert und sind nur durch den Verweis im Harzen-Inventar dokumentiert. Dies betrifft beispielsweise eine von Harzen als »Victor H. Janssen« inventarisierte, in der Kunsthalle zuletzt jedoch irrtümlich unter den anonymen Niederländern gelistete Darstellung *Hagars und Ismaels* (Inv.-Nr. 22782, Stefes 2011 Nr. 484) oder das zuletzt Waterloo zugewiesene Werk *Baumbewachsene Felsen*, bei dem es sich, wie schon von Harzen vermerkt, um eine Arbeit Willem van Bemmels handelt (Inv.-Nr. 1963-397, Stefes 2011 Nr. A1). In anderen Fällen korrigierte Harzen selbst die damals geläufigen Zuweisungen. So erkannte er die Eigenhändigkeit der Hirtenstudien Berchems (Inv.-Nr. 21708, 21709, Stefes 2011 Nr. 63, 64), die im Katalog der Auktion Mettlerkamp (1857) noch unter dem Namen des Johann Heinrich Roos aufgeführt wurden; eine dort Moretto da Brescia zugeschriebene Klosterszene (Inv.-Nr. 22775, Stefes 2011 Nr.1242) wurde von Harzen korrekt der altniederländischen Schule zugewiesen.

Peter Prange

HARZENS SAMMLUNG DEUTSCHER ALTMEISTERZEICHNUNGEN*

Als die Hamburger Kunsthalle 1869 eröffnet wurde, konnte der Hamburger Maler Günther Gensler Harzens großzügige Stiftung als »Hauptzierde des Museums« würdigen, die in Umfang und Qualität den öffentlichen Sammlungen in London, Paris oder Amsterdam nicht nachstehe.[733] Vor allem Harzens Blätter der Dürerzeit begründeten auf dem Gebiet der deutschen Zeichnungen den internationalen Rang des Hamburger Kupferstichkabinetts. Die Bedeutung von Harzens Vermächtnis lässt sich vor allem daran ermessen, dass es danach bis auf Elsheimers *Ceres*, die 1927 im Tausch mit Frits Lugt erworben wurde,[734] und Wolf Hubers *Nackten Mann*, der ebenfalls gegen andere Blätter getauscht wurde,[735] nicht mehr gelang, Zeichnungen von vergleichbarer Qualität zu erwerben.

Das Testament Harzens umfasste etwa 180 deutsche Altmeisterzeichnungen,[736] die – wie er selbst sagte – »wenn auch nicht an Zahl, doch an Auswahl, Seltenheit und in innerem Werthe, denen der vorzüglichsten öffentlichen Sammlungen an die Seite gesetzt werden dürfen.«[737] Tatsächlich handelt es sich in vielen Fällen um Hauptwerke der jeweiligen Zeichner – besonders von Schongauer, Holbein, Dürer, Baldung Grien und Burgkmair gelangen Harzen herausragende Erwerbungen, doch auch aus dem 17. und 18. Jahrhundert verdankt die Kunsthalle Harzen einige wesentliche Blätter.

Harzens Beschäftigung mit der deutschen Zeichnung hat ihren Ausgangspunkt in der intensiven Auseinandersetzung mit der deutschen Druckgraphik der Dürerzeit, die er sammelte, über die er wissenschaftlich arbeitete und gelegentlich auch seine anhand seiner Sammlung gewonnenen Erkenntnisse publizierte.[738] Sein Ziel, eine »Geschichte der graphischen Künste« zu veröffentlichen, konnte er zwar nicht verwirklichen, doch hat Harzen diesen Kriterien gemäß seine Druckgraphiksammlung aufgebaut. Auch bei seinen Ankäufen von Zeichnungen ließ er sich von diesem Gedanken leiten. In der Vollständigkeit, mit der Harzen Druckgraphik zu erwerben versuchte, waren bereits damals Handzeichnungen allerdings nicht mehr erreichbar, weshalb die Sammlung auch

* Dieser Beitrag geht in wesentlichen Teilen zurück auf das Kapitel »Der Händler und Sammler Georg Ernst Harzen 1790–1863« in der Einleitung des Autors zum Bestandskatalog der deutschen Zeichnungen der Hamburger Kunsthalle

733 Vgl. Prange 2007, S. 2–6. Hamburger Kunsthalle, Kupferstichkabinett, Nachlass Gensler, Archiv 73, vgl. auch Reuther 2001, S. 29.

734 Vgl. dazu Prange 2007, Nr. 314, S. 160–161.

735 Ebd. Nr. 400, S. 191.

736 Etwa 180 Blätter lassen sich heute nachweisen, doch dürfte der Bestand ursprünglich größer gewesen sein. Harzen erwähnt in seinen Inventaren mehrere Zeichnungen, die nicht ins Kupferstichkabinett gelangt sind. Auch wurden nach Eröffnung der Kunsthalle offensichtlich mehrere Zeichnungen verkauft, die vereinzelt durch spätere Stiftungen wieder in den Besitz der Kunsthalle gelangten.

737 Hamburger Kunsthalle, Kupferstichkabinett, Archiv 268, NH Ca: 07: 01, Codicill vom 23.6.1856.

738 Harzen 1860, S. 1–30. Auch über den jüngeren Holbein plante Harzen Publikationen, doch liegen seine Ergebnisse nur als Materialsammlung vor, siehe auch Prange 2007, S. 3.

persönliche Vorlieben und Interessen des Sammlers widerspiegelt. Die 1850er Jahre dürfen wohl als das entscheidende Jahrzehnt gelten, in dem sich Harzen dem Aufbau seiner Zeichnungssammlung verstärkt widmete. Dabei lässt sich für das Gebiet der deutschen Zeichnungen mit dem Erwerb von Blättern der Dürerzeit und der Epoche davor ein deutlicher Schwerpunkt erkennen.[739] Fast ein Drittel der durch Harzen in die Kunsthalle gelangten Blätter stammt aus dem 15. und 16. Jahrhundert.

Als Harzen noch als Händler aktiv war, betreute er bereits wichtige Zeichnungssammler. Beispielhaft seien die beiden Bremer Sammler Hieronymus Klugkist und Johann Heinrich Albers genannt, deren Vermächtnisse vor allem von Zeichnungen Dürers wesentlich den hohen Rang des Bremer Kupferstichkabinetts ausmachen.[740]

Harzen hat Zeichnungen offensichtlich zunächst im Zusammenhang seiner Beschäftigung mit Druckgraphik betrachtet, wie etwa der Kauf von Dürers bedeutender Zeichnung *Tod des Orpheus* zeigt, mit der er auch den Kupferstich eines anonymen Meisters aus Ferrara erwarb,[741] auf den Dürers Zeichnung zurückgeht (Abb. 82, 83). Harzen hat den Kupferstich und Dürers Zeichnung ausführlich in einem handschriftlichen Inventar beschrieben, worin die deutschen Zeichnungen auf etwa zwanzig Seiten und in einem Nachtrag aus dem Beginn der 1860er Jahre aufgeführt sind.[742] Das Inventar erhellt, dass Harzen bis kurz vor seinem Tod Erwerbungen getätigt hat – erst 1861 hat er beispielsweise Dürers *Liebespaar* in London erworben.[743] Es belegt außerdem sein internationales Agieren beim Erwerb von Zeichnungen. Die dort genannten Vorbesitzer lesen sich wie ein »Who's who« der Zeichnungssammler um 1800 und danach. In London kaufte er die zahlenmäßig meisten, aber auch qualitätsvollsten Blätter. Hier erwarb er auf Auktionen Zeichnungen aus den damals berühmten Sammlungen von Thomas Lawrence, William Esdaile, Thomas Dimsdale oder Samuel Woodburn, und über diese Wege gelang es ihm auch, einige Zeichnungen wie Dürers *Orpheus* oder Burgkmairs *Selbstbildnis* aus der damals als »superior a tous les autres« bekannten Sammlung des Greffier François Fagel zu erwerben, die seine Nachfahren 1799 nach ihrer Flucht nach England veräußern mussten.[744]

In Leipzig, dem damaligen Zentrum des deutschen Zeichnungshandels, erwarb Harzen – so ist es seinen Notizen im Inventar zu entnehmen – Blätter aus den großen Sammlungen Richter, Winkler und Campe. Vervollständigt wird dieses Bild durch An-

739 Harzens Interesse galt vornehmlich der Epoche der Renaissance, was auch die Erwerbungen italienischer Zeichnungen verdeutlichen, vgl. dazu Klemm 2009, S. 7–9.

740 Reuther 2000, S. 18–23.

741 Hamburger Kunsthalle, Kupferstichkabinett, Inv.-Nr. 22, vgl. Prange 2007, S. 146–148, Nr. 290 (Petra Roettig).

742 Hamburger Kunsthalle, Kupferstichkabinett, Archiv 268, NH Ad: 01: 01: 04, fol. 127–144, und NH Ad: 01: 01: 32, fol. 829–848, Inventar von Harzens graphischer Sammlung..

743 Hamburger Kunsthalle, Kupferstichkabinett, Archiv 268, NH Ad: 01: 01: 32, fol. 829, Inventar von Harzens graphischer Sammlung.

744 Catalogue of the Intire Cabinet of Capital Drawings, collected by the Late Greffier Francois Fagel, from the beginning of the present Century, […], 20.5.1799, Thomas Philipe, Warwick Street, Golden Square, London 1799. Vgl. Lugt 1938, Nr. 5921.

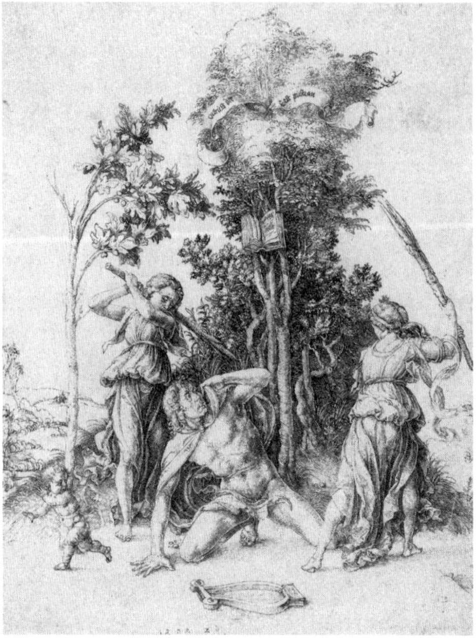

Abb. 82 Albrecht Dürer, Tod des Orpheus, 1494, Feder, Hamburger Kunsthalle, Kupferstichkabinett

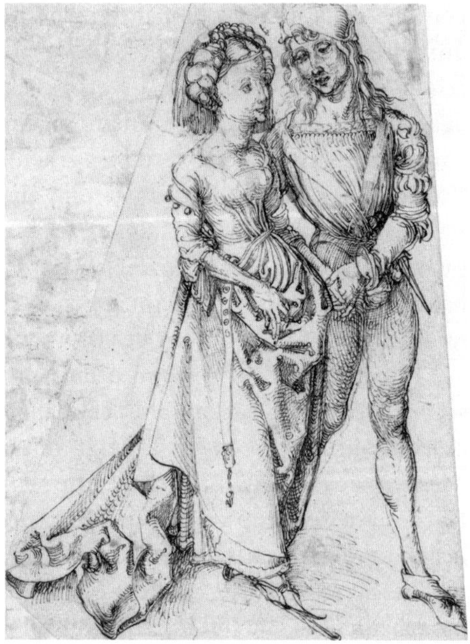

Abb. 83 Albrecht Dürer, Liebespaar, um 1492–94, Feder, Hamburger Kunsthalle, Kupferstichkabinett

käufe in Hamburg aus den Sammlungen Johann Valentin Meyer, Peter Friedrich Röding und David Christopher Mettlerkamp, auf dessen Nachlass-Auktion 1857 Harzen einige Blätter von Johann Elias Ridinger ersteigerte.[745]

Ridingers Blätter entstammen bereits dem 18. Jahrhundert, doch brachte Harzen der Kunst dieser Epoche und auch des 17. Jahrhunderts offenbar deutlich weniger Interesse entgegen. Für die Erwerbungen aus dieser Zeit ist eine Verbundenheit mit in der Region tätigen Künstlern kennzeichnend. Harzens besondere Aufmerksamkeit galt dem Gottorfer Hofmaler Jürgen Ovens, von dem durch sein Legat allein 23 Blätter aus allen Schaffensphasen des Künstlers in die Kunsthalle kamen. Das Ergebnis seiner Beschäftigung mit Ovens wollte Harzen publizieren, doch ist die Veröffentlichung nie über das Stadium einer Materialsammlung und eines Manuskripts hinausgekommen.[746] Auch von dem Hamburger Maler Matthias Scheits befanden sich neun Blätter – meistens Vorzeichnungen für die 1672 in Lüneburg erschienene Bilderbibel – in Harzens Nach-

745 Verzeichniss der vom Herrn Oberstlieutenant D. C. Mettlerkamp nachgelassenen vorzüglichen Sammlung von Original-Handzeichnungen, 30.9.1857 und folgende Tage, Christian Meyer, Hamburg 1857. Zum Sammler Mettlerkamp siehe auch Carl Heinz Dingedahl: David Christopher Mettlerkamp. Kunstdilettant, Sammler und Mitbegründer des Kunstvereins in Hamburg, in: Zeitschrift des Vereins für Hamburgische Geschichte 62, 1976, S. 86–93.

746 Hamburger Kunsthalle, Kupferstichkabinett, Archiv 268, NH Ac: 05: 01, Materialsammlung Jürgen Ovens.

lass. Einzelne Zeichnungen von ebenfalls in Hamburg tätigen Künstlern wie Jakob Matthias Weyer, Johann Holst, Jacob Stockmann oder Wolfgang Heimbach ergänzen diese Sammlung. Unter den etwa siebzig Blättern des 17. Jahrhunderts befinden sich aber auch einige Werke, die internationalen Rang einnehmen, wie Joachim Sandrarts *Ansicht des Forum Romanum in Rom* oder Johann Liss' Stammbuchblatt mit den *Streitenden Musikern* und drei Blätter von Wenzel Hollar. Arbeiten von Jonas Umbach, Michael Willmann, Nikolaus Knüpfer, Johann König und dem weniger bekannten Hans Ulrich Franck runden das 17. Jahrhundert ab, ohne dass eine besondere thematische oder künstlerische Präferenz erkennbar wäre. Auffallend ist allerdings, dass sich unter den Werken nur wenige biblische oder mythologische Historien befinden, Landschaften und genreartige Darstellungen herrschen dagegen vor. Dies gilt in besonderem Maße für die acht Arbeiten der Künstlerfamilie Roos, die bereits zu den Arbeiten des 18. Jahrhunderts überleiten, das in je vier Zeichnungen von Johann Elias Ridinger und Georg Philipp Rugendas sowie Einzelblättern von Joseph Georg Winter, Heinrich Wilhelm Schweikhardt und Franz Paula de Ferg mit ähnlichen Themen vertreten ist. Die Ausnahme unter den etwa 50 Zeichnungen des 18. Jahrhunderts bilden bereits Werke von dem aus Schleswig stammenden Asmus Jakob Carstens – auch hier spielt wahrscheinlich der regionale Aspekt eine Rolle – und von Christian Wilhelm Ernst Dietrich. Mit dem Blick auf seine spätere Tätigkeit in Hamburg dürften allein elf Blätter Friedrich Rosenbergs – zumeist von seinem Aufenthalt in Holland – in Harzens Sammlung gekommen sein, ebenso wie Johann Baptist Schmitts für die Hamburger Gartenkultur des ausgehenden 18. Jahrhunderts bedeutende Ansicht des Voghtschen Gartens in Flottbek. Religiöse Themen der süddeutschen Barockmalerei dagegen lagen außerhalb von Harzens Interessengebiet, wie er überhaupt das 18. Jahrhundert in seinen vielfältigen Strömungen weitgehend außer Acht gelassen hat, weil er glaubte, dass diese Lücken durch Schenkungen oder Erwerbungen in der Zukunft gefüllt werden würden.[747]

Harzens Zurückhaltung bezüglich des 18. Jahrhunderts fällt umso mehr ins Gewicht, als allein 15 der etwa 50 Zeichnungen der Gattung des Künstlerporträts zuzuordnen sind. Neben seiner Sammlung von Druckgraphiken und Zeichnungen hatte Harzen noch eine Sammlung von Künstlerporträts aufgebaut, die eine ähnliche Vollständigkeit beanspruchte. Beginnend mit Burgkmairs Selbstbildnis, das Harzen noch für eine Zeichnung Dürers hielt, finden sich unter den Blättern Porträts von Künstlern, die vor allem im 18. Jahrhundert tätig waren, wie Anton Raphael Mengs und Johann Heinrich Wilhelm Tischbein oder das bereits am Ausgang des 18. Jahrhunderts stehende Selbstbildnis von Asmus Jakob Carstens.[748]

747 In seinem Testament hat Harzen ausdrücklich festgelegt, dass die Zinsen des von ihm zur Verfügung gestellten Capitals – der spätere Harzen-Fonds – nur zum Erwerb von vor 1700 entstandenen Kunstwerken verwendet werden solle, vgl. Anm. 5. Deshalb bildete die Zeit um 1700 auch nicht zwangsläufig eine »ästhetische Schwelle«, wie Klemm 2009, S. 8, meint.

748 Harzen hatte neben seiner Sammlung von Druckgraphik und Zeichnungen auch eine Porträtsammlung angelegt, die er ebenfalls in alphabetischer Ordnung nach den Namen der dargestellten Künstler katalogisierte, Hamburger Kunsthalle, Kupferstichkabinett, Archiv 268, Ad: 04: 01, Inventar von Harzens Portraitsammlung.

HARZEN ALS ZEICHNER UND RADIERER

Harzen hat von Jugend an gezeichnet und sich auch in den druckgraphischen Techniken erprobt. Er verstand sich nie als Künstler, sondern als Dilettant im besten Wortsinn, »als Liebhaber der Künste, der nicht allein betrachten und genießen, sondern auch an der Ausübung teilnehmen will«.[749] Sein Schaffen nahm in der Schulzeit unter Jes Bundsen seinen Anfang und begleitete die Berufausbildung, wie datierte Blätter belegen. Diese zeitliche Verschränkung veranschaulicht, dass Harzen das Dilettieren – gemäß einem vom Bürgertum übernommenen »adligen Curriculum« – als der allgemeinen Ausbildung zugehörig verstand.[750] Dennoch scheint seine Annäherung an die Kunst von anderer Intensität gewesen zu sein, als sie beispielsweise seine Jugendfreunde erlebten, so dass er den Entschluss fasste, in den Kunsthandel zu wechseln.

Die Kreidezeichnung eines Pferdes von 1804 belegt, dass er sich im Kopieren übte, nach Arbeiten, die Bundsen vermutlich zu diesem Zweck in seiner Sammlung bereithielt. Zwischen 1811 und 1812 entstanden Federzeichnungen von abgetakelten Schiffen und Baumstudien, die in ihrer konsequent gleichmäßigen Ausführung das akribische Abzeichnen nach einer Vorlage erkennen lassen. Zur selben Zeit begann Harzen auch mit dem Zeichnen in der freien Natur. Die Motive stammen sämtlich aus der näheren Umgebung Hamburgs. Seine künstlerischen Streifzüge führten ihn nach Wandsbek und Poppenbüttel an die Mellingburger Schleuse, in den Sachsenwald sowie nach Eißendorf, in die Lüneburger Heide und entlang der Elbe von Altona nach Flottbek (Abb. 84). Dieser unakademische Ansatz veranschaulicht, dass er sich im eigenen Kunstschaffen den zeitgenössischen Entwicklungen verbunden fühlte und die Landschaft keineswegs als Prospekt oder Ideal verstand, sondern sie in unmittelbarer Auseinandersetzung erleben wollte.

Seine Studien benutze Harzen als Vorlagen für Radierungen, die er im Stile der holländischen Malerradierer unmittelbar auf die Platte übertrug. Eine Federzeichnung vom Sachsenwald (Abb. 85) offenbart sein Vorgehen. Der locker skizzierte landschaftliche Entwurf wurde im Bildausschnitt mit Hilfe der Lavierung verdichtet und das so ausgewiesene Motiv zeichnerisch mit dem Tuschpinsel überarbeitet. Den ausgewählten Landschaftsausschnitt übertrug Harzen dann mit Radiernadel auf die Platte. Zwei Zustände belegen das Überarbeiten der Stufenätzung, deren Veränderungen Harzen mit der Feder im ersten Zustand erprobte und in modifiziertem Umfang auf der Platte übernahm, um an die Ausdrucksstärke der Zeichnung möglichst nahe heranzukommen.

Zwei einander ähnelnde Waldmotive zeigen, wie differenziert Harzen die Überarbeitung seiner Platten vorbereitete (Abb. 86, 87). Die hoch aufragenden Baumgruppen tragen Spuren von Bleistift und Feder. In flächig angelegten Blattstrukturen nahm er

749 Johann Wolfgang von Goethe und Friedrich Schiller: Über den Dilettantismus, in: Johann Wolfgang von Goethe: Werke, Bd. 47, Weimar 1896, S. 321.

750 Wolfgang Kemp: »... einen wahrhaft bildenden Zeichenunterricht überall einzuführen«. Zeichnen und Zeichenunterricht der Laien 1500–1870. Ein Handbuch, Frankfurt am Main 1979, S. 81–82.

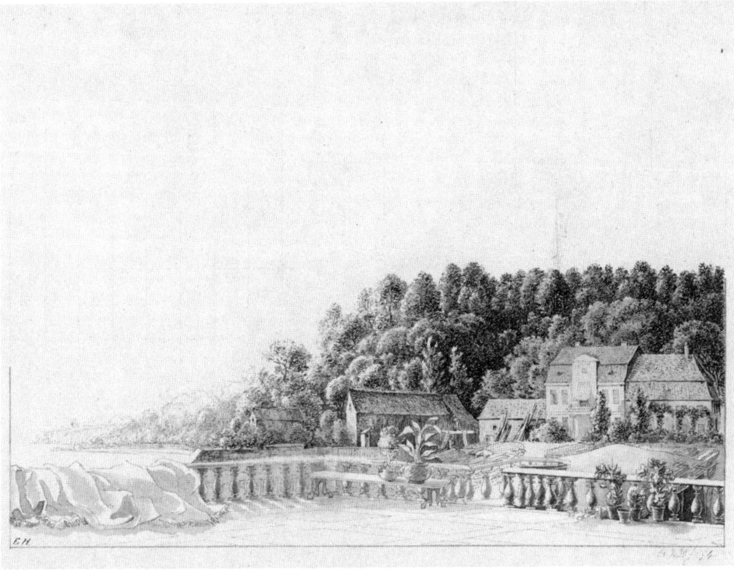

Abb. 84 Georg Ernst Harzen, Elbufer, Pinsel, Hamburger Kunsthalle, Kupferstichkabinett

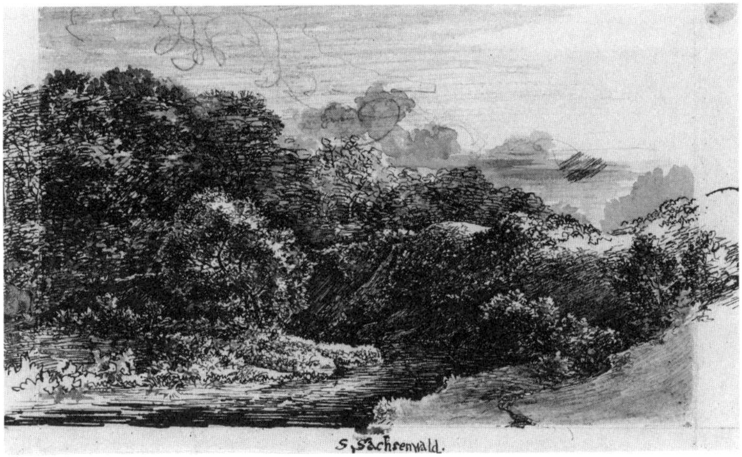

Abb. 85 Georg Ernst Harzen, Sachsenwald, Feder laviert, Hamburger Kunsthalle, Kupferstichkabinett

die Dunkelheiten im Mittelgrund mit dem harten Bleistift zurück, um sie an anderer Stelle durch kräftige malerische Federstriche umso mehr zur Geltung zu bringen. Wie sehr Harzen um die Vortrefflichkeit im Ausdruck bemüht gewesen ist, zeigt die Wiederholung des nur leicht variierten Motivs auf einer weiteren Platte. Der endgültige und vom Urheber mit einer Widmung abgesegnete Zustand veranschaulicht Harzens feinfühliges Streben nach der Vollendung. Im besonderen Maße war ihm daran gelegen,

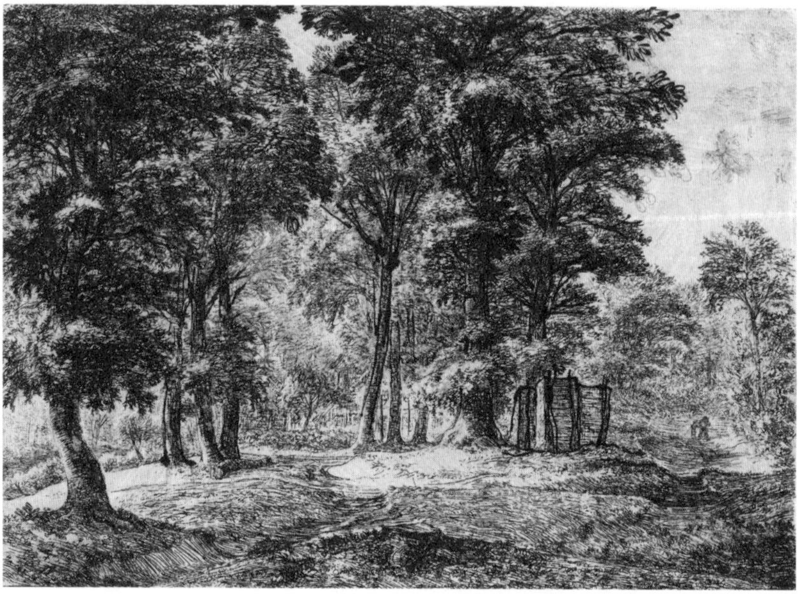

Abb. 86 *Georg Ernst Harzen, Wald, Radierung, überarbeitet mit Bleistift, Feder, Hamburger Kunsthalle, Kupferstichkabinett*

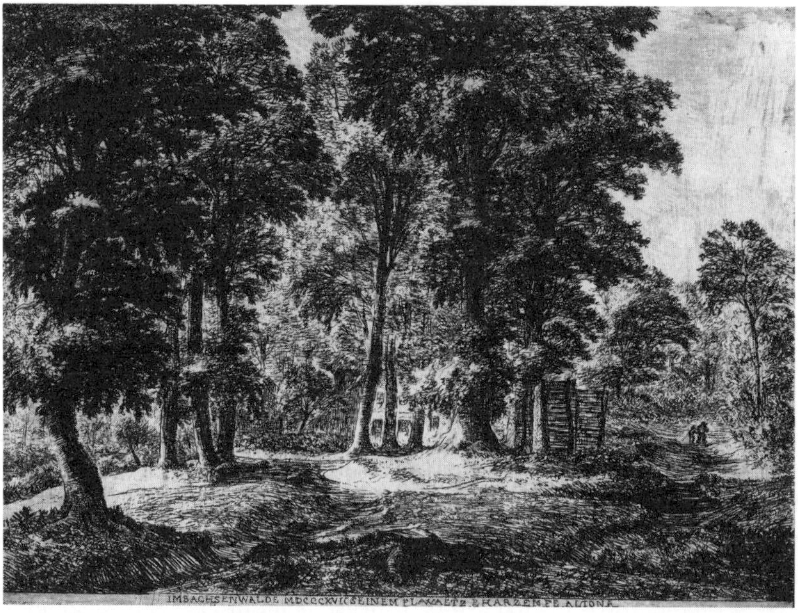

Abb. 87 *Georg Ernst Harzen, Wald, Radierung, überarbeitet mit Bleistift, Feder, Hamburger Kunsthalle, Kupferstichkabinett*

die Verteilung von Licht und Schatten zu optimieren und die Gründe in rhythmischer Harmonie zu verbinden.

Die Blätter von seiner Hand lassen eine gründliche Kenntnis der graphischen Techniken und das Wissen um die Genese von den motivischen Grundzügen bis hin zum vollgültigen Kupferstich oder zur vollendeten Radierung erkennen. Harzens künstlerische Erfahrung bestimmte von jeher den Blick des Sammlers und Kunsthändlers. Aus der Praxis heraus wusste er die Qualität des Abdrucks sicher einzuschätzen, die sich aus der Befähigung des Druckers ebenso ergibt wie aus dem Zustand der Platte, die im Tiefdruck stetigen Verformungen ausgesetzt ist. Diesen Charakteristika trug Harzen in seiner Kommentierung sowohl in den von ihm verantworteten Auktionskatalogen wie im Inventar der eigenen Sammlung immer Rechnung. Das Dilettieren verschaffte ihm wichtige Einblicke in die technischen Bedingungen, an die die Druckgraphik geknüpft ist. Die Vortrefflichkeit seiner Sammlung und sein Ruf als Kenner fußen auf dieser Erfahrung, um deren Vermittlung er sich auch unter den nicht dilettierenden Liebhabern im Kunstverein sowie unter Kunden und Freunden bemühte. Die handwerkliche Erfahrung war jedoch durch geschultes Sehen nicht zu ersetzen, sondern hierdurch war allenfalls eine Annäherung zu erzielen. Harzen verdankte sein sicheres Auge der praktischen Erfahrung, die ihn auf ähnliche Weise zu urteilen befähigte wie Bartsch, Ottley, Heller, Rumohr, Boerner oder Passavant, die sämtlich auf eigene technische Fertigkeiten zurückgreifen konnten.

Harzens Kunstschaffen hat sein Kunsturteil beeinflusst und damit auch die Gestalt seiner Sammlung bestimmt. Die große Begeisterung für die Malerradierer begründet sich hieraus, insbesondere seine Liebe zu Rembrandt, Anthonie Waterloo oder Allaert van Everdingen. Die Spontaneität Rembrandts und dessen Vorliebe für das *non finito* bedeuteten für Harzen nicht Unsicherheit oder Unentschlossenheit, sondern die einzigartige Möglichkeit des Liebhabers, am künstlerischen Prozess sehend zu partizipieren. Den auch in der Druckgraphik sichtbaren Bildfindungen spürte er als Sammler ebenso nach wie der Perfektion und Vorbildlichkeit, die ihn so sehr für Dürer und Raimondi einnahmen. Harzens Begriff von Qualität war so vielseitig und anspruchsvoll wie seine Sammlung.

Die Faszination, die die niederländischen Landschafter des 17. Jahrhunderts auf ihn ausübten, beruht vor allem auf der Nähe zur eigenen künstlerischen Arbeit. Der 1813 mit der Feder skizzierte *Kirchhof in Ottensen* offenbart, dass ihm Everdingen zeichnerisch zum Vorbild gereichte und er sich später vielleicht aus diesem Grunde auch als Sammler für diesen Künstler so sehr begeisterte. Seine Neigung für die Holländer schlug sich auch in der handschriftlichen Notiz auf einem seiner eigenen Abdrucke nieder: »1ste Braamdruckje zonder de Naam, en mit den droogen Boomstomp, zeer zeldsam«.[751]

Noch deutlicher ist die Affinität zu Waterloo, von dem Harzen ebenfalls viele Zeichnungen und radierte Blätter besaß. Die 1812 in Groß Flottbek entstandene Federzeich-

751 Hamburger Kunsthalle, Kupferstichkabinett, Inv.-Nr. 16436.

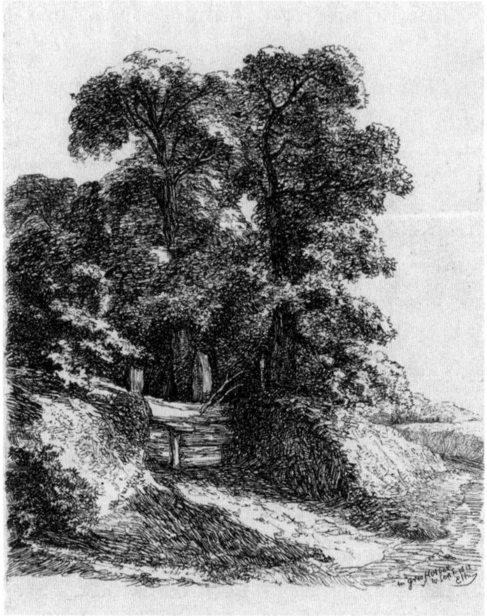

Abb. 88 Georg Ernst Harzen, Anhöhe, Feder, Hamburger Kunsthalle, Kupferstichkabinett

nung einer baumbestandenen Anhöhe (Abb. 88) belegt, wie sehr sich Harzen motivisch und vor allem im zeichnerischen Duktus an seinem Vorbild orientierte (Abb. 89). Nicht minder deutlich zeigt sich dieser Bezug in Harzens druckgraphischer Arbeit, die eine erstaunliche Nähe zu Waterloos radierten Landschaften erkennen lässt, insbesondere zu jenen, die Harzen sein Eigen nennen konnte.

Auch zu den radierten Folgen von Johann Adam Klein und Johann Christoph Erhard gibt es eine Beziehung, denn für die beiden Nürnberger sind die holländischen Malerradierer in ihrem künstlerischen Umgang mit der Natur in ihrer Frühzeit ebenso vorbildlich gewesen wie für Harzen. In der zum landschaftlichen Ideal erhobenen Verbindung aus naturalistischer Impression und Komposition fanden auch sie ihre künstlerischen Wurzeln. Gerade im Duktus sind die Verbindungen zwischen Erhards und Harzens Radierungen auffällig. Diese künstlerische Nähe beförderte die Freundschaft ebenso wie die Sammlung, da Harzen dem Rechnung trug und erhebliche Konvolute graphischer Blätter von Erhard und Klein erwarb.

Spielerische Versuche ließen Harzen auch nach den Gestaltungsmöglichkeiten suchen, die in der Macht des Druckers lagen. Die gerasterte Pinselzeichnung einer Terrasse mit Elbblick in Altona (siehe Abb. 84), vermutlich von Rainville nach einer unbekannten Vorlage Bundsens, setzte er 1816 als Radierung um (Abb. 90) und wandelte die sommerlich-mediterrane Szene in ein Nachtstück. Der in kräftiger Strichführung gestaltete Himmel wirkt dunkel verhangen, doch die Assoziation der Nacht geht maßgeblich auf den dunklen Plattenton zurück, der auf den planen Flächen der Platte verbliebenen

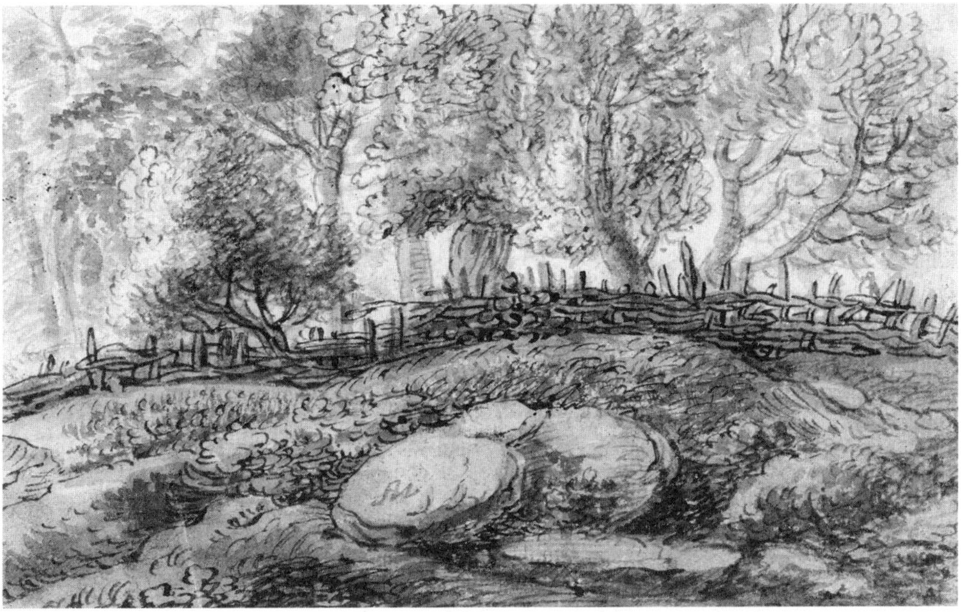

Abb. 89 Anthonie Waterloo, Eingehegtes Gehölz, Feder, Hamburger Kunsthalle, Kupferstichkabinett

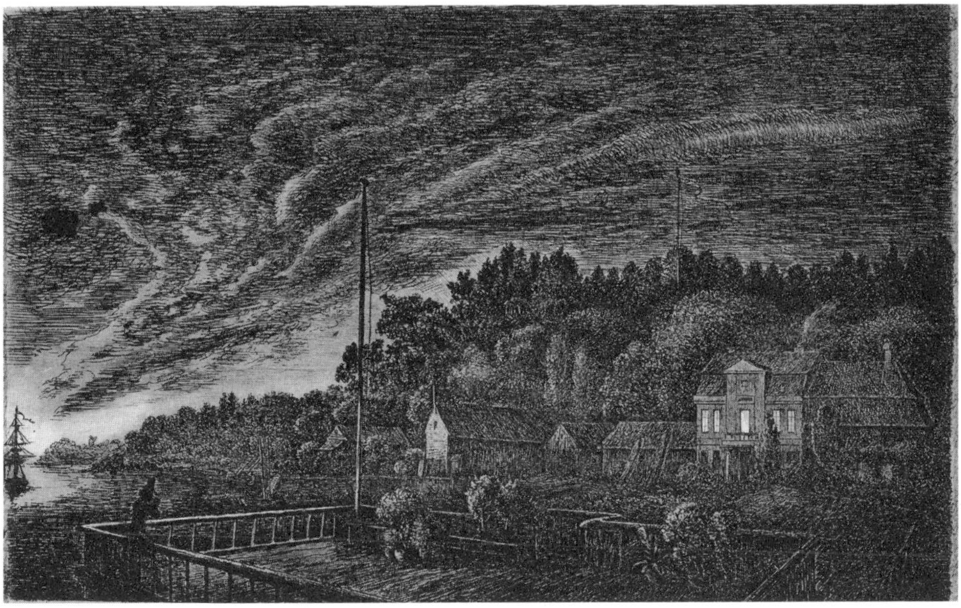

Abb. 90 Georg Ernst Harzen, Elbufer, Radierung, Hamburger Kunsthalle, Kupferstichkabinett

Restfarbe, die Harzen in allen Zuständen zum Einsatz brachte. Nur im Fenster des Hauses, am Geländer und an der fernen Horizontlinie wischte er die Farbe gründlich ab, so dass sich in diesen Partien der Eindruck von Licht einstellt, der die im Westen versinkende Sonne ebenso assoziieren lässt wie einen Lichtreflex auf der Brüstung oder die Beleuchtung, die in den Häusern bei anbrechender Nacht entzündet wird. Eine gründlich gereinigte Oberfläche hätte vermutlich einen ganz anderen Effekt erzielt. Sich über diese technischen Möglichkeiten Klarheit zu verschaffen, bedeutete für Harzen einen weiteren wichtigen Schritt hin zur Kennerschaft.

Harzens letzte radierte Blätter stammen aus der Zeit nach seiner Niederlassung als Kunsthändler. 1821 entstand *Der Golf von Neapel* nach einer Federzeichnung, die vermutlich auf nicht erhaltenen Reiseskizzen basiert, die er 1820 während seines dortigen Aufenthaltes festhielt. 1826 führte er eine Radierung aus, die eine waldige Gegend um *Grönwohld* bei Hamburg darstellt. Ob Harzen zu dieser Zeit noch zeichnend in der Natur unterwegs gewesen ist oder auf frühere Skizzen zurückgriff, ist nicht überliefert. Stilistische Veränderungen sind im Vergleich zu den früheren Arbeiten nicht auszumachen.

Mit dem Einstieg in den Kunsthandel kam das eigene Kunstschaffen, zumindest im Bereich der Druckgraphik, zum Erliegen und hatte vielleicht seine wichtigste Funktion erfüllt, nämlich Harzen über die technischen Grundlagen Klarheit zu verschaffen. Als Zeichner ist er jedoch lebenslang aktiv gewesen. In seinen Reisetagebüchern sind Nachzeichnungen nach Kunstwerken in großer Zahl versammelt. Allen gemeinsam ist die Präzision, mit der das Geschaute mit der Feder oder dem spitzen Bleistift bis ins Detail wiedergegeben wird.

Der spitze, harte Bleistift war für Harzen auch in den Skizzenbüchern das bevorzugte Instrument seiner persönlichen künstlerischen Notizen. Mit zartem Strich umriss er die landschaftliche Schönheit der durchreisten Orte, und mit humorvollem Blick hielt er Menschen und Tiere fest. Ohne künstlerischen Anspruch und von der Lust statt von der Pflicht getragen, offenbaren sie ein erstaunliches Talent. Gerade weil diese bildlichen Notizen nie für die Öffentlichkeit bestimmt waren, tragen sie eine enorme Unbeschwertheit in sich. Harzen skizzierte, was und wie es ihm gefiel. Die lebendige Strichführung lässt die geübte Hand erkennen, und der zum Motiv erkorene landschaftliche Ausschnitt fügt sich harmonisch dem Blatt ein. Zeichnerischer Duktus und intuitives Kompositionsvermögen lassen Harzens Kenntnisreichtum und Befähigung auch im praktischen Umgang mit der Zeichnung erahnen. Dass ihm großartige Erwerbungen gelangen, beruhte auch hier auf der Übung im Sehen wie im Selbermachen. Die geniale Leichtigkeit im Strich und den entschlossenen Griff nach Feder, Stift oder Pinsel – sprich: die Wahl der adäquaten Mittel – schätzen zu lernen und beurteilen zu können, ist ebenfalls eine Frage der Kennerschaft. Harzen hat diese Erfahrungen gesucht, was zweifelsohne dem Zeitgeist entsprach, und er hat sie lebenslang gepflegt und lebendig gehalten. Harzen war ein Connaisseur mit Leib und Seele, er war Zeichner und Radierer, und gerade diese Verknüpfung von Neigung und Befähigung verleiht seiner Sammlung ein ganz besonderes Charisma.

AUSKLANG

Die Mitte des Museums

Die Nachhaltigkeit, mit der sich das Kunsthallen-Komitee, mittlerweile in »Kommission der Kunsthalle« umbenannt, 1868 kurz vor Abschluss der Bautätigkeit um den Harzenschen Kunstbesitz bemüht hatte, lässt keinen Zweifel daran, dass allen Beteiligten bewusst war, welch ein Vermächtnis ihnen hier überantwortet worden war. Mit der bevorstehenden Eröffnung der Kunsthalle wurde die »Regulierung der Harzen'schen Schenkung« zum vermehrten Thema der Kommission, die es bisher versäumt hatte, sich der Kunst selber zu widmen. Streng an Harzens Vermächtnis gebunden, erwiesen sich die Testamentsvollstrecker Willem te Kloot und Johann Christian Andreas Mestern als verlässliche Partner. Sie nahmen die Kommission in die Pflicht und bereiteten die Sammlung auf ihre Präsentation im zukünftigen Kupferstichkabinett vor. Sämtliche Gemälde waren mit Blick auf ihren späteren Verwendungszweck restauriert worden. Und auch der Verkauf von Doubletten war – wie von Harzen vorgesehen – zwecks Mehrung der Mittel vorangetrieben worden.[752]

Eine besondere Verpflichtung stellte die Aufbewahrung der graphischen Sammlung dar, die offenbar seit Harzens Tod unter der Aufsicht Wilhelm Beckers in der Commeterschen Kunsthandlung verblieben war. Mit dem Auftrag, HarzensVermächtnis umzusetzen, begann sich die Kommission nun erstmals damit zu befassen. Nachdem die Bestände am Neuen Wall grob in Augenschein genommen worden waren, entschied Syndicus Merck, dass »ein besseres Local zur Aufbewahrung der Sammlung gesucht werden solle«,[753] und nur wenig später wurde Harzens Nachlass in das Hamburger Rathaus verbracht.

»Nachdem die Exicutoren des verst[orbenen] Herrn Harzen [...] mir [...] das von ihnen über die Nachlassregulierung geführte Hauptbuch nebst den Belegen sowohl zu diesem [...] als zu dem Memorial zugetheilt hatten, haben Herr Senator Godefroy und ich dieselben [heute] geprüft u. mit den Belegen verglichen u. in bester Ordnung befunden«, ließ Merck die Kommission wissen, »eine vollständige o[der] gründliche Revision konnte freilich nicht vorgenommen werden, dazu müssten wir die Hülfe eines Buchhalters in Anspruch nehmen. [...] Es ist der Commission vom Senate zur einstweiligen Unterbringung der Harzen'schen Sammlung, ein Local im Rathhause, ehemaliges Cassen Zimmer der Finanz Dep[utation], eingeräumt worden; sobald es gereinigt sein wird, sollen die Sammlungen dahin transportiert werden, auch nach etwaiger Abrede mit den Executoren«.[754]

Im Frühjahr 1868 beauftragte Merck eine Expertenkommission, bestehend aus den Malern Martin Gensler und Hermann Kauffmann sowie dem Architekten Franz Georg Stammann, sich über die Einrichtung des zukünftigen Museums Gedanken zu machen. Er selber übernahm die Verantwortung für Harzens Nachlass und ging Detailfragen

752 Staatsarchiv Hamburg, 364-2/1 Kunsthalle III 11, Protokolle der Kommission (Kladden), 14.2.1868.
753 Ebd. 18.2.1868.
754 Ebd. 22.2.1868.

nach, die erkennen lassen, dass für die Bewahrung und Präsentation der Sammlung nach wie vor die von Harzen notierten Wünsche bindend waren. »Herr Syndikus Merck wird beauftragt, in Berlin einen Carton, wie sie dort auf dem [...] Kupferstich Cabinette in Gebrauch sind, als Probe Modelle anfertigen zu lassen [und] zu bestellen.«[755] Mestern verpflichtete sich, die im April ablaufende Versicherung gegen Feuergefahr für die Harzenschen und Commeterschen Gemälde und Kunstgegenstände erneuern zu lassen und Anzeige von dem stattgefundenen Transport nach dem Rathaus zu machen. Nur wenige Wochen, nachdem man sich konkret mit der Sammlung befasst hatte, war allen Beteiligten klar, um was für ein hochkarätiges Vermächtnis es sich handelte. Kurzum, nachdem Harzens Sammlung unter Beckers Aufsicht vier Jahre lang ein unberührtes Dasein gefristet hatte, wurde sie nun wie ein rohes Ei gehegt.

»Mit Mestern habe ich gesprochen«, informierte Merck die Kommission, »er will es übernehmen, die Harzen'sche Sammlung auf unsere Zusage nach dem uns eingeräumten Locale zu schaffen, wünscht aber daß dann gleichzeitig die Besichtigung d[er] Übernahme angelegentlich geschehe, da sonst ein zweimaliges Öffnen der Mappen u.s.w. stattfinden müsste [...].«[756] Ende Mai fand am Neuenwall der endgültige Abtransport der »Kunstgegenstände des Harzen'schen Nachlasses, sowie die Commeter'schen nebst Schränken u.s.w. nach dem uns im Rathhause eingeräumten Locale statt. Es wurde hiervon [verabredungsgemäß] [...] Anzeige gemacht«.[757]

Auch die anderen Vermögenswerte des Erblassers wurden nun in den Dienst der Sache gestellt. Noch im April fiel der Entschluss, dass »gleich nach der Osterwoche eine Besichtigung der aus dem Harzen'schen Nachlasse überwiesenen Bahrenfelder Besitzungen unter Hinzuziehung des Maklers Boming vorzunehmen sei«.[758] Es ist anzunehmen, dass der Landsitz ebenso wie das Haus am Neuen Wall vermietet wurde. Insgesamt belief sich Harzens Vermögen jenseits der Kunst auf 100 000 Mark, bestehend aus einem Barvermögen von 1500 Mark und Hypotheken im Werte von 98 500 Mark.[759] Die Zinserträge standen dem Museum gemäß den festgeschriebenen Vorgaben zur Verfügung, sofern sie »für die speziellen Zwecke dieser Abtheilung des Museums [des Kupferstichkabinetts, Anm. d. Verf.] und nur für diese ausschließlich, ungeschmälert zu verwenden sind. So sollen jedoch keine anderen Kunstsachen, wofür ich alle nach dem Jahre 1700 erscheinenden zählen will, angeschafft werden (überzeugt, dass durch Schenkungen dieses Fach mit der Zeit reichlich bedacht werde), wovon ich jedoch Kupferwerke nebst Büchern ausnehme, welche ältere (nicht antike) Kunst illustrieren oder geschichtlich behandeln. Eine Anweisung welche näher in die Anordnung und Erhaltung der Sammlungen, und in die Verwendung der Zinsen eingeht, beabsichtige ich meinen Herren

755 Ebd. 8.4.1868.
756 Ebd. Abschrift zweier Briefe, datiert 26.2.1868.
757 Ebd. 8.4.1868.
758 Ebd. 8.4.1868.
759 Staatsarchiv Hamburg, 364-1/2 Kunsthalle III 18, Aufstellung der verfügbaren Gelder.

Testaments-Executoren einzuhändigen, welche ich für ebenso rechtskräftig, als ob diesem Codizill angehängt, betrachtet wünsche.«[760]

Dass ein Teil von Harzens Legat für die Einrichtung des ersten Kupferstichkabinetts verwendet worden war, ist anzunehmen. Es wurden keine Kosten gescheut, so dass eine angemessene Lagerung der Bestände möglich war. Am 17. April 1869 informierte Martin Gensler die Kommission über den erfolgreichen Umzug:

»Die Harzen'sche Sammlung ist mit Recht in sehr guter Weise untergebracht; bei den zweckmäßig hergestellten Schränken ist eine Einrichtung getroffen, dass an den Thüren Blätter unter Glas ausgestellt werden können. Noch zweckmäßiger freylich ist diese Anordnung im Leipziger Museum,[761] wo in einer Folge von kleinen Zimmern die Radierungen und Kupferstiche unter Glas ausgestellt sind, in der Art daß in jedem Zimmer ein Zeitabschnitt der verschiedenen Schulen in hervorragenden Werken zur Ansicht gebracht sind. Die Einrichtung unseres Zimmers für die Harzen'sche Sammlung kann jedenfalls erst durch den zu erwählenden Inspektor geschehen und bliebe also für jetzt unberücksichtigt«.[762]

Während die Präsentation der graphischen Bestände auf einen späteren Zeitpunkt verschoben wurde, kam Gensler hinsichtlich der Gemäldesammlung den Verfügungen der Erblasser sofort nach. Einer Skizze von der Einrichtung des Obergeschosses der Kunsthalle ist zu entnehmen, dass der nördliche Saal, links vom Treppenhaus gelegen, in fünf Kabinette unterteilt worden war. Eines davon war ausschließlich für die Gemälde von Harzen und Commeter bestimmt. »Wenn ich verordne«, so Harzen, »daß meine Gemälde nicht in die allgemeine, eigentliche Gallerie aufzunehmen sind, so geschieht es aus dem Grunde, daß, wie die Erfahrung lehrt, theils, ältere und moderne Gemälde nicht wohl harmonieren, theils ein häufiger Ortswechsel bei Veranlassungen von öffentlichen Kunstausstellungen den Bildern nachtheilig ist.«[763] Die konzentrierte Präsentation in einem abgeschlossenen Kabinett war also ganz in seinem Sinne.

Neben allen organisatorischen und bautechnischen Belangen war gut ein Jahr vor der Eröffnung der Kunsthalle ein mächtiger Grund der Beunruhigung ausgeräumt worden, denn die Anfechtbarkeit von Harzens Testament hatte seit seinem Tod wie ein Damoklesschwert über dem zukünftigen Museum gehangen. Unmittelbar nach Harzens Ableben hatte Hugo Behrens Ansprüche auf die Sammlung oder zumindest auf Teile der Hinterlassenschaft geltend gemacht. Die Grundlage seiner Forderungen bildete ein vermeintlicher Briefwechsel zwischen ihm und seinem Onkel, aus dem die kurz vor seinem Tod verfügte Vereinbarung über diese Schenkung hervorging. Die in fragmentarischen Abschriften überlieferte Korrespondenz zwischen den Exekutoren und der Kommission lässt vermuten, dass Harzens Testament daraufhin juristisch geprüft und

760 Hamburger Kunsthalle, Kupferstichkabinett, Archiv 268, NH Ca: 07: 01, Codicill vom 23.6.1856.
761 Vgl. Singer 1916.
762 Staatsarchiv Hamburg, 364-2/1 Kunsthalle III 27, Protokolle der Kommission (Kladden), 17.4.1869.
763 Hamburger Kunsthalle, Kupferstichkabinett, Archiv 268, NH Ca: 07: 01, Codicill vom 23.6.1856.

für rechtens befunden worden war. 1868 konnten Behrens' Forderungen nach einem fünfjährigen Rechtsstreit endgültig zurückgewiesen werden.[764]

Bewunderung und Kalkül.
Harzens Wirken von langer Hand

Als die Hamburger Kunsthalle am 30. August 1869 feierlich eröffnet wurde, befand sich die Sammlung Harzen im Haus, doch eine Besichtigung der Schätze war nur eingeschränkt möglich. Obwohl es eine reiche Sammlung an Gemälden und plastischen Werken gab, die von Martin Gensler und Valentin Ruths gehängt und aufgestellt worden war, nahm Günther Gensler die ihm anlässlich der Eröffnung angetragene Laudatio zum Anlass, Harzens Vermächtnis in den Mittelpunkt seiner Rede zu stellen.

»Zur Würdigung der Sammlungen unserer Kunsthalle.
Wieviel ein Mann, sein Bestreben auf einen bestimmten Zweck unablässig richtend, zu erreichen im Stande ist, davon giebt Georg Ernst Harzens Kunstsammlung den Beweis. Von ihm unserer Kunsthalle vermacht wird sie eine Hauptzierde derselben bilden.

Die politischen Stürme, Europa beim Wechsel des Jahrhunderts bewegend, gaben zu Veräusserungen von Kunstwerken Veranlaß[ung], die oft nur Verschleuderungen waren: und es dauerte kein Decenium bis die Kunst die gebührende ernste Wertschätzung wiedererlangte. Wer unter diesen Umständen mit Einsicht und den nöthigen äusseren Mitteln sammeln konnte, war im Stande Außerordentliches zusammenzubringen. In diesem Falle befand sich unser Harzen. Ausgestattet mit Kunst und wissentschaftlicher Bildung, die Kunde alter und besonders neuester Hauptsachen wurde von ihm bis ins höhere Alter gepflegt, war er auf vielen Reisen unablässig bemüht das beste zu erwerben, so zugänglich war, vornehmlich für sein Kupferstichkabinett.

Wenige haben seine Sammlungen gesehen, denn er verlangte entweder tieferes Verständnis und Hingabe in die Sache, für ostensible [gefällige, Anm. d. Verf.] Zwecke sammelte er nicht. Unkenntnis mag zu dem Glauben verleiten, daß vielem in solcher Sammlung nur die Seltenheit den hohen Werth [verleiht,] vielleicht der Wunsch Unica zu besitzen, oder Abdrucke mit gewissen äusseren Merkmalen, kann zu solcher kostbaren Leidenschaft führen: unseres Harzen gebildeter Geschmack bewahrte ihn vor diesen Abschreitungen. Was er an Kostbarkeiten und Seltenheiten zusammenbrachte hat zugleich vollen inneren Werth. Er hatte sein Augenmerk besonders auf die Periode des Italienischen Cinquecento gerichtet, wo die Künstler an frühester individueller Entdeckung Genüge thaten; wo diese zuerst mit der ganzen Frische in die Erscheinung tritt, [...] die [aufsteigende Kunst Raphaels] und dessen unmittelbare Schüler, wovon Marc Antonio Raimondi, die von des Meisters Geiste durchdrungen unter seinen Augen arbeitenden, waren Harzens Lieblinge, von ihnen erwarb er das Beste und Werthvollste.

764 Staatsarchiv Hamburg, 364-2/1 Kunsthalle III 11, Protokolle der Kommission (Kladden), Abschriften zweier Briefe, vom 26.2.1868.

Bei diesen Blättern fällt der Umstand ins Gewicht, daß viele nicht Wiedergabe von Bildern, wie neuere Prachtblätter sie liefern; sondern nach nicht mehr vorhandenen Zeichnungen Raphaels gearbeitet sind, so er eigends für diesen Zweck entwarf: sie sind somit als selbständige Kunstwerke zu betrachten. [...] In noch höherem Maaße [gilt dies] bei den Blättern des unsterblichen Rembrandt; niemals hat er eines seiner Bilder ohne wesentliche Änderungen in Kupfer gebracht; dann giebt es von den meisten Blättern eine ganze Reihe verschiedener Plattenzustände (états) ja, da seine Blätter von ihm selbst, oder unter seinen Augen gedruckt wurden; so sind sogar die einzelnen Abdrücke sehr verschieden, denn Rembrandts Hauptstärke besteht im Helldunkel, und bei diesem ist die Art des Auftrages der Schwärze und des Abwischens der Platte von großer Wichtigkeit. Hier beweist sich Harzens sicherer Kennerblick in Erwerbung einer Anzahl der aller vornehmsten Exemplaren. Abwarten während vieler Jahre und Aufwendung bedeutender Mittel scheute er darum nicht. Seine Sammlung steht dem Britischen Museum, der bedeutendsten für diesen Meister, wohl am nächsten. Man sieht nur im städtischen Museum zu Amsterdam gleich schöne Abdrücke, und möchte meinen[, dass] die Pariser Sammlung der Seinigen, in manchenthalben [ebenbürtig ist].«[765]

Nach einem weiteren kurzen Exkurs über die qualitätsvolle Gemäldesammlung Harzens bricht Genslers Entwurf leider ab. Da weder die vollständige Festansprache noch die weiteren Reden zu diesem feierlichen Anlass publiziert wurden, bleibt im Dunkeln, was den Gründervätern der Kunsthalle über Harzen hinaus erwähnenswert schien. Die Gewichtung von Genslers Laudatio lässt jedoch zweifelsohne erkennen, dass man Harzens Vermächtnis zum wertvollsten Kunstbesitz der Hansestadt zählte und um jeden Preis der öffentlichen Hand sichern wollte.

Aus diesem Grunde war man auch nach der offiziellen Eröffnung darauf bedacht, die von Harzen verfügten Bestimmungen umzusetzen, worauf die Testamentsvollstrecker ein wachsames Auge hatten. So musste für das nun bestehende Museum ein Inspektor verpflichtet werden, dem insbesondere die Neuordnung und Nutzbarmachung der Harzenschen Kupferstichsammlung anvertraut werden sollten. Den Aufzeichnungen der Kunsthallen-Kommission ist zu entnehmen, dass gerade der Lösung dieser Aufgabe, die ebenfalls von Harzen und Commeter eingefordert worden war, größte Priorität eingeräumt wurde.

»1. soll der Inspektor beeidigt werden, was sodann [...] zu besorgen ist.

2. soll er sofort gewählt werden. Harzen u. Commeter haben als den Mann, welchen sie unlängst gelobt haben, den bisherigen Kunstmakler Joh. Christian Meyer benannt, letzterer [gemeint ist Commeter, Anm. d. Verf.] habe sein Vermächtnis an Geldsegen sogar davon abhängig gemacht. Außerdem habe er gemeldet [...], dass neben [einem] Conservator für d. Kupferstiche noch ein Inspektor gewählt werden solle [...].«[766]

765 Hamburger Kunsthalle, Kupferstichkabinett, Archiv 73, Nachlass Gensler, Fragment eines Entwurfs zur Laudation von Günther Gensler.
766 Staatsarchiv Hamburg, 364-2/1 Kunsthalle III 12, Protokolle der Kommission (Kladden).

Christian Meyer war 1832 von Bremen nach Hamburg gezogen. Als Kunstmakler war er seit 1844 aktiv und handelte bis 1867 mit Druckgraphik und Malerei. Seine Zusammenarbeit mit Harzen ist seit dieser Zeit durch die Übernahme von Aufträgen und über die gemeinsame Abwicklung der Auktion Röding dokumentiert. Die Wertschätzung, die Harzen und Commeter mit dem Wunsch, das zukünftige Kupferstichkabinett in seiner Obhut zu wissen, zum Ausdruck brachten, lässt auf großes Vertrauen und eine erfolgreiche gemeinsame Geschäftspolitik schließen. Er war – wie Anton Lindner 1921 resümierte – eine »Harzen-Commetersche Kreatur, ein gelehriges und lehrkräftiges Produkt der Harzen-Commeterschen Kunstpädagogik«[767]. Meyer wurde noch 1869 zum Inspektor der Kunsthalle ernannt. Da die Verwaltungskommission auf eine weitere Aufstockung des Personals verzichtete und ihm weder einen Konservator zu Seite stellte noch einen übergeordneten Kunsthalleninspektor einberief, wurde das Haus, das Kupferstichkabinett ausgenommen, wissenschaftlich so gut wie nicht betreut. Meyer hielt sich streng an die Vorgaben und widmete sich der druckgraphischen Sammlung.

Mit Nachdruck setzte man mit dem Beginn von Meyers Tätigkeit auf die Fertigstellung des Arbeitszimmers. Neben Schränken für die Aufbewahrung der Kupferstiche und Zeichnungen wurden »4 Tische, 20 Stühle mit Rohrgeflecht, 3 fliegende Wände zu je 3 Glasrähmen […] 1 Gestell zur Stützung der Glasrähmen [und] 1 eiserner Ofenschirm« angeschafft.[768]

Im ersten Kunsthallen-Katalog von 1870 ist nachzulesen, dass der »Kupferstich- und Handzeichnungen-Sammlung der nördlich gelegene Saal im unteren Hauptgeschoss eingeräumt« worden war. »Sie stammt fast ausschließlich aus dem Harzen-Commeter'schen Nachlass, weshalb auch den Stiftern zu Ehren deren Bildnisse [im Auftrage der Kommission der Verwaltung der Kunsthalle von Hermann Steinfurth gemalt (siehe Titel, Abb. 91)[769]] hier ihren Platz gefunden haben. Die Sammlung ist überaus reich an Incunabeln der Kupferstecherkunst, sowie an alten Maler-Radirungen und Stichen aller Schulen. […] Soweit sie geordnet ist, steht sie den Liebhabern in den dazu bestimmten Stunden zur Ansicht bereit; auch ist eine Auswahl derselben, in der, soweit der Raum gestattet, alle Schulen durch characteristische Blätter vertreten sind, unter Glas ausgestellt. An neueren Stichen und Radierungen, besonders letzteren, ist die Sammlung arm, weil diese von den früheren Besitzern grundsätzlich ausgeschlossen waren; nur die Blätter gleichzeitiger Hamburger Künstler fanden Aufnahme in die Sammlung.«[770]

767 Lindner 1921, S. 19.

768 Staatsarchiv Hamburg, 364-2/1 Kunsthalle III 27, Bau und Mobiliar.

769 Das Porträt von Harzen malte Hermann Steinfurth posthum 1871, gemäß Sammlungskatalog von 1969, nach einer im Museum vorhandenen Fotografie (Inv.-Nr. KH-1785). Von Commeter fand anfänglich ein Porträt, das Robert Schneider 1852 vollendet hatte, mit Commeters Schenkung Eingang in die Museumssammlung (Inv.-Nr. KH-3412). Das Porträt wurde von Steinfurth 1876 – vermutlich für das zukünftige Kabinett – kopiert (Inv.-Nr. KH-1784).

770 Hamburger Kunsthalle, Bibliothek, Verzeichnis der Sammlung von Gemälden und plastischen Werken der Kunsthalle zu Hamburg, Hamburg 1870, S. IX.

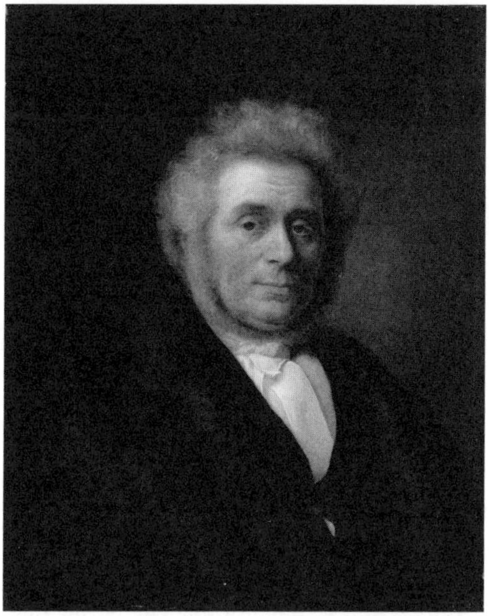

Abb. 91 Hermann Steinfurth nach Robert Schneider, Johann Matthias Commeter, 1876, Hamburger Kunsthalle

Obwohl das sogenannte Lesezimmer im Herbst 1870 eingerichtet war, gab es keine geregelten Öffnungszeiten, und die Harzensche Sammlung blieb der Öffentlichkeit vorläufig unzugänglich.

Meyer inventarisierte die Kupferstichsammlung im Verlaufe seiner Amtszeit und erstellte einen umfassenden Katalog. Nach Schulen geordnet und jeweils chronologisch unter dem Geburtsjahr des Künstlers zusammengefasst, bildete das nach neunjähriger Arbeit von der Verwaltungskommission der Kunsthalle 1878 publizierte Werk ein wegweisendes Kompendium, das die Bestände über ein alphabetisches Register für künftige Benutzer abrufbar machte.[771] Dieser erste Bestandskatalog der Hamburger Kunsthalle orientierte sich in der Kürze der Angaben stark an Harzens handschriftlichem Inventar. Lediglich in Ausnahmefällen nahm Meyer Neuzuschreibungen vor oder fügte eigene Bemerkungen hinzu. Die gelegentlichen Kommentare zu den Blätter gehen wesentlich auf den Erblasser selber zurück, sind jedoch im Vergleich zum handschriftlichen Inventar eher ein Verlust von Informationen, denn Harzen widmete sich zum Beispiel der Qualität seiner Erwerbungen weit ausführlicher. So liegt Meyers besonderes Verdienst neben dem Verzeichnen der Bestände auch in der Erstellung des Registers, das die Sammlung überschaubar und benutzbar machte. Obwohl Harzens Grundbedingung

771 [Meyer] 1878.

nun erfüllt war, verzögerte sich die Eröffnung des Kupferstichkabinetts für die breite Öffentlichkeit noch weitere Jahre.

Der Einfluss, den Harzen und Commeter – der 1869 im Eröffnungsjahr des Museums in Neapel gestorben war – weit über ihren Tod hinaus auf die Geschicke der Kunsthalle ausübten, ist unübersehbar. Und daran änderte sich auch während der kommenden Jahrzehnte nur wenig.

Ausblicke

Obwohl seit der Eröffnung der Hamburger Kunsthalle mit Kräften an der Fertigstellung des Kabinetts gearbeitet worden war, kam es erst unter Alfred Lichtwark zur Vollendung. Als Lichtwark 1886 zum ersten wissenschaftlichen Kunsthallendirektor berufen wurde, setzte er die Realisierung von Harzens Ideen mit Nachdruck fort. Bei seiner Antrittsrede kündigte er die vollständige Umsetzung des Harzenschens Vermächtnisses an. Dazu gehörte die Reorganisation und Nutzbarmachung der graphischen Bestände, die nach wie vor die Handschrift einer Privatsammlung trug. »Wie [...] [das Kabinett] jetzt beschaffen ist«, so Lichtwark, »kann es die öffentliche Benutzung auf die Dauer nicht vertragen. Die Vorkehrungen zur Sicherung der kostbaren Blätter sind durchaus unzureichend. [...] Das Publikum [...] hat nicht in Hamburg allein keine Ahnung, welch' eine unversiegbare Quelle künstlerischen Genusses ihm [bisher] verschlossen geblieben.«[772]

Lichtwark schwebte die Einrichtung eines Kupferstichkabinetts mit einem Ausstellungsraum und einer Kunstbibliothek nebst Arbeitsplätzen vor, das darüber hinaus für eine kontinuierliche Erweiterung der Bestände Raum bot.[773] Niemand lag in seinen Visionen einer musealen Optimierung des Kupferstichkabinetts so nah an Harzens Vorstellungen wie er.

1890 war die Neugestaltung der Kunsthalle abgeschlossen, und das Museum konnte am 23. Dezember wiedereröffnet werden, mit einem deutlich vergrößerten Kupferstichkabinett in neuen Räumen.

»Ein ebenso dringendes Bedürfnis nach Erweiterung lag im Kupferstich-Cabinett vor, dessen älterer Bestand [...] an Raummangel litt. [...] Es wurde deshalb an der Südseite eine Gruppe von fünf Sälen für die Graphische Abtheilung (Kupferstich-Cabinett, Handzeichnungssammlung, Bibliothek, Photographiensammlung, Lesesaal, Ausstellungsraum, Directorzimmer) ausgeschaltet.«[774]

Die graphische Abteilung kehrte an jenen Platz zurück, den von der Hude in seinem ursprünglichen Plan dafür vorgesehen hatte, nun um einen großzügig bemessenen Aus-

772 Alfred Lichtwark: Drei Programme. Die Aufgaben der Kunsthalle, Antrittsrede vom 9. Dezember 1886, Berlin 1902, S. 15–16.

773 Lichtwark 1902, S. 20–25.

774 Hamburger Kunsthalle, Bibliothek, Jahresbericht der Kunsthalle zu Hamburg für 1890, Hamburg 1891, S. 3–4.

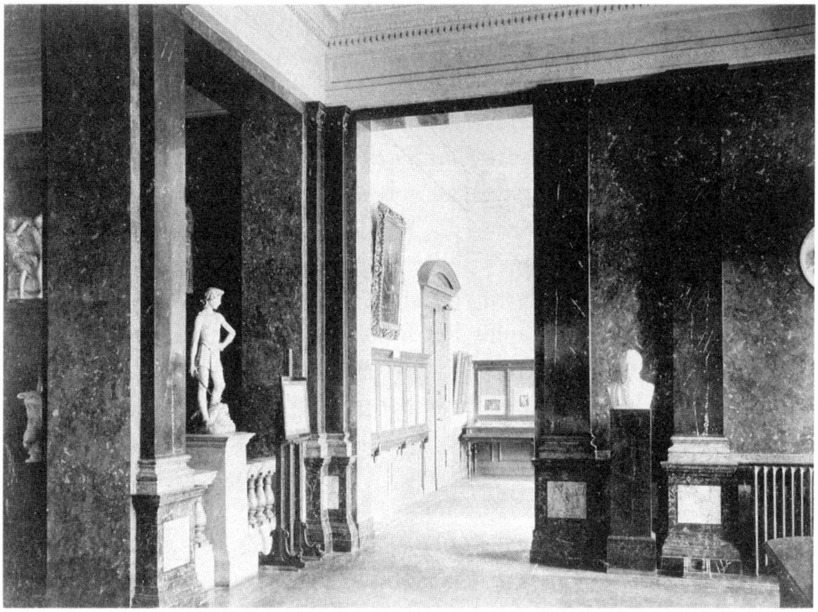

Abb. 92 Hamburger Kunsthalle, Kupferstichkabinett, um 1903 (Fotograf unbekannt)

stellungsraum erweitert (Abb. 92).[775] Im November 1891 konnte der Vorsitzende der Verwaltungskommission zu Protokoll geben, »daß das Lesezimmer am 18 Oct. eröffnet wurde und vom 4. November an auch in den Abendstunden für das mit Karten versehene Publikum zugänglich sei«.[776]

26 Jahre nach Harzens Tod war ein Kupferstichkabinett eingerichtet worden, das seinen Ansprüchen und Vorstellungen Genüge getan hätte. Doch dieser Zustand währte nicht allzu lange. Im Zuge der Errichtung des von Lichtwark und dem Hamburger Bauinspektor Albert Erbe konzipierten Erweiterungsbaus der Hamburger Kunsthalle sollte auch das Kupferstichkabinett umziehen. Lichtwark selber erlebte den Abschluss des Neubaus nicht mehr, und so oblag es seinem Nachfolger Gustav Pauli, das neue Kupferstichkabinett zu realisieren. Als der Erweiterungsbau 1919 feierlich eröffnet wurde, musste der Umzug des Kabinetts aus Geldmangel noch drei Jahre zurückstehen. Eine Zeitspanne, die Pauli nutzte, äußere Gestalt und innere Form weiter zu optimieren. Zwischen Alt- und Neubau gelegen, erhielt das Kabinett dann einen zentralen und – so

775 Die Abbildung zeigt den Ausstellungsraum der graphischen Abteilung nach der Reorganisation der Inneneinrichtung des Museums unter Lichtwark, den heutigen Raum 17, dem Saal der Meisterzeichnungen vorgelagert. Hamburger Kunsthalle, Kupferstichkabinett, Archiv 222,3, Susi Sonneborn, Diedrich Roskamp, Wolf Stubbe: Beiträge zur Geschichte der Hamburger Kunsthalle zum 60. Geburtstag von Alfred Hentzen, unpubliziert 1963, Tafel 37.

776 Staatsarchiv Hamburg, 364-2/1 Kunsthalle III 3, Protokolle 1891–1900, Protokoll vom 5.11.1891.

Pauli – vor allem angemessenen Platz.[777] Das Herzstück der einstigen Museumsgründung, die Harzen-Commetersche Kunstsammlung, an einem solchen Ort zu wissen, entsprach einer Würdigung ganz im Sinne der Mäzene.

Für den inneren Aufbau, die Präsentation und Katalogisierung der Bestände war das von Hans W. Singer 1916 publizierte *Handbuch für Kupferstichsammlungen* nun wegweisend, das im Dresdner Kupferstichkabinett entwickelt worden war. Die Umordnung der Sammlung und die Ausarbeitung des Katalogsystems zog sich bis 1928 hin, doch das Ergebnis war umso nachhaltiger, da die unter Pauli geschaffene Struktur – so Hanna Hohl – noch heute gültig und sinnvoll ist. Vergleicht man sie mit Harzens Strukturkonzept für die Organisation graphischer Bestände, so stellt man fest, dass seine Vorstellungen nicht sehr weit von denen Singers entfernt waren. Sämtliche Grundfragen, die mit einer öffentlichen Nutzung seiner Sammlung verbunden waren, hatte Harzen gestellt und eine Antwort darauf gegeben. So ist das heutige Kupferstichkabinett der Hamburger Kunsthalle durch fortschreitende Optimierungen zwar verändert und verbessert worden, doch die Handschrift seines geistigen Gründers blieb stets gegenwärtig.

Für die Ausgestaltungen dieses »weiten und schönen Reiches der Graphik«, wie Fritz Schumacher diesen Raum anlässlich seiner Festansprache zu Paulis 65. Geburtstag 1931 rühmte, zeichnete der Architekt und Stadtbaumeister mit verantwortlich. Jüngsten Forschungen zufolge gehen die Gestaltung der Inneinrichtung, das Dekor der in dunklem Holz gehaltenen Türen der Graphikschränke und der kannellierten Pilaster der Wandverkleidungen auf ihn zurück.[778] Ganz offensichtlich fühlte Schumacher sich der Tradition verpflichtet (Abb. 93) und konzipierte für die Türen der Graphikschränke ein Wechselrahmensystem, das das Ausstellen von Graphiken wie im Vorgängerkabinett ermöglichte, auch wenn hier in späteren Jahren aus konservatorischen Gründen ausschließlich Faksimiles gezeigt wurden. Der in gedeckter Farbigkeit gehaltene Studiensaal wurde mit vier großen Tischen versehen, die, wie Harzen es empfohlen hatte, mit grünem Linoleum bezogen und mit einer angemessenen Bestuhlung ausgestattet waren. Als Beleuchtung dienten neben dem durch eine Glasdecke gefilterten Tageslicht die schon von Harzen bevorzugten Comptoirleuchten auf den Tischen. Stellt man diesem 1923 vollendeten Raum die einhundert Jahre zuvor von Harzen für Klugkist verfasste Empfehlung eines Studierzimmers gegenüber, so liest sie sich wie die Beschreibung des gegenwärtigen Kupferstichkabinetts in Hamburg und des ähnlich auch in Bremen realisierten.

Das heutige Kupferstichkabinett in der Hamburger Kunsthalle ist, wie Hanna Hohl bemerkte, älter als die Institution selber.[779] Räumlich ist es das dritte und damit jüngste, ideell jedoch das vierte, denn es geht ebenso wie die vorherigen auf Georg Ernst Harzen als seinen Begründer und Stifter zurück.

777 Hanna Hohl: Nachrichten aus dem Kupferstichkabinett, in: Im Blickfeld die Jahre 1999/2000 in der Hamburger Kunsthalle, Hamburg 2001, S. 14.
778 Ebd.
779 Ebd. S. 15.

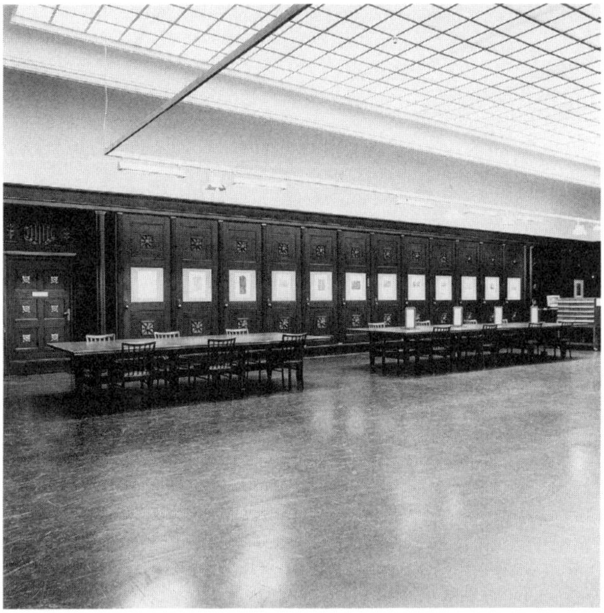

Abb. 93 Hamburger Kunsthalle, Kupferstichkabinett, 2003 (fotografiert von Candida Höfer)

Das großzügige Geschenk, das Harzen seiner Wahlheimat vermachte, bemaß sich nicht nur in Kunst- und Geldwert, sondern vor allem in seiner gestalterischen Kraft, in vorbildlichster Weise auch über den Tod hinaus auf die Museumspolitik Einfluss zu nehmen. Er hat mit seinem Legat dafür Sorge getragen, dass das Kupferstichkabinett der Hamburger Kunsthalle bis heute ein lebendiger Ort der Begegnung ist, der sowohl ambitionierte Forscher als auch Liebhaber mit seiner großartigen Sammlung in den Bann zieht. Harzens Vermächtnis war im doppelten Sinne eine »Sternstunde in der Hamburger Museumsgeschichte«,[780] weil er seine großartige Kunstsammlung mit einer Vision verknüpft hat, einem öffentlichen Museum in Hamburg, das er federführend auf den Weg gebracht hat. Harzens Geschichte wird, wie Anton Lindner schon 1921 richtig bemerkte, ebenso lange währen wie die der Hamburger Kunsthalle.

780 David Klemm: Von Leonardo bis Piranesi. Italienische Zeichnungen von 1450–1580 aus dem Kupferstichkabinett der Hamburger Kunsthalle, Ausst.-Kat. Hamburger Kunsthalle, Hamburg 2008, S. 7.

ANHANG

Quellen

Quelle 1

Hamburger Kunsthalle, Kupferstichkabinett, Archiv 268, Nachlass Harzen, NH Da: 06:03, Museumsangelegenheiten.

»Progr.[amm]

D[as] unterz[eichnete] Com[ité] fordert sowohl einh[eimische] als auch ausw[ärtige] Arch[itekten] z[um] Bau d. Kunsthalle i[n] H[amburg] Entw[ürfe] einzur[eichen].

D[ie] Flächeng[röße] dieser K[un]st[halle] soll ca. 15.000 H[amburger] F[uß] betr[agen] u dieselbe aus einem Zementenen F[un]d[a]m[ent] umgeb[enen] Unterbau u[nd] 2 Haupt Geschos[sen] best[ehen].

Das Geb[äude] ist im Wesentl[ichen] z[um] Zw[ec]k 1 Gem[älde]G[alerie] best[immt] daneben auch für Plast[ische] Geg[en]st[ände] u f[ür] Kupferstiche in dem Verhält[nis] daß in den beid[en] Haupt Gesch[ossen] etwa ¾ des disp[oniblen] R[aumes] auf d[ie] G[emälde] G[alerie] u ¼ auf d. Plast[ischen] Gegenst[ände] u d[ie] Kupferst[stiche] kommt.

Ferner soll d[as] Geb[äude] enth[alten] 1 Saal ca. 1.500 [Fuss] für d[ie] perm[anente] Gem[älde] Ausst[ellung] 1 Dir[ektoren] Zim[mer] ca + 500 [Fuss] 1 größ[eres] u. 1 klein[eres] Z[immer] f[ür] d[en] K[un]stv[erein] zus[ammen] ca 1.200 [Fuss] 1 Entreez[immer] m[it] Saal für Garderobe u im Unterb[au] d Wohn[un]g d[es] Custos, d Packraum mit Wind[en]voricht[un]g für die hinauf u hinunter z[u] bef[ördernden] gröss[eren] Bild[er], d[ie] Retraiten u d[ie] Heiz[ungs] Anl[age] m[it] Zub[e]hör

D[as] Geb[äude] soll auf dem wie beigef[ügten] Situation Pl[an] m[it] A bez[eichnetem] Pl[an] aufge[rissen], u[nd] dasselbst m[it] seiner Vorderfassade gegen die vom Alsterdamm nach dem Ferd[inands]th[or] führ[ende] St[rasse] [nach Plan zur Lage kommen].

Im Übr[igen] ist d[er] Pl[an] so zu entw[erfen] daß das Geb[äude] später erforderl[ich] um 15.000 F etwa bis zu 25.000 vergröß[er]t werden kann u[nd] sodann ebenfalls ein harm[omisches] u zw[ec]kentspr[e]ch[en]d[es] Ganzes bildet.

Hauptb[edingun]g[en] für d Bau sind Zweckmässigkeit Solidität u[nd] mögl[ichste] Feuersicherheit bey einem Kosten Aufw[and] welcher für den ganzen Bau in s[einer] gänz[lichen] äusser[en] u[nd] inner[en] Vollend[un]g die S[umme] v[on] B[an]co 300.000 nicht überschr[eiten] darf. In dieser S[umme] s[ind] 3 B[an]co p[ro] [Quadratfuß] für die Fundi[erun]g begriff[en].

Behuf Einhaltung dieser Summe hat zur Berücksicht[igung] zu dienen daß dabei d[as] Gebäude in seinem Hauptkörper aus Ziegelmauern bestehen u[nd] d[ie] Mitanwend[un]g v[on] Sandst[ein] u[nd] auch Granit sich nur auf Plint[en] Haupth[eile] d[er] Gesim[se] auf Einfass[ungen] Abdeckungen Treppen u sonst[ige] Arch[itektur]-Theile zu beschränken habe, die nothw[endig] ein festeres u[nd] geeigneteres Material als Ziegel erfordern. Im Übr[igen] ist für die äusseren Mauerfl[ächen] etc auf die Anordnung eines gewählt[en] Ziegelmaterials m[it] Einschl[uß] v[on] Formziegeln gebühr[ende] Rücks[icht] z[u] nehmen. Bewurf am Aeusseren soll zwar nicht unbedingt ausgeschloss[en] w[erden] doch ist ders[elbe] nur für ebene Fl[ächen] anzuwenden u[nd] darf derselbe allda auch nur als solcher erscheinen ebenso wenig dürfen am Aeusseren Glieder[un]g[en] v[on] Putz hergestellt werden.

Der bei dem Entwurfe zu wählende Baustyl wird d[en] Preisbewerb[ern] überlass[en]. Bei der gegebe[nen] Kostensumme wird unter allen Umständen auf entsprechende Einfachheit zu s[ehen] seyn umso mehr aber bey zweckmässiger charakterist[ischer] Anordnung u solider Bauart auf edle Formen u Verhältn[isse] gehalten werden müssen.

Im ganzen Aeusse[ren] d[es] Geb[äudes] m[it] Ausn[ahme] v[on] Thür u Wandf[enster] darf kein Holz angew[endet] werden ebenfalls ist im Inneren da wo es der Feuersicherheit halber besonders wünschenswerth seyn sollte für Decken u Dachkörper die Anwend[un]g d[es] Holzes thunlichst zu beschränken u[nd] statt dessen so weit es bey einem mässigen Kosten-Aufw[and] zulässig Stein u Eisen anzuwenden. Der Unterbau wird selbstverständl[ich] durchgehend massiv überwölbt auch müssen alle Treppen massiv sein.

Preis[e] d[er] Baustoff[e]. Grundr[iss] Lang u Q[uer] Profil Detail[zeichnun]g d[er] [Hauptparthien]. Grundrisse s[ind] auf d[as] M[aß] 2/200 [...] Detailz[eichnungen] 1/25 [...].

D[ie] Pläne sind 8 Tage nach dem Schlußtermin [...] öffentlich ausgestellt.

Nach Abl[auf] der Ausstellungszeit wird 1 Com[ité] Sach- [und] Kunstverständiger die eingeschickten Arbeiten prüfen u[nd] begutachten u[nd] darüber entscheiden welche 3 Pl[äne] v[on] den eingereichten u[nd] m[it] welchem Ratschlag dasselbst d[en gestellt[en] Anford[erungen] sowohl in artist[ischer] u[nd] techn[ischer] Beziehung als aus Feststell[ung] des Kostenpunktes am Vollständ[igsten] entsprechen.

Den Vorz[üglichsten] dieser 3 Pl[äne] wird d[as] C[omité] mit 125 Fdr jeden der 2 and[eren] m[it] 75 honor[ieren].

Die 3 hon[orierte] Pl[äne] gehen dabei als Eigenthum an das Com[ité] über. Die übrigen Einsendungen werden gegen Einlieferung d[er] Empfangsscheine zurückgegeben.

D[as] C[omité] übernimmt durch die Prämierung d[er] Pläne keine Verpfl[ichtung] nach einundemselben zu bauen behält sich vielmehr in Betreff der Auswahl die Frist dies[es] Jah[res] vor.

Sollte für die Ausführung des Baus die Wahl auf 1 d[er] Commissions Pläne fallen, so werden bei etwa einigen hier sehr als nöthig wie zweckmässig daran herausstellenden Abänd[erun]gen mit dem Verfass[er] solchen Plans Berath[ungen] stattfinden, auch weil demselben sodann d[ie] Leitung d[er] Ausführung übertr[agen] werden kann, jedoch in dem mit ihm eingangs festgesetzten Umfange und unter mit ihm näher zu verabredenden Bedingungen.«

Quelle 2

Hamburger Kunsthalle, Kupferstichkabinett, Archiv 268, NH Da: 06:03, Museumsangelegenheiten

»Betreffend die Verwaltung der Kupferst[ich] u Handz[eichnungs] Samml[ung]

Um die (leider) bey öffentlichen Sammlungen in Folge des so sehr vermehrten Geldwerths alter Kupferstiche, in letzter Zeit leider so häufigen Entwendungen vorzubeugen und die Aufsicht und Ordnung zu erleichtern, sind alle Blätter (welche) unter Folio-Format in Bücher daselbst einzukleben, daß die Ränder rund umher befestigt sind, wobey zur Verringerung des Volumens das darüber befindliche Auflagepapier herausgeschnitten wird. 12° und kleinere Bl[ätter] mögen hingegen zwey auf den Untersatzbogen aufgeklebt werden.

Für diverse Zeich[nungen] werden die verschiedenen Formate von Büchern hinreichend seyn, w[ährend] gr[oße] u kl[eine] Folio Blätter im gr[oßen] Folio und darüber werden am besten lose in dazu geeigneten Mappen v[on] verschied Größe aufbewahrt seyn. M[it] sogen[annten] Servietten oder Klappen Band oder Laden gegen Staub. (Demnach bey etwa Bänden, durchaus fest und nicht zu stark gebunden so daß sie [...] nicht auffallen deshalb 4 halbstarke Bänder zum zubinden.)

(Eine dunkle Schrift auf d[er] Rücks[eite] d[ie] Inschrift [Inhalt] mit wenig Worten [fassend].

Flach einzuleg[en] in 2 Reihen in Fächern, auf [einer] festen Wand gebaut zu legen. Gegen Staub gut verschlossene Schränke. Wobey zu beachten, daß diese nicht zu sehr ausgefüllt werden.) (In Mappen in schiebbaren Börten ruhend.)

Es soll dazu folgende Ordnung beibehalten werden:

Abdr[ucke] u Radierte Blätter so gut es thunlich nach dem Alter, von den Ältesten anfangend bis auf A. Dürer und Schule, auch die sog[enannten] kl[eineren] Meister zusam[men] für sich.

(Holzschnitte, den sogen[annten] [Lucas van] Leyden, M[arc] Anton ebenfalls)

Alte Italiener bis auf M[arc] Anton u Schule nicht.

Malerradierungen Deutsch und Holländisch zusammen. Italienisch und Franz[ösisch] in Alphabetischer Ordnung. Dazu unbestimmte und ungenannte Meister in Mappen für sich.

Die Blätter werden am besten Meister für Meister besonders nach der von B[artsch] angenommenen Ordnung eingelegt und am Schluss des Werks jedes Meisters [werden] nach Verhältnis eines wahrscheinlichen oder verbrieften Inhalts ein oder mehrere Blätter für diesen Zweck leer gehalten werden.

Die Handzeichnungen dagegen sind größtentheils auf Untersatzbögen befindlich von denen sie gewöhnlich nicht ohne Nachtheil abgenommen werden können, welche Unterlage auch oftmals umseitig historische Nachrichten einige auch Zeichen vormalig Besitzer enthalten, sind am besten lose in mit nicht zu hartem Papier durchschossene Bücher einzulegen, welches nicht rauh, so sie möglichst von Reibung geschützt werden.

In besonderem Unterschied sei in jedem Bande ein bes[onderes] Verzeichnis des Inhalts einzulegen.

Im Hauptcataloge erhalten alle Bl[ätter] je nach ihrer Erwähnung fortlaufende Nummern, welche oben über dieselben geschrieben sind; [da]unter sie aber [die] Meister und ihre Nummer welche die Blätter in d[en] Beschr[eibungen] v[on] Bartsch, Weigel usw führen, wobey zu bedenken, bey welchem Autor sie verzeichnet zu finden.

Nachweis in welchem Band u. Mappe das Bl[att] zu suchen.

Alphabe[tisches] Grundverz[eichniss] der Namen.

An gewissen Wochentagen und Stunden zu bequem[er] Tageszeit ist dem interessierten Publikum der Zugang zu Benutzung der Sammlung gestattet, sobald die zu treffende Ordnung der Sammlung es erlaubt. Der Conservator hat stets bey diesen Besuchen zugegen zu seyn und sind zur besten Aufrechterhaltung der Aufsicht und Ordnung, Unterinspektoren für diese Zeit zu bestellen.

(Die Sammlungen sind nicht bey Licht zu benutzen.)

(Stempel Tinte nicht so stark einziehen lassen, daß die Bl[ätter] Schaden leiden. [Nach] rechts dürfe nicht[s] durchschlagen [...]. Sond[ern] dagegen [ist] Chin[esische] Tusche anzuwenden welche nicht durch Säure zu vertilgen ist auf d. Rückseite.)

Es sind höchstens Steinblätter auch Büchern auszuleihen.

Durchzeichnen ist nur ausnahmsweise solchen Besuchern gestattet welche dem großen Band der Kunstgeschichte nachweislich bedürfen.«

Literaturauswahl

Auktionskataloge

Johann Gottlieb Abraham Frenzel: Die Kunstsammlung des Freiherrn C.F.L.F. von Rumohr, beschreibend dargestellt von J.G.A. Frenzel, Auktion am 19.10.1846 in Dresden, Lübeck 1846

Georg Ernst Harzen: Verzeichnis der Kupferstichsammlung des J. M. Speckter in Hamburg. Dritte Abteilung, niederländische Schule, welche Anfang August 1824, in Hamburg auf dem Neuenwall No. 131 öffentlich versteigert wird durch den Makler E. Harzen, 1824

Georg Ernst Harzen: Verzeichnis einer Mineralien-Sammlung aus dem Nachlass E.G. Köstlin nebst einiger Conchilien und Schmetterlinge, Verkauf am 6.11. Makler Ernst Harzen, Hamburg 1826

A. Költzow, Christian Meyer: Verzeichnis über das von weiland dem Herrn Oberalten Peter Friedrich Röding hinterlassene Kunst-Museum, Hamburg 1847

Christian Meyer: Verzeichnis der aus dem Nachlass des hierselbst verstorbenen Herrn Oberalten Röding herrührenden reichen Sammlung von Kupferstichen, Radirungen, Holzschnitten und Handzeichnungen, Hamburg 1847

Johannes Noodt: Verzeichnis der wohlbekannten sehr beträchtlichen Sammlung original Handzeichnungen der vorzüglichsten Meister aller Schulen von Gerhard Joachim Schmidt gesammelt u. hinterlassen, Hamburg 1881

Johannes Noodt: Verzeichnis der Kunst-Sammlung des verstorbenen Herrn Johannes Jansen in Hamburg. Zweyte Abtheilung. Gemälde Handzeichnungen Kupferwerke enthaltend, Hamburg 1820

Johannes Noodt: Verzeichnis einer vorzüglichen Sammlung Oelgemälde der Hauptschulen welche am Dienstag d. 19. Juny und folgende Tage auf dem hiesigen Börsensaale in öffentlicher Auction versteigert werden durch den beeidigten Makler Johs. Noodt, Hamburg 1921

Johannes Noodt: Verzeichnis der trefflichen Gemälde-Sammlung welche früher im Besitz des verstorbenen Herrn Etatsrath von Stenglin, Hamburg 1822

Johannes Noodt: Verzeichnis der Gemälde-Sammlung der Frau Wittwe des verstorbenen Herrn Heinr. Theunes de Jager, Hamburg 1823

A Catalogue of tue Valuable Collection of Prints, Sir Mark Masterman Sykes, London 1824

Ausstellungskataloge

Ausst.-Kat. Frankfurt am Main: »Nach dem Leben und aus der Phantasie« – Niederländische Zeichnungen aus dem Städelschen Kunstinstitut, hrsg. vom Städelschen Kunstinstitut, Frankfurt am Main 2000

Ausst.-Kat. Frankfurt am Main: Von Kunst und Kennerschaft. Die Graphische Sammlung im Städelschen Kunstinstitut unter Johann David Passavant 1840 bis 1861, hrsg. vom Städelschen Kunstinstitut, Frankfurt am Main 1994

Ausst.-Kat. Hamburg: Blicke in verborgene Schatzkammern. Mittelalterliche Handschriften und Miniaturen aus Hamburger Sammlungen, hrsg. vom Museum für Kunst und Gewerbe in Hamburg, Hamburg 1998

Ausst.-Kat. Köln: »Tarocchi« Menschenwelt und Kosmos, hrsg. vom Wallraf-Richartz-Museum, Köln 1988

A

Aloys Apell: Das Werk von Johann Christoph Erhard. Maler und Radierer, Dresden 1866

Horst Appuhn: Heilsspiegel, Dortmund 1981

B

Adam von Bartsch: Über die Verwaltung der K.K. Hofbibliothek, Wien 1820

Adam von Bartsch: Anleitung zur Kupferstichkunde, Wien 1821

Elimar Heinz Beilcke: Jes Bundsen und der König von Dänemark, Hamburg 2004

Julia Berger: Salomon Heines Landhaus und Gärtnerhaus in Ottensen, in: Joseph Ramée. Gartenkunst, Architektur und Dekoration. Ein internationaler Baukünstler des Klassizismus, hrsg. v. Bärbel Hedinger und Julia Berger, Ausst.-Kat. Altonaer Museum, Hamburg 2003

Veronika Birke, Janine Kertèsz: Die italienischen Zeichnungen der Albertina, Bd.1, Wien 1992

Gerhard Birkhofer: Tiefdruck, Ravensburg 1996

Manuel Charles Le Blanc: Manuel de l'amateur d'estampes, Bd. 1–4, Paris 1854–1856

Anne-Marie Bonnet: »Akt« bei Dürer, Köln 2001

Hajo Brandenburg: Die Geschichte Altonas, hrsg. vom Altonaer Museum, Hamburg 2000

Hajo Brandenburg: Die Sozialstruktur der Stadt Altona um 1800, Phil. Diss., Rostock 2000

Veronika Braunfels: Otto Speckter (1807–1871) Illustrator und Lithograph in Hamburg, Hamburg 1995

C

Cennino Cennini: Das Buch von der Kunst, in: Quellenschriften der Kunstgeschichte, Bd. 1, hrsg. v. R. Eitelberger von Edelberg, Wien 1888

Henrik Nicolai Clausen: Mit Leveneds ob min Tids Historie, Kopenhagen 1877

D

Carol Togneri Dowd: The Travel Diaries of Otto Mündler. 1855–1858, The fifty-first Volume of the Walpole Society, Leeds 1985

Jean Duchesne: Essai sur les nielles gravures des orféres Florentins des 15° siecle, Paris 1826

A.P.F. Robert-Dumesnil: Le Peintre-Graveur Francais, Bd. 1–11, Paris 1853–1871

F

Julius Faulwasser: Der große Brand und der Wiederaufbau von Hamburg, Hamburg 1892

Axel Feuß: Jeder schaffe nach seinen Kräften …, in: Hermann Kauffmann. Bilder aus Norddeutschland, Ausst.-Kat. Altonaer Museum, Hamburg 1989

Ernst Förster: Handbuch für Reisende in Italien, 3. Aufl., München 1846

G

Marleen Gärtner: Johann Christoph Erhard (1795–1822). Leben und Werk, in: Johann Christoph Erhard (1795–1822). Der Zeich-

ner, Ausst.-Kat. Germanisches Nationalmuseum Nürnberg, Nürnberg 1996
Irene Geismeier: Gustav Friedrich Waagen – Museumsdirektor in der preussischen Hauptstadt (Gustav Friedrich Waagen-Symposium 1994), in: Jahrbuch der Berliner Museen, Bd. 37, Berlin 1995
Günther Gensler: Verzeichnis der Bilder der öffentlichen städtischen Gemälde-Gallerie in Hamburg, Hamburg 1850
Dieter Gleisberg: Heinrich Wilhelm Campe – Glanz und Verhängnis eines Leipziger Gemäldesammlers, Beucha 2000
Antony Griffith: The Department of Prints and Drawings during the first Century of the British Museum, in: The Burlington Magazine, Bd. 136, Nr. 2, London 1994
Inge Grolle: Friedrich Christoph Perthes, Hamburg 2004
Andreas Grote (Hrsg): Macrocosmos in Microcosmos. Die Welt in der Stube. Zur Geschichte des Sammelns 1450 bis 1800, Berliner Schriften zur Museumskunde, Bd. 10, Opladen 1994
Johann Wolfgang von Goethe, Friedrich Schiller: Über den Dilettantismus, in: Johann Wolfgang von Goethe, Bd. 47, Weimar 1896

H

Martin Haller: Erinnerungen an Kindheit und Elternhaus, Hamburg 1985
Georg Ernst Harzen: Über Jan van Eyck's Geheimnis derr Oelmalerey, in: Deutsches Kunstblatt, Nr. 19, Berlin 1851
Georg Ernst Harzen: Maximillian des Ersten Stammbaum, und dessen »Zotende Mendel«, in: Deutsches Kunstblatt, Nr. 26, Berlin 1854, S. 237–240
Georg Ernst Harzen: Jacobo de Barbari. Der Maler mit dem Schlangenstab, in: Archiv für zeichnende Künste, Jg. 1, Leipzig 1855
Georg Ernst Harzen: Über Alter und Ursprung der frühesten Ausgabe des Heilsspiegels oder des Speculum huanae salvationis, in: Archiv für zeichnende Künste, Jg. 1, Leipzig 1855, mit einem Nachtrag in Jg. 2, Leipzig 1856
Georg Ernst Harzen: Über den Maler Pietro degli Franceschi und seinen vermeintlichen Plagiarius, den Franziskanermönch Luca Pacioli, in: Archiv für zeichnende Künste, Jg. 2, Leipzig 1856
Georg Ernst Harzen: Einige Worte über den sogenannten »Meister von 1466«, in: Archiv für zeichnende Künste, Jg. 5, Leipzig 1859
Georg Ernst Harzen: Über die Erfindung der Aetzkunst, in: Archiv für die zeichnende Künste, Jg. 5, Leipzig 1859
Georg Ernst Harzen: Ueber Bartholomeo Zeitblom, Maler von Ulm, als Kupferstecher, in: Archiv für zeichnende Künste, Jg. 6, Leipzig 1860
Georg Wilhelm Friedrich Hegel: Ästhetik, hrsg. v. Friedrich Bassenge, 2 Bde., Frankfurt am Main, 1955
Hanna Hohl: Nachrichten aus dem Kupferstichkabinett, in: Uwe M. Schneede (Hrsg.): Im Blickfeld. Die Jahre 1999/2000 in der Hamburger Kunsthalle, Hamburg 2001
Wilhelm Hornbostel, David Klemm (Hrsg.): Martin Haller Leben und Werk, Ausst.-Kat. Museum für Kunst und Gewerbe in Hamburg, Hamburg 1997
Jenns E. Howoldt, Uwe M. Schneede (Hrsg): Expedition Kunst. Die Entdeckung der Natur von C. D. Friedrich bis Humboldt, Ausst.-Kat. Hamburger Kunsthalle, Hamburg 2002

J

Evi Jung-Köhler: Verlust und Chance Hamburg 1842, Hamburg 1991

K

Gerhard Kegel: Carl Friedrich von Rumohr. Briefe an Johann Georg Rist, Buchholz/Nordheide 1993
Wolfgang Kemp: »... einen wahrhaft bildenden Zeichenunterricht überall einzuführen«. Zeichnen und Zeichenunterricht der Laien 1500–1870. Ein Handbuch, Frankfurt am Main 1979
Thomas Ketelsen: Die niederländischen Gemälde 1500–1800, Hamburg 2001

Thomas Ketelsen, Tilmann von Stockhausen, Burton B. Fredericks, Julia Armstrong (Hrsg.): Verzeichnis der verkauften Gemälde im deutschsprachigen Raum vor 1800, Bd. 1, München 2002

David Klemm: Italienische Zeichnungen 1450–1800. Die Sammlungen der Hamburger Kunsthalle, Kupferstichkabinett, Köln 2009

David Klemm: Von Leonardo bis Piranesi. Italienische Zeichnungen von 1450–1580 aus dem Kupferstichkabinett der Hamburger Kunsthalle, Ausst.-Kat. Hamburger Kunsthalle, Hamburg 2008

Eckhard Klessmann: Geschichte der Stadt Hamburg, Hamburg 1981

Echhart Knab, Erwin Mitch, Konrad Oberhuber: Raphael. Die Zeichnungen, Stuttgart 1983

Jens Heinet Knudsen: Lorenz Spengler's Collection on Drawings, in: Chris Fischer: A Sight for Sore Eyes, Kopenhagen 1993

Hermann Köstler: Stundenbücher. Zur Geschichte und Bibliographie, in: Philobion, Nr. 28, Heft 2, Juni 1984

Franklin Kopitzsch: Vom Unterricht im Christianeum vor 200 Jahren, in: 250 Jahre Christianeum 1738–1988, Festschrift, hrsg. von Ulf Andresen u. dem Verein der Freunde des Christianeums, Bd.1, Hamburg 1988

Franklin Kopitzsch, Dierk Brietzke: Hamburgische Biografie, Bd. 1, Hamburg 2001

Walter Koschatzky, Alice Strobel: Die Dürerzeichnungen der Albertina, Salzburg 1971

Walter Koschatzky: Die Kunst der Graphik, Technik, Geschichte, Meisterwerke, Salzburg 1972

Paul Kristeller: Kupferstiche und Holzschnitte in vier Jahrhunderten, Berlin 1905

Rolf Kultzen: Otto Mündler als Freund und Förderer des jungen Bode, in: Jahrbuch der Berliner Museen, Bd. 38, Berlin 1996, Beiheft

L

Lothar Lang: Der Graphiksammler, Berlin 1979

Ivan Lermlieff: Kunstkritische Studien über italienische Malerei. Die Galerie zu Berlin. Nebst einem Lebensbilde Giovanni Morelli's, Leipzig 1893

Jean Leymarie, Geneviève Monnier, Bernice Rose: Die Zeichnung, Genf 1980

Alfred Lichtwark: Drei Programme. Die Aufgaben der Kunsthalle, Antrittsrede vom 9. Dezember 1886, Berlin 1902

Anton Lindner, Gustav Pauli: Jubiläumsausstellung zur Feier des Hundertjährigen Bestehens der Galerie Commeter Hamburg 1821–1921, Hamburg 1921

Friedrich Lorenz Meyer: Skizzen zu einem Gemälde von Hamburg, Bd. 2, hrsg. v. Friedrich Hermann Nestler, Hamburg 1802

Ulrich Luckhardt: »...diese der edlen Kunst gewidmeten Hallen«. Zur Geschichte der Hamburger Kunsthalle, Hamburg 1994

Frits Lugt: Les Marques de Collections de Dessins & D'Estampes, Amsterdam 1921

Frits Lugt: Rèpertoire des Catalogues des Ventes Publique, Deuxième Période 1826–1860, La Haye 1953

Edith Luther: Der Graphikverlag Frauenholz in Nürnberg. Ein Beitrag zu Graphikhandel und Verlagswesen um 1800, in: Anzeiger des Germanischen Nationalmuseums, Nürnberg 1996

M

W. Melhop: Alt-Hamburgische Bauweise, Hamburg 1925

[Christian Meyer]: Verzeichnis der Kupferstich-Sammlung in der Kunsthalle zu Hamburg, Hamburg 1878

Kurt Detlev Möller: Johann Daniel Runge, der Bruder des Malers Philipp Otto Runge, in: Hamburger geschichtliche Beiträge. Festschrift für Hans Nirnheim, Hamburg 1935

N

Winfried Nerdinger, Werner Oechslin: Gottfried Semper 1803–1879. Architektur und Wissenschaft, Ausst.-Kat. Architekturmuseum der Technischen Universität München, München 2003

O

Adam Oelearius (Öhlschläger): Gottorfsche Kunstkammer, Schleswig 1666, 2. Aufl., Schleswig 1674.

Karin Orchard: Albrecht Dürer und Lucas van Leyden. Ein Vergleich, Bilderhefte der Hamburger Kunsthalle, Hamburg 1990

William Young Ottley: An Inquiry into the Origin and Early History of Engraving upon Copper and in Wood, Bd. I–II, London 1816

P

Johann David Passavant: Ansichten über die bildenden Künste und Darstellungen des Ganges derselben in Toscana von einem deutschen Künstler in Rom, Frankfurt am Main 1821

Johann David Passavant: Kunstreise durch England und Belgien, Frankfurt am Main 1833

Ortwin Pelc, Susanne Grötz (Hrsg.): Konstrukteur der modernen Stadt. William Lindley in Hamburg und Europa, Hamburg 2008

Volker Plagemann: Die Anfänge der Hamburger Kunstsammlungen und die erste Kunsthalle, in: Jahrbuch der Hamburger Kunstsammlungen, Bd. 11, Hamburg 1966

Volker Plagemann: Industriekultur in Hamburg, Hamburg 1984

Ernst Platner, Ludwig Ulrichs: Beschreibung Roms, Stuttgart 1845

Hans Platte: 150 Jahre Kunstverein in Hamburg 1817–1967, Hamburg 1967

Michiel Plomp: Collectonner, Passionément. Les colleczioneurs hollandaise de Dessins au Siècle, Paris 2001

Peter Prange: Deutsche Zeichnungen 1450– 1800. Die Sammlungen der Hamburger Kunsthalle, Kupferstichkabinett, Köln 2007

R

Silke Reuther: »Zum allgemeinen Besten«. Die Sammlung Georg Ernst Harzen und Johann Matthias Commeter, in: Ulrich Luckhardt, Uwe M. Schneede (Hrsg.): Private Schätze. Über das Sammeln von Kunst in Hamburg bis 1933, Ausst.-Kat. Hamburger Kunsthalle, Hamburg 2001

Silke Reuther: Georg Ernst Harzen und Hieronymus Klugkist. Händler, Sammler und Kunstfreunde in Hamburg und Bremen, in: Rembrandt, oder nicht?, Auss.-Kat. Kunsthalle Bremen, Bremen 2000

Silke Reuther: Johann Jacob Gensler. Ein Maler aus Hamburg (1808–1845), Phil. Diss., Hamburg 1998

Carl Friedrich von Rumohr: Italienische Forschungen, Bd. 1–3, Berlin 1827–1831

Carl Friedrich von Rumohr: Über Raphael und sein Verhältnis zu den Zeitgenossen, Berlin 1831

S

Mario Salmi: Das Brevarium Grimani und seine Miniaturen, in: Andreas Grote (Hrsg): Brevarium Grimani, Berlin 1973

Joachim von Sandrart: Accademie der Bau-, Bild- und Mahlerey-Künste von 1675, hrsg v. A. R. Peltzer, München 1925

Marina Schneede, Uwe M. Schneede: Der Zweck des Kunstvereins ist mehrseitige Mittheilung über bildende Kunst, in: Volker Plagemann: Industriekultur in Hamburg, Hamburg 1984

Hans-Joachim Schoeps: Salomon Ludwig Steinheim zum Gedenken, Leiden 1966, Ausgabe 1987

C. H. von Siersdorpff: Für die Freunde, welche meine kleine Gemälde-Sammlung besuchen wollen, Braunschweig 1817

Rigmor Stampe: Baroness Stampes Eridinger ob Thorwaldsen, o.O. 1912

Frauke Steenbock: Handschriften und Miniaturen, in: Alexander Dückers (Hrsg.): Das Berliner Kupferstichkabinett. Ein Handbuch zur Sammlung, Berlin 1994

Annemarie Stefes: Niederländische Zeichnungen 1450–1850. Die Sammlungen der Hamburger Kunsthalle, Kupferstichkabinett, Köln 2011

Tilmann von Stockhausen: Gemäldegalerie Berlin. Die Geschichte ihrer Erwerbungspolitik 1830–1904, Berlin 2000

Sophia Sünderhauf: Griechensehnsucht und Kulturkritik. Die deutsche Rezeption von Winckelmanns Antikenideal 1840–1945, Berlin 2004

T

Hans Peter Thurn: Der Kunsthändler. Wandlung eines Berufes, München 1994

V

Giorgio Vasari: Die Lebensbeschreibungen der berühmten Architekten, Bildhauer und Maler, Bd. IV, hrsg. v. A. Gottschewski, G. Gronau, Straßburg 1910

Christine Vogt: Das druckgraphische Bild nach Vorlagen Albrecht Dürers (1471–1528), Phil.-Diss., München 2008

W

Gustav Friedrich Waagen: Über Hubert und Johann van Eyck, Breslau 1822

Gustav Friedrich Waagen: Kunstwerke und Künstler in England, Teil 1, Berlin 1837

Gustav Friedrich Waagen: Kleine Schriften, Stuttgart 1875

Wilhelm Waetzold: Deutsche Kunsthistoriker, Bd. 1–2, Berlin 1986

Emil Waldmann: Die Einkaufspreise für Dürers Landschaftsaquarelle in Bremen, in: Cicerone XX, Dürerfestschrift, Leipzig 1928

Personenregister

A

Abendroth, Amandus August (1767–1842), Hamburger Bürgermeister 97–99, 147, 149–150, 152–154, 157, 159

Albers, Johann Hinrich (174–1855), Kaufmann und Kunstsammler in Bremen 60, 125, 271

Albert von Sachsen-Coburg und Gotha (1819–1861), Prinzgemahl der englischen Königin Victoria 172, 186

Albert von Sachsen-Teschen (1738–1822), Herzog, Begründer der Albertina 31, 53, 71

Aldegrever, Heinrich (1502–1555/61), deutscher Maler und Kupferstecher 240

Altdorfer, Albrecht (um 1480–1538), deutscher Maler 229, 256

Amberg, Christoph (unbekannt), Pate von Georg Ernst Harzen 17, 114

Apell, Aloys (unbekannt), Kunsthändler in Dresden 138–139

Armano, Giovanna, Antonio (um 1751–1820/25), venezianische Kunstsammler 215, 243–244

Arnd, Dr. (unbekannt), Kunstsammler in Berlin 81, 177

Arnold, Ernst Sigismund (unbekannt), Kunsthändler in Dresden 73

Artaria, August (1807–1893), Verleger in Wien 32, 73

Asselijn, Jan (†1610), niederländischer Zeichner und Maler 268

Attavante (1452– nach 1517), italienischer Maler 201

B

Backhuysen, Ludolph (1631–1708), niederländischer Maler 237

Baldini, Baccio (1436–1487), italienischer Kupferstecher 213–214, 230, 235, 244

Baldung Grien, Hans (1484/85–1545), deutscher Maler 256, 270

Barbari, Jacobo de (1440–1515), italienischer Maler 228

Bartsch, Adam von (1757–1821), Kupferstecher und Graphikkenner in Wien 13, 31–32, 50, 53–54, 66, 162, 169, 179, 189, 209, 215, 241, 243, 277, 300

Bastiano, Lazzaro (1430–1512), italienischer Maler 205

Becker, Wilhelm (†1877) Kunsthändler in Hamburg 59, 112, 123, 128, 142, 145, 152, 238, 283–284

Beham, Hans Sebald (1500–1550), deutscher Kupferstecher 256, 267

Behrens, Eduard L. (1824–1895), Bankier in Hamburg 150

Behrens, Henriette (unbekannt), Cousine von Georg Ernst Harzen 114–115, 142

Behrens, Hugo (unbekannt), Harzens Neffe, Kunstsammler und Arzt in Quedlinburg 73, 115, 141, 142–144, 172, 285–286
Bemmel, Willem van (1630–1708), flämischer Maler in Nürnberg 269
Bendixen, Siegfried (1786–1864), Maler in Hamburg 48, 50, 63, 91–92
Berchem, Nicolaes (1620–1683), holländischer Maler 268–269
Besser, Johann Heinrich (1775–1826), Buchhändler und Verleger in Hamburg 22, 47, 49, 73, 189, 192
Beurs-Stiermans, Aardt de (unbekannt), Kunstsammler in Hamburg 50, 91, 96
Beurs-Stiermans, Andrè Paul (1802–1832), Maler und Radierer in Hamburg 50, 259
Bögehold, J. C. (unbekannt), königlich-sächsischer Kriegsministerialdirektor in Dresden 81
Böhmer, Johann Friedrich (1795–1863), deutscher Historiker 165
Börner, Andreas (1771–1839), Graphikverleger in Nürnberg 30, 35–36, 38
Boerner, Carl Gustav (1790–1855), Kupferstecher und Kunsthändler in Leipzig 73, 77–79, 81, 104–105, 125, 127–128, 131, 133–135, 166, 178, 277
Böttger, Johann Friedrich (†1682), deutscher Töpfer 233
Bosa, Antonio (1777–1842), italienischer Bildhauer 193
Bosch, Hieronymus (um 1450–1516), niederländischer Maler 247
Botticelli, Sandro (1445–1510), italienischer Maler 146, 179, 190, 201, 214, 226–227, 230
Bruegel d.Ä., Pieter (1525/30–1569), flämischer Maler 266–267
Brondgeest, Albertus (1786–1849), Kunsthändler in Amsterdam 71, 73, 265–266
Brulliot, Franz (1780–1836), deutscher Kunstgelehrter und Kupferstecher 38, 53
Bühlmann, Rudolf (1812–1890), Schweizer Landschaftsmaler 240
Bundsen, Jes (1766–1829), dänischer Maler 18, 22–23, 51, 94, 274, 278
Burgkmair, Hans (1473–1531), deutscher Kupferstecher 137–138, 171, 215, 227, 256, 270, 273

C

Callot, Jacques (1592–1635), französischer Kupferstecher 242
Campagnola, Domenico (um 1500–1564), italienischer Zeichner 66, 68, 261
Campe, Heinrich Wilhelm (1770–1862), Graphiksammler 28, 271
Canaletto, eigentlich Giovanni Antonio Canal (1697–1768), italienischer Maler 262–263
Canova, Antonio (1757–1822), italienischer Bildhauer 193
Carpaccio, Vittore (1450–1525, italienischer Maler 264
Carpenter, William H. (1792–1866), Leiter der graphischen Abteilung im Britischen Museum 168, 175–176
Carracci, Agostino (1557–1602), italienischer Kupferstecher 100, 248
Carracci, Annibale (1560–1609), italienischer Zeichner und Kupferstecher 248–249
Carracci, Lodovico (1555–1619), italienischer Kupferstecher 248
Carstens, Asmus Jacob (1754–1798), deutscher Maler 273
Castiglione, Giovanni Benedetto (1609–1664), italienischer Maler und Kupferstecher 186, 218, 244, 250, 263
Catel, Franz Ludwig (1778–1856), deutscher Maler 37, 176
Cennini, Cennino (1370–1440), italienischer Maler 218, 227
Chateauneuf, Alexis de (1799–1853), Architekt und Stadtplaner in Hamburg 50, 92–94, 98, 109, 128
Chierico, Francesco di Antonio del (1433–1484), italienischer Maler 201
Christian Albrecht, Herzog von Schleswig-Holstein-Gottorf (1659–1694) 87
Claude Lorrain (1600–1682), französischer Maler 177, 237, 242–244
Clausen, Henrik Nikolai (1793–1877), dänischer Theologe 28–29, 35
Cocchi, Francesco Ermenegildo (1788–1865), italienischer Maler 194

Colnaghi, Dominic (unbekannt), Kunsthändler in London 72, 80
Commeter, Johann Matthias (1791–1869), Kunsthändler in Hamburg 11, 13, 45, 48, 57–58, 60, 62–64, 73, 75, 89–92, 94–97, 100, 102–104, 106, 110–112, 120, 123–125, 129, 132, 142, 145–147, 164, 175, 179, 180–181, 188–189, 203, 213, 231, 233, 237–239, 253, 259, 284–285, 287–290, 292
Commeter, Juliane Wilhelmine (1787–1819), geborene Möller, verheiratet mit Johann Matthias Commeter 57–58
Coningham, William (1815–1884), Kunstsammler in London 79
Constable, John (1776–1836), englischer Maler 190–191
Coqui, Johann Caspar (1808–1855), Maler in Hamburg 148
Cordes, J.P (unbekannt), Kaufmann in Hamburg 110, 148
Cornelisz, Cornelis (1562–1638), niederländischer Kupferstecher 256
Cornill d'Orville, Heinrich (unbekannt), Frankfurter Kunstsammler 165–168
Correggio, Antonio (1489–1534), italienischer Zeichner 66–67, 190
Cosway, Richard (1740–1821), englischer Kunstsammler und Miniaturenmaler 68
Cossa, Francesco (1435–1477), italienischer Kupferstecher 214
Cranach, Lucas d. Ä. (1472–1553), deutscher Maler 237, 256–266
Cunning, H. (unbekannt), Naturaliensammler in London 83

D

Daguerre, Louis (1787–1851) französischer Maler und Fotograf 185–186
Dahl, Johann Christian (1788–1875), norwegischer Landschaftsmaler 28–29, 37, 94, 184, 193
Dalgas, C.A. (unbekannt), Cousin von Georg Ernst Harzen, Bankier in Livorno 108–109, 130, 186, 194
Dante Alighieri (1265–1321), italienischer Dichter 214, 235
Darwin, Charles (1809–1882), britischer Naturforscher 184–185
David, Jacques Louis (1748–1825), französischer Maler 165
Delaroche, Paul (1797–1856), französischer Maler 147
Diamond, Hugh Welsh (unbekannt), Arzt und Kunstsammler in London 73
Diesing, H. (unbekannt), Sammlungsleiter des Hof-Naturalien-Cabinetts in Wien 83–84
Dietrich, Christian Wilhelm Ernst (1712–1774), deutscher Maler und Kupferstecher 215, 238, 259, 273
Dill, Theodor (unbekannt), Kaufmann in Hamburg 153
Dimsdale, Thomas (1785–1823), englischer Kunstsammler 68, 271
Donner, Conrad Hinrich (1774–1854), Kaufmann und Bankier in Hamburg 20, 23, 99
Donatello (1386–1466), italienischer Bildhauer 232
Duchesne, Jean (1770–1856), französischer Maler und Kunsthistoriker 210, 243
Dürer, Albert (1471–1528), deutscher Maler und Kupferstecher 30–31, 71, 100, 123, 132, 146, 214, 217, 219–224, 226–230, 235, 238, 240–241, 245, 250–251, 253, 256–257, 259, 270–273, 277, 299
Duquesnoy, Francois (1597–1643), französischer Bildhauer 232
Dusch, Anton Carl (1760–1829), Maler in Altona 23
Duvet, Jean (1485–1561), französischer Kupferstecher 242
Duyster, Willem (1599–1678), holländischer Maler 237
Dyck, Anthonis van (1599–1641), niederländischer Maler 236–239, 268

E

Eastlake, Sir Charles Lock (1793–1865) englischer Maler und Direktor der Londoner Nationalgalerie 141, 166, 173–174, 229
Edelink, Gerard von (1640–1707), deutscher Kupferstecher in Paris 243
Elsheimer, Adam (1578–1610), deutscher Maler 237, 270
Emmerson, Thomas (unbekannt), Kunsthändler in London 238

Engelberts, Engelbert M. (1773–1843), holländischer Kunsthändler 265–266
Erbe, Albert (1868–1922), Baudirektor in Hamburg 291
Erhard, Benjamin (1791–1840), Handwerker in Nürnberg, Bruder des Zeichners 42, 259, 278
Erhard, Benjamin (1766–1821), Arzt in Berlin und Halbbruder des Zeichners 42
Erhard, Johann Christoph (1795–1822), deutscher Zeichner und Kupferstecher 31–34, 36–38, 41–44, 100, 102, 138–140, 146, 163
Esdaile, William (1758–1837), englischer Kunstsammler 172, 271
Essen, Hartwig von (unbekannt), Münzsammler und jüdischer Reformer in Hamburg 85
Evans, Edward (unbekannt), Kunsthändler in London 72, 188
Everdingen, Allaert van (1621–1675), holländischer Maler 132, 189, 256, 277
Eyck, Hubert van (1370–1426), flämischer Maler 169
Eyck, Jan van (1390–1441), flämischer Maler 169–171, 227

F

Faber, Johann Joachim (1778–1846), Maler aus Hamburg 42, 50
Faesch, Eduard (1812–1845), Kunstsammler in Kiel 179–181
Ferg, Franz Paula de (1689–1737/40), deutscher Maler 273
Finger, Andreas (unbekannt), Kunsthändler in Frankfurt 73, 78
Finger, Georg (unbekannt), Kunsthändler in Frankfurt 73, 75–76, 78
Finiguerra, Maso (1426–1464), italienischer Zeichner 230, 250, 261–262
Fink, Friedrich Wilhelm (1796–1861), Kunsthändler in Wien 126, 131, 135–140
Forchhammer, Peter Wilhelm (1801–1894), deutscher Archäologe 179
Forsmann, Franz Gustav (1795–1878), Architekt in Hamburg 153
Fouquet, Jean (1420–1478), französischer Maler 206–207
Franck, Hans Ulrich (1590–1675), deutscher Zeichner 273
Frauenholz, Johann Friedrich (1758–1822), Graphikverleger in Nürnberg 30, 32, 47, 50, 73
Frenzel, Johann Gottlieb Abraham (1782–1855), Direktor des Dresdner Kupferstich-Kabinetts 81, 161, 178–179
Friedrich, Caspar David (1774–1840), deutscher Landschaftsmaler 28–29, 94, 184
Friedrich III., Herzog von Schleswig-Holstein-Gottorf (1597–1659) 87
Fries, Moritz Graf von (1777–1826), österreichischer Kunstsammler 32

G

Gaedechens, Otto Christian († 1791), Historiker in Hamburg 50, 98, 147
Gebauer, Anton Friedrich (1756–1839), Bankier in Altona 19
Genisson, Jules Victor (1805–1860), französischer Maler 93
Gensler, Johann Günther (1803–1884), Maler in Hamburg 92, 94, 147–148, 270, 286–287
Gensler, Johann Jacob (1808–1845), Maler in Hamburg 74–75, 92, 94–96, 163, 259
Gensler, Johann Martin (1811–1881), Maler in Hamburg 94, 142–143, 150–151, 154, 158–159, 163, 283, 285–286
Ghirlandaio, Davide (1452–1525), italienischer Maler 201
Ghirlandaio, Domenico (1449–1494), italienischer Maler 221
Giotto di Bondone (1266–1337), italienischer Maler 194, 237
Goethe, Johann Wolfgang von (1749–1832), deutscher Dichter 141, 274
Goll von Franckenstein, Johann (1722–1785), holländischer Kunstsammler 265
Goltzius, Hendrick (1558–1616), niederländischer Maler und Kupferstecher 214, 256
Göttner, Franz (unbekannt), Kunsthändler in München 73, 75–76
Grambs, Johann Gottfried (1756–1817), Frankfurter Kunstsammler 264
Grimani, Domenico (1461–1523), Kardinal 202

Gröger, Carl Friedrich (1766–1838), Hamburger Porträtmaler 94
Grünling, Joseph (1785–1845) österreichischer Kunsthändler 71–73
Gruner, E.Chr.L. (unbekannt), Naturaliensammler in Bremen 84
Gruyter, Willem (aktiv 1832–1875), holländischer Kunsthändler 73, 265–266
Guestiere, Pierre-Francois (unbekannt), französischer Kunstsammler 173
Gyart des Moulins († nach 1294), französischer Buchillustrator 233–234

H

Hähnel, Ernst Julius (1811–1891), Bildhauer aus Dresden 154, 159
Haeselich, Georg (1806–1894), Hamburger Maler 94
Hackert, Jacob Philipp (1737–1807), deutscher Maler 259
Halle, Adolph (1798–1866), Jurist und Kunstsammler in Hamburg 50, 147
Haller, Martin Joseph (1770–1852), Kaufmann in Hamburg 65, 157
Haller, Martin (1835–1925), Architekt in Hamburg 152
Haller von Hallerstein, Christoph (1771–1839), deutscher Kupferstecher 30–31
Hansen, Christian Frederick (1756–1845), dänischer Architekt 23
Hardorff d.Ä., Gerdt (1769–1864), Maler in Hamburg 50, 92, 94
Hase, Conrad Wilhelm (1818–1902), Baurat aus Hannover 154, 159
Harzen, Dorothea geb. Cordes († 1821) mit Jessenius Harzen verheiratet 114
Harzen, Ernst († 1849), Neffe von Georg Ernst Harzen in Australien 103, 114–119, 130, 142
Harzen, Friedrich Francs (1783– nach 1841), Kaufmann 17, 113–114
Harzen, Georg Ernst (1790–1863), Kunsthändler in Hamburg passim
Harzen, Georg Nicolaus (unbekannt), dänischer Finanzsekretär, Vater von Georg Ernst Harzen 17, 20
Harzen, Jessenius Nicolaus (1780–1839), Kaufmann in Hamburg 17, 113–114
Harzen, Johanna Catharina Francisca geb. Winkler († 1833), Mutter von Georg Ernst Harzen 17, 20, 188–189
Harzen, Franz Wilhelm († 1852), Neffe von Georg Ernst Harzen in Mexiko 41, 102, 105–108, 111, 113–120, 123, 129, 142
Hegel, Georg Friedrich Wilhelm (1770–1831), deutscher Philosoph 218
Heimbach, Wolfgang (1614/15–1678), Hamburger Maler 273
Heine, Carl (1810–1860), Kunstförderer aus Hamburg 98, 149
Heller, Joseph (1798–1849), Graphikkenner und Sammler 31, 72, 162, 277
Herterich, Heinrich Joachim (1772–1852), Maler in Hamburg 22, 50, 92, 98
Hesse, Heinrich Levin (unbekannt), Senator in Altona 98
Hodges, Charles (unbekannt), Kunsthändler in London 72, 77
Hogarth, William (1697–1764) englischer Maler und Graphiker 146, 179, 241–242
Holbein d. J., Hans (1497/98–1543), deutscher Maler 76, 206, 236, 270
Hollar, Wenzel (1607–1677), deutsch-böhmischer Kupferstecher 100, 215, 258, 273
Holst, Johann († nach 1728), Hamburger Maler 273
Hooch, Pieter de (1629– nach 1683), holländischer Maler 189, 237
Hopfer, Daniel (1470–1536), deutscher Kupferstecher 178, 229, 256
Horny, Franz Theobald (1798–1824), deutscher Zeichner 37–38, 163
Hotho, Heinrich (1802–1873), deutscher Kunsthistoriker 171
Hude, Hermann von der (1830–1908), Architekt aus Berlin 155–158, 160, 290
Hudtwalcker, Nicolaus (1791–1863), Assekuranzmakler und Kunstsammler in Hamburg 50, 65, 98, 149–150
Hübbe, Ulrich (1805–1892), Hamburger Jurist in Adelaide 117–119
Hülsenbeck, Friedrich August (1766–1834), Kaufmann in Hamburg 22
Hülz, J.H. (unbekannt), Kaufmann und Finanzagent in Hamburg 110, 130

Humboldt, Wilhelm von (1767–1835), preußischer Staatsminister 29, 177
Huysum, Jan van (1682–1749), holländischer Maler 266

I

Isenbrant, Adriaen († 1551), niederländischer Maler 237–238

J

Jenisch, Martin (1793–1875), Senator in Hamburg 98
Jensen, Christian Albrecht (1792–1870), dänischer Maler 37
Johns, Eduard (1803–1885), Senator in Hamburg 98, 148
Jordaens, Jacob (1593–1678), flämischer Maler 239, 264
Josi, Henri († 1845), Leiter der graphischen Sammlung im Britischen Museum 175
Julius, Nicolaus Heinrich (unbekannt), Kunstsammler und Gefängnisreformer aus Hamburg 50, 92

K

Kant, Immanuel (1724–1804), deutscher Philosoph 184–185
Karl V. (1364–1380), französischer König 233
Kauffmann, Angelika (1741–1807), deutsche Malerin 259
Kauffmann, Hermann (1808–1889), Hamburger Maler 104, 259, 283
Keller, Bernhard (1789–1870), Schweizer Kunstsammler 240
Kersting, Friedrich Georg (1785–1847), deutscher Maler 94
Key, Alexander (unbekannt), flämischer(?) Maler 237
Klees-Wülbern, Hinrich (1800–1845), Architekt in Hamburg 98, 109
Klein, Johann Adam (1792–1875), deutscher Maler und Kupferstecher 31–38, 41–42, 44, 100, 146, 163, 176, 259, 278
Kloot, Wilhelm te (unbekannt), Kunstsammler in Hamburg 75, 103, 147, 283, 285
Klugkist, Hieronymus (1778–1851) Senator und Kunstsammler in Bremen 52, 54, 69–70, 72, 104, 125–127, 131–133, 161, 186, 188, 215, 225, 264, 271
Knüpfer, Nikolaus (um 1603–1655), deutscher Zeichner 273
Koch, Joseph Anton (1768–1839) deutscher Maler 37
Költzow, A. (unbekannt), Makler in Hamburg 73, 83, 123
König, Johann (1586–1642), deutscher Zeichner 273
Kroymann, Carl Friedrich (1781–1849), deutscher Maler 23
Kugler, Franz (1808–1885), deutscher Historiker 171

L

Laeisz, Ferdinand (1801–1887), Hamburger Reeder 153
Lamberts, Gerrit (1776–1850), Kunsthändler in Amsterdam 265
Lamme, Arie Johannes (unbekannt), Maler und Kunstsammler in Rotterdam 73, 187
Lawaetz, Heinrich Wilhelm (1748–1825), Syndikus in Uetersen 19
Lawaetz, Johann Daniel (1750–1839), Kaufmann in Altona 19–20, 23–24
Lawrence, Sir Thomas (1769–1830), englischer Maler und Kunstsammler 68–69, 166, 191, 271
Le Blanc, Charles (1813–1882), französischer Kunsthistoriker 241, 243
Le Ducq, Jacques (unbekannt) flämischer(?) Maler 237
Leonardo da Vinci (1452–1519), italienischer Maler 190, 193, 222–227, 260–261, 293
Leyden, Lucas van (1494–1533), holländischer Maler 80–81, 100, 104, 214, 240–241, 250–253, 264, 267, 300
Lichtwark, Alfred (1852–1914), erster Direktor der Hamburger Kunsthalle 9, 290–291
Lindley, William (1808–1900), englischer Ingenieur 109
Link, J. F. (unbekannt), Kunsthändler in Berlin
Liss, Johann (1597–1631), deutscher Zeichner 273
Loo, Jacob van (1614–1670), holländischer Maler 148

Lorenz Meyer, Johann Friedrich (1766–1838), Kunstgelehrter in Hamburg 50, 59, 91, 237, 240
Lucae, Richard (1829–1877), Architekt aus Berlin 157–158
Ludolf, Jacob Heinrich (1793–1873), Architekt in Hamburg 50, 94, 98, 109
Lüdert, Christian Wilhelm (1790–1875), Architekt in Hamburg 98, 104

M

Maack, Johann Hermann (1809–1868), Bauinspektor in Hamburg 153
Mander, Carel van (1548–1606), holländischer Maler und Künstlerbiograph 170
Mantegna, Andrea (1431–1506), italienischer Maler 67, 204, 212, 222, 227, 244, 247–248, 262
Martini, Francesco di Giorgio (1439–1501), italienischer Maler, Bildhauer und Architekt 262
Masaccio (1401–1428), italienischer Maler 221
Mauke, Johann Heinrich Wilhelm (1791–1859), Verlagsbuchhändler in Hamburg 22, 73, 110, 145
Meckenem, Israel von (1445–1503), deutscher Kupferstecher 256
Meister der E-Serie (unbekannt), Kupferstecher 212
Memling, Hans (1433–1494), deutscher Maler in Brügge 203, 230
Mengs, Anton Raphael (1728–1779), deutscher Maler 273
Merck, Carl Hermann (1809–1880), Jurist und Bürgermeister in Hamburg 283–284
Merian, Matthhäus (1593–1650), deutscher Kupferstecher 258
Mestern, Johann Christian Andreas (*1800), Kaufmann und Kunstsammler in Hamburg 104, 147, 283–285
Metsu, Gabriel (1629–1667), holländischer Maler 237
Mettlerkamp, David Christopher (1774–1850), Kunstsammler in Hamburg 22, 49–50, 62–63, 65, 75, 92, 99, 148, 269, 272
Meyer, Christian (1811–1886), Auktionator und Kunstmakler in Hamburg 73, 83, 123, 170, 175, 213, 232, 272, 287–289
Meyer, Ernst (unbekannt), Maler aus Altona 259
Michelangelo Buonarotti (1475–1564), italienischer Maler und Bildhauer 104, 174, 208–209, 219–220, 221–222, 224–225, 227, 260, 262
Miel, Jan (1599–1663), flämischer Maler 268
Millet, Jean Francois (1642–1679), flämischer Maler in Paris 238
Molenaer, Jan Miense (1610–1668), holländischer Maler 237, 240
Momper, Joos (1564–1635), flämischer Maler 268
Montmorillion, Ludwig Albert von (1794–1854), Kupferstecher und Kunsthändler 75
Moore, Morris (unbekannt), englischer Maler und Kunsthändler 171–172
Mor, Anthonis (1512/20–1576/77), flämischer Maler 237
Morelli, Giovanni (1816–1891), italienischer Arzt und Kunstkenner 173
Moretto, Alessandro genannt Moretto da Brescia (1490/98–1554), italienischer Maler 269
Morgenstern, Christian Ernst Bernhard (1805–1867), Hamburger Maler 94–95
Moucheron, Frédéric de (1633–1686), deutscher Maler in Amsterdam 237, 265
Mündler, Otto (1811–1870), deutscher Theologe und Kunstkenner 141, 173–174, 192, 225
Muralt, Daniel (unbekannt), Muschelwarenfabrikant in Wien 84
Murant, Emanuel (1622–1700), niederländischer Kupferstecher 269

N

Nagler, Friedrich von (1770–1846), deutscher Kunstsammler 177
Neer, Aert van der (1603–1766), holländischer Maler 63–64, 189, 237, 239
Nerly, Federico (1807–1878), deutscher Maler 193, 259

Netscher, Caspar (1639–1684), deutscher Maler in den Niederlanden 237
Novalis (Georg Friedrich Philipp Freiherr zu Hardenberg) (1772–1801), deutscher Dichter 29
Noodt, Johannes (1781–1851), Auktionator in Hamburg 12, 46–47, 59–60, 62, 73, 86

O

Oldach, Julius (1804–1830), Hamburger Maler 50, 118
Olearius, Adam (1603–1671), Mathematiker und Astronom in Gottorf 87
Olfers, Ignaz Maria von (1798–1872), Generaldirektor der Berliner Museen 177–178, 192
Oostsanen, Jacob Cornelisz van (1470–1533), niederländischer Maler 250
Ostade, Adriaen van (1610–1685), holländischer Maler 100, 132, 256, 266, 268
Ottley, William Young (1771–1826), englischer Kunstsammler und Forscher 162, 175, 197, 214, 227, 241, 277
Otto, Ernst Peter (1724–1799), Kaufmann und Kunstsammler in Leipzig 214
Ovens, Jürgen (1623–1678), deutscher Maler 272

P

Palma, Jacopo il Giovane (1548–1628), italienischer Maler 237, 248
Parmigianino (1503–1540), italienischer Zeichner und Maler 190
Passavant, Johann David (1787–1861), Leiter des Kupferstichkabinetts am Frankfurter Städel Museum 13–14, 38, 45, 51, 81, 161, 164–169, 171, 173, 179, 189–190, 197, 227, 241, 243, 264, 277
Passini, Johann Nepomuk (1798–1875), österreichischer Kupferstecher 32, 41
Patinir, Joachim (1500/10–1555/66), flämischer Maler 237
Paul, Jean (Johann Paul Friedrich Richter) (1763–1825), deutscher Dichter 29, 183
Pauli, Gustav (1866–1938), Direktor der Hamburger Kunsthalle in Nachfolge Lichtwarks 9, 232, 291–292
Petel, Georg (1601/02–1634), deutscher Bildhauer 233
Perthes, Friedrich Christoph (1772–1843), Verleger in Hamburg 22, 47–48, 73
Perthes, Wilhelm (1793–1853), Verleger in Gotha 22
Petersen, Carl (1809–1892), Münzsammler und Bürgermeister in Hamburg 85, 98
Petersen, Christian (1802–1872), Gymnasialprofessor in Hamburg 147, 153
Pinturicchio (1454–1513), italienischer Maler 207–208
Pforr, Franz (1788–1812), deutscher Maler 165
Ploos van Amstel, Cornelis (1726–1798), holländischer Kunstsammler 175
Pollaiuolo, Antonio del (1432–1498), italienischer Maler 201, 208, 226
Pontormo, Jacopo da (1494–1557), italienischer Zeichner und Maler 262
Predis, Ambrogio de (um 1455–nach 1520), italienischer Zeichner 226–227
Prevost, Jacques (unbekannt), französischer Kupferstecher 242

R

Raimondi, Marc Antonio (1470/88–um 1534), italienischer Kupferstecher 179, 215–217, 224, 227, 229, 241, 243, 245–248, 250, 252–253, 277, 286, 300
Ramée, Joseph (1764–1847), französischer Architekt
Radcliff, Edward (unbekannt), englischer Kunsthändler 70
Raffael da Urbino (1483–1520), italienischer Maler 171–172, 193–194, 208–209, 215–216, 219, 222, 224, 227, 245–246, 248, 261–263, 286–287
Rechberger, Franz (1771–1841), Landschaftsmaler in Wien 32
Reichardt, Carl Friedrich (1803–1871), Architekt in Hamburg 128, 186
Reinhold, Heinrich (1795–1825), deutscher Maler 32, 42
Regnault, Jean Baptist (1754–1829), französischer Maler 147
Rembrandt, Harmensz. van Ryn (1606–1669), holländischer Maler 76, 100, 132, 189,

218, 220, 237, 240, 250, 252–255, 259, 264, 268–269, 277, 287
Reni, Guido (1575–1642), italienischer Maler 196, 248–249
Reumont, Alfred von (1808–1887), Sekretär der deutschen Gesellschaft in Florenz und Rom 192
Richardson Jr., W. (†1812), englischer Graphikhändler 68
Ridinger, Johann Elias (1698–1767), deutscher Kupferstecher 272–273
Rist, Johann Georg (1775–1847), Diplomat in Altona 50, 98, 100, 163
Robert-Dumesnil, A.P.F. (1778–1864), französischer Sammler 243, 260
Röding, Peter Friedrich (1767–1846) Politiker und Kunstsammler in Hamburg 48, 50, 82–83, 98–99, 123–124, 272, 288
Roos, Cornelis Francois (unbekannt), Kunsthändler in Amsterdam 71, 73, 187, 269, 273
Rosa, Salvator (1615–1673), italienischer Zeichner und Maler 68–69, 244, 250
Roscher, Johann Heinrich Ludovig (*1788), Dilettant und Freund von Harzen 18, 23–24
Rosenberg, Friedrich (1758–1833), Maler in Altona 23, 273
Rosselli, Cosimo (1439–1507), italienischer Maler 201
Rosselli, Francesco (1445–1508/1513), italienischer Kupferstecher 250
Rossetti, Domenico (1774–1842), italienischer Kunstsammler 193
Rubens, Peter Paul (1577–1640), flämischer Maler 76, 176, 189–190, 220, 237, 264
Rugendas, Georg Philipp (1666–1742), deutscher Maler 273
Ruisdael, Jacob van (1629–1682), holländischer Maler 64, 187, 189–190, 237–238, 265–266
Rumohr, Carl Friedrich von (1785–1843), deutscher Kunstgelehrter und Sammler 13–14, 37–38, 81, 91, 99, 161–163, 165–166, 167, 170–171, 173, 175, 177–178, 192–193, 195–196, 209, 227, 277
Runge, Daniel (1767–1856), Kaufmann in Hamburg 22
Rupprecht, Friedrich Carl (1779–1831), deutscher Maler 30
Ruths, Valentin (1825–1905), Hamburger Maler 286
Ruisdael, Jacob Isaackz. van (1628/29–1682) niederländischer Maler 189

S

Sandby, Paul (1725–1808), englischer Maler und Kupferstecher 68
Sandrart, Joachim von (1606–1688), deutscher Maler, Kupferstecher und Kunsthistoriker 54, 257, 273
Sarto, Andreal del (1486–1531), italienischer Maler 60, 62, 262
Savonarola, Girolamo (1452–1498), italienischer Arzt und Philosoph 208
Schaffhausen, Nicolaus (unbekannt), Kunstsammler in Hamburg 50, 65, 91, 99
Scheffer, Ary (1795–1858), holländischer Maler 187
Scheits, Matthias (um 1630 – um 1700), Hamburger Maler 272
Scheuren, Caspar (1810–1887), deutscher Maler 176
Schiller, Johann Christoph Friedrich von (1759–1805), deutscher Dichter 49, 141, 274
Schinkel, Karl Friedrich (1781–1841), deutscher Baumeister 170
Schirrmacher, Georg Theodor (1833–1864), Architekt aus Berlin 155–158
Schlegel, Friedrich von (1772–1829), deutscher Dichter 29, 184
Schleiden, Karl Heinrich (1809–1890), Hamburger Theologe und Schriftsteller 153
Schmitts, Johann Baptist (1768–1819), deutscher Zeichner 273
Schnaase, Carl (1798–1875), deutscher Kunsthistoriker 171
Schongauer, Martin (1445/50–1491), deutscher Maler und Kupferstecher 240, 256–257, 267, 270
Schorn, Ludwig von (1793–1842), Herausgeber des Kunstblatts 171
Schorn, Wilhelm Eduard (1806–1857), Direktor des Berliner Kupferstichkabinetts 161, 170, 177–178, 192

Schulthess-von-Meiss, Heinrich (1813–1898), Schweizer Bankier und Kunstsammler 240
Schumacher, Fritz (1869–1947), Architekt und Stadtbaumeister in Hamburg 292
Schweikhardt, Wilhelm (1746–1797), deutscher Zeichner 273
Semper, Gottfried (1803–1879), Architekt aus Hamburg 154, 159, 192–193
Sheepshank, J. (1787–1863), Kunstsammler in London 81, 175, 189
Siebold, Philipp Franz Balthasar von (1796–1866), deutscher Arzt und Naturforscher 187
Sieveking, Karl (1787–1848), Syndikus und Bürgermeister in Hamburg 50, 98
Sillem, Susette (1785–1865), Kunstsammlerin 148, 150
Sirani, Elisabetta (unbekannt), italienische Zeichnerin 68
Solly, Edward (1776–1848), englischer Kaufmann und Kunstsammler 190
Sotzmann, Ferdinand (unbekannt), Berliner Kunstsammler 170
Speckter, Michael (1764–1846), Kaufmann und Lithograph in Hamburg 22, 47–50, 59, 89–99, 259
Spranger, Bartholomeus (1546–1611), niederländischer Maler und Kupferstecher 256
Spengler, Johann Conrad (1767–1839), Leiter des Kupferstichkabinetts in Kopenhagen 73, 85
Smith, William (1808–1876), Kunsthändler in London 72, 79–82, 125, 140–141, 174–176, 188–189
Städel, Johann Friedrich (1728–1816), Kunstsammler in Frankfurt 163–165, 264
Stammann, Franz Georg (1799–1871), Architekt in Hamburg 98, 108, 110–111, 147–148, 151, 283
Stammann, Friedrich (1807–1880), Architekt in Hamburg 147
Stampe, Christine von (1797–1868), geb. Dalgas, Cousine von Georg Ernst Harzen, dänische Kunstsammlerin 99, 114
Stampe, Holger von (unbekannt), Sohn der Kunstsammlerin 114
Steen, Jan (1626–1679), holländischer Maler 241
Steinfurth, Hermann (1823–1880), Hamburger Maler 233, 288–289
Steinheim, Salomon Ludwig (1789–1866), Mediziner aus Altona 18, 23–25, 63, 98
Stockmann, Jacob (um 1670–1743), Hamburger Maler 273
Strack, Ludwig Philipp (1761–1836), deutscher Landschaftsmaler 23
Stüler, Friedrich August (1800–1865), Architekt aus Berlin 154, 158–159, 192
Suavius, Lambert (1520–1567), flämischer Kupferstecher 269
Sykes, Sir Mark Masterman (unbekannt), englischer Kunstsammler 67–68

T

Thomsen, Christian Jürgensen (1788–1865), Direktor des Dänischen Nationalmuseums 85
Thorwaldsen, Berthel (1768–1844), dänischer Bildhauer 98–99, 111
Teniers d. J., David (1610–1690), niederländischer Maler 76, 189, 238
Testa, Pietro (1612–1650), italienischer Zeichner und Kupferstecher 245, 250, 263
Tiepolo, Giovanni Battista (1696–1770), italienischer Maler 245, 263
Tiffin, William Benjamin (unbekannt), Kunsthändler in London 70, 72, 80, 188–189, 191, 265
Tischbein, Johann Heinrich Wilhelm (1751–1829), deutscher Maler 176, 273
Tizian (Tiziano Vecellio) (1488/90–1576), italienischer Maler 66, 136, 248, 261

U

Uffenbach, Philipp (1566–1636), deutscher Maler und Zeichner 218–219
Umbach, Jonas (1624–1693), deutscher Kupferstecher 258, 273
Uyl, Jan Jansz. den (1595/96–1640), holländischer Maler 265

V

Vasari, Giorgio (1511–1574), italienischer Maler und Künstlerbiograph 54, 169–170, 208–210, 226, 236

Velde d. Ä., Willem van de (1611–1689), niederländischer Maler 237
Velde d.J., Willem van de (1633–1707) 237
Veneziano, Davide Domenico (1410–1461), italienischer Maler 201
Verrocchio, Andrea del (1435–1488), italienischer Maler 201, 226–227
Verstolk van Soelen, J. G. Baron von (unbekannt), holländischer Diplomat und Kunstsammler 82
Vivant-Denons, Baron Dominique (1747–1825), französischer Kunstsammler 226
Vivié, Ernst Georg (1823–1902), Architekt in Hamburg 150, 153
Vischer, Peter (1460–1592), deutscher Bildhauer 232, 233
Vlieger, Simon de (1601–1653), holländischer Maler 237
Vollmer, Adolph (1806–1875), Hamburger Maler 100–101, 163, 259
Vorwerk, Geo (unbekannt), Kaufmann und Kunstförderer in Hamburg 149

W

Waagen, Gustav Friedrich (1794–1868), Direktor der Berliner Gemäldegalerie 13–14, 152–154, 159, 161, 166–167, 169–174, 177–178, 186, 190, 197–198, 227
Waterloo, Anthonie (1610–1690), holländischer Kupferstecher 100, 190, 214, 256, 264–265, 269, 277–279
Watteau, Antoine (1660–1726), französischer Maler 237
Weigel, Johann August Gottlieb (1773–1846), Buch- und Graphikhändler in Leipzig 28, 47, 73, 171, 300
Weigel, Rudolph (1804–1867?), Buch- und Graphikhändler in Leipzig 28, 47, 73, 78, 81, 171, 300
Welker, Ernst (1788–1857), deutscher Maler 32, 138
Welzel von Wellenheim, Leopold (1773–1848), Münzsammler 31
Weenix, Jan (1640–1719), holländischer Maler 237
Weyer, Jakob Matthias (1620–1670), Hamburger Maler 272
Wilder, Georg Christoph (1797–1855), deutscher Maler 32
Wilkie, David (1785–1841), schottischer Maler 189–190
Willmann, Michael (1630–1706), deutscher Zeichner 273
Wimmel, Carl Ludwig (1786–1845), Architekt in Hamburg 50, 98, 109–110
Winckelmann, Johann Joachim (1717–1768), deutscher Altertumsforscher 184, 193
Winter, Joseph Georg (1751–1789), deutscher Zeichner 273
Witte, Emanuel (um 1617–1692), holländischer Maler 237
Wohlgemut, Michael (1434–1519), deutscher Kupferstecher 256
Wolf, Johann Heinrich (unbekannt), Architekt aus Kassel 154
Woodburn, Samuel (1786–1853), englischer Kunsthändler 67–68, 79–80, 166, 190–191, 260, 265–266, 271
Wouverman, Pieter (1623–1682), holländischer Maler 63
Wouverman, Philipp (1619–1668), holländischer Maler 60, 237, 268

Z

Zoan, Andrea (vor 1475 – nach 1519), italienischer Kupferstecher 67, 227
Zoppo, Marco (1433–1478), italienischer Goldschmied und Kupferstecher 212, 214, 227
Zuccari, Federico (1540/41–1609), italienischer Zeichner und Maler 262
Zuccari, Taddeo (1529–1566), italienischer Zeichner und Maler 262

Abbildungsnachweis

Altonaer Museum, Hamburg 1

Candida Höfer © VG Bild-Kunst, Bonn 2011 93

Christoph Irrgang, Hamburg 2, 3, 4, 5, 7, 9, 10, 11, 12, 15, 16, 18, 20, 23, 24, 26, 26, 27, 28, 29, 30, 31, 32, 34, 37, 39, 41, 42, 43, 44, 45, 46, 47, 48, 49, 50

Elke Walford, Hamburg Coverabbildung, 14

Eyespice, Kopenhagen 8

Bildarchiv der Autorin 6, 13, 17, 19, 21, 22, 33, 35, 36, 38, 40, 51

Dank

Gedankt sei den beiden Stiftungen, der ZEIT-Stiftung Ebelin und Gerd Bucerius, die das Projekt ermöglichte, und der HERMANN REEMTSMA STIFTUNG, die die Finanzierung der Drucklegung übernommen hat; der Hamburger Kunsthalle und den Mitarbeitern des Kupferstichkabinetts für ihre vielfältigen Beiträge zum Entstehen dieser Biografie; den Mitautoren David Klemm, Peter Prange und Annemarie Stefes, die das Ihrige über die Handzeichnungen beitrugen, Joist Grolle für die Betreuung des Manuskripts, den Freundinnen, Freunden und Kollegen für unermüdliches Lesen sowie Ulrich Luckhardt für sein Engagement.